Kilian Beck

Hebesatzpolitik und Beitragsplanung

Studien zu Rechnungslegung, Steuerlehre und Controlling
Studies in financial, managerial and tax accounting

Herausgeber
Michael Ebert, Dirk Kiesewetter, Urska Kosi, Hansrudi Lenz,
Caren Sureth-Sloane und Andrea Szczesny

Band 1

Die Schriftenreihe Studien zu Rechnungslegung, Steuerlehre und Controlling bietet eine Plattform für herausragende Arbeiten aus diesen Themengebieten. Sie wird von den Professorinnen und Professoren der Lehrstühle für Rechnungslegung, Steuerlehre und Controlling der Julius-Maximilians-Universität Würzburg und der Universität Paderborn herausgegeben.

Kilian Beck

Hebesatzpolitik und Beitragsplanung

Empirische Befunde zu den Steuern und Beiträgen
auf lokaler Ebene

Würzburg
University Press

Dissertation, Julius-Maximilians-Universität Würzburg
Wirtschaftswissenschaftliche Fakultät, 2018
Gutachter: Prof. Dr. Dirk Kiesewetter, Prof. Dr. Hansrudi Lenz

Impressum

Julius-Maximilians-Universität Würzburg
Würzburg University Press
Universitätsbibliothek Würzburg
Am Hubland
D-97074 Würzburg
www.wup.uni-wuerzburg.de

© 2019 Würzburg University Press
Print on Demand

ISSN 2627-1281 (print)
ISSN 2627-129X (online)
ISBN: 978-3-95826-084-9 (print)
ISBN: 978-3-95826-085-6 (online)
URN: urn:nbn:de:bvb:20-opus-163079

Vorwort

Die Gewerbesteuer und die Grundsteuer sind für die Gemeinden in der Bundesrepublik als vorrangige Finanzierungsquelle von überragender Bedeutung. Gleichwohl liegen insbesondere über die Grundsteuer nur wenige Forschungsarbeiten vor.

Die vorliegende Arbeit untersucht erstmals die Determinanten der gemeindlichen Hebesatzpolitik in der Gewerbesteuer und der Grundsteuer gleichermaßen. Mithilfe einer Regressionsanalyse auf Basis von z.T. proprietären Querschnittsdaten über das gesamte Bundesgebiet hinweg, die so noch nicht verwendet wurden, gelingt die Replikation zentraler Literaturergebnisse bezüglich der GewSt. Weiterhin gelingt Herrn Beck der Nachweis, dass die Determinanten der GrundSt weitgehend dieselben sind wie für die GewSt. Bemerkenswert ist auch, dass Herr Beck die Ergebnisse seiner datenempirischen Analysen durch eine Befragung von Stadtkämmerern absichert. Dabei kann er aufdecken, dass in manchen Fällen aufgrund der Datenlage bislang vermutete Kausalitäten nicht existieren. So gelingt eine Neubewertung der Aussagen aus der Literatur zum Einfluss von Parteien auf die Hebesatzpolitik.

Schließlich wird ein Prognosemodell für die Budgetplanung einer IHK entwickelt, dessen Funktionsweise auf Detailkenntnissen der Entstehung und Erhebung der GewSt bei den Gemeinden beruht und das von der ideegebenden IHK mittlerweile mit großem Zugewinn an Präzision für die jährliche Budgetplanung verwendet wird. Mit diesem Teil hatte Herr Beck bereits vor Veröffentlich ungleich höheren Impact als die meisten Dissertationen. Es wäre schön, wenn diese Veröffentlichung zu einer weiteren Verbreitung des vorgelegten Prognosemodells bei anderen IHKen führt.

Mit der vorliegenden Arbeit leistet Herr Beck einen wichtigen Beitrag zum Verständnis des steuerpolitischen Handelns der Gemeinden, deren Ergebnisse über ältere empirische Arbeiten deutlich hinausgehen. Damit verdient die Arbeit zweifellos Beachtung in der andauernden steuerpolitischen Diskussion.

Würzburg, im Juli 2018   Prof. Dr. Dirk Kiesewetter

Inhaltsverzeichnis

Vorwort V

Inhaltsverzeichnis VII

Abkürzungsverzeichnis XIII

Symbolverzeichnis XV

Tabellenverzeichnis XVII

Abbildungsverzeichnis XXI

1   Hinführung, Zielsetzung und Aufbau der Arbeit 1

   1.1   Fragestellung und Ziel der Arbeit 3

   1.2   Methoden der empirischen Forschung: Eine Abgrenzung 6

   1.3   Gang der Untersuchung 8

2   Kommunale Steuereinnahmen und normative Grundlagen des kommunalen Selbstverwaltungsrechts 11

   2.1   Die Steuereinnahmen der Gemeinden 12

      2.1.1   Realsteuern – ein kurzer Überblick 12

      2.1.2   Gemeindeanteil an der Einkommensteuer 14

      2.1.3   Gemeindeanteil an der Umsatzsteuer 15

      2.1.4   Örtliche Verbrauch- und Aufwandsteuern 17

   2.2   Die Gewerbesteuer – die bedeutendste Realsteuer 17

      2.2.1   Historische Entwicklung 18

      2.2.2   Kommunale Hebesatzautonomie 19

      2.2.3   Besteuerungsverfahren 21

         2.2.3.1   Steuergegenstand 21

         2.2.3.2   Bemessungsgrundlage 22

         2.2.3.3   Steuermessbetrag und Steuertarif 23

      2.2.4   Beziehungen zu anderen Steuern 25

      2.2.5   Stellung im Finanzausgleich 25

      2.2.6   Bedeutung für den kommunalen Haushalt (in den Flächenländern) 28

   2.3   Die Grundsteuer – die zweite Säule der Realsteuerpolitik 30

      2.3.1   Historische Entwicklung 31

2.3.2   Kommunale Hebesatzautonomie.. 32

2.3.3   Besteuerungsverfahren 33

2.3.3.1 Steuergegenstand 34

2.3.3.2 Bemessungsgrundlage 35

2.3.3.3 Steuermessbetrag und Steuertarif 36

2.3.4   Bedeutung für den kommunalen Haushalt (in den Flächenländern)..... 37

3   Determinanten des Hebesatzniveaus der Realsteuern – eine Regressionsanalyse 41

3.1   Hinführung.. 41

3.2   Theoretische Grundlagen zur Regressionsanalyse.......................... 42

3.3   Literaturüberblick 43

3.4   Modellformulierung zur Regressionsanalyse................................... 46

3.4.1   Abhängige Variablen 46

3.4.2   Unabhängige Variablen 47

3.4.3   Nicht berücksichtigte Einflussfaktoren 54

3.5   Datensatz.. 57

3.6   Überprüfung der Modellgüte 59

3.6.1   Prüfung der Regressionsfunktion 59

3.6.2   Prüfung der Regressionskoeffizienten 60

3.6.3   Prüfung und Darstellung einiger Modellprämissen 60

3.7   Untersuchungsergebnisse... 62

3.7.1   Realsteuerhebesätze 62

3.7.2   Bevölkerungsstruktur... 64

3.7.3   Realsteueraufkommen 66

3.7.4   Raumordnung und Infrastruktur... 67

3.7.5   Arbeitsmarkt und Beschäftigung.. 68

3.7.6   Parteipolitische Präferenz... 71

3.8   Zusammenfassung... 71

4   Überprüfung bisheriger Forschungsergebnisse mittels einer qualitativen Untersuchungsmethode 77

4.1   Die Region Mainfranken... 77

4.2   Die Kommunalsteuerpolitik in der Region...................................... 81

4.2.1 Gemeindeanteil an der Einkommensteuer 87

4.2.2 Gemeindeanteil an der Umsatzsteuer 90

4.2.3 Gewerbesteuer 92

4.2.4 Grundsteuer A 100

4.2.5 Grundsteuer B 103

4.3 Wettbewerbspositionen der Oberzentren Würzburg und Schweinfurt in
steuerpolitischer Hinsicht 107

4.3.1 Die Wettbewerbsposition der Stadt Würzburg 109

4.3.1.1 Die Realsteuerhebesätze im Vergleich zum Umland 110

4.3.1.2 Das Steueraufkommen im Vergleich zum Umland 114

4.3.2 Die Wettbewerbsposition der Stadt Schweinfurt 119

4.3.2.1 Die Realsteuerhebesätze im Vergleich zum Umland 120

4.3.2.2 Das Steueraufkommen im Vergleich zum Umland 123

4.3.3 Vergleich der beiden Wettbewerbspositionen 129

4.3.4 Zusammenfassung 133

4.4 Auswertung von Experteninterviews mit dem Instrument der qualitativen
Inhaltsanalyse 134

4.4.1 Die qualitative Inhaltsanalyse nach Philipp Mayring und ihre
Anwendungsbereiche 135

4.4.1.1 Grundkonzepte der inhaltsanalytischen Vorgehensweise 136

4.4.1.2 Typische Anwendungsbereiche der qualitativen Inhaltsanalyse 137

4.4.1.3 Varianten der qualitativen Inhaltsanalyse 138

4.4.1.4 Ablauf einer strukturierenden Inhaltsanalyse mit deduktiver
Kategorienanwendung 140

4.4.2 Datenerhebung mittels Experteninterviews in Mainfranken 143

4.4.2.1 Auswahl der Interviewteilnehmer 144

4.4.2.2 Interviewleitfaden 145

4.4.2.3 Durchführung der Interviews 146

4.4.3 Auswertung der Experteninterviews 147

4.4.3.1 Bestimmung der Analyseeinheiten 147

4.4.3.2 Festlegung der Einschätzungsdimensionen 148

4.4.3.3 Bestimmung der Ausprägungen und Zusammenstellung des
Kategoriensystems 149

4.4.3.4 Aufstellung des Kodierleitfadens 150

4.4.3.5 Materialdurchlauf 151

4.4.4 Ergebnisaufbereitung und -interpretation 152

4.4.4.1 Einleitende Einschätzungen der Experten 152

4.4.4.2 Überprüfung der Plausibilität bisheriger Erkenntnisse 155

4.4.4.3 Neue Erkenntnisse und weitere Einflussfaktoren 173

4.4.4.4 Abschließende Einschätzungen der Experten 180

5 Zusammenführung der empirischen Ergebnisse zur kommunalen Hebesatzpolitik 183

6 Die Beitragseinnahmen der Industrie- und Handelskammern – Entwicklung eines Prognosemodells 191

6.1 Das Wesen der Industrie- und Handelskammern 194

6.1.1 Zuständigkeitsbereich und Mitgliedschaft 194

6.1.1.1 Personeller Zuständigkeitsbereich 194

6.1.1.2 Räumlicher Zuständigkeitsbereich 194

6.1.1.3 Sachlicher Zuständigkeitsbereich 195

6.1.2 Autonome Normsetzungskompetenz 195

6.2 Beschreibung und Struktur der Beitragserhebung 196

6.2.1 Allgemeine Normen der Beitragserhebung 196

6.2.2 Analyse der Beitragserhebung bei der betreffenden IHK 197

6.2.2.1 Erhebung des Grundbeitrags 198

6.2.2.2 Erhebung der Umlage 201

6.3 Problemstellung bei der Beitragsplanung 205

6.3.1 Ausgangssituation 205

6.3.2 Abweichungen bei der IHK-Beitragsplanung 206

6.3.3 Analyse von Abweichungen bei den Umlageerträgen 210

6.3.3.1 Umlagevorauszahlungen im Geschäftsjahr 2008 210

6.3.3.2 Umlageabrechnungen im Geschäftsjahr 2009 211

6.3.3.3 Umlageabrechnungen im Geschäftsjahr 2010 212

6.3.3.4 Umlageabrechnungen in den Geschäftsjahren 2011 und 2012 212

6.3.4 Resümee 214

6.4 Lösungsansatz zur Prognose künftiger Beitragseinnahmen 215

6.4.1 Konzeption des Prognosemodells..215

 6.4.1.1 Prognosemodell für die Umlageabrechnungen..........................216

 6.4.1.2 Prognosemodell für die Umlagevorauszahlungen 220

6.4.2 Umfrage unter den Gemeinden im IHK-Bezirk...............................223

 6.4.2.1 Datenerhebung 223

 6.4.2.2 Umfrageergebnisse 224

6.4.3 Kritische Würdigung des Prognosemodells 227

6.5 Prognose des Beitragsaufkommens im Geschäftsjahr 2014 228

6.5.1 Beitragsvorauszahlungen im Geschäftsjahr 2014 228

 6.5.1.1 Vorauszahlungen auf den Grundbeitrag.................................228

 6.5.1.2 Vorauszahlungen auf die Umlage (Handelsregisterunternehmen) 229

 6.5.1.3 Vorauszahlungen auf die Umlage (Kleingewerbetreibende) 231

6.5.2 Beitragsabrechnungen für frühere Beitragsjahre..........................233

 6.5.2.1 Abrechnungen für den Grundbeitrag...................................233

 6.5.2.2 Abrechnungen für die Umlage (Handelsregisterunternehmen)............234

 6.5.2.3 Abrechnungen für die Umlage (Kleingewerbetreibende)................237

6.6 Zusammenfassung der Beitragsplanung 2014................................240

6.7 Erfolgskontrolle zur Beitragsplanung 2014 und Ausblick auf die Geschäftsjahre 2015 und 2016 243

7 Schlussbetrachtung **249**

Anhang...**255**

A Tabellen zur Regressionsanalyse 255

A.1 Deskriptive Statistik 257

A.2 Korrelationen nach Pearson..258

A.2.1 Regressionsmodell zum Gewerbesteuerhebesatz 258

A.2.2 Regressionsmodell zum Grundsteuerhebesatz A...........................259

A.2.3 Regressionsmodell zum Grundsteuerhebesatz B 260

A.3 Koeffizienten 261

A.3.1 Regressionsmodell zum Gewerbesteuerhebesatz 261

A.3.2 Regressionsmodell zum Grundsteuerhebesatz A...........................262

A.3.3 Regressionsmodell zum Grundsteuerhebesatz B 263

A.4 Vergleich der Regressionsmodelle 264

B   Datengrundlage und Definitionen der Regressionsanalyse 264

    B.1   Übersicht 264

    B.2   Erläuterungen zur Konstruktion einzelner Variablen 266

        B.2.1   Korrespondierende Realsteuerhebesätze der gleichen Kommune 266

        B.2.2   Realsteuerhebesätze der Nachbargemeinden 268

C   Tabellen zu den mainfränkischen Kommunen 269

    C.1   Zuordnung der mainfränkischen Kommunen in die Kategorien des
        Systems der zentralen Orte gemäß der Verordnung über das
        Landesentwicklungsprogramm Bayern (LEP) 269

    C.2   Zuordnung der Würzburger Umlandgemeinden in zwei Ringe 270

    C.3   Zuordnung der Schweinfurter Umlandgemeinden in zwei Ringe 272

D   Tabellen zur Inhaltsanalyse 274

    D.1   Interviewleitfaden 274

    D.2   Kodierleitfaden 279

E   Tabellen zur Beitragsprognose bei der IHK 284

    E.1   Anschreiben 284

    E.2   Formularblatt Gemeindeumfrage 286

Literaturverzeichnis **287**

Datenbankverzeichnis **297**

Abkürzungsverzeichnis

A.	Anhang
AKB	Arbeitsgemeinschaft Kammerleitstelle für Beitragsbemessungsgrundlagen e.V.
AO	Abgabenordnung
BayVerf	Verfassung des Freistaates Bayern
BBSR	Bundesinstitut für Bau-, Stadt- und Raumforschung
BewG	Bewertungsgesetz
BewRGr	Bewertungsrichtlinien Grundvermögen
BFH	Bundesfinanzhof
BMF	Bundesministerium der Finanzen
BMG	Bemessungsgrundlage
BO	Beitragsordnung
bspw.	beispielsweise
BVerfG	Bundesverfassungsgericht
BWVerf	Verfassung des Landes Baden-Württemberg
bzw.	beziehungsweise
DIHK	Deutscher Industrie- und Handelskammertag
EStG	Einkommensteuergesetz
et al.	et alii (und andere)
etc.	et cetera
EW	Einwohner
FAG	Finanzausgleich
ff.	fortfolgende
GemHVO	Gemeindehaushaltsverordnung
GewSt	Gewerbesteuer
GewStG	Gewerbesteuergesetz
GewStR	Gewerbesteuer-Richtlinie
GFRG	Gemeindefinanzreformgesetz
GG	Grundgesetz
grds.	grundsätzlich
GrSt A	Grundsteuer A
GrSt B	Grundsteuer B
GrStG	Grundsteuergesetz
Gz.	Grundzentrum
HRU	Handelsregisterunternehmen
Hrsg.	Herausgeber
HWK	Handwerkskammer
IHK	Industrie- und Handelskammer
IHKG	Gesetz zur vorläufigen Regelung des Rechts der Industrie- und Handelskammern

i. V. m.	in Verbindung mit
KAG	Kommunalabgabengesetz
KGT	Kleingewerbetreibende
KommHV-Doppik	Kommunalhaushaltsverordnung-Doppik
lit.	littera
LVwG	Landesverwaltungsgesetz Schleswig-Holstein
Max.	Maximum
Min.	Minimum
Mz.	Mittelzentrum
OLS	Ordinary least squares (Kleinst-Quadrate-Methode)
Oz.	Oberzentrum
PP-Diagramm	Probability-Probability-Diagramm
sog.	sogenannt
SVB	Sozialversicherungspflichtig Beschäftigte
vgl.	vergleiche
VIF-Wert	Varianzinflationsfaktor
z. B.	zum Beispiel

Symbolverzeichnis

Allgemeine Symbole

N	Anzahl der Fälle
>	größer als
≥	größer gleich
<	kleiner als
≤	kleiner gleich
ln	natürlicher Logarithmus
§	Paragraf
%	Prozent
Σ	Summe
&	und

Symbole im dritten Kapitel

Y	abhängige Variable
R^2	Bestimmtheitsmaß
iv	Instrumentvariable
n	Kennzeichnung der unabhängigen Variablen
i	Kennzeichnung einer Gemeinde
korr. R^2	korrigiertes Bestimmtheitsmaß
β_n	Regressionskoeffizient
c	Regressionskonstante
ϵ_i	Störterm
X_n	unabhängige Variable

Symbole im sechsten Kapitel

$BMG(GewStVZ_t)$	Bemessungsgrundlage der Gewerbesteuervorauszahlungen für einen Veranlagungszeitraum t
$BMG(U_t)$	Bemessungsgrundlage der IHK-Umlage für ein Beitragsjahr t
$\widehat{BMG}(U_t)$	geschätzte Bemessungsgrundlage der IHK-Umlage für ein Beitragsjahr t
$BMG(UVZ_t)$	Bemessungsgrundlage der IHK-Umlagevorauszahlungen für ein Beitragsjahr t
g	Kennzeichnung für eine Gemeinde
$GewStVZ_{t,g}$	Gewerbesteuervorauszahlungen in einer Gemeinde g für einen Veranlagungszeitraum t
H	Kennzeichnung für die IHK-Mitgliedergruppe der Handelsregisterunternehmen
h_t	Umlagehebesatz für ein Beitragsjahr t
i	Kennzeichnung für den zeitlichen Abstand zwischen einem Beitragsjahr t und einem Geschäftsjahr s

j	Kennzeichnung für den zeitlichen Abstand zwischen einem Geschäftsjahr s und einem Beitragsjahr t
K	Kennzeichnung für die IHK-Mitgliedergruppen der Kleingewerbetreibenden
M	Kennzeichnung für die IHK-Mitgliedergruppen
p_t	Veränderung der gewerbesteuerlichen Bemessungsgrundlage eines Veranlagungszeitraums t im Vergleich zum Basisjahr 2008
$\hat{p}_t$	geschätzte Entwicklung der Bemessungsgrundlage der IHK-Umlage eines Beitragsjahres im Vergleich zum Basisjahr 2008
$\bar{q}_i$	pauschale Abrechnungsquote der Umlageerträge eines Beitragsjahr t in einem Geschäftsjahr s
s	Kennzeichnung für ein Geschäftsjahr der IHK
t	Kennzeichnung für einen Veranlagungszeitraum / Beitragsjahr
$\widehat{UA}_{t,s}$	geschätzte Umlageabrechnungen für ein Beitragsjahr t in dem Geschäftsjahr s
$\widehat{UAV}_t$	geschätztes Abrechnungsvolumen der IHK-Umlage für ein Beitragsjahr t
$\widehat{UVZ}_s$	geschätzte Umlagevorauszahlungen im Geschäftsjahr s
$\hat{v}_s$	geschätzter Veränderungsfaktor der Bemessungsgrundlage der IHK-Umlage für ein Geschäftsjahr s

Tabellenverzeichnis

Kommunale Steuereinnahmen und normative Grundlagen des Selbstverwaltungsrechts

Tabelle 1: Abgrenzung der Realsteuern von den Personensteuern. 13
Tabelle 2: Wirkung von unterschiedlichen Hebesätzen auf die Steuerbelastung. 25
Tabelle 3: Veränderung des GewSt-Istaufkommens (brutto): Mengen- und Preiseffekt. 30

Determinanten des Hebesatzniveaus der Realsteuern - eine Regressionsanalyse

Tabelle 4: Deskriptive Statistik zu den Regressionsanalysen. 48
Tabelle 5: Anpassung der Realsteuerhebesätze von 2010 auf 2011 49
Tabelle 6: Modellzusammenfassungen der drei Regressionsmodelle. 59
Tabelle 7: Auszug aus den Regressionsmodellen: Untersuchungsbereiche Realsteuerhebesätze und Bevölkerungsstruktur. 63
Tabelle 8: Auszug aus den Regressionsmodellen: Untersuchungsbereiche Realsteueraufkommen sowie Raumordnung und Infrastruktur. 67
Tabelle 9: Auszug aus den Regressionsmodellen: Untersuchungsbereiche Arbeitsmarkt und Beschäftigung sowie parteipolitische Präferenz. ... 69

Überprüfung bisheriger Forschungsergebnisse mittels einer qualitativen Methode

Tabelle 10: Basisdaten und wirtschaftliche Kennziffern der Region Mainfranken. 79
Tabelle 11: Bruttoeinnahmen und -ausgaben der Gemeinden mit mehr als 10.000 Einwohnern. 82
Tabelle 12: Veränderung der Gewerbesteuereinnahmen (netto) in Mainfranken. 85
Tabelle 13: Gemeindeanteil an der Einkommensteuer: Die mainfränkischen Gemeinden mit dem größten und dem niedrigsten Steueraufkommen. 87
Tabelle 14: Gemeindeanteil an der Umsatzsteuer: Die mainfränkischen Gemeinden mit dem größten und dem niedrigsten Steueraufkommen. 90
Tabelle 15: Gewerbesteuer (Grundbetrag): Die mainfränkischen Gemeinden mit dem größten Steueraufkommen. 95
Tabelle 16: Die mainfränkischen Gemeinden mit den größten Schlüsselzuweisungen. 99
Tabelle 17: Die mainfränkischen Gemeinden mit den höchsten Gewerbesteuerumlagen. 100
Tabelle 18: Grundsteuer A (Grundbetrag): Die mainfränkischen Gemeinden mit dem größten und dem niedrigsten Steueraufkommen.................102

Tabelle 19:   Grundsteuer B (Grundbetrag): Die mainfränkischen Gemeinden
                mit dem größten und dem niedrigsten Steueraufkommen. 105
Tabelle 20:   Die Würzburger Realsteuerhebesätze im Vergleich. 113
Tabelle 21:   Die Schweinfurter Realsteuerhebesätze im Vergleich. 122
Tabelle 22:   Formen qualitativ orientierter Textanalyse nach Philipp Mayring..... 140
Tabelle 23:   Teilnehmende Kommunen bei der Expertenbefragung. 145
Tabelle 24:   Einschätzungsdimensionen zur strukturierenden Inhaltsanalyse. 149
Tabelle 25:   Interviewauszug zur Einschätzungsdimension: Niveau der
                weiteren Realsteuerhebesätze einer Gemeinde. 156
Tabelle 26:   Interviewauszug zur Einschätzungsdimension: Gewerbesteuer-
                hebesatz der Nachbarkommunen. 159
Tabelle 27:   Interviewauszug zur Einschätzungsdimension: Grundsteuer-
                hebesatz der Nachbarkommunen. 160
Tabelle 28:   Interviewauszug zur Einschätzungsdimension: Gemeindegröße
                (Einwohner)... 162
Tabelle 29:   Intertemporäre und interfunktionale Hebesatzunterschiede der
                mainfränkischen Kommunen gemäß einer Kategorisierung nach
                dem bayerischen System der zentralen Orte. 163
Tabelle 30:   Interviewauszug zur Einschätzungsdimension: Altersstruktur der
                Bevölkerung... 165
Tabelle 31:   Interviewauszug zur Einschätzungsdimension: Bemessungs-
                grundlage. 166
Tabelle 32:   Interviewauszug zur Einschätzungsdimension: Umfangreiche
                Infrastruktur... 168
Tabelle 33:   Interviewauszug zur Einschätzungsdimension: Gemeindegröße
                (Fläche). 169
Tabelle 34:   Interviewauszug zur Einschätzungsdimension: Arbeitsmarkt &
                Beschäftigung. 171
Tabelle 35:   Interviewauszug zur Einschätzungsdimension: Parteienpräferenz... 172
Tabelle 36:   Interviewauszug zur Einschätzungsdimension: Wachstum der
                Kommune.. 177

Zusammenführung der empirischen Ergebnisse zur kommunalen Hebesatzpolitik

Tabelle 37:   Zusammenfassung der Untersuchungsergebnisse (Teil 1). 186
Tabelle 38:   Zusammenfassung der Untersuchungsergebnisse (Teil 2). 187
Tabelle 39:   Zusammenfassung der Untersuchungsergebnisse (Teil 3). 188

Die Beitragseinnahmen der Industrie- und Handelskammern

Tabelle 40:   Rangfolge der bayerischen IHKs im bundesweiten Vergleich ihrer
                Gesamterträge. 195
Tabelle 41:   Staffelung des Grundbeitrags am Beispiel einer IHK. 198
Tabelle 42:   Aufteilung der Beitragseinnahmen in Vorauszahlungen und
                Abrechnungen.. 202
Tabelle 43:   Aufteilung der Umlageerträge eines Geschäftsjahres (in Tsd. Euro). 204

Tabelle 44:   Aufteilung der Umlageerträge eines Beitragsjahres (in Tsd. Euro). ...204

Tabelle 45:   Vergleich zwischen den Abrechnungsquoten der HR- und der
                KGT-Unternehmen für ein Beitragsjahr (langjährige Mittelwerte in
                Mio. Euro)..218

Tabelle 46:   Pauschale Abrechnungsquoten der Umlageerträge eines
                Beitragsjahres in folgenden Geschäftsjahren...219

Tabelle 47:   Vergleich zwischen den Abrechnungsquoten der HR- und der
                KGT-Unternehmen in einem Geschäftsjahr (langjährige Mittel-
                werte in Mio. Euro)..222

Tabelle 48:   Pauschale Abrechnungsquoten der Umlageerträge in einem
                Geschäftsjahr für frühere Beitragsjahre...222

Tabelle 49:   Umfrageergebnisse: Gewerbesteuermessbeträge der einzelnen
                Haushaltsjahre...224

Tabelle 50:   Umfrageergebnisse: Gewerbesteuermessbeträge der einzelnen
                Veranlagungszeiträume...225

Tabelle 51:   Prozentuale Veränderung der Vorauszahlungen gegenüber dem
                Basisjahr 2008..226

Tabelle 52:   Prognostizierte Bemessungsgrundlagen der IHK-Umlage für die
                Beitragsjahre 2009-2012 der HRU (in Tsd. Euro). 230

Tabelle 53:   Prognostizierte Bemessungsgrundlagen in den Beitragskonten
                der Geschäftsjahre 2013 und 2014 der HRU (in Tsd. Euro)...................230

Tabelle 54:   Prognostizierte Bemessungsgrundlagen der IHK-Umlage für die
                Beitragsjahre 2009-2012 der KGT (in Tsd. Euro)....................................231

Tabelle 55:   Prognostizierte Bemessungsgrundlagen in den Beitragskonten
                der Geschäftsjahre 2013 und 2014 der KGT (in Tsd. Euro). 232

Tabelle 56:   Prognostiziertes Abrechnungsvolumen der IHK-Umlage für die
                Beitragsjahre 2009-2012 der HRU (in Tsd. Euro). 235

Tabelle 57:   Aufteilung der prognostizierten Abrechnungsvolumen der IHK-
                Umlage auf folgende Geschäftsjahre der HRU (in Tsd. Euro)...............235

Tabelle 58:   Umlageabrechnungen im Geschäftsjahr 2014 für frühere
                Beitragsjahre der HRU..237

Tabelle 59:   Prognostizierte Abrechnungsvolumen der IHK-Umlage für die
                Beitragsjahre 2009-2012 der KGT (in Tsd. Euro)....................................238

Tabelle 60:   Aufteilung der prognostizierten Abrechnungsvolumen der IHK-
                Umlage auf folgende Geschäftsjahre der KGT (in Tsd. Euro)...............238

Tabelle 61:   Umlageabrechnungen im Geschäftsjahr 2014 für frühere
                Beitragsjahre der KGT. 239

Tabelle 62:   Gegenüberstellung der Beitragsplanung mit den Ist-Ergebnissen
                der Vorjahre..242

Abbildungsverzeichnis

Hinführung, Zielsetzung und Aufbau der Arbeit

Abbildung 1: Gewerbesteuerhebesatzklassen im Jahr 2011. 2
Abbildung 2: Spannungsfeld bei der Hebesatzfestsetzung. 3
Abbildung 3: Erklärungsstrategien und Methodeneinsatz in der empirischen
              Sozialforschung. 7
Abbildung 4: Forschungsstrategien bei quantitativer und qualitativer
              Sozialforschung. 8

Kommunale Steuereinnahmen und normative Grundlagen des Selbstverwaltungsrechts

Abbildung 5:   Struktur der kommunalen Einnahmen des Verwaltungshaushaltes
               in 2014. 12
Abbildung 6:   Entwicklung der gewogenen Durchschnittshebesätze der
               Realsteuern. 14
Abbildung 7:   Entwicklung des Gewerbesteuerhebesatzes in Monheim am Rhein. . 20
Abbildung 8:   Entwicklung der Gewerbesteuerhebesatzklassen zwischen 2008
               und 2014. 21
Abbildung 9:   Ermittlung des Gewerbeertrags nach § 7 S. 1 GewStG 23
Abbildung 10: Ermittlung der Gewerbesteuer. 24
Abbildung 11: Wesentliche Kenngrößen des bayerischen Finanzausgleichs. 27
Abbildung 12: Entwicklung der kommunalen Steuereinnahmen in den
               Flächenländern. 28
Abbildung 13: Entwicklung der Gewerbesteuereinnahmen in den Flächenländern. 29
Abbildung 14: Entwicklung der gewogenen Durchschnittshebesätze der
               Grundsteuern. 33
Abbildung 15: Entwicklung der gewogenen Durchschnittshebesätze der
               Grundsteuern. 34
Abbildung 16: Schema zur Ermittlung der Grundsteuern A und B. 37
Abbildung 17: Entwicklung der Realsteuereinnahmen in den Flächenländern. 37
Abbildung 18: Entwicklung der Grundsteuereinnahmen in den Flächenländern. 38
Abbildung 19: Entwicklung der Preisindizes für Bauland und Wohnimmobilien. 39

Determinanten des Hebesatzniveaus der Realsteuern - eine Regressionsanalyse

Abbildung 20: Entwicklung des Schuldenstands der Gemeinden und
               Gemeindeverbände in ausgewählten Bundesländern 56
Abbildung 21: Hebesatzklassen der ausgeschlossenen Ausreißer. 58
Abbildung 22: Histogramm und PP-Diagramm der standardisierten Residuen der
               abhängigen Variable Gewerbesteuerhebesatz 60
Abbildung 23: Die Durchschnittshebesätze der Realsteuern in den Jahren 2005,
               2010, 2015 72

Überprüfung bisheriger Forschungsergebnisse mittels einer qualitativen Methode

Abbildung 24:   Die Lage der Region Mainfranken in Deutschland.................................. 78
Abbildung 25:   Entwicklung der Bevölkerung, der sozialversicherungspflichtig
                 Beschäftigten, des Bruttoinlandsprodukts und der Steuer-
                 einnahmen der Gemeinden in Mainfranken seit 2000.......................... 80
Abbildung 26:   Sozialversicherungspflichtig Beschäftigte (am Arbeitsort) nach
                 Wirtschaftsbereichen in Mainfranken im Jahr 2014............................... 81
Abbildung 27:   Entwicklung und Struktur der kommunalen Steuereinnahmen in
                 Mainfranken... 83
Abbildung 28:   Entwicklung der Steuereinnahmen in Mainfranken seit 2001. 85
Abbildung 29:   Häufigkeitsverteilung der kommunalen Pro-Kopf-Einnahmen aus
                 dem Gemeindeanteil an der Einkommensteuer in Mainfranken. 89
Abbildung 30:   Häufigkeitsverteilung der kommunalen Pro-Kopf-Einnahmen aus
                 dem Gemeindeanteil an der Umsatzsteuer in Mainfranken. 91
Abbildung 31:   Hebesatzklassen zur Gewerbesteuer in Mainfranken für 2014. 93
Abbildung 32:   Häufigkeitsverteilung der kommunalen Pro-Kopf-Einnahmen aus
                 der Gewerbesteuer in Mainfranken. 94
Abbildung 33:   Entwicklung des Gewerbesteueraufkommens (Grundbetrag)
                 ausgewählter mainfränkischer Kommunen seit 2008.......................... 96
Abbildung 34:   Hebesatzklassen zur Grundsteuer A in Mainfranken für 2014............ 100
Abbildung 35:   Häufigkeitsverteilung der kommunalen Pro-Kopf-Einnahmen aus
                 der Grundsteuer A in Mainfranken. 103
Abbildung 36:   Hebesatzklassen zur Grundsteuer B in Mainfranken für 2014............ 103
Abbildung 37:   Häufigkeitsverteilung der kommunalen Pro-Kopf-Einnahmen aus
                 der Grundsteuer B in Mainfranken.. 107
Abbildung 38:   Zuordnung der Gemeinden in zwei Ringe um die beiden
                 Oberzentren Würzburg und Schweinfurt.. 108
Abbildung 39:   Zuordnung der Gemeinden in den zwei Ringen um Würzburg. 110
Abbildung 40:   Die Entwicklung der Realsteuerhebesätze in Würzburg und
                 seinem Umland... 111
Abbildung 41:   Die Gemeindeanteile an der Einkommensteuer und der
                 Umsatzsteuer in Würzburg und seinem Umland.................................. 114
Abbildung 42:   Die Grundsteuereinnahmen (Grundbeträge) in Würzburg und
                 seinem Umland... 116
Abbildung 43:   Die Gewerbesteuereinnahmen (Grundbetrag) und
                 Schlüsselzuweisungen in Würzburg und seinem Umland. 117
Abbildung 44:   Zuordnung der Gemeinden in den zwei Ringen um Schweinfurt..... 119
Abbildung 45:   Die Entwicklung der Realsteuerhebesätze in Schweinfurt und
                 seinem Umland... 121
Abbildung 46:   Die Gemeindeanteile an der Einkommensteuer und der Umsatz-
                 steuer in Schweinfurt und seinem Umland. 124
Abbildung 47:   Die Grundsteuereinnahmen (Grundbeträge) in Schweinfurt und
                 seinem Umland... 125

Abbildung 48:   Die Gewerbesteuereinnahmen (Grundbeträge) und die
                Schlüsselzuweisungen in Schweinfurt und seinem Umland...............127
Abbildung 49:   Die Höhe der Schlüsselzuweisungen im Vergleich zu den erzielten
                Einnahmen aus der Gewerbesteuer und dem Gemeindeanteil an
                der Einkommensteuer in Schweinfurt. 128
Abbildung 50:   Vergleich des Hebesatzniveaus in den beiden Oberzentren und
                ihren Nachbargemeinden im Jahr 2014...130
Abbildung 51:   Vergleich der Pro-Kopf-Einnahmen aus den Realsteuern
                (Grundbeträge) in den beiden Oberzentren und ihren
                Nachbargemeinden im Jahr 2014. 131
Abbildung 52:   Vergleich der Gemeindeanteile an der Einkommen- und der
                Umsatzsteuer in den beiden Oberzentren mit denen ihrer
                Nachbargemeinden in 2014...133
Abbildung 53:   Prinzip der qualitativen Inhaltsanalyse...135
Abbildung 54:   Allgemeines Ablaufmodell einer strukturierenden Inhaltsanalyse....141
Abbildung 55:   Ausprägungen zur strukturierenden Inhaltsanalyse..............................150
Abbildung 56:   Analyseschritte des Materialdurchlaufs bei der strukturierenden
                Inhaltsanalyse...151
Abbildung 57:   Experteninterview: Bedeutung der Realsteuern für die
                Kommunen..153
Abbildung 58:   Experteninterview: Kommunale Hebesatzentwicklung. 153
Abbildung 59:   Experteninterview: Politischer Entscheidungsprozess.........................154
Abbildung 60:   Interviewauswertung zur Einschätzungsdimension: Niveau der
                weiteren Realsteuerhebesätze einer Gemeinde...................................155
Abbildung 61:   Interviewauswertung zur Einschätzungsdimension:
                Gewerbesteuerhebesatz der Nachbarkommunen. 157
Abbildung 62:   Interviewauswertung: Einfluss der Größenklasse und der
                Entfernung der Nachbarn auf die Würdigung als relevante
                Gemeinde für einen Hebesatzvergleich. 158
Abbildung 63:   Interviewauswertung zur Einschätzungsdimension:
                Grundsteuerhebesatz der Nachbarkommunen....................................159
Abbildung 64:   Interviewauswertung zur Einschätzungsdimension:
                Gemeindegröße...161
Abbildung 65:   Interviewauswertung zur Einschätzungsdimension: Altersstruktur
                der Bevölkerung. 164
Abbildung 66:   Interviewauswertung zur Einschätzungsdimension: Höhe der
                Bemessungsgrundlage...165
Abbildung 67:   Interviewauswertung zur Einschätzungsdimension: Umfangreiche
                Infrastruktur. 167
Abbildung 68:   Interviewauswertung zur Einschätzungsdimension: Gemeinde-
                größe (Fläche)..168
Abbildung 69:   Interviewauswertung zur Einschätzungsdimension: Konstitution
                des Arbeitsmarktes. 170

Abbildung 70:   Interviewauswertung zur Einschätzungsdimension: Umfang der
                wirtschaftlichen Betätigung. 170
Abbildung 71:   Interviewauswertung zur Einschätzungsdimension:
                Parteienpräferenz. 172
Abbildung 72:   Weitere Einschätzungsdimensionen zur strukturierenden
                Inhaltsanalyse.. 173
Abbildung 73:   Interviewauswertung zur Einschätzungsdimension:
                Finanzausgleich.. 174
Abbildung 74:   Interviewauswertung zur Einschätzungsdimension: Lobbyismus..... 176
Abbildung 75:   Interviewauswertung zur Einschätzungsdimension: Wachstum
                der Gemeinde. 177
Abbildung 76:   Interviewauswertung zur Einschätzungsdimension: Termin der
                Kommunalwahl. 178
Abbildung 77:   Interviewauswertung zur Einschätzungsdimension:
                Gewerbesteueranrechnung auf die Einkommensteuer. 179

Die Beitragseinnahmen der Industrie- und Handelskammern

Abbildung 78:   Vergleich zwischen den Plan- und Ist-Ergebnissen der IHK-
                Beitragseinnahmen in den Geschäftsjahren 2008-2013. 192
Abbildung 79:   Zusammensetzung der Beitragseinnahmen in den Geschäfts-
                jahren 2008-2013. 198
Abbildung 80:   Struktur der Grundbeiträge in 2012 nach Staffelklassen. 199
Abbildung 81:   Entwicklung der Grundbeiträge in den Geschäftsjahren
                2008-2013... 200
Abbildung 82:   Zusammensetzung der Grundbeiträge in den Geschäftsjahren
                2008-2013... 200
Abbildung 83:   Entwicklung der Umlage in den Geschäftsjahren 2008-2013............. 201
Abbildung 84:   Zusammensetzung der Umlageerträge in den Geschäftsjahren
                2008-2013... 202
Abbildung 85:   Schwankung der Umlageerträge in den Geschäftsjahren 2008-
                2013.. 203
Abbildung 86:   Mittlere Abweichung vom Mittelwert der einzelnen
                Beitragskategorien (in Euro).. 206
Abbildung 87:   Grundbeitrag: Vorauszahlungen in den Geschäftsjahren 2008-
                2013.. 207
Abbildung 88:   Grundbeitrag: Abrechnungen in den Geschäftsjahren 2008-2013. ...208
Abbildung 89:   Umlage: Vorauszahlungen in den Geschäftsjahren 2008-2013. 208
Abbildung 90:   Umlage: Abrechnungen in den Geschäftsjahren 2008-2013.............. 209
Abbildung 91:   Entwicklung des Beitragsvolumens in den Beitragsjahren 2004-
                2008.. 210
Abbildung 92:   Abrechnungen im Geschäftsjahr 2009 für frühere Beitragsjahre....... 211
Abbildung 93:   Abrechnungen im Geschäftsjahr 2010 für frühere Beitragsjahre....... 212
Abbildung 94:   Abrechnungen im Geschäftsjahr 2011 für frühere Beitragsjahre....... 213
Abbildung 95:   Abrechnungen im Geschäftsjahr 2012 für frühere Beitragsjahre...... 213

Abbildung 96:   Vergleich der Gewerbesteuermessbeträge mit den Umlage-
                 erträgen der IHK...215
Abbildung 97:   Entwicklung der IHK-Beitragseinnahmen und
                 Gewerbesteuermessbeträge. 225
Abbildung 98:   Beitragsplanung 2014: Vorauszahlungen auf den Grundbeitrag
                 (HRU)..228
Abbildung 99:   Beitragsplanung 2014: Vorauszahlungen auf den Grundbeitrag
                 (KGT). 229
Abbildung 100:   Beitragsplanung 2014: Vorauszahlungen auf die Umlageerträge
                 (HRU)..231
Abbildung 101:   Beitragsplanung 2014: Vorauszahlungen auf die Umlageerträge
                 (KGT). 233
Abbildung 102:   Beitragsplanung 2014: Abrechnungen für den Grundbeitrag
                 (HRU)..233
Abbildung 103:   Beitragsplanung 2014: Abrechnungen für den Grundbeitrag (KGT).234
Abbildung 104:   Beitragsplanung 2014: Abrechnungen für die Umlage (HRU)............237
Abbildung 105:   Beitragsplanung 2014: Abrechnungen für die Umlage (KGT)............240
Abbildung 106:   Gesamtbeitrag: Entwicklung in den Geschäftsjahren 2008-2016.......243
Abbildung 107:   Grundbeitrag: Vorauszahlungen in den Geschäftsjahren 2008-
                 2016. 244
Abbildung 108:   Umlage: Vorauszahlungen in den Geschäftsjahren 2008-2016. 244
Abbildung 109:   Grundbeitrag: Abrechnungen in den Geschäftsjahren 2008-2016....245
Abbildung 110:   Umlage: Abrechnungen in den Geschäftsjahren 2008-2016. 245

1 Hinführung, Zielsetzung und Aufbau der Arbeit

Die Ausgestaltung der kommunalen Steuerpolitik in der letzten Dekade verdeutlicht in besonderem Maße, in welch diskrepanter Situation sich Gemeinden bei der Festlegung ihrer Realsteuerhebesätze befinden. Besonders anschaulich kann dies für die Gewerbesteuer dargestellt werden, die neben der Grundsteuer A und Grundsteuer B zu den sogenannten Realsteuern zählt.[1]

Einerseits sind die Kommunen aufgrund des Wettbewerbs um den Erhalt und die Ansiedlung von Gewerbebetrieben darum bestrebt, in ihren Haushaltssatzungen gemäßigte Realsteuerhebesätze zu beschließen.[2] Eine attraktive Wirtschaftspolitik gilt als wichtig, da die Gemeinden infolge der zunehmenden Mobilität von Kapital und Arbeit nicht nur mit den unmittelbaren Nachbargemeinden, sondern immer häufiger auch mit weiter entfernt liegenden Standorten konkurrieren.[3] Vor diesem Hintergrund ist zur Begrenzung eines übermäßig starken kommunalen Steuerwettbewerbs eine gesetzlich normierte Untergrenze des Gewerbesteuerhebesatzes von 200 % eingeführt worden.[4] Einem ruinösen Steuerwettbewerb soll hierdurch vorgebeugt werden.[5]

Andererseits können sich Gemeinden wegen einer steigenden Ausgabenbelastung und dem damit verbundenen Ziel einer Einnahmemaximierung auch dazu veranlasst sehen, höhere Realsteuerhebesätze festzusetzen.[6] Obwohl bereits Swift darauf hingewiesen hat, dass Steuererhöhungen nicht per se zu höheren Einnahmen führen,[7] kann in jüngerer Vergangenheit immer häufiger beobachtet werden, dass für viele Kommunen das Anheben ihrer Steuersätze längst kein Tabu mehr ist. Während in dem Zeitraum zwischen 2006 und 2009 lediglich 15 % der Gemeinden den Gewerbesteuerhebesatz erhöht haben, lag dieser Wert in dem Zeitraum von 2010 bis 2013 bei rund 43 %. Hingegen bleibt der Anteil der Gemeinden, die eine Hebesatzsenkung vornehmen, seit langem mit rund 2 % konstant.[8]

---

[1] Siehe § 3 Abs. 2 AO.

[2] In gleicher Weise besteht auch ein kommunaler Steuerwettbewerb um Privatpersonen. So werben Gemeinden mit niedrigen Grundsteuerhebesätzen für den Zuzug von Personen, da aus einer gesteigerten Einwohnerzahl infolge des Wohnsitzprinzips ein größerer Gemeindeanteil an der Einkommensteuer und höhere Zuweisungen aus dem kommunalen Finanzausgleich resultieren.

[3] Vgl. für den umfangreichen Steuerwettbewerb zwischen Gebietskörperschaften den ausführlichen Literaturüberblick von Genschel / Schwarz (2011).

[4] Siehe § 16 Abs. 4 S. 2 GewStG und vgl. BVerfG, Beschluss vom 27.01.2010, 2 BvR 2185/04.

[5] So argumentieren auch Zodrow / Mieszkowski (1986) und Wilson (1986), dass für Gebietskörperschaften ein Anreiz zu Steuersatzsenkungen besteht, um den mobilen Faktor Kapital anzulocken. Hierdurch würde sich jedoch ein „race-to-the-bottom" in deren Steuersetzungsverhalten einstellen.

[6] So sind die Gemeinden nach ständiger Rechtsprechung und den auf Landesebene erlassenen Gemeindeordnungen dazu verpflichtet, ihre Einnahmequellen auszuschöpfen. Vgl. hierzu beispielhaft Art. 61 f. Gemeindeordnung für den Freistaat Bayern oder § 10 S. 1 Hessische Gemeindeordnung (HGO).

[7] Vgl. die im Literaturverzeichnis unter Swift (1728) aufgeführte Werkausgabe von Davis (1955), S. 21.

[8] Vgl. für die Entwicklung der kommunalen Realsteuern Ernst & Young (2014), S. 18.

Allein aufgrund der Entwicklung in den vergangenen Jahren auf ein überhöhtes Hebesatzniveau zu schließen, wäre jedoch vorschnell. Bereits der Blick in die Statistik zeigt, dass sich bloß wenige Gemeinden gänzlich auf eine der beiden konträren Besteuerungsstrategien festlegen. Nur selten kann ein extremes Hebesatzniveau beobachtet werden. Die Mehrzahl aller Kommunen entscheidet sich indessen für eine gemäßigte Hebesatzhöhe. Im Jahr 2011 lag diese durchschnittlich bei rund 350 %.[9]

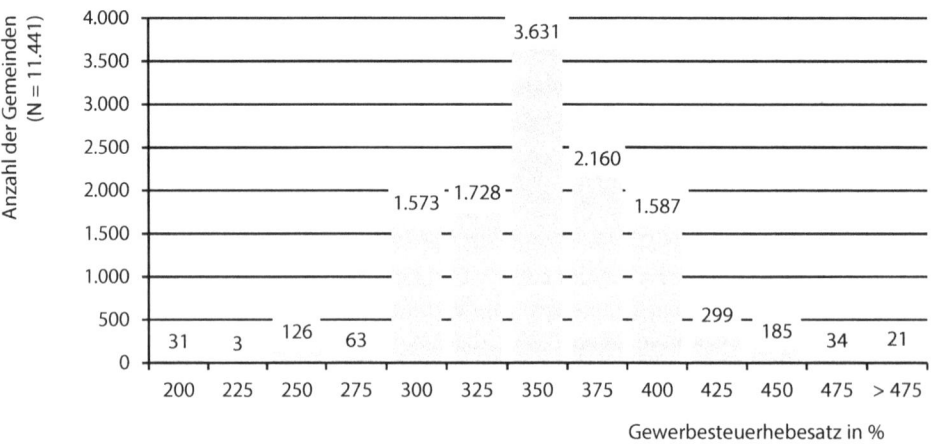

Abbildung 1: Gewerbesteuerhebesatzklassen im Jahr 2011.[10]

Demnach kommt es infolge der entgegengesetzten Wirkungsrichtung von kommunalem Steuerwettbewerb und zunehmender Ausgabenbelastung weitestgehend zu einem Ausgleich zwischen den beiden Besteuerungsstrategien. Dabei zeigt sich der Steuerwettbewerb nicht nur dadurch, dass niedrigere Hebesätze festgelegt werden, sondern auch dadurch, dass das Hebesatzniveau nicht in einem Ausmaß ansteigt, wie es die Mittelausstattung mancher Kommune gegebenenfalls fordern würde. Durch das enge Zusammenspiel von steuersatzsenkenden und steuersatzerhöhenden Effekten wird letztlich das Funktionieren der kommunalen Realsteuerpolitik garantiert.

Die Grenzen einer gemäßigten Hebesatzpolitik lassen sich hierbei allerdings nicht scharf zeichnen, da die Hebesätze stets vor dem Hintergrund der individuellen Faktorausstattung einer Kommune betrachtet werden müssen. Aufgrund dessen wird an einem attraktiven Wirtschaftsstandort wie der bayerischen Landeshauptstadt München auch ein deutlich höheres Hebesatzniveau akzeptiert als in einer kleinen Landgemeinde in Oberbayern. Welcher Hebesatz noch als angemessen gilt, kann somit nicht pauschal für alle Gemeinden determiniert werden. Für Kommunen eröffnet sich hierdurch ein gewisser Entscheidungsspielraum. Es ist ersichtlich, dass viele Gemeinden diesen nutzen und die Realsteuerhebesätze bewusst als Instrument zur interkommunalen Differenzierung einsetzen.

---

[9]   Vgl. Statistisches Bundesamt (2012); das Gleiche lässt sich auch für die Grundsteuern A und B beobachten. Obwohl bereits aktuellere Daten zu den Realsteuerhebesätzen vorliegen, werden hier weiterhin Daten des Jahres 2011 gezeigt, da dieses Jahr den Zeitbezug in der Regressionsanalyse des dritten Kapitels darstellt.

[10]   Quelle: Eigene Darstellung mit Daten der Regionaldatenbank Deutschland (2016c).

1.1 Fragestellung und Ziel der Arbeit

Wie einleitend skizziert wurde, sehen sich Kommunen bei der Festlegung ihrer Hebesätze mit zwei grundlegenden Besteuerungsstrategien konfrontiert. Infolge des kommunalen Steuerwettbewerbs besteht einerseits ein Anreiz, möglichst niedrige Hebesätze festzulegen. Andererseits führt die steigende Ausgabenbelastung dazu, dass immer mehr Kommunen höhere Hebesätze präferieren.

Anreiz für niedrigere Hebesätze:
interkommunaler Wettbewerb um Steuerpflichtige
(Gewerbebetriebe, landwirtschaftliche Betriebe, Einwohner)
und Investitionen

Anreiz für höhere Hebesätze:
zunehmende Ausgabenbelastung und
Streben nach Einnahmeerhöhungen

Abbildung 2: Spannungsfeld bei der Hebesatzfestsetzung.[11]

Wie an der Entwicklung der Realsteuerhebesätze deutlich wird, überwiegt in den zurückliegenden Jahren offenbar der Anreiz für ein höheres Hebesatzniveau. Dies bedeutet allerdings nicht, dass dem Steuerwettbewerb bei der Hebesatzfestsetzung keine Bedeutung zuteilwird. Zwar mag der Steuerwettbewerb nur noch selten zu Hebesatzsenkungen führen, als Korrektiv für übermäßige Steuersatzerhöhungen wirkt er aber weiterhin. Aufgrund dessen kann in den meisten Kommunen nach wie vor ein relativ moderates Hebesatzniveau beobachtet werden. Gleichwohl zeigt sich aber auch, dass die Gemeinden ihre Hebesätze als Mittel einsetzen, um sich von anderen Kommunen abzugrenzen. Denn die Hebesätze unterscheiden sich zwischen einzelnen Kommunen teilweise deutlich.

> Dies führt zu der Frage, von welchen weiteren Faktoren politische Entscheidungsträger ihre Hebesatzentscheidungen abhängig machen und wodurch sich das genaue Hebesatzniveau einer Kommune letztlich determiniert.

Für die Gewerbesteuer konnte die wissenschaftliche Literatur bereits darstellen,[12] dass sich das Hebesatzniveau in besonderem Maße in Abhängigkeit von der Ausprägung lokaler Standortfaktoren bestimmt. Beispielsweise konnte Büttner mit einer Regressionsanalyse nachweisen, dass unter anderem die Einwohnerzahl und die Bevölkerungsstruktur einen

---

[11]   Quelle: Eigene Darstellung.
[12]   Vgl. hierzu insbesondere den Literaturüberblick in Kapitel 3.3.

Einfluss auf die Hebesatzhöhe haben. Daneben konnte gezeigt werden, dass der eigene Gewerbesteuerhebesatz vor allem auch durch das Hebesatzniveau in den umliegenden Kommunen bedingt wird.[13]

Die bisherigen Untersuchungen haben sich dabei überwiegend auf einzelne Bundesländer beschränkt.[14] Jedoch könnte die länderspezifische Ausgestaltung des kommunalen Finanzausgleichs einen Einfluss auf die formulierten Ergebnisse gehabt haben. Für allgemeingültigere Aussagen erscheint es daher erstrebenswert, die Determinanten der Gewerbesteuerhebesatzhöhe auch in einer eigenen Untersuchung auf Basis bundesweiter Gemeindedaten zu betrachten.

Forschungsfrage 1:
Lassen sich die bisher gewonnenen Erkenntnisse zu den Determinanten der Gewerbesteuerhebesatzhöhe auch in einer Untersuchung auf Basis bundesweiter Gemeindedaten reproduzieren?

Während die Determinanten der Gewerbesteuerhebesatzhöhe somit bereits von einigen Autoren untersucht worden sind,[15] hat die wissenschaftliche Forschung die Grundsteuer und deren Hebesatzhöhe allerdings noch nicht betrachtet. Möglicherweise mag dies darin begründet sein, dass die Grundsteuer im Vergleich zur Gewerbesteuer die kleinere kommunale Finanzierungsquelle darstellt. Dennoch ist auch diese Realsteuer wegen ihres stabilen Einnahmeniveaus von großer haushaltspolitischer Bedeutung.[16] Aufgrund dessen hat sich diese Arbeit das Ziel gesetzt, diese wissenschaftliche Lücke zu schließen und auch für die Grundsteuer mögliche Determinanten der Hebesatzhöhe detailliert zu untersuchen. Nach dem Kenntnisstand des Autors liegt bisher keine Untersuchung vor, die mögliche Determinanten der Grundsteuerhebesatzhöhe zum Gegenstand hat.

Forschungsfrage 2:
Wird auch die Hebesatzhöhe der Grundsteuer A und der Grundsteuer B durch die Ausprägung lokaler Standortfaktoren beeinflusst?

Da die Beschlüsse über die Höhe der Grundsteuerhebesätze von denselben kommunalen Entscheidungsträgern wie bei der Gewerbesteuer gefasst werden, könnte dies implizieren, dass sich diese Personen bei den einzelnen Realsteuerarten in gleicher Weise an der Ausprägung lokaler Standortfaktoren orientieren. Somit soll weiterführend untersucht werden, ob die kommunalen Mandatsträger bei allen drei Realsteuern der gleichen steuerpolitischen Strategie folgen oder ob bei den beiden Grundsteuerhebesätzen andere Determi-

---

[13]   Vgl. Büttner (2001).

[14]   Vgl. Büttner (2001) für Baden-Württemberg, Bischoff / Krabel (2012) für Hessen, Baretti (2002) für das Saarland, Foremny / Riedel (2012) für die alten Bundesländer und Boettcher (2013a) für Nordrhein-Westfalen.

[15]   Vgl. unter anderem Boettcher (2013a), Boettcher (2013b), Büttner (2001), Büttner et al. (2014), Hauptmeier et al. (2009) und Koh / Riedel (2013).

[16]   Vgl. hierzu Kapitel 2.3.

nanten im Vordergrund stehen, da die Grundsteuern weitestgehend einen immobilen Besteuerungsgegenstand besitzen.

Hieraus ergibt sich für den Themenbereich der kommunalen Hebesatzpolitik folgende abschließende Forschungsfrage:

Forschungsfrage 3:
Beziehen sich die kommunalen Mandatsträger bei den einzelnen Hebesatzentscheidungen auf dieselben lokalen Standortfaktoren, so dass eine einheitliche kommunale Realsteuerpolitik unterstellt werden kann?

Neben der Erforschung der Realsteuerpolitik der Gemeinden hat es sich diese Arbeit ferner zum Gegenstand gemacht, die Einnahmen einer weiteren Körperschaft des öffentlichen Rechts auf lokaler Ebene näher zu untersuchen. Hierbei handelt es sich um die Industrie- und Handelskammern (IHKs). Die Industrie- und Handelskammern üben wie die Gemeinden eine Gebietshoheit über die Unternehmen in ihrem Kammerbezirk aus und erheben von ihren Mitgliedern eine öffentlich-rechtliche Abgabe in der Form des IHK-Beitrags. Sowohl die Mitgliedschaft als auch die Entrichtung des Beitrags ist demnach verpflichtend. Wie die Gewerbesteuer bemisst sich auch der IHK-Beitrag in Abhängigkeit von dem Gewerbeertrag eines Betriebs.

Das Anknüpfen an eine volatile Bemessungsgrundlage stellt die Industrie- und Handelskammern bei der Aufstellung ihres jährlichen Wirtschaftsplans vor große Herausforderungen. Denn im Sinne einer sparsamen und wirtschaftlichen Finanzgebarung gilt es, zukünftige Aufwendungen und Investitionen stets unter Bezug auf die zu erwartenden Erträge zu planen. Planungssicherheit hinsichtlich der Beitragseinnahmen ist somit ungemein wichtig. Wie sich in den Haushaltsplänen vieler Industrie- und Handelskammern aber zeigt, ergeben sich zwischen den tatsächlichen Beitragseinnahmen und den ursprünglichen Planwerten oft große Abweichungen.

Aufgrund dessen ist im Rahmen eines gemeinsamen Forschungsprojekts der Universität Würzburg (vertreten durch den Autor dieser Arbeit) und einer Industrie- und Handelskammer der Frage nachgegangen worden, ob sich die Beitragseinnahmen eines zukünftigen Geschäftsjahres mit einem Prognosemodell vorhersagen lassen, um künftig die Planabweichungen zu minimieren.

Dem Prognosemodell liegt dabei die Idee zugrunde, den Informationsvorsprung der Gemeinden hinsichtlich der tatsächlichen gewerbesteuerlichen Bemessungsgrundlagen eines Veranlagungszeitraums auszunutzen. Im Gegensatz zu den IHKs passen die Gemeinden die Gewerbesteuervorauszahlungen nicht nur unterjährig fortlaufend an, sondern erheben auch nachträgliche Vorauszahlungen.

Forschungsfrage 4:
Kann die Höhe künftiger IHK-Beitragseinnahmen für einen Veranlagungszeitraum näherungsweise aus der Entwicklung der Gewerbesteuervorauszahlungen im Kammerbezirk abgeleitet werden?

Während für den Untersuchungsbereich der kommunalen Steuerpolitik somit vornehmlich die Höhe der Steuersätze erforscht wird (Forschungsfragen 1 bis 3), steht für den Untersuchungsbereich der IHK-Beiträge die Aufkommenshöhe der Beitragseinnahmen im Zentrum des Interesses.

1.2 Methoden der empirischen Forschung: Eine Abgrenzung

Für ein besseres Verständnis und zur Schaffung einer einheitlichen theoretischen Grundlage werden in dem folgenden Unterabschnitt zunächst die wichtigsten Begrifflichkeiten der empirischen Sozialforschung geklärt. Vor dem Hintergrund des Untersuchungsgegenstands dieser Arbeit stehen hierbei insbesondere die Begriffe der quantitativen und qualitativen Sozialforschung im Mittelpunkt.

Ganz allgemein wird empirische Sozialforschung in der Literatur als „die systematische Erfassung und Deutung sozialer Tatbestände" verstanden. Dies bedeutet zum einen, dass der Forschungsverlauf systematisch geplant werden sowie nachvollziehbar sein muss, und zum anderen, dass theoretisch formulierte Annahmen an spezifischen Wirklichkeiten überprüft werden.[17] Im Allgemeinen wird die empirische Sozialforschung in quantitative und qualitative Sozialforschung unterteilt, die „zwei unterschiedliche, aber nicht diametral entgegengesetzte Formen" darstellen.[18] Folglich sind die beiden Ansätze nicht als zwei sich gegenseitig ausschließende Untersuchungsmethoden zu verstehen, sondern werden häufig ergänzend eingesetzt. So kommen Gläser und Laudel zu dem Schluss, dass es keine rein quantitativen oder rein qualitativen Studien gebe und dass die „Konstruktion zweier gegensätzlicher Paradigmata" nicht überbewertet werden dürfe.[19] Dennoch kann eine Darstellung der beiden Forschungsansätze am einfachsten vollzogen werden, indem deren wesentliche Unterschiede gegenübergestellt werden. Bevor das nachfolgend geschieht, kann in Abbildung 3 bereits vorab anhand der zum Einsatz kommenden Erklärungsstrategien ein zentraler Unterschied dargestellt werden.

Mittels des **qualitativen Forschungsansatzes** sollen durch eine Verbalisierung von Erfahrungen detaillierte, subjektive und individuelle Erkenntnisse über Einstellungen und Handlungen erlangt werden. Dabei steht die Sicht der Betroffenen stets im Mittelpunkt des Interesses. Um tiefe Einsichten in das untersuchte Phänomen zu bekommen, werden weiche, realitätsnahe und somit nicht standardisierte Daten erhoben. Im Gegensatz zu den Stichproben quantitativer Verfahren werden die untersuchten Fälle beim qualitativen Vorgehen bewusst ausgewählt, was als Theoretisches Sampling bezeichnet wird. Die Datenerhebung und -auswertung werden allerdings nicht strikt voneinander getrennt. Vielmehr zeichnet sich die qualitative Forschung durch einen dynamischen Forschungsprozess aus und verfügt über einen zirkulären Ablauf, so dass bestimmte Schritte zum Teil mehrfach durchlaufen und auch verändert werden können. Hierin ist die hohe Flexibilität des Ansat-

---

[17] Vgl. Atteslander (2003), S. 3.
[18] Vgl. Gläser / Laudel (2009), S. 24 f. und Dreier (1997), S. 62.
[19] Vgl. Gläser / Laudel (2009), S. 25.

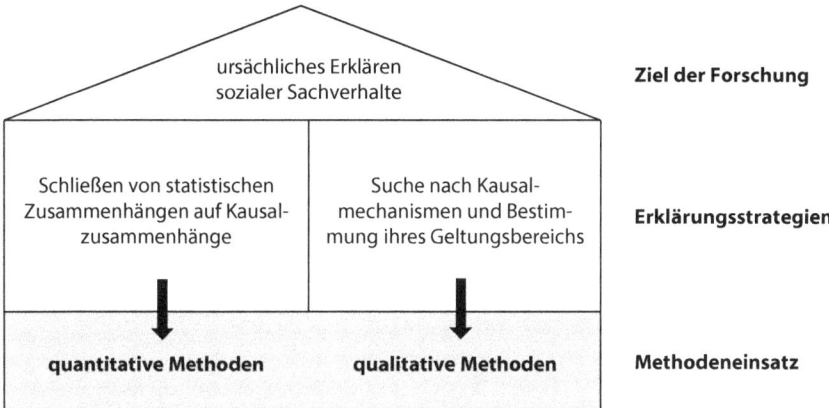

Abbildung 3: Erklärungsstrategien und Methodeneinsatz in der empirischen Sozialforschung.[20]

zes durchlaufen und auch verändert werden können. Hierin ist die hohe Flexibilität des Ansatzes begründet. Im Zuge der Auswertung werden die erhobenen Daten (Einzelfälle) auf ihre Besonderheiten hin untersucht. Aus den dabei gewonnen Erkenntnissen werden schließlich allgemeingültige Aussagen getroffen, was als induktive Vorgehensweise bezeichnet wird. Somit verfügt die qualitative Forschung über einen Explorationscharakter, da sie vor allem neue Sachverhalte untersucht. Als typische Methoden dieses Forschungsansatzes gelten Interviews, Gruppendiskussionen, Beobachtungen und die qualitative Inhaltsanalyse.[21]

Das **quantitative Vorgehen** zeichnet sich im Unterschied zu qualitativen Untersuchungen durch einen linearen Forschungsprozess aus. In Anknüpfung an bereits bestehende Theorien und Modelle wird zunächst eine Forschungsfrage oder Hypothese entwickelt. Hieran wird der deduktive Charakter dieses Ansatzes deutlich, da von einer allgemeinen Annahme oder Theorie auf einen Einzelfall geschlossen wird. Als erster Schritt der Datenerhebung erfolgt eine Operationalisierung, die umschreibt, mit welchen Indikatoren das theoretische Konstrukt gemessen werden soll. Anschließend kann die eigentliche Datenerhebung durch Messungen an Probanden vorgenommen werden. Als deren Ergebnis liegen Harte, replizierbare Daten über den Ausprägungsgrad der vorab definierten Indikatoren vor. Die Auswertung der Daten erfolgt über statistische Verfahren, mittels derer überprüft wird, ob die zuvor aufgestellten Hypothesen widerlegt werden können (Falsifikation). So kann beispielsweise ein vermuteter Zusammenhang zwischen zwei Indikatoren bestätigt werden, wenn dieser durch die sogenannte Nullhypothese nicht widerlegt werden kann. Der Grad des Erkenntnisgewinns wird über Signifikanzprüfungen abgesichert. Abschließend werden die Ergebnisse wieder auf das theoretische Modell übertragen und interpretiert. Als Methoden kommen für den quantitativen Ansatz üblicherweise das Experiment, der Versuch und die Beobachtung zum Einsatz.[22]

---

20   Quelle: Eigene Darstellung nach Gläser / Laudel (2009), S. 28.
21   Vgl. Gläser / Laudel (2009), S. 27, Kleining (1995), S. 11 ff., Lamnek (2005), S. 19 ff. und Wolf (1995), S. 309 ff.
22   Vgl. Gläser / Laudel (2009), S. 27, Kleining (1995), S. 11 ff., Lamnek (2005), S. 19 ff. und Wolf (1995), S. 309 ff.

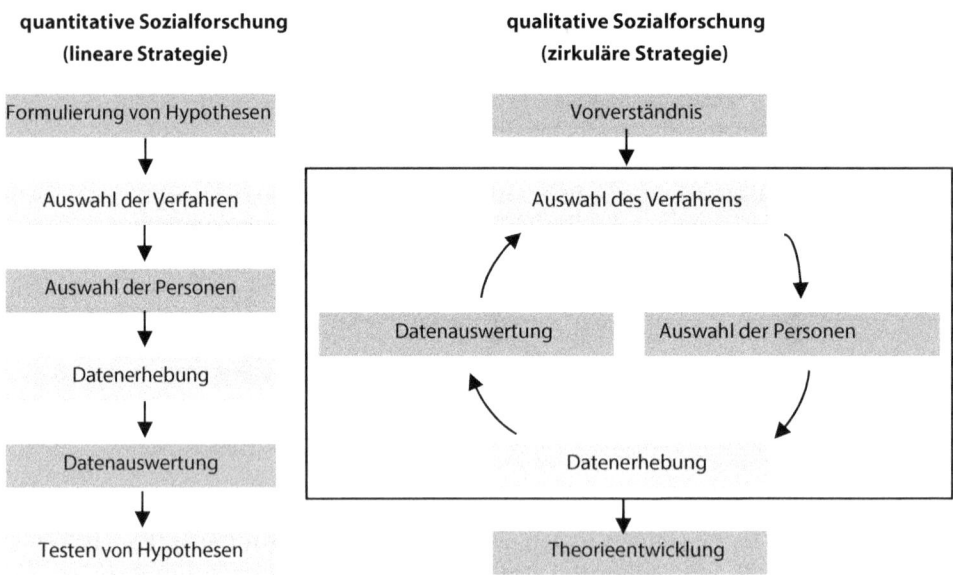

Abbildung 4: Forschungsstrategien bei quantitativer und qualitativer Sozialforschung.[23]

Allerdings sei darauf hingewiesen, dass die vorstehend genannten Erhebungsmethoden generell als „a-theoretisch und a-methodologisch" gelten. Eine methodologische Spezifizierung und Zuweisung zum qualitativen bzw. quantitativen Forschungsansatz erfahren die Methoden erst durch eine Anwendung im Rahmen des jeweiligen Ansatzes.[24] Dies wird auch an der Definition von Atteslander deutlich, der unter den Methoden der empirischen Sozialforschung ganz allgemein die „geregelte und nachvollziehbare Anwendung von Erfassungsinstrumenten" versteht und somit keinen Bezug auf die beiden unterschiedlichen Untersuchungsansätze nimmt. Beachtung finden diese Methoden in den verschiedensten Disziplinen der Sozialwissenschaften wie der Soziologie, der Sozialpsychologie, der Ökonomie und auch den Sprach- und Literaturwissenschaften.[25]

1.3 Gang der Untersuchung

Diese Arbeit gliedert sich im Wesentlichen in zwei Themenbereiche. Beim Ersten handelt es sich um den Bereich der kommunalen Steuerpolitik. Mittels zweier empirischer Forschungsmethoden sollen hierbei die Einflussfaktoren der Realsteuerhebesätze detailliert untersucht werden. Den zweiten Themenbereich stellen die Beiträge zu den Industrie- und Handelskammern dar.

Zur Hinführung auf die empirischen Untersuchungen zu den Realsteuerhebesätzen werden im zweiten Kapitel die theoretischen Grundlagen der kommunalen Steuerverein-

---

[23]   Quelle: Eigene Darstellung nach Witt (2001), S. 6.
[24]   Vgl. Dreier (1997), S. 62.
[25]   Vgl. Atteslander (2003), S. 5.

nahmung dargestellt. Nach einem Überblick über die gesetzlichen Grundlagen werden die kommunalen Steuerarten einzeln beschrieben. Der Forschungsfrage entsprechend wird der Schwerpunkt auf die Gewerbesteuer und die beiden Grundsteuern A und B gelegt. Hierbei werden die Grundzüge des Besteuerungsverfahrens vorgestellt, die Hebesatzautonomie charakterisiert sowie die historische Entwicklung skizziert.

Zur Beantwortung der aufgeworfenen Forschungsfragen 1 bis 3 kommt im Anschluss eine zweistufige empirische Vorgehensweise zum Einsatz. In Anlehnung an die bisherige wissenschaftliche Forschung wird der Themenkomplex im dritten Kapitel zunächst mit einer quantitativen Methode erschlossen. Auf Basis bundesweiter Gemeindedaten wird für jede der drei Realsteuern eine Regressionsanalyse durchgeführt, um die wesentlichen Einflussgrößen ihres Hebesatzniveaus zu bestimmen. In diesem Zusammenhang ist insbesondere die Frage interessant, ob das Hebesatzniveau der Grundsteuern durch die gleichen Standortfaktoren beeinflusst wird wie das Hebesatzniveau der Gewerbesteuer.

Die zweite Stufe der empirischen Untersuchung zu den Determinanten der Realsteuerhebesatzhöhe erfolgt im Rahmen des vierten Kapitels und umfasst eine qualitative Methode. Am Beispiel der Region Mainfranken erfolgt mittels einer Inhaltsanalyse von verschrifteten Experteninterviews eine Plausibilitätskontrolle für die im ersten Forschungsschritt gewonnen Erkenntnisse. Daneben werden weitere Faktoren des kommunalen Hebesatzniveaus ermittelt. Um dem Leser eine Informationsgrundlage zu verschaffen, wird zu Beginn des vierten Kapitels die Region vorgestellt, in der die Interviews geführt wurden. Nach einer Beschreibung der kommunalen Steuerpolitik in Mainfranken wird insbesondere auf die Wettbewerbsposition der beiden Oberzentren Würzburg und Schweinfurt eingegangen.

Das fünfte Kapitel führt die empirischen Erkenntnisse zur kommunalen Realsteuerpolitik schließlich zusammen und nimmt für jeden betrachteten Einflussfaktor der Hebesatzhöhe eine abschließende Bewertung vor. Auf dieser Grundlage wird ein Fazit für die Forschungsfragen 1 bis 3 gezogen.

Das sechste Kapitel wendet sich dem zweiten Themenbereich dieser Arbeit zu. Zentraler Untersuchungsgegenstand sind die Beiträge zu den Industrie- und Handelskammern. Wie die Gewerbesteuer bemisst sich auch diese öffentlich-rechtliche Abgabe im Wesentlichen nach dem Gewerbeertrag. Während für die Gemeinden vornehmlich die Hebesatzpolitik untersucht wird, steht für die Industrie- und Handelskammern die Höhe des Beitragsaufkommens im Zentrum des Interesses. Nach einer Beschreibung der Struktur der Beitragserhebung wird ein Prognosemodell entwickelt, mit welchem sich künftige Beitragseinnahmen determinieren lassen.

Die Arbeit schließt mit einer Schlussbetrachtung im siebten Kapitel.

2 Kommunale Steuereinnahmen und normative Grundlagen des kommunalen Selbstverwaltungsrechts

Die kommunale Selbstverwaltungsgarantie ist in Art. 28 Abs. 2 GG normiert. Sie umfasst neben der Gewährleistung des durch die Zuständigkeitsvermutung determinierten gemeindlichen Aufgabenbereichs auch die Garantie, diese Aufgaben „im Rahmen der Gesetze" in eigener Verantwortung zu regeln. Die Eigenverantwortlichkeit gilt dabei als wichtigstes Merkmal der kommunalen Selbstverwaltung.[26] Um der – regelmäßig mit Ausgaben verbundenen – eigenverantwortlichen Aufgabenerfüllung gerecht werden zu können, umfasst die Gewährleistung der Selbstverwaltung auch die Grundlagen der finanziellen Eigenverantwortung. Hierzu gehört insbesondere eine den Gemeinden mit Hebesatzrecht zustehende wirtschaftskraftbezogene Steuerquelle.[27]

Die Garantie einer ausreichenden Finanzausstattung ist dabei nicht nur im Grundgesetz niedergeschrieben. Auch die Verfassungen der Länder enthalten entsprechende Regelungen, wonach der Staat den Gemeinden im Rahmen seiner finanziellen Leistungsfähigkeit eine angemessene Finanzausstattung gewährleisten muss.[28] Ihren Finanzbedarf decken die Gemeinden aus dem Steueraufkommen, öffentlichen Abgaben, Zuweisungen des Landes und des Bundes, privatwirtschaftlichen Erträgen und der Kreditaufnahme. Die Steuereinnahmen gelten als die wichtigsten kommunalen Finanzmittel, da diese voraussetzungslos gewährt werden und deshalb autonomiestützend sind.[29]

Zu den kommunalen Steuerquellen zählen gemäß Art. 106 Abs. 6 GG

- das Aufkommen der Grundsteuer,
- das Aufkommen der Gewerbesteuer und
- das Aufkommen aus den örtlichen Verbrauch- und Aufwandsteuern.

Des Weiteren wird den Gemeinden gemäß Art. 106 Abs. 5 und 5a GG

- ein Anteil an dem Aufkommen der Einkommensteuer und
- ein Anteil an dem Aufkommen der Umsatzsteuer

zugesprochen. Die Qualifikation der Gemeindeanteile an der Einkommensteuer und der Umsatzsteuer als Gemeindesteuern ist finanzverfassungsrechtlich jedoch ungenau, da die beiden Steuern im System des Art. 106 GG als Gemeinschaftssteuern ausgewiesen sind. Ihr Aufkommen steht also Bund und Ländern unter Beteiligung der Gemeinden zur gesamten Hand zu.[30]

---

[26]   Vgl. Hidien et al. (2014), S. 54 ff. und Rehm / Matern-Rehm (2010), S. 99.
[27]   Siehe Art. 28 Abs. 2 S. 3 GG.
[28]   Siehe bspw. für Baden-Württemberg Art. 73 Abs. 1 BWVerf oder für Bayern Art. 83 Abs. 2 S. 3 BayVerf.
[29]   Vgl. Kirchhof (1985), S. 18.
[30]   Siehe Art. 106 Abs. 3 GG und vgl. Kirchhof (1985), S. 19.

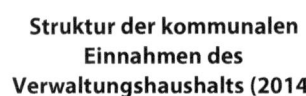

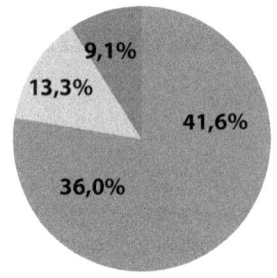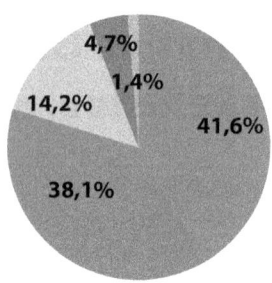

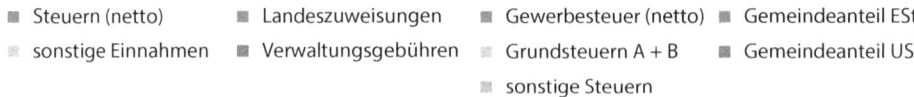

Abbildung 5: Struktur der kommunalen Einnahmen des Verwaltungshaushaltes in 2014.[31]

Die Gemeindeanteile als eine bloße Finanzzuweisung zu bezeichnen, welche von den Ländern im Auftrag des Bundes an die Gemeinden ausgeschüttet wird, würde allerdings auch zu kurz greifen, da den Gemeinden eine originäre, im Grundgesetz begründete Ertragshoheit zugesprochen wird.[32]

Daher erscheint es treffender, die Gemeindeanteile nicht als Gemeindesteuern, sondern als kommunale Steuereinnahmen zu bezeichnen. Wie mit Abbildung 5 verdeutlicht werden kann, besitzt die Gewerbesteuer unter diesen das größte Aufkommen. Nach Abzug der im Rahmen des Finanzausgleichs zu entrichtenden Gewerbesteuerumlage beläuft sich deren (Netto-) Aufkommen in den Flächenländern seit 2011 konstant auf über 30 Mrd. Euro. In 2014 betrug der Wert sogar 33,1 Mrd. Euro, was einem Anteil von 41,6 % an den kommunalen Steuereinnahmen entspricht.[33]

2.1 Die Steuereinnahmen der Gemeinden

2.1.1 Realsteuern – ein kurzer Überblick

Gemäß der Legaldefinition des § 3 Abs. 2 AO umfassen die Realsteuern die Grundsteuer und die Gewerbesteuer. Letztere zeichnete sich in ihrer ursprünglichen Ausgestaltung durch eine Dreidimensionalität aus, da sie neben dem Gewerbeertrag bis 1979 die Lohnsumme und bis 1997 das Gewerbekapital besteuerte. Bei der Grundsteuer wird nach § 2

---

[31]   Quelle: Eigene Darstellung mit Daten (ohne Stadtstaaten) der Regionaldatenbank Deutschland (2016a).
[32]   Vgl. Kirchhof (1985), S. 19.
[33]   Quelle: Eigene Berechnung mit Daten (ohne Stadtstaaten) der Regionaldatenbank Deutschland (2016a).

GrStG in die Grundsteuer A für land- und forstwirtschaftliche Betriebe[34] und die Grundsteuer B für sonstige Grundstücke[35] unterschieden.

Im Gegensatz zu Personensteuern (Subjektsteuern), welche sich an den persönlichen Verhältnissen (bspw. Leistungsfähigkeit, Alter, Familienstand) des Steuerpflichtigen orientieren, knüpfen Realsteuern (Objektsteuern) ausschließlich an das Besteuerungsobjekt (sachliche Verhältnisse) an. So besteuern sowohl die Gewerbesteuer als auch die Grundsteuer das Gewerbe beziehungsweise den Grund und Boden unabhängig vom jeweils subjektiven Ertrag. Die wichtigsten Unterschiede dieser beiden Steuerarten sind in der folgenden Darstellung gegenübergestellt.[36]

Realsteuern	Personensteuern
• orientieren sich an den **sachlichen Verhältnissen** des Besteuerungsobjekts	• orientieren sich an den **persönlichen Verhältnissen** des Steuerpflichtigen
• Besteuerung ist unabhängig vom subjektiven Ertrag des Gewerbes bzw. des Grund und Bodens	• Besteuerung erfolgt beispielsweise entsprechend der Leistungsfähigkeit, dem Alter und dem Familienstand
• auch als **Objektsteuern** bezeichnet	• auch als **Subjektsteuern** bezeichnet
• Vertreter: **Grundsteuer, Gewerbesteuer**	• Vertreter: **Einkommen-, Erbschaftsteuer**

Tabelle 1: Abgrenzung der Realsteuern von den Personensteuern.[37]

Aufgrund zahlreicher Rechtsänderungen, welche unter anderem zu einer Abschaffung der ertragsunabhängigen Lohnsummen- und Gewerbekapitalsteuer geführt haben, wird die Gewerbesteuer inzwischen häufig auch als eine objektivierte Ertragsteuer bezeichnet.[38]

Das Aufkommen aus den Realsteuern steht gemäß Art. 106 Abs. 6 GG grundsätzlich den Gemeinden zu und stellt deren wichtigste originäre Finanzierungsquelle dar.[39] Die Gewerbesteuer besitzt hierbei die größte Bedeutung für die Kommunen. Nach Abzug der Gewerbesteuerumlage beträgt deren Anteil an den gemeindlichen Steuereinnahmen im Bundesdurchschnitt der letzten Jahre rund 43 %. Zusammengerechnet mit den beiden Grundsteuern wird jährlich sogar ein Anteil von insgesamt rund 58 % erzielt. Bezogen auf die Gesamteinnahmen der Gemeinden liegt der Realsteueranteil immerhin noch bei rund 24 %. Auffällig ist die deutlich geringere Bedeutung der Realsteuereinnahmen in den Gemeinden der neuen Bundesländer. Dort besitzen sie im Durchschnitt lediglich einen Haushaltsanteil von etwa 17 %; in den alten Ländern liegt dieser hingegen bei rund 26 %.[40]

Ausgangsbasis für die Ermittlung der steuerlichen Belastung sind die von der Finanzverwaltung festgesetzten Steuermessbeträge. Bei der Gewerbesteuer knüpft der Steuermess-

---

[34] Siehe § 2 Nr. 1 GrStG i. V. m. §§ 33, 48a und 51a BewG.

[35] Siehe § 2 Nr. 2 GrStG i. V. m. §§ 68, 70 BewG.

[36] Vgl. Hidien et al. (2014), S. 27 und 43, Scherf (2009), S.188 sowie Wellisch / Kroschel (2011), S. 619.

[37] Quelle: Eigene Darstellung unter Bezug auf die vorgenannten Quellen.

[38] Vgl. BVerfG, Beschluss vom 15.01.2008, 1 BvL 2/04 und Hidien et al. (2014), S. 27 und 75 ff.

[39] Vgl. Hidien et al. (2014), S. 71 ff. und Scherf (2009), S. 337.

[40] Quelle: Eigene Berechnung mit Daten (ohne Stadtstaaten) der Regionaldatenbank Deutschland (2016a).

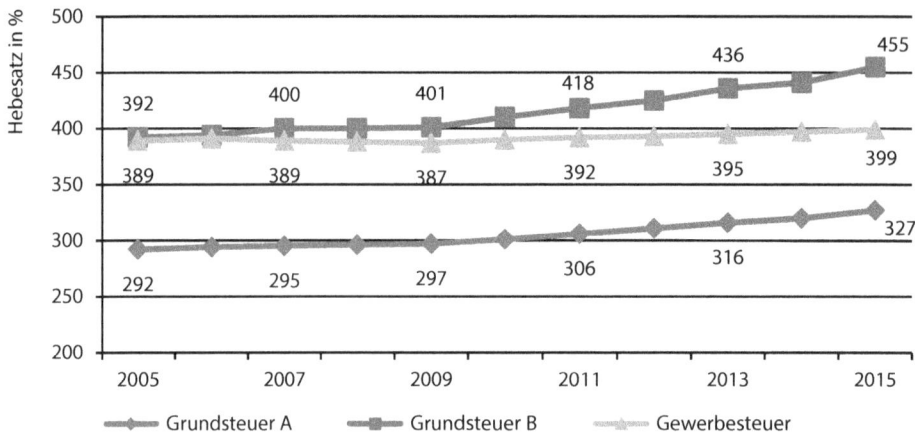

Abbildung 6: Entwicklung der gewogenen Durchschnittshebesätze der Realsteuern.[41]

betrag an den Gewerbeertrag des Gewerbebetriebs an, für die Grundsteuer an den festgesetzten Einheitswert des jeweiligen Grundstücks. Die Grundsteuer A wird dabei für landwirtschaftlich oder fortwirtschaftlich genutzte Flächen erhoben, die Grundsteuer B ist hingegen von Eigentümern eines Grundstücks mit Wohnbebauung abzuführen. Sofern sich das Besteuerungsobjekt (Grundbesitz oder Betriebsstätten) auf verschiedene Gemeindegebiete erstreckt, kommt es mittels gewisser Aufteilungsregelungen zu einer Zerlegung der Steuermessbeträge.[42]

Als Ausdruck des kommunalen Selbstverwaltungsrechts obliegt den Gemeinden neben der Ertragshoheit auch ein kommunales Hebesatzrecht für die Realsteuern. Die Verbindung von Ertragshoheit und Rechtsetzungshoheit gewährleistet eine kommunale Teilfinanzautonomie.[43] Der Beschluss über die Festsetzung des Hebesatzes wird durch die Gemeinden in einer Satzung gefasst.[44] Bei der Gewerbesteuer ist ein Mindesthebesatz von 200 % vorgesehen.[45] In den letzten Jahren sind die Hebesätze konstant gestiegen. Zuletzt lag der gewogene Durchschnittshebesatz der Grundsteuer A bei 327 %, der Grundsteuer B bei 455 % und der Gewerbesteuer bei 399 %.

2.1.2 Gemeindeanteil an der Einkommensteuer

Die kommunale Beteiligung an der Einkommensteuer findet ihren Ursprung in der Gemeindefinanzreform des Jahres 1969. Nachdem die finanzwirtschaftliche Situation der Gemeinden im Laufe der 1960er Jahre aufgrund sinkender Steuereinnahmen und einer steigenden Aufgabenbelastung immer prekärer geworden war, wurden Reformbestrebungen angestoßen, um die kommunale Finanzausstattung spürbar zu verbessern. Die Reform

---

[41]   Quelle: Eigene Darstellung mit Daten der Genesis-Online Datenbank (2016a).

[42]   Vgl. Hidien et al. (2014), S. 86 ff., Scheffler (2016), S. 280 ff. und 376 ff. sowie Schreiber (2011), S. 633 ff.

[43]   Siehe Art. 106 Abs. 6 S. 2 GG und vgl. Kirchhof (1985), S. 19.

[44]   Siehe § 16 Abs. 2 f. GewStG.

[45]   Siehe § 16 Abs. 4 GewStG, zuletzt bestätigt durch BVerfG, Beschluss vom 27.01.2010, 2 BvR 2185/04.

sollte dabei nicht nur die kommunale Finanzmasse (quantitative Komponente) zum Ziel haben, sondern auch die Struktur der Gemeindefinanzen (qualitative Komponente) neu ordnen. Denn vor der Reform hatte sich die Gewerbesteuer zu der wesentlichen Finanzierungsquelle der Gemeinden entwickelt – ihr Anteil an den kommunalen Steuereinnahmen betrug zuletzt rund 80 %. Vor dem Hintergrund der großen Konjunkturabhängigkeit der Gewerbesteuer wurde das als sehr problematisch gewertet.[46]

Im Ergebnis wurde zur Verbesserung der finanziellen Ausstattung der Gemeindeanteil an der Einkommensteuer eingeführt. Diese Beteiligung stellt die quantitative Komponente der Reform dar und wird den Gemeinden seit dem 1. Januar 1970 gewährt. Gesetzlich normiert ist die kommunale Beteiligung an der Einkommensteuer in Art. 106 Abs. 5 GG. Im Gegenzug wurden die Gemeinden zur Entrichtung der Gewerbesteuerumlage verpflichtet. Diese stellt die qualitative Komponente der Reform dar und soll zu einer Beseitigung der Dominanz der Gewerbesteuer in der kommunalen Steuerstruktur beitragen. Jedoch sollen die Mehreinnahmen aus der Einkommensteuerbeteiligung die Belastung aus der Gewerbesteuerumlage übersteigen.[47]

Derzeit beträgt die Höhe des Gemeindeanteils an der Einkommensteuer 15 % des im Land erzielten Aufkommens an Lohn- und veranlagter Einkommensteuer sowie 12 % des im Land erzielten Kapitalertragsteueraufkommens. In beiden Fällen entfällt der Rest des jeweiligen Steueraufkommens je zur Hälfte auf Bund und Länder.[48] Die Verteilung des Steueraufkommens auf die Gemeinden eines Bundeslandes erfolgt grundsätzlich gemäß der örtlichen Steuerleistung der Gemeindeeinwohner.[49] Demnach wird das Steueraufkommen der Wohngemeinde eines Steuerpflichtigen zugerechnet, auch wenn das zugrunde liegende Einkommen außerhalb der Gemeinde erzielt wird. Eine Schlüsselzahl drückt dabei den Anteil der einzelnen Gemeinde am Landesaufkommen aus. Bei deren Berechnung gelten allerdings bestimmte Höchstgrenzen (derzeit 35.000 Euro bei einzeln veranlagten Personen und 70.000 Euro bei Zusammenveranlagung). Hiermit werden eine gleichmäßigere Verteilung der Steuereinnahmen und eine gewisse Nivellierung von Steuerkraftunterschieden landesweit sichergestellt. Steuerschwache Gemeinden erhalten dadurch eine größere und steuerstarke Gemeinden eine geringere Einkommensteuerbeteiligung als ihnen eigentlich zustehen würde.[50]

2.1.3 Gemeindeanteil an der Umsatzsteuer

Wie unter 2.2.1 noch dargestellt werden wird, wurde zum 1. Januar 1998 die Gewerbekapitalsteuer abgeschafft. Zum Ausgleich der damit einhergehenden Einnahmeausfälle werden die Gemeinden am Umsatzsteueraufkommen des Bundes beteiligt.[51] Mit der Partizipation an der vergleichsweise krisenfesten und dynamisch wachsenden Umsatzsteuer konnten die Kommunen eine strukturelle und quantitative Verbesserung ihrer Steuereinnahmen errei-

---

[46] Vgl. BMF (2015), S. 3 f., Haverkamp (1982), S. 530 und Zimmermann (1988), S. 71.
[47] Vgl. BMF (2015), S. 4.
[48] Siehe Art. 106 Abs. 3 GG und § 1 GFRG.
[49] Siehe § 2 GFRG und vgl. Kirchhof (1985), S. 18 f. sowie Rehm / Matern-Rehm (2010), S. 127 ff.
[50] Siehe § 3 GFRG und vgl. BMF (2015), S. 17 sowie Rehm / Matern-Rehm (2010), S. 127 ff.
[51] Siehe Art. 106 Abs. 5a GG.

chen. Die Höhe der kommunalen Beteiligung wird durch das Gesetz über den Finanzausgleich zwischen Bund und Ländern bestimmt und beläuft sich zur Zeit auf 2,2 % des Umsatzsteueraufkommens.[52]

Wille des Gesetzgebers war es, dass die Gemeinden möglichst ein Aufkommen zugewiesen bekommen, welches dem bisherigen Aufkommen aus der Gewerbekapitalsteuer entspricht. In Art. 106 Abs. 5a GG ist daher auch geregelt, dass der Gemeindeanteil von den Ländern auf Grundlage eines orts- und wirtschaftsbezogenen Schlüssels an die Gemeinden weiterzuleiten ist.

Bis zum Jahr 2009 galten für die alten und neuen Länder zunächst unterschiedliche Übergangsschlüssel. Für die alten Länder setzte sich der Übergangsschlüssel zu 42 % aus der Summe des Gewerbesteueraufkommens der Jahre 1990 bis 1997, zu 18 % aus der durchschnittlichen Anzahl der sozialversicherungspflichtig Beschäftigten der Jahre 1990 bis 1998 und zu 40 % aus dem Gewerbekapitalsteueraufkommen im Veranlagungsjahr 1995 zusammen. Das letzte Schlüsselmerkmal wurde mit dem durchschnittlichen Hebesatz der Jahre 1995 bis 1998 gewichtet. Für die neuen Länder ermittelte sich der Übergangsschlüssel zu 70 % aus der Summe des Gewerbesteueraufkommens der Jahre 1992 bis 1997 und zu 30 % aus der durchschnittlichen Anzahl der sozialversicherungspflichtig Beschäftigten der Jahre 1996 bis 1998.[53]

Seit dem Jahr 2009 erfolgt die Verteilung nach einem fortschreibungsfähigen und bundeseinheitlichen Schlüssel. In dem Übergangszeitraum 2009 bis 2017 wird der ehemalige Übergangsschlüssel noch anteilig mitberücksichtigt. So berechnet sich der Verteilungsschlüssel wie folgt:[54]

- in den Jahren 2009 bis 2011 zu 75 % aus dem ehemaligen Übergangsschlüssel und zu 25 % aus dem zukünftigen Schlüssel,
- in den Jahren 2012 bis 2014 je zur Hälfte aus beiden Schlüsseln,
- in den Jahren 2015 bis 2017 zu 25 % aus dem ehemaligen Übergangsschlüssel und zu 75 % aus dem zukünftigen Schlüssel.

Ab dem Jahr 2018 gilt alleine der zukünftige und dann endgültige Schlüssel. Dieser setzt sich zu 25 % aus der Summe des Gewerbesteueraufkommens der letzten sechs Jahre, zu 50 % aus der Anzahl der sozialversicherungspflichtig Beschäftigten der letzten drei Jahre und zu 25 % aus der Summe der sozialversicherungspflichtigen Entgelte der letzten drei Jahre zusammen. Die beiden letztgenannten Schlüsselmerkmale werden mit der Abweichung des örtlichen Gewerbesteuerhebesatzes vom bundesweiten Durchschnittshebesatz im jeweiligen Erfassungszeitraum gewichtet. Eine Aktualisierung des Schlüssels wird alle drei Jahre auf Grundlage der verfügbaren Datenbasis vorgenommen.[55]

---

[52]   Vgl. Rehm / Matern-Rehm (2010), S. 125 f.
[53]   Siehe § 5a GFRG und vgl. BMF (2016a), S. 1 f. sowie Rehm / Matern-Rehm (2010), S. 126.
[54]   Siehe § 5c Abs. 1 GFRG und BMF (2016a), S. 1 f.
[55]   Siehe § 5b GFRG und vgl. BMF (2016a), S. 1 f. sowie Rehm / Matern-Rehm (2010), S. 126.

2.1.4 Örtliche Verbrauch- und Aufwandsteuern

Neben den Realsteuern und den Gemeindeanteilen an der Einkommensteuer und der Umsatzsteuer umfassen die kommunalen Steuereinnahmen noch das Aufkommen aus den örtlichen Verbrauch- und Aufwandsteuern.[56] Als örtliche Steuern werden solche Abgaben aufgefasst, „die an örtliche Gegebenheiten, vor allem an die Belegenheit einer Sache oder an einen Vorgang im Gebiet der steuererhebenden Gemeinde anknüpfen und wegen der Begrenzung ihrer unmittelbaren Wirkungen auf das Gemeindegebiet nicht zu einem die Wirtschaftseinheit berührenden Steuergefälle führen können".[57]

Aufwandsteuern knüpfen an den Gebrauch von Wirtschaftsgütern und Dienstleistungen an und belasten somit „die in der Einkommensverwendung für den persönlichen Lebensbedarf zum Ausdruck kommende wirtschaftliche Leistungsfähigkeit". Typische örtliche Aufwandsteuern sind die Hundesteuer, Jagdsteuer, Vergnügungssteuer und Zweitwohnsitzsteuer.[58]

Verbrauchsteuern beziehen sich dagegen auf den Konsum bestimmter Güter. Sie werden bei demjenigen erhoben, der diese Güter in den Wirtschaftsverkehr bringt und gewöhnlich an den Verbraucher weiterberechnet.[59] Klassische Verbrauchsteuern wie die Tabaksteuer, Branntweinsteuer und Stromsteuer werden durch den Bund erhoben. Den Ländern steht die Biersteuer zu. Auf kommunaler Ebene kann die Getränkesteuer (Schankverzehrsteuer) erhoben werden.[60]

Über die Erhebung der Verbrauch- und Aufwandsteuern dürfen die Gemeinden grundsätzlich frei entscheiden, sofern diese bundesrechtlich geregelten Steuern nicht gleichartig sind und hierzu landesgesetzliche Regelungen erlassen wurden.[61] Zum Beispiel war es in Bayern aufgrund einer entsprechenden Regelung im Kommunalabgabengesetz lange Zeit nur vorgesehen, die Hundesteuer zu erheben. Seit 2004 können die Gemeinden auch wieder eine Zweitwohnungsteuer erheben. Hingegen ist die Erhebung einer Getränke-, Jagd-, Speiseeis- und Vergnügungssteuer explizit nicht vorgesehen.[62] Das Aufkommen aus den örtlichen Verbrauch- und Aufwandsteuern ist traditionell sehr gering. Daher werden sie häufig als Bagatellsteuern bezeichnet.[63]

2.2 Die Gewerbesteuer – die bedeutendste Realsteuer

Auch wenn die Gemeinden gemäß Art. 106 GG die Ertragshoheit über die Gewerbesteuer innehaben, beruht die Steuer auf dem Gewerbesteuergesetz als Bundesgesetz. Zur Wahrung

---

[56]   Siehe Art. 106 Abs. 6 GG.

[57]   Vgl. BVerfG, Beschluss vom 06.12.1983, 2 BvR 1275/79.

[58]   Vgl. BVerfG, Beschluss vom 07.05.1963, 2 BvL 8/61 und 2 BvL 10/61, Beschluss vom 12.10.1978, 2 BvR 154/74 und Beschluss vom 6.12.1983, 2 BvR 1275/79.

[59]   Vgl. Kirchhof (1985), S. 21 und BVerfG, Teilurteil vom 10.05.1962 auf die mündl. Verhandlung v. 21.02.1962.

[60]   Die Verbrauchsteuern stehen nach Art. 106 Abs. 1 Nr. 2 GG grds. dem Bund zu, sofern diese nicht nach Abs. 2 den Ländern, nach Abs. 3 Bund und Ländern gemeinsam oder nach Abs. 6 den Gemeinden zustehen.

[61]   Vgl. Kirchhof (1985), S. 20 f. und Rehm / Matern-Rehm (2010), S. 130 f.

[62]   Siehe Art. 3 KAG Bayern und vgl. Bayerisches Staatsministerium der Finanzen (2016), S. 29.

[63]   Vgl. Kirchhof (1985), S. 21.

der Wirtschafts- und Rechtseinheit werden einheitliche Regelungen im gesamtstaatlichen Interesse als notwendig erachtet. Die dabei für erforderlich gehaltenen Vereinheitlichungen beziehen sich allerdings nur auf allgemeine Besteuerungsgrundsätze bis hin zur Bemessungsgrundlage der Steuer.[64] Denn auf das im Grundgesetz normierte kommunale Hebesatzrecht hat der Bundesgesetzgeber nur bedingt Einfluss.[65] Dies führt dazu, dass sich Steuerbelastungen trotz gleicher Bemessungsgrundlagen von Gemeinde zu Gemeinde unterscheiden können. Für die kommunale Hebesatzautonomie werden somit „Steuerwettbewerb und föderal-lokale Steuerungleichheit" politisch in Kauf genommen.[66]

An dieser finanzverfassungsrechtlichen Differenzierung wird sich die Gliederung der folgenden Unterkapitel orientieren. Aufgrund der besonderen Bedeutung für diese Arbeit wird nach einem kurzen Abriss über die Entstehungsgeschichte der Steuer zunächst das kommunale Hebesatzrecht und die daraus resultierende Hebesatzpolitik gesondert beschrieben. Im Anschluss erfolgt eine Darstellung des allgemeinen Besteuerungsverfahrens. Hierbei wird insbesondere auf die sachliche Steuerpflicht sowie die steuerliche Bemessungsgrundlage eingegangen. Nach Ausführungen zur Gewerbesteuerumlage und weiteren relevanten Aspekten des kommunalen Finanzausgleichs soll zum Ende des Kapitels die kommunale Bedeutung der Gewerbesteuer verdeutlicht werden.

2.2.1 Historische Entwicklung

Die Gewerbesteuer geht in ihrer heutigen Form auf die Realsteuerreform von 1936 zurück. Das erste Gewerbesteuergesetz ist am 1. Dezember 1936 in Kraft getreten. Bis weit in die zweite Hälfte des 20. Jahrhunderts setzte sich die Gewerbesteuer aus drei Komponenten zusammen: Die **Gewerbeertragsteuer** besteuerte die objektive Ertragskraft eines Gewerbebetriebs, die **Gewerbekapitalsteuer** die Substanz des Gewerbebetriebs und die **Lohnsummensteuer** die Arbeitsplätze. Der Gewerbesteuermessbetrag wurde dabei aus unterschiedlichen Messzahlen der drei Bereiche ermittelt.[67]

Wegen negativer beschäftigungspolitischer Wirkungen wurde zum 1. Januar 1980 die Lohnsummensteuer als erste der beiden ertragsunabhängigen Komponenten abgeschafft. Zum Ausgleich der damit verbundenen Steuerausfälle wurde mit dem Haushaltsbegleitgesetz 1983 erstmals eine Abzugsbeschränkung für Dauerschuldzinsen eingeführt.[68] Zinszahlungen sollten den Gewerbeertrag nicht länger mindern, um eine Gleichbehandlung von Eigenfinanzierung und Fremdfinanzierung zu erreichen. Begründet ist dieser Anspruch in dem Ziel einer Besteuerung der objektiven Ertragskraft.[69]

[64]   Vgl. Hidien et al. (2014), S. 50.
[65]   Ab dem Erhebungszeitraum 2004 besteht ein Mindesthebesatz von 200 % (siehe § 16 Abs. 4 S. 2 GewStG). Zugleich darf der Landesgesetzgeber nach § 16 Abs. 5 GewStG Höchsthebesätze festlegen. Mit Beschluss vom 27.01.2010 hat das BVerfG die Verfassungsmäßigkeit der Normen bestätigt. Demnach darf der Bundesgesetzgeber das Hebesatzrecht als legislativen Teil der kommunalen Finanzautonomie „im Rahmen der Gesetze" regeln und gestalten. Vgl. BVerfG, Beschluss vom 27.01.2010, 2 BvR 2185/04.
[66]   Vgl. Hidien et al. (2014), S. 50 f.
[67]   Vgl. Hidien et al. (2014), S. 37 ff. und Rehm / Matern-Rehm (2010), S. 119 ff.
[68]   Zunächst war eine vollständige Hinzurechnung der Dauerschuldzinsen vorgesehen. Seit 1984 war diese auf 50 % begrenzt. Ab 2008 werden 100 % der Entgelte für Schulden hinzugerechnet, siehe § 8 Nr. 1 GewStG.
[69]   Vgl. Hidien et al. (2014), S. 40 f.

Mit dem Gesetz zur Fortsetzung der Unternehmensteuerreform wurde schließlich zum 1. Januar 1998 auch die Gewerbekapitalsteuer gestrichen, um die Rechtsformneutralität und die internationale Wettbewerbsfähigkeit der Unternehmensbesteuerung zur verbessern. Im Gegenzug wurde eine kommunale Beteiligung an der Umsatzsteuer eingeführt. Seither kann die Gewerbesteuer als eine rein ertragsabhängige Steuer bezeichnet werden, was eine erhöhte Konjunkturabhängigkeit bedingt.[70]

Mit der Unternehmensteuerreform 2008 erfolgte der letzte große Eingriff in das Gewerbesteuergesetz. Zum einen wurde die Bemessungsgrundlage durch eine Ausweitung der Hinzurechnung von Finanzierungsaufwendungen erheblich verbreitert, zum anderen kam es zum Wegfall des Staffeltarifs für Personenunternehmen und des Betriebsausgabenabzugs der Gewerbesteuer. Ein Ausgleich für die steuerliche Mehrbelastung wurde durch die Absenkung der Gewerbesteuermesszahl und die Erhöhung der Gewerbesteueranrechnung auf Gesellschafterebene geschaffen.

Rückblickend kann zusammengefasst werden, dass die Gewerbesteuer mit der Abschaffung der Lohnsummen- und Gewerbekapitalsteuer ihre beiden ertragsunabhängigen Komponenten zwar verloren hat, die Bedeutung von substanzbesteuernden Elementen bei der Gewerbeertragsteuer aber in gleicher Weise zugenommen hat. Hierdurch kann das Gewerbesteueraufkommen stetiger und zugleich konjunkturunabhängiger gestaltet werden.[71]

2.2.2 Kommunale Hebesatzautonomie

Neben der Ertragshoheit über die Realsteuern wird den Gemeinden in Art. 28 Abs. 2 GG das Hebesatzrecht auf eine wirtschaftskraftbezogene Steuerquelle zugesprochen. Die Hebesatzautonomie gilt als zentrales Element der finanziellen Eigenverantwortung der Kommunen, da ihnen hiermit Rechtsetzungshoheit zugewiesen wird.[72]

Der Hebesatz ist ein Prozentsatz, mit dem die Gemeinde entscheidet, mit welchem Hundertsatz des Steuermessbetrages die Gewerbesteuer zu erheben ist. Er muss für alle in der Kommune vorhandenen Unternehmen der gleiche sein. Als Ausdruck der Rechtsetzungshoheit ist der Hebesatz durch den Rat einer hebeberechtigten Gemeinde in Form einer Satzung zu bestimmen. Gemäß § 16 Abs. 2 GewStG kann der Hebesatz für ein Kalenderjahr oder mehrere Kalenderjahre festgesetzt werden. Jedoch sind die Gemeinden in der Bestimmung der Höhe des Hebesatzes nicht vollständig frei, da diese nur im Rahmen des bundesrechtlichen Gewerbesteuergesetzes erfolgen kann. Demnach können den Kommunen gemäß § 16 Abs. 5 GewStG auf Grundlage einer landesrechtlichen Regelung Höchstsätze vorgeschrieben werden. Zugleich sind die Gemeinden seit dem 1. Januar 2004 verpflichtet, Gewerbesteuern zu einem Mindesthebesatz von 200 % zu erheben.[73]

Wille des Gesetzgebers war es, „übermäßige Finanzkraftunterschiede zwischen den einzelnen Gemeinden zu verhindern, eine Angleichung der Lebensverhältnisse herbeizuführen und die Bildung von Steueroasen und damit eine Wettbewerbsverzerrung zu verhindern".

---

[70] Vgl. Rehm / Matern-Rehm (2010), S. 120.

[71] Vgl. Birk (2011), S. 379, Hidien et al. (2014), S. 40 f. und BFH, Urteil vom 25.11.2009, I R 18/08.

[72] Siehe Art. 106 Abs. 6 S. 2 GG und vgl. Hidien et al. (2014), S. 55 und Kirchhof (1985), S. 19.

[73] Bis zum Veranlagungsjahr 2003 konnten Gemeinden von der Erhebung der Gewerbesteuer sogar gänzlich absehen, indem sie eine Festsetzung des Hebesatzes auf 0 % beschlossen.

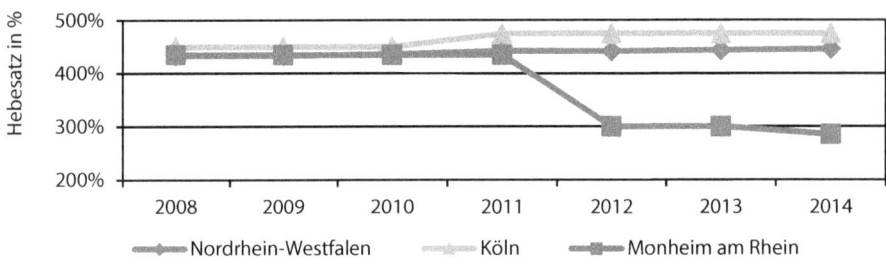

Abbildung 7: Entwicklung des Gewerbesteuerhebesatzes in Monheim am Rhein.[74]

Demzufolge entschied auch das Bundesverfassungsgericht, dass durch die bundesgesetzliche Regelung weder eine Verletzung noch ein unverhältnismäßiger Eingriff in die Selbstverwaltungs- und Finanzautonomie der Gemeinden vorliegt. Denn der Bundesgesetzgeber dürfe das Hebesatzrecht als legislativen Teil der kommunalen Finanzautonomie „im Rahmen der Gesetze" regeln und gestalten.[75]

Trotz der bundesgesetzlichen Restriktionen verbleibt den Gemeinden ein umfangreicher politischer Handlungsspielraum, mit dem sie ihrer Selbstverwaltungsgarantie Ausdruck verleihen können. Die Abbildung 1 konnte bereits aufzeigen, dass die Gemeinden diesen Handlungsspielraum nutzen und den eigenen Hebesatz gezielt als Instrument zur interkommunalen Differenzierung einsetzen.

Ein niedriger Hebesatz wird vor dem Hintergrund eines kommunalen Steuerwettbewerbs als positives Ansiedlungskriterium eingesetzt. Ein besonders eindrucksvolles Beispiel bietet hierfür die nordrhein-westfälische Stadt Monheim am Rhein, die seit 2011 ihren Gewerbesteuerhebesatz schrittweise von 435 % auf 285 % und zuletzt auf 265 % (seit 2016) gesenkt hat. Diese Hebesatzpolitik hat sich ausgezahlt: Die Gewerbesteuereinnahmen haben sich seither verdreifacht. Die steuerliche Bemessungsgrundlage stieg sogar um das Sechsfache, während diese sowohl auf Landesebene als auch im benachbarten Köln weitestgehend stagnierte. Mittlerweile verfügt die ehemals hoch verschuldete Stadt über Rücklagen von 120 Mio. Euro und hat 3.000 neue Arbeitsplätze am Standort gewonnen.[76]

Allerdings muss in diesem Zusammenhang auch betont werden, dass eine derartige Steuerstrategie sicherlich nur im Einzelfall von Erfolg gekrönt sein kann, da sie zu Lasten des Steueraufkommens anderer Kommunen geht. Sobald nämlich auch andere Gemeinden derart niedrigere Hebesätze beschließen, stellt der eigene Wert keinen zusätzlichen Ansiedlungsanreiz mehr dar. Die Folge ist ein ruinöser Steuerwettbewerb, an dessen Ende alle Gemeinden niedrigere Steuereinnahmen erzielen.

Dies verdeutlicht, dass ein niedriger Hebesatz nicht per se zu höheren oder niedrigeren Steuereinnahmen führt. Zugleich hat aber auch ein höherer Hebesatz nicht zwingend höhere Steuereinnahmen zur Folge. Denn mit einer Erhöhung des Hebesatzes steigt auch der Steuerwiderstand an. Die hiermit einhergehenden sinkenden Gewerbeansiedlungen und

---

74   Quelle: Eigene Darstellung mit Daten der Regionaldatenbank Deutschland (2016c), bei den Werten für Nordrhein-Westfalen handelt es sich um gewogene Durchschnittshebesätze.

75   Vgl. BVerfG, Beschluss vom 27.01.2010, 2 BvR 2185/04 und Hidien et al. (2014), S. 51.

76   Vgl. Regionaldatenbank Deutschland (2016c), Röhn (2016), Schmitt (2015) und Lemmer (2016).

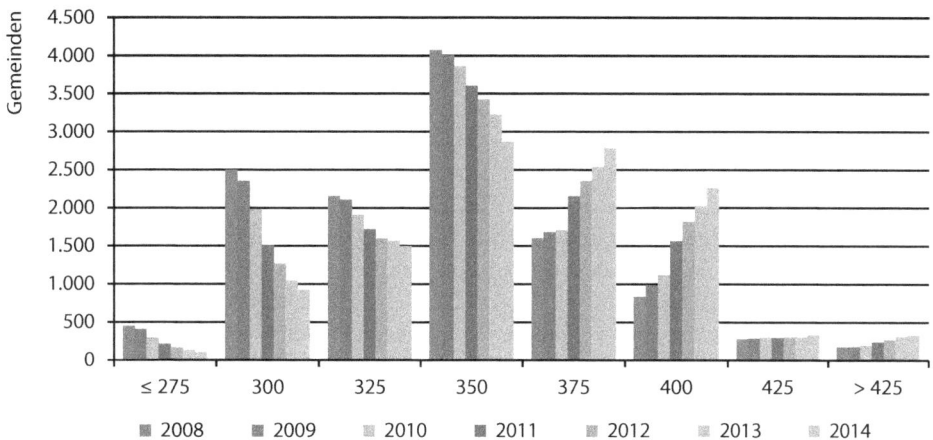

Abbildung 8: Entwicklung der Gewerbesteuerhebesatzklassen zwischen 2008 und 2014.[77]

zunehmenden Abwanderungstendenzen führen zu einem Rückgang der steuerlichen Bemessungsgrundlagen. Ungeachtet dieses Aspekts lässt sich wohl infolge einer steigenden Ausgabenbelastung und der wachsenden Verschuldung beobachten, dass sich immer mehr Kommunen dazu entschließen, ihre Hebesätze zu erhöhen. Mit Abbildung 8 kann verdeutlicht werden, dass der Anteil der Kommunen, die vergleichsweise niedrige Hebesätze festsetzen, in den vergangenen Jahren stetig abgenommen hat.

Trotz eines insgesamt zunehmenden Hebesatzniveaus zeigt sich auch weiterhin eine weite Bandbreite an festgesetzten Hebesätzen. Dabei entscheidet sich der überwiegende Teil an Gemeinden nach wie vor für eine relativ moderate Hebesatzpolitik und lehnt eine extreme Besteuerungsstrategie ab. Wie die Literatur bereits darstellen konnte, bestimmt sich das genaue Hebesatzniveau insbesondere auch in Abhängigkeit von der Ausprägung lokaler Standortfaktoren.[78] Die für die jeweilige Gemeinde richtige Abwägung zu finden, bleibt dem Geschick der politisch Handelnden überlassen.

2.2.3 Besteuerungsverfahren

2.2.3.1 Steuergegenstand

Als Real- oder Objektsteuer soll die Gewerbesteuer traditionell die Ertragskraft eines Objekts besteuern. Steuergegenstand ist somit der Gewerbebetrieb (Unternehmen) und nicht die hinter dem Betrieb stehenden Personen. Dies verdeutlicht, dass die Person des Gewerbetreibenden und seine persönlichen Eigenschaften keinen Einfluss auf die Höhe der Gewerbesteuer haben sollen. Die Gewerbesteuerbelastung soll auch nicht von der Rechtsform des Unternehmens (**Rechtsformneutralität**), der Finanzierung des Unternehmens mit Ei-

---

[77]   Vgl. Genesis-Online Datenbank (2016a), hierbei handelt es sich um gewogene Durchschnittshebesätze.
[78]   Vgl. hierzu insbesondere den Literaturüberblick in Kapitel 3.3.

gen- oder Fremdkapital (**Finanzierungsneutralität**) und der Art der Gewinnverwendung (**Gewinnverwendungsneutralität**) abhängen.[79]

Gemäß § 2 GewStG ist jeder stehende Gewerbebetrieb, soweit er im Inland betrieben wird, Gegenstand der Besteuerung. § 35a GewStG dehnt die Anwendung auf im Inland betriebene Reisegewerbebetriebe aus. Der Begriff des Gewerbebetriebs wird im Gewerbesteuergesetz nicht näher definiert; vielmehr verweist das Gesetz auf den einkommensteuerrechtlichen Gewerbebegriff. Im Sinne des § 15 Abs. 2 EStG wird ein Gewerbebetrieb durch jede selbständige nachhaltige Betätigung, die mit Gewinnerzielungsabsicht und unter Beteiligung am allgemeinen Wirtschaftsverkehr unternommen wird, begründet. Eine Tätigkeit, die als Ausübung von Land- und Forstwirtschaft, eines freien Berufs oder einer anderen selbständigen Arbeit anzusehen ist, begründet hingegen keinen Gewerbebetrieb.[80]

Wie bei einer jeden Steuer setzt sich der Tatbestand der Gewerbesteuer neben den Vorschriften zum Steuerobjekt auch aus Vorschriften zum Steuersubjekt zusammen. Gemäß § 5 GewStG ist das Steuersubjekt und somit der Steuerschuldner der Unternehmer. Als Unternehmer gilt der, für dessen Rechnung das Gewerbe betrieben wird. Wegen ihres Charakters als Objektsteuer haben die persönlichen Verhältnisse des Steuersubjekts jedoch keine Bedeutung. Demnach kann der Steuerschuldner lediglich als die subjektive und technische Seite des Steuerzugriffs angesehen werden.[81]

2.2.3.2 Bemessungsgrundlage

Ausgangswert für die Berechnung der Gewerbesteuer ist der nach den einkommen- oder körperschaftsteuerlichen Vorschriften ermittelte Gewinn aus Gewerbebetrieb (vgl. § 7 GewStG). Bei Einzelunternehmen ist dies der Gewinn nach § 15 Abs. 1 S. 1 Nr. 1 EStG. Hierzu zählen allerdings nur die Einkünfte aus der laufenden Geschäftstätigkeit. Gewinne aus der Veräußerung oder der Aufgabe des Gewerbebetriebs im Sinne des § 16 EStG sind nicht gewerbesteuerpflichtig.[82] Für Personengesellschaften bildet nach § 15 Abs. 1 S. 1 Nr. 2 EStG die Summe der Einkünfte der Mitunternehmer die Ausgangsgröße. Dies bedeutet, dass neben den Gewinnanteilen der Gesellschafter auch Sondervergütungen, die für eine Tätigkeit im Dienst der Gesellschaft, für die Hingabe von Darlehen oder für die Überlassung von Wirtschaftsgütern bezogen werden, der Gewerbesteuer unterliegen. Sofern der gesamte Mitunternehmeranteil veräußert oder aufgegeben wird, hat dies wie bei den Einzelunternehmen keinen Einfluss auf die gewerbesteuerliche Bemessungsgrundlage. Hingegen werden Gewinne aus der Veräußerung oder Aufgabe eines Teils des Mitunternehmeranteils der laufenden Geschäftstätigkeit zugeordnet und sind daher gewerbesteuerpflichtig.[83] Bei Kapitalgesellschaften bildet das körperschaftsteuerpflichtige Einkommen den Gewinn aus Gewerbebetrieb. Jedoch werden der körperschaftsteuerliche Verlustabzug und die Freibeträge nach §§ 24, 25 KStG bei der Gewerbesteuer nicht berücksichtigt. Neben den Erlösen aus der laufenden Geschäftstätigkeit unterliegen bei Kapitalgesellschaften auch die im Rahmen ei-

---

[79]   Vgl. Hidien et al. (2014), S. 87, Scheffler (2016), S. 266 f. und Schreiber (2012), S. 94 f.

[80]   Vgl. Scheffler (2016), S. 274 f. und Wellisch / Kroschel (2011), S. 625 f.

[81]   Vgl. Hidien et al. (2014), S. 91 f. und Wellisch / Kroschel (2011), S. 623.

[82]   Siehe R 2.6 Abs. 1, R 7.1 Abs. 3 GewStR.

[83]   Vgl. Scheffler (2016), S. 280 f.

Gewinn aus Gewerbebetrieb (ermittelt nach den Vorschriften des EStG bzw. KStG)

+   Hinzurechnungen nach § 8 GewStG

./.   Kürzungen nach § 9 GewStG

=   **Gewerbeertrag** (abzurunden auf volle 100 €)

Abbildung 9: Ermittlung des Gewerbeertrags nach § 7 S. 1 GewStG.[84]

nes Liquidationsverfahrens erzielten Einkünfte stets einer Besteuerung. Hierzu zählen vor allem auch die aufzudeckenden stillen Reserven der Gesellschaft.[85]

Würde sich die Ermittlung der Gewerbesteuer ausschließlich auf den Gewinn aus Gewerbebetrieb stützen, würde der Objektcharakter der Steuer verletzt. Denn der nach den Vorschriften des EStG bzw. KStG ermittelte Gewinn bildet die Bemessungsgrundlage einer Personensteuer. Um die Abweichungen zwischen einer Personen- und einer Objektsteuer auszugleichen, ist der Gewinn aus Gewerbebetrieb um die Hinzurechnungen des § 8 sowie die Kürzungen des § 9 GewStG zu modifizieren.

Der Zweck einer Hinzurechnung besteht darin, die Ausgangsgröße um bestimmte Beträge zu erhöhen, soweit sie bei der Ermittlung des Gewinns zuvor abgesetzt worden sind. Hierzu zählen nach § 8 GewStG unter anderem die Entgelte für Schulden, Renten und dauernde Lasten, 20 % der Mieten für bewegliche Wirtschaftsgüter, 50 % der Mieten für nicht bewegliche Wirtschaftsgüter und 25 % der Aufwendungen für Lizenzen. Allerdings ergibt sich erst dann eine Auswirkung auf den Gewerbeertrag, wenn die Summe aus diesen Finanzierungsanteilen einen Freibetrag von 100.000 Euro übersteigt. Der übersteigende Betrag ist dann zu 25 % dem Gewerbeertrag hinzuzurechnen.

Kürzungen sollen hingegen den Gewinn aus Gewerbebetrieb um die Größen mindern, die nicht in den Gewerbeertrag eingehen sollen. Zu den Kürzungen gehören nach § 9 GewStG beispielsweise 1,2 % des Einheitswerts des eigenen Grundbesitzes, der Teil des Gewerbeertrags, der auf die Verwaltung und Nutzung des eigenen Grundbesitzes entfällt und die Anteile am Gewinn einer Personen- oder Kapitalgesellschaft.[86]

2.2.3.3 Steuermessbetrag und Steuertarif

Der unter Berücksichtigung der Hinzurechnungen und Kürzungen ermittelte Gewerbeertrag ist auf volle 100 Euro abzurunden. Bei Einzelunternehmen und Personengesellschaften ist noch ein Freibetrag in Höhe von 24.500 Euro abzuziehen. Hierdurch sollen die gewerbesteuerlichen Nachteile von Personengesellschaften ausgeglichen werden. Für Kapitalgesellschaften ist grundsätzlich kein Freibetrag vorgesehen. Nur für bestimmte, in § 11 Abs. 1 S. 3 Nr. 2 GewStG genannte Unternehmen wie z. B. Vereine wird der Gewerbeertrag um 5.000 Euro gemindert.[87]

---

[84]   Quelle: Eigene Darstellung nach § 7 S. 1 GewStG.
[85]   Vgl. Scheffler (2016), S. 281 und Schreiber (2012), S. 96 f.
[86]   Vgl. Hidien et al. (2014), S. 489 ff. und 731 ff. sowie Wellisch / Kroschel (2011), S. 645 ff.
[87]   Vgl. Scheffler (2016), S. 307 und Wellisch / Kroschel (2011), S. 634 f.

Stufe 1 - Festsetzung durch das Finanzamt

Gewerbeertrag (abgerundet auf volle 100 €)
./.   Freibetrag nach §11 Abs. 1 GewStG

=	**Steuerpflichtiger Gewerbeertrag**
x	Steuermesszahl von 3,5 % nach § 11 Abs. 2 GewStG

=	**Steuermessbetrag der Gewerbesteuer (§ 14 GewStG)**

Stufe 2 - Festsetzung durch die hebeberechtigte Gemeinde

Steuermessbetrag der Gewerbesteuer (ggf. Zerlegungsanteil)
x   Hebesatz der hebeberechtigten Gemeinde, min. 200 % (§ 16 GewStG)

=	**Gewerbesteuer**

Abbildung 10: Ermittlung der Gewerbesteuer.[88]

Die einschlägigen Tarifvorschriften enthalten die §§ 11 und 16 GewStG. Demzufolge wird die Steuer „in einem zweistufigen Verfahren mithilfe eines kombinierten Steuertarifs" ermittelt.[89]

In den Flächenländern obliegt die erste Stufe des Besteuerungsverfahrens den Finanzämtern der Länderfinanzverwaltung. Neben der Ermittlung der Besteuerungsgrundlagen sind die Finanzämter für die Festsetzung des Gewerbesteuermessbetrags zuständig. Der Gewerbesteuermessbetrag ermittelt sich durch Multiplikation eines nach Abzug etwaiger Freibeträge verbleibenden Gewerbeertrags mit der Gewerbesteuermesszahl. Unabhängig von der Rechtsform und der Höhe der Bemessungsgrundlage beläuft sich die Steuermesszahl nach § 11 Abs. 2 GewStG einheitlich auf 3,5 %. Der durch das Finanzamt erlassene Gewerbesteuermessbescheid bildet die verfahrensrechtliche Grundlage für den Gewerbesteuerbescheid des Gemeindesteueramts.[90] Da die Gewerbesteuer gemäß des Äquivalenzprinzips zur Deckung der kommunalen Ausgaben, die durch einen Gewerbebetrieb entstehen, beitragen soll, ist der ermittelte Gewerbesteuermessbetrag immer dann auf mehrere Gemeinden aufzuteilen, wenn sich ein Gewerbebetrieb nicht nur auf ein Gemeindegebiet erstreckt. Maßstab für diese Zerlegung ist in der Regel das Verhältnis der gezahlten Arbeitslöhne. In einem Zerlegungsbescheid entscheidet das Finanzamt über die Hebeberechtigung der jeweiligen Gemeinden.[91]

Erst die zweite Stufe des Besteuerungsverfahrens erfolgt durch die Gemeinden. Durch Multiplikation des (anteiligen) Gewerbesteuermessbetrags mit dem maßgeblichen Hebesatz der Gemeinde wird die Gewerbesteuerschuld ermittelt. Dies hat zur Folge, dass die Steuerbelastung zwischen zwei Gemeinden, auch bei einem gleichen Steuermessbetrag, erheblich voneinander abweichen kann. Die kommunale Hebesatzautonomie „als Instrument der gemeindlichen Wirtschafts- und Steuerpolitik überlagert somit Nivellierungs- und Gleichheitsansprüche".[92]

---

[88]   Quelle: Eigene Darstellung.
[89]   Vgl. Hidien et al. (2014), S. 95 f.
[90]   Siehe §§ 182 Abs. 1, 184 AO.
[91]   Siehe §§ 29 Abs. 1, 31 GewStG und vgl. Scheffler (2016), S. 310 f.
[92]   Vgl. Hidien et al. (2014), S. 56.

Gemeinde	Hebesatz	Messbetrag	Steuerbelastung
• Spreewaldheide (Brandenburg)	200 %	1.000,00 EUR	2.000,00 EUR
• Durchschnitt (Deutschland)	399 %	1.000,00 EUR	3.430,00 EUR
• Dierfeld (Rheinland-Pfalz)	900 %	1.000,00 EUR	9.000,00 EUR

Tabelle 2: Wirkung von unterschiedlichen Hebesätzen auf die Steuerbelastung.[93]

2.2.4 Beziehungen zu anderen Steuern

Im Rahmen der Unternehmensteuerreform 2008 wurde mit § 4 Abs. 5b EStG die Nichtabzugsfähigkeit der Gewerbesteuer eingeführt. Die Vorschrift gilt somit seit dem Veranlagungsjahr 2008 und regelt, dass die Gewerbesteuer bei der Einkommensteuer und entsprechend bei der Körperschaftsteuer keine abziehbare Betriebsausgabe mehr ist. Da die Gewerbesteuer bei der Ermittlung des Handels- bzw. Steuerbilanzgewinns zunächst ergebnismindernd verbucht wird, ist sie im Rahmen der Ermittlung des steuerrechtlichen Gewinns bzw. Einkommens wieder außerbilanziell hinzuzurechnen.[94]

Somit hat die Gewerbesteuer keinen Einfluss auf die Höhe der Bemessungsgrundlage der Einkommensteuer bzw. der Körperschaftsteuer. Lediglich bei Gewerbetreibenden, die als Einzelunternehmer oder als Mitunternehmer einer Personengesellschaft tätig sind, findet eine Anrechnung der Gewerbesteuer auf die festzusetzende Einkommensteuer statt. Durch den Steuerabzug des § 35 EStG vermindert sich die tarifliche Einkommensteuer um das 3,8-fache des Gewerbesteuermessbetrags. Als Obergrenze gilt die tatsächlich gezahlte Gewerbesteuer.[95] Diese Regelung hat aber zur Folge, dass Gemeinden mit einem Hebesatz von über 380 % aus rein steuerlichen Gesichtspunkten für Einzelunternehmer oder Mitunternehmer einer Personengesellschaft als unattraktiver Standort erscheinen.[96]

2.2.5 Stellung im Finanzausgleich

Als weitere Grundlage der gemeindlichen Selbstverwaltung ist der Finanzausgleich zu nennen, da er umfangreichen Einfluss auf die Einnahmen und Ausgaben des kommunalen Haushalts nimmt. Neben den bundesgesetzlichen Vorschriften wird in jeweils eigenen Landesgesetzen die Verteilung von Bundes- und Landesmitteln an die Kommunen (vertikaler Finanzausgleich) und die Umverteilung von Mitteln zwischen den Kommunen (horizontaler Finanzausgleich) geregelt. Während beim horizontalen Finanzausgleich zu starke Divergenzen in der Steuerkraft der Gemeinden durch Umlagen und Zuweisungen untereinander ausgeglichen werden, findet im Rahmen des vertikalen Finanzausgleichs ein Steuertausch zwischen den Ländern bzw. dem Bund und den Kommunen statt.[97]

Eines der wichtigsten Ausgleichsinstrumente im Geflecht dieser Finanzbeziehungen stellt die Gewerbesteuerumlage dar. Noch bis zum Jahr 1969 floss der Ertrag aus der Gewer-

---

[93] Quelle: Eigene Darstellung mit Daten der Regionaldatenbank Deutschland (2016c). Bei dem Durchschnittswert handelt es sich um den gewogenen Durchschnitt. Die angegebenen Hebesätze beziehen sich auf 2015.

[94] Vgl. Hidien et al. (2014), S. 103 f. und Scheffler (2016), S. 310.

[95] Siehe § 35 Abs. 1 S. 5 EStG.

[96] Einen statistischen Nachweis führt hierzu Büttner (2014), siehe hierzu insbesondere Kapitel 3.3.

[97] Vgl. Katz (1985), S. 303 ff. und Scherf (2009), S. 451 ff.

besteuer den Gemeinden in voller Höhe zu. Im Gegenzug zu der Einführung der kommunalen Beteiligung an der Einkommensteuer zum 1. Januar 1970 können allerdings Bund und Länder durch eine Umlage an einem Teil des Steueraufkommens beteiligt werden.[98] Die alleinige Ertragshoheit der Gemeinden über die Gewerbesteuer besteht aber unverändert fort. Die Gewerbesteuerumlage ist demnach nicht als eine Steuerertragsbeteiligung aufzufassen, sondern gilt als eine finanzrechtliche Finanzzuweisung.[99]

Das Nähere über die Umlage wird in § 6 Gemeindefinanzreformgesetz (GFRG) bestimmt. Demnach wird die abzuführende Gewerbesteuerumlage in der Weise ermittelt, dass das Gewerbesteuer-Istaufkommen eines Erhebungsjahres durch den von der Gemeinde für dieses Jahr festgesetzten Hebesatz geteilt wird. Anschließend wird dieser Grundbetrag mit einem Vervielfältiger multipliziert. Gemäß § 6 Abs. 3 GFRG beträgt der Vervielfältiger in 2016 für die Gemeinden der alten Länder 69 Prozentpunkte. Davon entfallen 14,5 Prozentpunkte auf den Bund und 54,5 Prozentpunkte auf das Bundesland. Für die Gemeinden in den neuen Ländern beträgt der Vervielfältiger 35 Prozentpunkte, wovon wiederum 14,5 Prozentpunkte dem Bund und 20,5 Prozentpunkte dem Bundesland zustehen.

Neben der Gewerbesteuerumlage sehen die Gesetze der Länder noch eine Reihe weiterer allgemeiner oder spezieller Umlagen im kommunalen Finanzausgleich vor. Im Vergleich zu dem Volumen der Gewerbesteuerumlage sind diese jedoch von untergeordneter Bedeutung. In den meisten Ländern werden eine Krankenhausumlage sowie eine interkommunale Kreisumlage erhoben.[100] In den Ländern Baden-Württemberg, Brandenburg und Thüringen wird unter anderem eine allgemeine Finanzausgleichsumlage erhoben. Da Kommunen mit höherer Steuerkraft mehr Umlage zahlen müssen, werden die Gemeinden unterschiedlich stark belastet, was zum horizontalen Finanzkraftausgleich beiträgt.[101]

Auch wenn die zu entrichtenden Umlagen den Gemeindehaushalt zunächst belasten, besitzen diese zugleich eine Versicherungsfunktion für die Kommunen,[102] die Einnahmeschwankungen entgegenwirkt und eine stete Einnahmequelle begründet. Denn die Beträge aus der Gewerbesteuerumlage und der FAG-Umlage fließen, neben Anteilen aus den Gemeinschaftsteuern, über den allgemeinen Steuerverbund in die Finanzausgleichsmasse ein und werden somit von den Bundesländern wieder an die Gemeinden teilweise zurückerstattet.[103] Der Anteil an der Finanzausgleichsmasse, der zurückgewährt wird, ist durch die Landesgesetzgebung zu bestimmen. So regelt beispielsweise Art. 1 FAG (Bayern), dass den Gemeinden und Landkreisen im Rahmen des allgemeinen Steuerverbunds in jedem Haushaltsjahr derzeit 12,75 % der Verbundmasse zustehen.[104]

Aus dem Kommunalanteil am allgemeinen Steuerverbund werden in erster Linie die Schlüsselzuweisungen an die Gemeinden und Landkreise finanziert. Diese gelten als das Kernelement im kommunalen Finanzausgleich. In Bayern fließen 64 % der Schlüsselmasse

---

[98]   Siehe Art. 106 Abs. 6 S. 4 und S. 5 GG.

[99]   Vgl. BVerfG, Beschluss vom 25.01.2005, 2 BvR 2185/04 und Hidien et al. (2014), S. 50 und 60.

[100]   Siehe bspw. Art. 10b, 18 FAG (Bayern), § 25 FAG (Thüringen) oder §§ 50, 51 FAG (Hessen).

[101]   Siehe bspw. § 1a FAG (BW), § 17a FAG (Brandenburg) oder § 29 FAG (Thüringen).

[102]   Thöne et al. (2015), S. 128 ff.

[103]   Vgl. Katz (1985), S. 314 ff. und Scherf (2009), S. 509.

[104]   Die Verbundmasse umfasst nach § 1 FAG (Bayern) die Landesanteile der Einkommensteuer, Körperschaftsteuer, Umsatzsteuer und der Gewerbesteuerumlage. Sie vermindert sich um die Ausgaben des Staates im Länderfinanzausgleich und die erhöhten Landesanteile an der Umsatzsteuer.

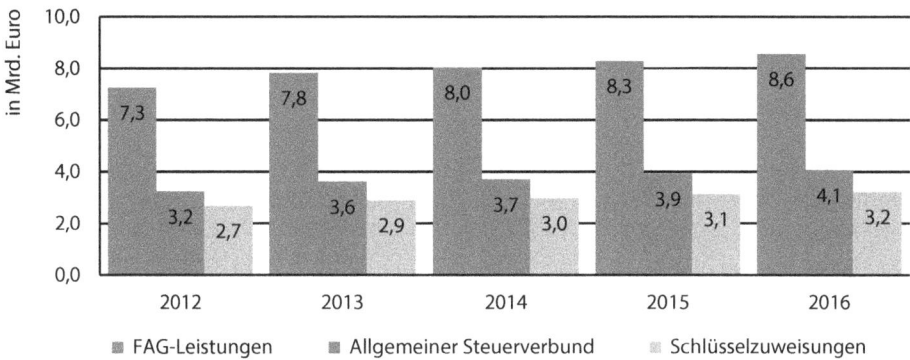

Abbildung 11: Wesentliche Kenngrößen des bayerischen Finanzausgleichs.[105]

an die Gemeinden, der Rest entfällt auf die Landkreise. Zur Veranschaulichung stellt die Abbildung 11 die wesentlichen Kenngrößen des bayerischen Finanzausgleichs dar. In 2016 erreicht dieser ein Volumen von rund 8,6 Mrd. Euro, davon betreffen 4,1 Mrd. Euro den allgemeinen Steuerverbund. Aus dieser Verbundmasse werden Schlüsselzuweisungen in Höhe von insgesamt 3,2 Mrd. Euro ausbezahlt. Hiervon entfielen 2,1 Mrd. Euro auf die Gemeinden und 1,1 Mrd. Euro auf die Landkreise.[106]

Die Schlüsselzuweisungen sind an die einzelnen Gemeinden unter der Maßgabe zu verteilen, dass die zur jeweiligen Aufgabenbelastung zu schwache Einnahmesituation der einzelnen Kommune teilweise ausgeglichen wird. Hierfür wird der fiktive Finanzbedarf einer Kommune deren Einnahmemöglichkeiten gegenübergestellt. Sowohl für die Ausgaben-, als auch die Einnahmesituation wird also nicht auf die tatsächlichen Beträge einer Kommune abgestellt, da diese durch ihre Finanzsituation und die politischen Entscheidungen der Selbstverwaltungsorgane geprägt sind.[107]

Sofern der fiktive Finanzbedarf die Einnahmemöglichkeiten übersteigt, erhält die Gemeinde 55 % des Unterschiedsbetrags als Schlüsselzuweisung. Gemeinden, deren Einnahmemöglichkeiten höher als der Finanzbedarf sind, gelten als abundante Gemeinden und erhalten keine Schlüsselzuweisungen. Besonders steuerschwache Gemeinden erhalten hingegen Sonderschlüsselzuweisungen.[108]

---

[105]   Quelle: Eigene Darstellung mit Daten des Bayerischen Staatsministeriums der Finanzen (2016), S. 5 ff.
[106]   Siehe Art. 1 Abs. 3 FAG (Bayern) und vgl. Bayerisches Staatsministerium der Finanzen (2016), S. 5 ff.
[107]   Vgl. Bayerisches Staatsministerium der Finanzen (2016), S. 36, Katz (1985), S. 320 ff. und Scherf (2009), S. 510 f.
[108]   Siehe hierzu Bayerisches Staatsministerium der Finanzen (2016), S. 36 ff. und Thöne et al. (2015), S. 18 ff.

2.2.6 Bedeutung für den kommunalen Haushalt (in den Flächenländern)

Im Jahr 2014 hatte das gesamte Steueraufkommen auf dem Gebiet der Bundesrepublik Deutschland ein Volumen von 643,6 Mrd. Euro. Davon entfielen auf das Gewerbesteueraufkommen der Kommunen vor Abzug der Gewerbesteuerumlage 43,8 Mrd. Euro (in den Kommunen der Flächenländer: 39,7 Mrd. Euro). Dies entspricht einem Anteil von 6,2 % an dem gesamten Steueraufkommen. Nach der Umsatzsteuer (203,1 Mrd. Euro), der Lohnsteuer (168,0 Mrd. Euro) und der Einkommensteuer (45,6 Mrd. Euro) ist die Gewerbesteuer somit die viertgrößte Steuerquelle im Bundesgebiet.[109]

Für die kommunalen Haushalte ist die Gewerbesteuer von noch größerer Bedeutung. Wie bereits dargestellt werden konnte, lässt sich dies zum einen finanzverfassungsrechtlich herleiten, da den Kommunen die Ertrags- und Rechtsetzungshoheit für diese Steuer zugesprochen wird. Die Gewerbesteuer verschafft den Gemeinden somit eine gewisse finanzielle Autonomie und einen Handlungsspielraum für eine eigene Wirtschaftspolitik. Auch deshalb wird diese Steuer als unverzichtbares Band zur örtlichen Wirtschaft angesehen. Denn bei einer Abschaffung hätten Unternehmen geringere Anreize für ein lokales Engagement und die kommunalen Einflussmöglichkeiten würden schwinden.[110]

Zum anderen ist die Gewerbesteuer wegen ihrer Aufkommenshöhe von größter Bedeutung. Die Abbildung 12 und Abbildung 13 können dies verdeutlichen. Die Gewerbesteuer

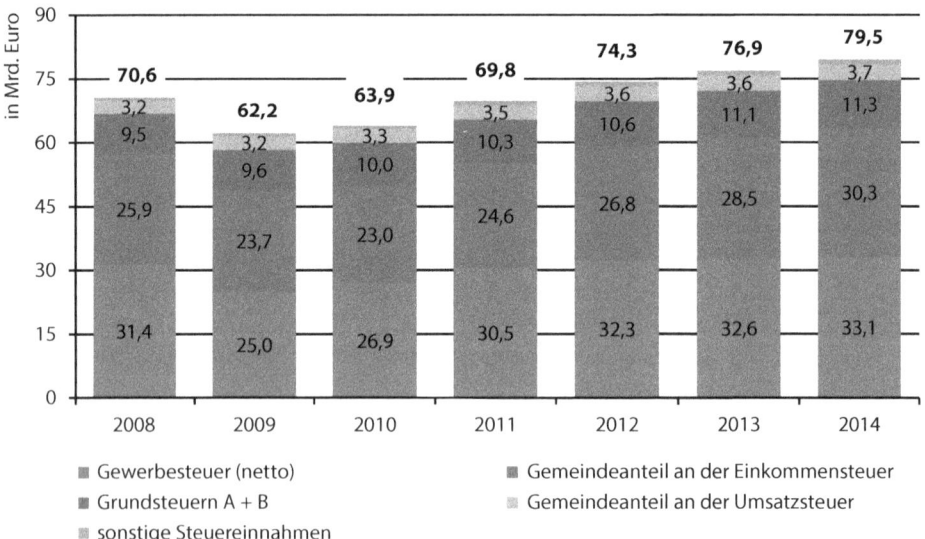

Abbildung 12: Entwicklung der kommunalen Steuereinnahmen in den Flächenländern.[111]

---

[109]   Vgl. BMF (2016b), S. 9 und IHK Würzburg-Schweinfurt (2016b), S.13.
[110]   Vgl. Dt. Städtetag (2010), S. 25 ff., Hidien et al. (2014), S. 54, 70 ff. und Wellisch / Kroschel (2011), S. 622.
[111]   Quelle: Eigene Darstellung mit Daten des BMF (2016b), S. 9.

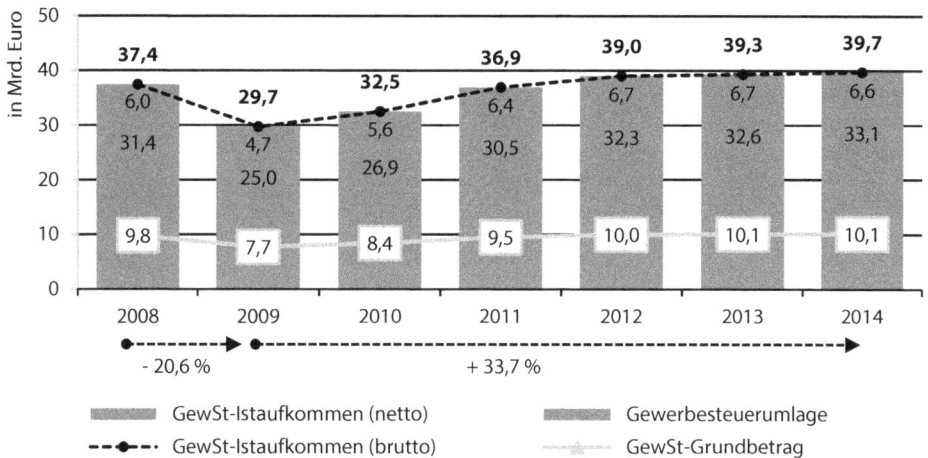

Abbildung 13: Entwicklung der Gewerbesteuereinnahmen in den Flächenländern.[112]

gehört seit Langem zur wichtigsten kommunalen Steuerquelle.[113] In 2014 hat das Gewerbesteueraufkommen (netto) in den Kommunen der Flächenländer rund 33,1 Mrd. Euro betragen. Dies entspricht einem Anteil an den gesamten kommunalen Steuereinnahmen von 41,6 %. In 2015 wird sich das Gewerbesteueraufkommen (netto) wohl auf ein Volumen von 34,9 Mrd. Euro belaufen.[114]

Neben der steigenden Tendenz zeigt die Abbildung 12 im Zeitablauf aber auch große Schwankungen bei der Steuervereinnahmung. Diese resultieren vor allem aus den recht volatilen Gewerbesteuereinnahmen, die im Krisenjahr 2009 um 20,6 % eingebrochen waren. Hieran wird der hohe Grad der Konjunkturabhängigkeit der Steuer erkennbar, was einen ihrer Hauptkritikpunkte darstellt. Eine stark schwankende Einnahmequelle erschwert die kommunale Aufgabenerfüllung nämlich ungemein.[115]

Mit jährlichen Zuwachsraten von 9,4 %, 13,5 % und 5,7 % konsolidierten sich die Gewerbesteuereinnahmen jedoch ab 2010 wieder rasch, so dass bereits in 2012 das vorige Einnahmeniveau erreicht war. Zwar ist in den Jahren 2013 und 2014 das Gewerbesteuervolumen mit jeweils rund 1 % nur moderat gewachsen, für 2015 wird der Anstieg aber wieder 4,5 % betragen.[116] So zeigt sich insgesamt eine recht dynamische Entwicklung der Steuer, die weit über der Dynamik der übrigen lohn- und ertragsabhängigen Steuern liegt. Dies bietet für die Kommunen die Möglichkeit zu umfangreichen Einnahmesteigerungen. Wie sich in der Vergangenheit gezeigt hat, überkompensieren dabei die Einnahmesteigerungen die konjunkturbedingten Einnahmeeinbrüche.[117]

---

[112] Quelle: Eigene Darstellung mit Daten des BMF (2016b) und der Regionaldatenbank Deutschland (2016c).
[113] Vgl. BMF (2016b), S. 9, Dt. Städtetag (2010), S. 10 ff. und Hidien et al. (2014), S. 71.
[114] Die Ergebnisse der Kassenstatistik vermitteln noch keinen endgültigen Überblick für 2015.
[115] Vgl. Dt. Städtetag (2010), S. 8 und Hidien et al. (2014), S. 122.
[116] Vgl. BMF (2016b), S. 1 ff. und Genesis-Online Datenbank (2016a).
[117] Vgl. Dt. Städtetag (2010), S. 12 ff.

	2008	2009	2010	2011	2012	2013	2014
GewSt-Istaufkommen (in Mrd. Euro)	37,4	29,7	32,5	36,9	39,0	39,3	39,7
Veränderung zum Vorjahr (abs.)	0,6	-7,7	2,8	4,4	2,1	0,3	0,4
davon Mengeneffekt	0,8	-8,1	2,7	4,3	2,0	0,2	0,3
davon Preiseffekt	-0,2	0,3	0,1	0,1	0,2	0,1	0,1
Veränderung zum Vorjahr (in %)	1,6%	-20,6%	9,4%	13,5%	5,7%	0,8%	1,0%
davon Mengeneffekt	2,1%	-21,4%	9,1%	13,1%	5,3%	0,6%	0,7%
davon Preiseffekt	-0,5%	0,8%	0,3%	0,4%	0,4%	0,2%	0,3%

Tabelle 3: Veränderung des GewSt-Istaufkommens (brutto): Mengen- und Preiseffekt.[118]

Das genaue Maß der Konjunkturabhängigkeit lässt sich im Einzelnen jedoch nicht genau quantifizieren. Die dargestellten Einnahmeschwankungen stellen nämlich nicht nur eine konjunkturelle Aufkommensreaktion dar, sondern sind auch durch Rechtsänderungen und Hebesatzanpassungen beeinflusst. Insbesondere die Folgen von Rechtsänderungen lassen sich nicht genau determinieren.[119]

Der Einfluss der Hebesatzanpassungen kann hingegen separiert werden, indem das Gewerbesteuer-Istaufkommen (brutto) eines Jahres dem maßgeblichen Hebesatz und dem Gewerbesteuer-Grundbetrag gegenübergestellt wird.[120] Wie die vorstehende Tabelle zeigt, lassen sich die starken Einnahmesteigerungen der letzten Jahre nur in geringem Maße auf den Anstieg der Hebesätze (Preiseffekt) zurückführen. Der wesentliche Teil der Veränderung beruht auf der gestiegenen Bemessungsgrundlage (Mengeneffekt). Trotz ihres volatilen Charakters wird die Gewerbesteuer – zumindest aus kommunaler Sicht – grundsätzlich als gute Steuer bewertet.[121]

2.3 Die Grundsteuer – die zweite Säule der Realsteuerpolitik

Neben dem Aufkommen der Gewerbesteuer und dem Aufkommen der örtlichen Verbrauch- und Aufwandsteuern wird den Kommunen nach Art. 106 Abs. 6 GG auch die Ertragshoheit für die Grundsteuer zugesprochen. Demnach zählt die Grundsteuer zu dem Kreis der klassischen Gemeindesteuern. Sie ist eines der wesentlichen autonomiestützenden Elemente der kommunalen Steuerpolitik.

Auch wenn ihr Aufkommen im Vergleich zur Gewerbesteuer inzwischen deutlich niedriger ausfällt, greift das kommunale Hebesatzrecht bei der Grundsteuer derzeit weiter. Ge-

---

[118]   Quelle: Eigene Darstellung und Berechnung mit Daten der Regionaldatenbank Deutschland (2016c).

[119]   Im Beobachtungszeitraum hatte vor allem das Unternehmensteuerreformgesetz 2008 mit der Senkung der Gewerbesteuermesszahl, einer Ausweitung der Hinzurechnungen und dem Wegfall des Betriebsausgabenabzugs große Auswirkungen auf die gewerbesteuerliche Bemessungsgrundlage. Siehe Kapitel 2.2.1.

[120]   Der Grundbetrag repräsentiert die steuerliche Bemessungsgrundlage und ist daher mit dem Gewerbesteuermessbetrag zu vergleichen. Allerdings wird der Grundbetrag retrograd ermittelt, indem das Istaufkommen durch den jeweils festgesetzten Hebesatz dividiert wird.

[121]   Vgl. Dt. Städtetag (2010), S. 29 f.

mäß § 1 Abs. 1 GrStG können die Gemeinden bei der Grundsteuer frei bestimmen, ob von dem in ihrem Gebiet liegenden Grundbesitz eine Steuer zu erheben ist. Hingegen besteht bei der Gewerbesteuer seit der Einführung des gesetzlichen Mindesthebesatzes von 200 % ein kommunaler Erhebungszwang.

Des Weiteren steht den Kommunen der Ertrag aus dieser Steuer alleine zu. Während Bund und Länder durch die Gewerbesteuerumlage an dem Aufkommen der Gewerbesteuer beteiligt werden, sieht das Grundgesetz keine direkte Beteiligung dieser staatlichen Ebenen an der Grundsteuer vor. Allerdings können auch die Grundsteuereinnahmen, wie die anderen kommunalen Steuereinnahmen, nach Maßgabe der Landesgesetzgebung als Bemessungsgrundlage für die Ermittlung von Umlagen im Rahmen des kommunalen Finanzausgleichs zugrunde gelegt werden.[122]

Ein wesentlicher Unterschied zur Gewerbesteuer besteht auch darin, dass sie nicht auf eine Stromgröße (Gewinn), sondern auf einen Vermögensbestand (Kapital) erhoben wird. Zwar gilt auch die Gewerbesteuer aufgrund einer Modifikation des Gewinnbegriffs als eine Objektsteuer oder zumindest als objektivierte Ertragsteuer,[123] die grundsätzliche Definition einer Objektsteuer erfüllt die Grundsteuer aber zutreffender. Denn die Grundsteuer besteuert den Grundbesitz (Besteuerungsobjekt) unabhängig vom tatsächlich erzielten Ertrag oder den persönlichen Verhältnissen des Steuerpflichtigen. Ziel der Besteuerung ist der Sollertrag eines Grundstücks, also jener Gewinn, den der Steuerpflichtige mit dem Grundstück erzielen könnte.[124]

2.3.1 Historische Entwicklung

Die Grundsteuer zählt zu den ältesten Formen der direkten Besteuerung. Schon im Altertum gab es Steuerabgaben, die auf den Ertrag, der aus dem Grund und Boden gewonnen wurde, abzielte. Auch in Deutschland gehört die Grundsteuer zu den ältesten Steuerformen. Die Idee einer einheitlichen Besteuerung von Grund und Bebauung reicht bis in das 18. Jahrhundert zurück und ist eng mit dem Aufbau des Katasterwesens verknüpft. Ein einheitliches Grundsteuergesetz wurde im Jahr 1861 erstmals im Königreich Preußen beschlossen.[125]

Aufgrund der Finanznot des Deutschen Reiches wurde nach dem Ersten Weltkrieg versucht, den Ländern die Ausschöpfung dieser Steuer zur Pflicht zu machen. Bislang war dies weitestgehend den Gemeinden überlassen. Hierfür wurden die bis dato geltenden landesrechtlichen Regelungen am 1. Dezember 1936 durch das reichseinheitliche Grundsteuergesetz ersetzt und die Ertragshoheit den Gemeinden zugesprochen. Somit geht die gesetzliche Grundlage der Grundsteuer – wie die der Gewerbesteuer – auf die Realsteuerreform von 1936 zurück.[126]

Nach dem Zweiten Weltkrieg wurden in den Bundesländern neue Grundsteuervorschriften erlassen, welche 1951 durch ein einheitliches Grundsteuergesetz ersetzt wurden.

---

[122] Siehe Art. 106 Abs. 6 S. 6 GG.
[123] Vgl. BVerfG, Beschluss vom 15.01.2008, 1 BvL 2/04 und Hidien et al. (2014), S. 27 und 75 ff.
[124] Vgl. Scheffler (2016), S. 372 f. und Schreiber (2012), S. 135.
[125] Vgl. Faltlhauser / Mittler (2004), S. 6 und Torge (2007), S. 166 ff.
[126] Vgl. Faltlhauser / Mittler (2004), S. 6, Rehm / Matern-Rehm (2010), S. 112 f. und RT-Drucksache 1937 Nr. 42.

Aufgrund einer Änderung im Bewertungsgesetz wurde am 7. August 1973 ein neues Grundsteuergesetz erlassen. Danach waren die Einheitswerte der auf den 01.01.1964 durchgeführten Hauptfeststellung erstmals ab dem 01.01.1974 zu berücksichtigen. Entsprechend der gesetzlichen Regelung sollte danach alle sechs Jahre eine neue Hauptfeststellung der Einheitswerte erfolgen. Jedoch ist es hierzu aus praktischen Gründen nie gekommen.[127] Das Grundsteuergesetz vom 7. August 1973 gilt bis heute und wurde nur punktuell weiterentwickelt. Zuletzt ist § 33 Abs. 1 GrStG (Erlass wegen wesentlicher Ertragsminderung) durch Art. 38 des Jahressteuergesetzes 2009 vom 19. Dezember 2008 neu gefasst worden.

Nach über 50 Jahren können die Einheitswerte die tatsächlichen Wertverhältnisse jedoch nicht mehr sachgerecht abbilden. An der Einheitsbewertung bestehen zunehmend verfassungsrechtliche Zweifel,[128] so dass bereits zwei Verfahren beim Bundesverfassungsgericht anhängig sind.[129] Um einer möglichen Feststellung der Verfassungswidrigkeit zuvorzukommen, hat der Bundesrat am 4. November 2016 einem Gesetzentwurf zur Reform der Grundsteuer zugestimmt, der die Schaffung „einer rechtssicheren, zeitgemäßen und verwaltungs-ökonomischen Bemessungsgrundlage" zum Ziel hat. Da sich die neue Wertermittlung nicht länger auf die alten Einheitswerte stützen soll, könnte die Neubewertung von rund 35 Mio. Grundstücken bis 2022 nötig werden.[130] Eine Zustimmung durch den Bundestag soll noch in dieser Legislaturperiode angestrebt werden.

Aufgrund des Umstands, dass sich die beschlossene Grundsteuerreform ausschließlich auf die steuerliche Bemessungsgrundlage beziehen wird, bleibt der Untersuchungsgegenstand dieser Arbeit – die kommunale Hebesatzautonomie – von der aktuellen Gesetzesinitiative weitestgehend unberührt. Die folgenden Ausführungen werden den derzeit gültigen Rechtsstand abbilden.

2.3.2 Kommunale Hebesatzautonomie

Wie für die Gewerbesteuer wird den Gemeinden nach Art. 106 Abs. 6 GG das Recht eingeräumt, die Hebesätze der Grundsteuer im Rahmen der Gesetze festzusetzen. Da für die beiden Grundsteuern derzeit keine Mindest- oder Höchsthebesätze vorgesehen sind, verfügen die Gemeinden faktisch über eine größere Freiheit bei der Festsetzung ihrer Hebesätze. Verfassungsrechtlich ist das Hebesatzrecht der Gewerbesteuer aber umfangreicher verankert, da Art. 28 Abs. 2 S. 3 GG den Gemeinden als zentrale Grundlage der finanziellen Eigenverantwortung das Hebesatzrecht auf eine wirtschaftskraftbezogene Steuerquelle zuspricht. Die Voraussetzungen für eine wirtschaftskraftbezogene Steuerquelle erfüllt derzeit nur die Gewerbesteuer. Im Unterschied zu dem nach Art. 106 Abs. 6 GG gewährten Hebesatzrecht handelt es sich in Art. 28 GG um eine obligatorische Hebesatzgarantie und einen einklagbaren Anspruch der Gemeinden.[131]

---

[127]   Vgl. Vgl. Faltlhauser / Mittler (2004), S. 6, Schulemann (2011), S. 6.

[128]   Vgl. BFH, Beschluss vom 22.10.2014, II R 16/13, BVerfG, Beschluss vom 13.04.2010, 1 BvR 3515/08, Leuchtenberger (2010), S. 1897 ff. und Schulemann (2011), S. 8 f.

[129]   Die anhängigen Verfahren beim BVerfG tragen die Aktenzeichen 1 BvL 11/14 und 2 BvR 287/11.

[130]   Vgl. BR-Drucksachen 514/16 und 515/16 vom 04.11.2016.

[131]   Vgl. Hidien (2014), S. 55 f.

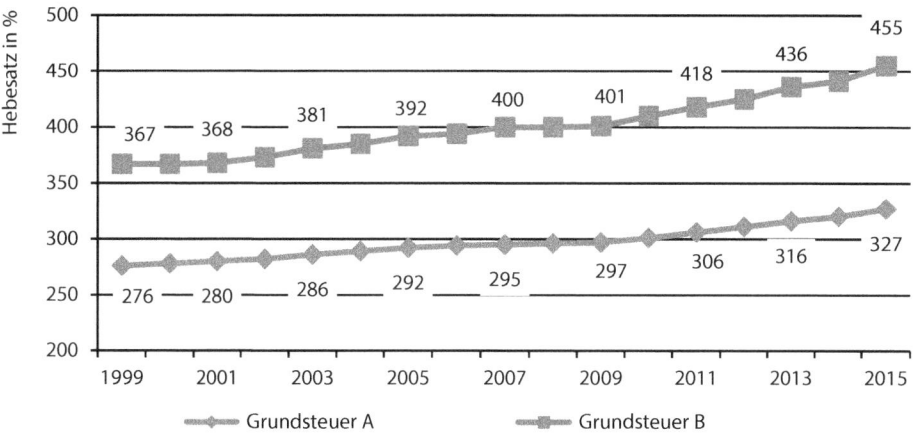

Abbildung 14: Entwicklung der gewogenen Durchschnittshebesätze der Grundsteuern.[132]

Die vorstehende Darstellung kann verdeutlichen, dass die Gemeinden in den vergangenen Jahren häufig auf ihr Recht zur Hebesatzanpassung zurückgegriffen haben. Zwischen 1999 und 2015 sind die Hebesätze der Grundsteuer A um 51 %-Punkte (p.a. 3,0 %-Punkte) und die der Grundsteuer B um 88 %-Punkte (p.a. 5,2 %-Punkte) gestiegen. Bei der Gewerbesteuer belief sich der Anstieg im Betrachtungszeitraum dagegen nur auf 10 %-Punkte und kann als recht moderat beurteilt werden.[133]

Insbesondere bei der Grundsteuer B fällt das durchschnittliche Hebesatzniveau mit 455 % ziemlich hoch aus. Allerdings dürfen die hohen tariflichen Steuersätze nicht zu Fehlschlüssen hinsichtlich der effektiven Steuerbelastung führen, denn die Einheitswerte, nach denen sich die Steuer bemisst, liegen inzwischen weit unterhalb der Verkehrswerte des Grundbesitzes.[134]

2.3.3 Besteuerungsverfahren

Das Besteuerungsverfahren der Grundsteuer zeichnet sich ebenfalls durch einen zweistufigen Aufbau aus. Ausgehend vom Einheitswert des Grundstücks setzt das Finanzamt den Grundsteuermessbetrag fest (Grundsteuermessbescheid). Auf dessen Grundlage ermittelt die hebeberechtigte Gemeinde unter Anwendung des festgelegten Hebesatzes die Steuerschuld und erlässt einen Grundsteuerbescheid.

---

[132] Quelle: Eigene Darstellung mit Daten der Genesis-Online Datenbank (2016a).
[133] Quelle: Eigene Berechnung mit Daten der Genesis-Online Datenbank (2016a).
[134] Vgl. Scheffler (2016), S. 383 und Schreiber (2012), S. 138 f.

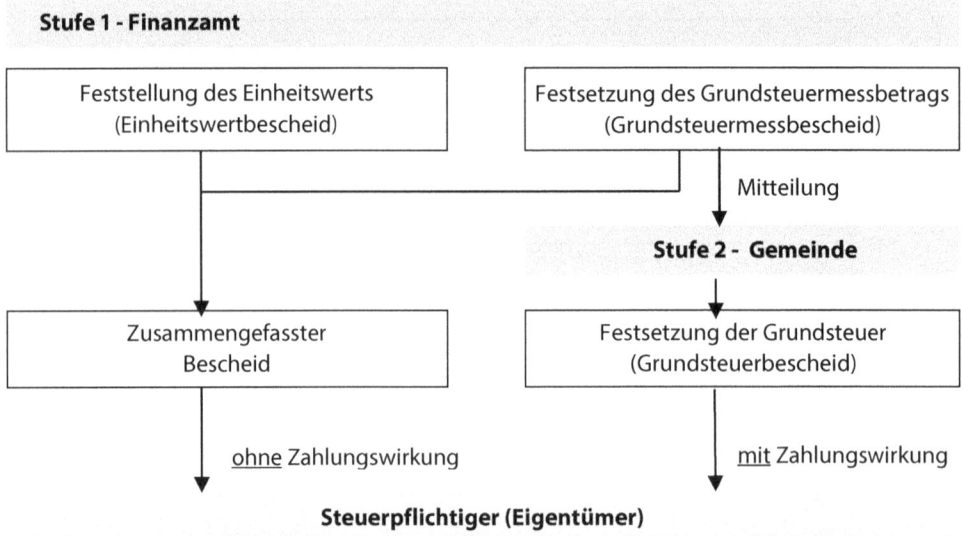

Stufe 1 - Finanzamt

| Feststellung des Einheitswerts (Einheitswertbescheid) | Festsetzung des Grundsteuermessbetrags (Grundsteuermessbescheid) |

Mitteilung

Stufe 2 - Gemeinde

| Zusammengefasster Bescheid | Festsetzung der Grundsteuer (Grundsteuerbescheid) |

ohne Zahlungswirkung   mit Zahlungswirkung

Steuerpflichtiger (Eigentümer)

Abbildung 15: Entwicklung der gewogenen Durchschnittshebesätze der Grundsteuern.[135]

2.3.3.1 Steuergegenstand

Gegenstand der Grundsteuer ist der Grundbesitz im Sinne des Bewertungsgesetzes. Über seine inhaltliche Definition bestimmt § 2 GrStG genauer, was als Grundbesitz anzusehen ist. Steuergegenstand sind demnach folgende Formen des Grundbesitzes:

- Betriebe der Land- und Forstwirtschaft (§§ 33, 34 BewG), hierzu zählen der Grund und Boden, Wohn- und Wirtschaftsgebäude, stehende Betriebsmittel (Maschinen, Geräte, Tiere) und der Bestand umlaufender Betriebsmittel (landwirtschaftliche Produkte, Dünger, Saatgut),
- Grundstücke des Grundvermögens (§§ 68, 70 BewG), hierzu zählen der Grund und Boden, Gebäude und sonstige Bestandteile, Erbbaurechte, Wohnungseigentum und Teileigentum,
- Betriebsgrundstücke (§ 99 BewG).

Allerdings sieht das Grundsteuergesetz zahlreiche Steuerbefreiungen vor. § 3 GrStG regelt die persönliche Steuerbefreiung für den Grundbesitz gewisser Rechtsträger, soweit der Grundbesitz öffentlichen, gemeinnützigen oder mildtätigen Zwecken dient. Zu dem Kreis der Begünstigten zählen insbesondere der Bund, die Länder und Gemeinden. Sofern sich danach noch keine Steuerbefreiung ergibt, sind in § 4 GrStG sachliche Steuerbefreiungen für Friedhöfe, öffentliche Verkehrswege, wissenschaftlich genutzten Grundbesitz und den Grundbesitz von Krankenhäusern verankert.

---

[135]   Quelle: Eigene Darstellung.

Unabhängig von den genannten Befreiungsvorschriften gilt, dass für die Grundsteuer als Gemeindesteuer ebenfalls das Inlandsprinzip maßgeblich ist. Folglich kann immer nur der im Inland gelegene Grundbesitz Steuergegenstand sein.[136]

Steuerschuldner nach § 10 Abs. 1 GrStG ist derjenige, dem der Grundbesitz zugerechnet wird. Falls der Grundbesitz im Eigentum mehrerer Personen steht, treten diese als Gesamtschuldner auf.[137]

2.3.3.2 Bemessungsgrundlage

Bemessungsgrundlage der Grundsteuer ist der Einheitswert des Grundbesitzes. Dessen Ermittlung ist nicht im Grundsteuergesetz, sondern im Bewertungsgesetz geregelt, da ursprünglich auch andere Steuern an diese Werte angeknüpft haben. Nach § 9 BewG ist für die Ermittlung vom gemeinen Wert des Grundbesitzes auszugehen. Da dieser gewöhnlich nicht vorliegt, kommen regelmäßig alternative Bewertungsmethoden zum Einsatz. Dabei liegen der Bewertung die Wertverhältnisse zum Zeitpunkt der letzten Hauptfeststellung zugrunde. Diese erfolgte entgegen der gesetzlichen Regelung in den alten Ländern zuletzt am 1. Januar 1964. In den neuen Ländern wird sogar auf die Wertverhältnisse vom 1. Januar 1935 Bezug genommen. Demzufolge entsprechen die Einheitswerte inzwischen nur noch etwa 10-20 % der tatsächlichen Verkehrswerte des Grundbesitzes.[138]

Der Einheitswert eines **Betriebs der Land- und Forstwirtschaft** setzt sich aus dem Wirtschaftswert und dem Wohnungswert zusammen.[139] Der Wirtschaftswert wird durch die Ertragsfähigkeit des Betriebs bestimmt und beträgt das 18-fache des Reinertrags, der sich bei einer ordnungsmäßigen und schuldenfreien Bewirtschaftung mit entlohnten fremden Arbeitskräften ergibt. Der Wohnungswert wird nach den Grundsätzen der Bewertung des Grundvermögens ermittelt. Für land- und forstwirtschaftliche Betriebe erfolgt diese Bewertung stets im Ertragswertverfahren.[140]

Der Bewertungsmaßstab für die **Grundstücke des Grundvermögens** ist der gemeine Wert. Für unbebaute Grundstücke wird dieser durch die durchschnittlichen Quadratmeterpreise des Gebiets bestimmt.[141] Für alle übrigen Grundstücke werden pauschalisierte Berechnungsmethoden wie das Ertragswertverfahren und das Sachwertverfahren herangezogen.

Das Ertragswertverfahren kommt im Regelfall für Mietwohngrundstücke, Geschäftsgrundstücke, gemischtgenutzte Grundstücke, Einfamilienhäuser und Zweifamilienhäuser zum Einsatz. Im Ertragswertverfahren ergibt sich der gemeine Wert, indem die Jahresrohmiete mit einem Vervielfältiger multipliziert wird. Die zu berücksichtigende Miete bezieht sich stets auf die zum 1. Januar 1964 geltenden Wertverhältnisse. Dies gilt auch für Gebäude, die nach diesem Stichtag erstellt oder wesentlich verändert wurden (Fortschreibungen und Nachfeststellungen).[142] Der anzuwendende Vervielfältiger bestimmt sich nach § 80

---

[136] Siehe § 1 GrStG und vgl. Scheffler (2016), S. 373.

[137] Siehe § 10 Abs. 3 GrStG.

[138] Siehe § 21 BewG und vgl. Scheffler (2016), S. 378 f.

[139] Siehe § 34 Abs. 1 Nr. 1, Abs. 2 und § 34 Abs. 1 Nr. 2, Abs. 3 BewG.

[140] Siehe § 36 Abs. 1 und Abs. 2 BewG sowie Scheffler (2016), S. 378.

[141] Siehe Abschn. 7 Abs. 2 und 3 BewRGr.

[142] Siehe § 79 Abs. 5 BewG. Da sich die Mieten des Jahres 1964 kaum noch sicher feststellen lassen, ist in der Regel nicht von der tatsächlichen, sondern der geschätzten Jahresrohmiete im Hauptfeststellungszeitpunkt auszugehen. Dabei können die am 01.01.1964 tatsächlich gezahlten Mieten vergleichbarer Grundstücke oder die

BewG in Abhängigkeit vom Baujahr, der Bauart sowie der Einwohnerzahl der Belegenheits-gemeinde im Hauptfeststellungszeitpunkt und ist in den Anlagen 3 bis 8 zum Bewertungs-gesetz niedergeschrieben. Innerhalb einer Bauarts- und Gemeindegrößenklasse ist für alle nach dem 20. Juni 1948 erstellten Gebäude der gleiche Vervielfältiger vorgesehen.

Hingegen findet das Sachwertverfahren bei den sonstigen bebauten Grundstücken, bei Einfamilienhäusern und Zweifamilienhäusern mit besonderer Gestaltung oder Ausstattung und bei Grundstücken, für die sich weder eine Jahresrohmiete noch eine übliche Miete er-mitteln lassen, seine Anwendung.[143] Das Verfahren ermittelt die Werte des Bodens, des Ge-bäudes und der Außenanlagen zunächst gesondert und fasst diese anschließend zusammen. Wie bei den unbebauten Grundstücken bestimmt sich der Bodenwert aus der Fläche und dem Quadratmeterpreis. Der Wert des Gebäudes und der Außenanlagen ergibt sich aus den im Jahr 1958 festgestellten „Normalherstellungskosten". Wertminderungen wegen Alters und etwaiger baulicher Mängel und Schäden sind dabei zu berücksichtigen.[144]

Die Einheitsbewertung der **Betriebsgrundstücke** folgt grundsätzlich der Bewertung der Grundstücke des Grundvermögens. Demzufolge gilt es, den gemeinen Wert nach dem Er-tragswertverfahren zu ermitteln. Für Geschäftsgrundstücke, für die sich auf dem örtlichen Markt keine übliche Miete bestimmen lässt, erfolgt die Bewertung jedoch im Sachwertver-fahren.

2.3.3.3 Steuermessbetrag und Steuertarif

Entsprechend dem Besteuerungsverfahren der Gewerbesteuer wird auch die Grundsteuer aus der Kombination von Steuermesszahl und Hebesatz ermittelt. In Abhängigkeit vom je-weiligen Besteuerungsobjekt bestimmt sich, ob der Grundbesitz zur Grundsteuer A oder zur Grundsteuer B veranlagt wird. Die Grundsteuer A wird von Betrieben der Land- und Forstwirtschaft erhoben. Die Grundsteuer B besteuert hingegen bebaute oder bebaubare Grundstücke und Gebäude.

Die Steuermesszahl für Betriebe der Land- und Forstwirtschaft weicht von den Werten der Grundstücke ab. Für Betriebe der Land- und Forstwirtschaft beträgt die Steuermesszahl nach § 14 GrStG 6,0 ‰. Bei Grundstücken beträgt die Steuermesszahl nach § 15 GrStG grundsätzlich 3,5 ‰. Allerdings wird Ein- und Zweifamilienhäusern eine geringfügig nied-rigere Steuermesszahl zugesprochen.

Aufgrund der kommunalen Hebesatzautonomie bestimmen die Gemeinden, mit wel-chem Hebesatz des Steuermessbetrags oder des Zerlegungsanteils die Grundsteuer zu erhe-ben ist. Dabei können die Kommunen nach § 25 GrStG für Betriebe der Land- und Forst-wirtschaft und für Grundstücke unterschiedliche Hebesätze festsetzen. Zum Teil wird hier-von reger Gebrauch gemacht. Im Jahr 2014 hatten 63,3 % der Kommunen unterschiedliche Grundsteuerhebesätze festgesetzt. In über 40 % der Gemeinden lagen die beiden Hebesätze sogar mehr als 50 %-Punkte auseinander.

---

zum 01.01.1964 von den Finanzämtern aufgestellten Mietspiegel-Mieten als Anhaltspunkt dienen. Vgl. hierzu BFH, Urteil vom 26.01.1979, III R 99/76.

[143]   Siehe § 76 BewG.
[144]   Siehe §§ 85 ff. BewG.

Grundsteuer A	Grundsteuer B
für Betriebe der Land- und Forstwirtschaft	für private und betriebliche Grundstücke

Stufe 1 - Festsetzung durch das Finanzamt	
Einheitswert des Grundbesitzes	**Einheitswert des Grundbesitzes**
x Steuermesszahl (§ 14 GrStG) in Höhe von 6,0 ‰	x Steuermesszahl (§ 15 GrStG) in Höhe von 3,5 ‰
= **Steuermessbetrag (§ 13 GrStG)**	= **Steuermessbetrag (§ 13 GrStG)**

Stufe 2 - Festsetzung durch die hebeberechtigte Gemeinde	
Steuermessbetrag (ggf. Zerlegungsanteil)	**Steuermessbetrag** (ggf. Zerlegungsanteil)
x Hebesatz der Grundsteuer A	x Hebesatz der Grundsteuer B
= **Grundsteuer A**	= **Grundsteuer B**

Abbildung 16: Schema zur Ermittlung der Grundsteuern A und B.[145]

Die Grundsteuerschuld wird durch die Gemeinde schließlich durch Multiplikation des (anteiligen) Grundsteuermessbetrags mit dem maßgeblichen Hebesatz der Gemeinde ermittelt.

2.3.4 Bedeutung für den kommunalen Haushalt (in den Flächenländern)

Aus kommunaler Sicht wird auch die Grundsteuer meist über das Äquivalenzprinzip gerechtfertigt. Denn die Bereitstellung öffentlicher Güter (wie die örtliche Infrastruktur)

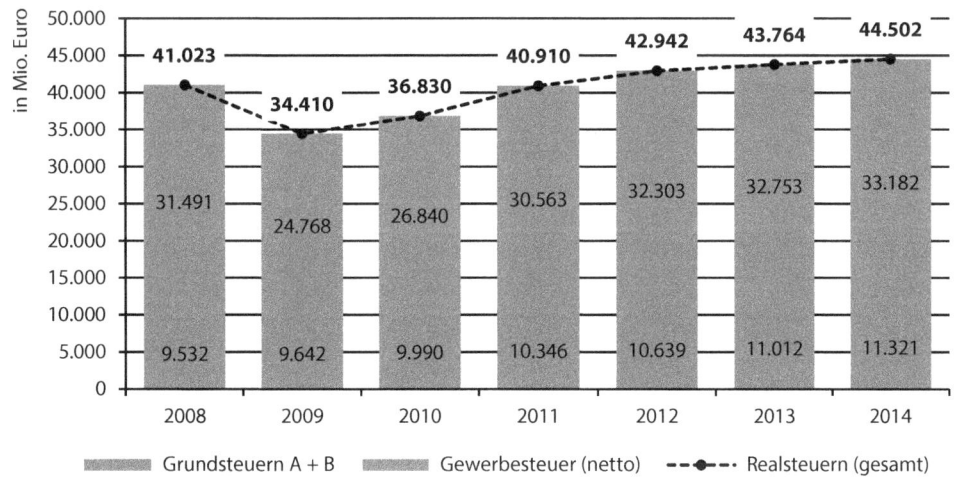

Abbildung 17: Entwicklung der Realsteuereinnahmen in den Flächenländern.[146]

---

[145] Quelle: Eigene Darstellung.
[146] Quelle: Eigene Darstellung mit Daten des BMF (2016b) und der Regionaldatenbank Deutschland (2016c).

kommt insbesondere den Eigentümern von Grundbesitz zu Gute. Sofern gewisse Leistungen nicht durch Beiträge (bspw. Straßenerschließungsbeiträge) oder Gebühren (bspw. Kanalgebühren) abgegolten werden, kann die Grundsteuer zu deren Finanzierung herangezogen werden.[147] Auch wenn ihr Anteil an den kommunalen Steuereinnahmen in 2014 nur noch bei 14,2 % gelegen hat und inzwischen rund Zweidrittel des Realsteueraufkommens auf die Gewerbesteuer entfällt, besteht an der Grundsteuer aus fiskalischen Gesichtspunkten nach wie vor großes Interesse. Ihre Ertragsunabhängigkeit gewährleistet ein sehr konstantes Steueraufkommen, das selbst bei ungünstigem Konjunkturverlauf ein stabiles Niveau aufweist. Die Abbildung 17 zeigt, dass die Grundsteuereinnahmen selbst im Krisenjahr 2009 geringfügig angestiegen sind, während das Gewerbesteueraufkommen um über 20 % eingebrochen war.

In 2014 betrug das Grundsteueraufkommen insgesamt 11,3 Mrd. Euro, wovon 10,9 Mrd. Euro auf die Grundsteuer B und rund 0,4 Mrd. Euro auf die Grundsteuer A entfielen. Wertmäßig ist die Besteuerung des land- und forstwirtschaftlichen Grundbesitzes für die meisten Gemeinden daher von sehr untergeordneter Bedeutung. Die Konjunkturunabhängigkeit kann hingegen für beide Grundsteuerarten gleichermaßen beobachtet werden. Dies lässt sich veranschaulichen, indem das Gesamtaufkommen der jeweiligen Grundsteuer in den Anteil, der aus der Bemessungsgrundlage (Grundbetrag) resultiert, und den Anteil, der auf den festgesetzten Hebesatz zurückzuführen ist, aufgeteilt wird. In den Bemessungsgrundlagen der beiden Grundsteuern zeigen sich seit 2008 keine Schwankungen.

Allerdings wird mittels der folgenden Darstellung auch deutlich, dass sich der wesentliche Teil der Aufkommensentwicklung bei beiden Grundsteuern auf eine Erhöhung

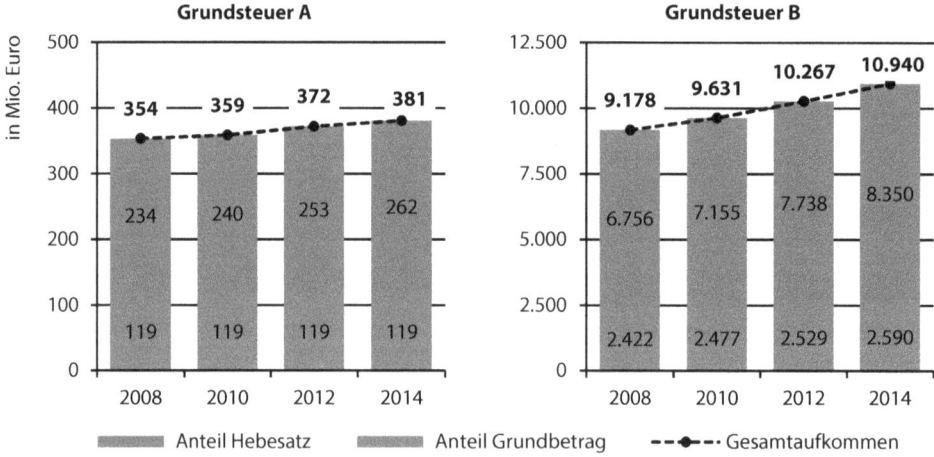

Abbildung 18: Entwicklung der Grundsteuereinnahmen in den Flächenländern.[148]

---

[147] Vgl. Sachverständigenrat (2010), S. 230, Schreiber (2012), S. 135 und Wissenschaftlicher Beirat beim BMF (2010), S. 2. Zunehmend wird eine Begründung über das Äquivalenzprinzip aber als unbefriedigend bewertet, vgl. Scheffler (2016), S. 374, Scherf (2009), S. 394 und Schulemann (2011), S. 12.

[148] Quelle: Eigene Darstellung mit Daten des BMF (2016b) und der Regionaldatenbank Deutschland (2016c).

der Hebesätze zurückführen lässt. Denn der Anteil des Grundsteueraufkommens, der aus der Bemessungsgrundlage herrührt, hat sich bei beiden Grundsteuerarten nur mäßig entwickelt.

Bei der Grundsteuer A stagniert dieser Anteil beinahe vollständig und liegt seit Jahren unverändert bei rund 119 Mio. Euro. Demzufolge hätte es im land- und forstwirtschaftlichen Grundbesitz seit 2008 keinerlei Wertzuwachs gegeben. Dies zeigt, dass es der Bewertungssystematik über Einheitswerte nicht länger gelingt, den Wertzuwachs des Grundbesitzes in der Bemessungsgrundlage abzubilden.

Auch bei der Grundsteuer B spiegelt die Entwicklung der Bemessungsgrundlage nur unzureichend die Entwicklung der Verkehrswerte wieder. Dies kann belegt werden, indem die Entwicklung des Grundbetrags den Preisindizes für Bauland bzw. Wohnimmobilien gegenübergestellt wird. Während beispielsweise der Preisindex für Wohnimmobilien seit 2008 um 16 % angestiegen ist, nahmen die Grundbeträge zur Grundsteuer B nur um 7 % zu. Da sich bei der Steuer im gleichen Zeitraum aber ein Aufkommenszuwachs von 19 % auf 10,9 Mrd. Euro ergeben hat, ist auch diese Zunahme vor allem in Hebesatzerhöhungen begründet. Bei der jetzigen Konzeption der steuerlichen Bemessungsgrundlage durch Einheitswerte scheinen höhere Steuersätze aus kommunaler Sicht demnach geboten, um die haushaltspolitische Bedeutung der Grundsteuer zu erhalten. Denn mit einer Bewertungssystematik über Einheitswerte ist dies nicht mehr möglich. Aufgrund dessen ist der vom Bundesrat verabschiedete Gesetzentwurf zur Reform der Grundsteuer zu begrüßen, da er genau an dieser Stelle ansetzt.

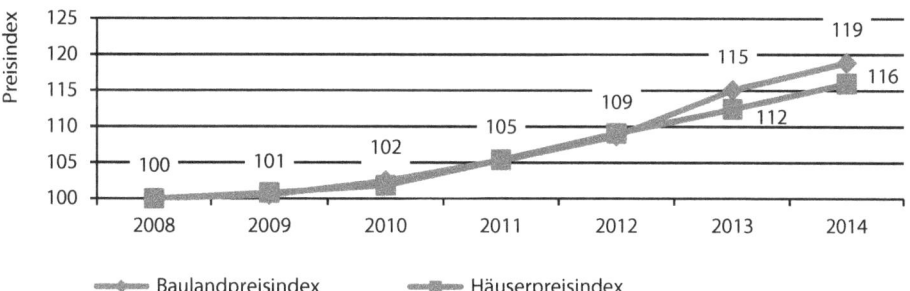

Abbildung 19: Entwicklung der Preisindizes für Bauland und Wohnimmobilien.[149]

---

[149]   Quelle: Eigene Darstellung mit Daten der Genesis-Online Datenbank (2016b).

3 Determinanten des Hebesatzniveaus der Realsteuern – eine Regressionsanalyse

3.1 Hinführung

In Anlehnung an die wissenschaftliche Forschung soll der Themenkomplex in einem ersten Schritt auf quantitative Weise untersucht werden. Da sich das Schrifttum dabei auf die Gewerbesteuer beschränkt hat und zu deren Hebesatzhöhe bereits etliche Einflussfaktoren ermitteln konnte, sollen diese Erkenntnisse zunächst reproduziert werden, um eine aussagekräftige und wissenschaftlich abgesicherte Ausgangsbasis für weitere Forschungsschritte zu schaffen. Als statistische Methode wird dabei ebenfalls die Regressionsanalyse gewählt. Während bisherige Untersuchungen die Hebesatzpolitik in einzelnen westdeutschen Bundesländern analysiert haben, sollen die im folgenden Kapitel vorgestellten Regressionsanalysen auf Basis bundesweiter Gemeindedaten durchgeführt werden. Zu Beginn der Analyse umfasst der Datensatz alle 11.441 deutschen Gemeinden. Somit enthält er auch sämtliche Gemeinden in den neuen Bundesländern, welche in der Vergangenheit aufgrund sich ändernder Gebietsstände nicht mit untersucht wurden.

Wie im zweiten Kapitel dieser Arbeit verdeutlicht werden konnte, haben jedoch auch die Grundsteuern eine große Bedeutung für den kommunalen Haushalt. Deren Hebesatzniveau war bislang noch nicht Gegenstand der wissenschaftlichen Forschung. Zum einen mag dies darin begründet sein, dass deren Steueraufkommen im Vergleich zur Gewerbesteuer geringer ist. Zum anderen aber wohl auch darin, dass deren steuerliche Bemessungsgrundlagen weitestgehend immobil sind, so dass bei den Grundsteuern bisher kein kommunaler Steuerwettbewerb in Erwägung gezogen wurde. Um bezüglich dieses Aspekts größere Klarheit zu schaffen, werden in diesem Kapitel neben dem Regressionsmodell zur Gewerbesteuer auch zwei Regressionsmodelle für die beiden Grundsteuern aufgestellt. Hiermit soll schließlich eine Aussage darüber möglich sein, ob auch die Hebesatzhöhe der Grundsteuer A und der Grundsteuer B durch die Ausprägung lokaler Standortfaktoren beeinflusst wird.

Da die Beschlüsse über die Grundsteuerhebesätze durch dieselben kommunalen Entscheidungsträger wie bei der Gewerbesteuer gefasst werden, ist in diesem Zusammenhang des Weiteren die Frage interessant, ob sich kommunale Mandatsträger bei ihren Hebesatzentscheidungen auf die gleichen Determinanten beziehen. Denn dies würde eine einheitliche kommunale Realsteuerpolitik implizieren.

Bevor die einzelnen Regressionsmodelle zu den drei Realsteuern ab Kapitel 3.4 vorgestellt werden, sollen die theoretischen Grundlagen einer Regressionsanalyse erläutert und ein knapper Literaturüberblick gegeben werden.

3.2 Theoretische Grundlagen zur Regressionsanalyse

Die Grundidee einer Regressionsanalyse ist es, einen linearen Zusammenhang zwischen einer im Zentrum des Interesses stehenden erklärten (auch *abhängigen*) Variable und mehreren in Betracht kommenden erklärenden (auch *unabhängigen*) Variablen zu modellieren. Die statistische Abhängigkeit der erklärten Variable wird dabei durch die beobachteten Regressionskoeffizienten der unabhängigen Variablen beschrieben. Formal lässt sich das Modell folgendermaßen ausdrücken:

$$Y = c + \beta_1 \times X_{1,i} + \beta_2 \times X_{2,i} + \beta_n \times X_{n,i} + \epsilon_i$$

Dabei bezeichnet die Variable c eine Konstante. Die Koeffizienten $\beta_1, \dots, \beta_n$ geben Vorzeichen und Stärke des Zusammenhangs zwischen den unabhängigen Variablen $X_1, \dots, X_n$ und der abhängigen Variable Y an. Liegen genügend viele Beobachtungen der unabhängigen Variablen und der abhängigen Variable vor, so können mithilfe der Regressionstechnik sowohl die Regressionskonstante c als auch die Regressionskoeffizienten $\beta_1, \dots, \beta_n$ empirisch abgeschätzt werden. Dem Umstand, dass sich die abhängige Variable typischerweise nicht vollständig durch die unabhängigen Variablen vorhersagen lässt, wird durch die Berücksichtigung eines Residuums ϵ_i (auch als Störgröße bezeichnet) Rechnung getragen. Je geringer dieses Residuum ausfällt, desto besser ist der prognostizierte Zusammenhang zwischen den unabhängigen Variablen und der abhängigen Variable. Der Index i kennzeichnet zusammengehörige Beobachtungen. Zur Schätzung der Regressionsparameter wird die Kleinst-Quadrate-Methode (im Englischen: Ordinary least squares, kurz: OLS-Schätzung) angewendet, die die Summe der quadratischen Abweichungen der geschätzten und tatsächlichen Werte minimiert.[150]

Wegen des räumlichen Bezugs der untersuchten Variablen sei an dieser Stelle noch ein Hinweis zur sogenannten „räumlichen Ökonometrie" gegeben. Demnach könnten in der Folge sozialer Beeinflussungsprozesse wechselseitige Abhängigkeiten zwischen nahe beieinander liegenden Kommunen vorliegen. Dies würde bedeuten, dass die Beobachtungswerte benachbarter Gemeinden nicht unabhängig voneinander sind und räumliche Autokorrelation besteht.[151] Deren Existenz führt bei einer Kleinst-Quadrate-Schätzung zu Verzerrungen bei der Ermittlung des Standardfehlers der Regressionskoeffizienten.[152] Um diese Problematik zu umgehen, wird in der Literatur häufig eine räumliche Regressionsanalyse (spatial analysis) vorgeschlagen, bei der „die gegenseitige Abhängigkeit von Beobachtungseinheiten als Funktion ihrer räumlichen Lage zueinander modelliert wird".[153] Somit berücksichtigen räumliche Regressionsanalysen zusätzlich die Werte der benachbarten Beobachtungseinheiten (Gemeinden), da diese häufig von Bedeutung für die betrachtete Einheit sind. Klas-

---

[150] Vgl. Backhaus et al. (2008), S. 63, Eckey et al. (2011), S. 19 ff. und Hackl (2005), S. 30 ff.
[151] Vgl. Anselin et al. (2008), S. 627, Eckey et al. (2006), S. 548 und Henningsen (2009), S. 414.
[152] Vgl. Eckey et al. (2006), S. 548 und Backhaus et al. (2008), S. 87.
[153] Vgl. Henningsen (2009), S. 413.

sische Regressionsanalysen beziehen hingegen nur solche Daten bei einer unabhängigen Variable mit ein, die in einer Beobachtungseinheit (Gemeinde) erhoben wurden.[154]

Trotz seiner Vorzüge bleibt das Verfahren in der ökonometrischen Modellierung häufig unberücksichtigt, da die wechselseitigen Abhängigkeiten schwer zu messen und abzubilden sind.[155] Zudem gelten die Berechnungsformeln dieser Modelle als sehr komplex.[156] Unter Berücksichtigung der Schwerpunktsetzung dieser Arbeit beschränken sich die nachfolgend beschriebenen Regressionsmodelle daher generell auf den klassischen Ansatz. Um den Erkenntnissen der räumlichen Ökonometrie Rechnung zu tragen, sind die Variablen zum „Hebesatzniveau der Nachbarkommunen" gemäß den Grundsätzen einer räumlichen Regressionsanalyse modelliert worden, da diese Variablen kommunale Interdependenzbeziehungen abbilden.

Die Datengrundlage für eine Regressionsanalyse kann prinzipiell durch zwei unterschiedliche Verfahren geschaffen werden. Einerseits können die benötigten Beobachtungen mithilfe von Befragungen selbständig erhoben werden. Eine Erhebung von Primärdaten wird meist dann angewendet, wenn für den Untersuchungsansatz noch keine geeignete Datengrundlage besteht. Wie im nachfolgenden Literaturüberblick aufgezeigt wird, haben sich hierzu die Autoren Janeba und Osterloh entschieden und eine Umfrage unter kommunalen Entscheidungsträgern in Baden-Württemberg durchgeführt.[157] Da diese Erhebungsmethodik einen großen Einfluss auf die Aussagekraft der abgeleiteten Daten haben kann, ist diese Erhebungsform sehr gründlich durchzuführen.

Daher wird häufig auf Daten aus verfügbaren Sekundärstatistiken zurückgegriffen. Begründet ist dies vor allem in einer besseren Datenqualität sowie in einer Zeit- und Kostenersparnis.[158] Wie das Kapitel 3.5 zeigt, hat sich der Autor dieser Arbeit hierzu entschieden.

3.3 Literaturüberblick

Der Fragestellung über die Abhängigkeit des Gewerbesteuerhebesatzes von diversen Standortfaktoren und kommunalen Budgetvariablen ist bereits in unterschiedlichen wissenschaftlichen Arbeiten nachgegangen worden. Diese quantitativen Untersuchungen bedienten sich dabei vornehmlich dem statistischen Modell einer Regressionsanalyse, meist unter Verwendung von Zeitreihendaten.

Eine der bedeutendsten Arbeiten in diesem Themenumfeld stellt die von **Büttner** dar. Für die Bestimmung lokaler Einflussfaktoren der Gewerbesteuerhebesatzhöhe zieht er lokale Ausprägungen wie die Einwohnerzahl, die Bevölkerungsstruktur, den Steuersatz benachbarter Gemeinden und kommunale Budgetvariablen heran. Für seine Untersuchung beschränkt er sich auf das Bundesland Baden-Württemberg. Dabei kann Büttner für die Budgetvariablen einen signifikanten Einfluss nachweisen. Daraus folgert er, dass eine Reduktion der Mittel, die zur Finanzierung von öffentlichen Ausgaben zur Verfügung stehen,

---

[154] Vgl. Paelinck / Klaassen (1979), S. 6 und Henningsen (2009), S. 413.
[155] Vgl. Henningsen (2009), S. 413.
[156] Vgl. Eckey et al. (2006), S. 554.
[157] Vgl. zum Beispiel Janeba / Osterloh (2013), S. 6 ff.
[158] Vgl. Menges (1982), S. 98 und Bourier (2014), S. 28 f.

einen Anstieg des Gewerbesteuerhebesatzes herbeiführt.[159] Ferner stellt er fest, dass in Gemeinden mit einem größeren Anteil an älteren Bürgern höhere Hebesätze zu finden sind. Dies erklärt er damit, dass in solchen Gemeinden die Präferenz für eine Politik, die an öffentlichen Ausgaben orientiert ist, größer ist als eine Politik, die das private Einkommen im Fokus hat. Eine weitere wichtige Erkenntnis seiner Arbeit ist, dass in Gemeinden mit einer größeren Einwohnerzahl höhere Gewerbesteuerhebesätze beschlossen werden. Dies führt Büttner auf die Marktmacht dieser Gemeinden zurück. Aber auch für die Variablen Ausländeranteil, Konfessionszugehörigkeit und Hebesatzhöhe der Nachbargemeinde kann er signifikante Einflüsse nachweisen.[160]

Als kritisch ist an der Untersuchung von Büttner zu bewerten, dass in den Kreis der unabhängigen Variablen auch der Vorjahreswert des Gewerbesteuerhebesatzes aufgenommen wurde.[161] Denn bei der Interpretation eines derartigen Modells gilt es zu beachten, dass der größte Teil der erklärten Varianz von dem Vorjahreswert der abhängigen Variable herrührt. Ferner besteht die Gefahr, dass alle anderen Effekte nach unten verzerrt werden, der Effekt des Vorjahreswertes des Gewerbesteuerhebesatzes aber nach oben.[162] Daneben erscheint es als wahrscheinlich, dass Büttner die Modellprämisse der Multikollinearität verletzt. Diese besagt, dass keine großen linearen Abhängigkeiten zwischen den unabhängigen Variablen bestehen dürfen.[163] Allerdings werden in dem Modell die Budgetvariablen „Std. revenues business tax" (Grundbetrag der Gewerbesteuer), „Unconditional grants" (Schlüsselzuweisungen) und „County contributions" (Kreisumlage) nebeneinander untersucht. Da die drei genannten Variablen rechnerisch aus dem Gewerbesteueraufkommen einer Kommune ermittelt werden, ist es nur folgerichtig, dass sie miteinander hoch korrelieren. Eigene Berechnungen belegen dies. Demzufolge sollten diese Variablen in einem Modell nicht parallel betrachtet werden, da dies zu ungenauen Schätzungen der betroffenen Regressionsparameter führt.[164]

In einer finanzwissenschaftlichen Studie stellt **Boettcher** die empirischen Untersuchungsergebnisse zu den Determinanten der kommunalen Gewerbesteuerhebesatzpolitik dar. In der durchgeführten Regressionsanalyse knüpft er eng an die Erkenntnisse von Büttner an; als Stichprobe hat er sich für das Bundesland Nordrhein-Westfalen entschieden. Mit seinen Ergebnissen vermag er aufzuzeigen, dass das Hebesatzniveau der Gewerbesteuer in hohem Maße durch die Standortattraktivität der Gemeinde bestimmt wird, die wiederum ganz wesentlich von den Hebesätzen der umliegenden Kommunen abhängt. Überspitzt wird als Fazit formuliert: „Nenne mir die Gewerbesteuerhebesätze deiner Nachbargemeinden und ich verrate dir deinen Hebesatz".[165]

---

[159] Zu den Budgetvariablen gehören: Schlüsselzuweisungen, Kreisumlage, Sozialausgaben, Schuldendienst, Gewerbesteueraufkommen (Grundbetrag) und der Gemeindeanteil an der Einkommensteuer.
[160] Vgl. für den ganzen Absatz Büttner (2001).
[161] Es ist anzunehmen, dass dies vor allem aus modelltechnischen Gründen geschieht, um Autokorrelation zu vermeiden. Denn eine theoretische Begründung für die Inklusion des Vorjahreswertes wird in dem Aufsatz nicht genannt. Vgl. zu der Problematik der Inklusion von Vorjahreswerten der abhängigen Variable Wolf (2015), S. 115.
[162] Vgl. Plümper et al. (2005), S. 335 und Achen (2000), S. 14.
[163] Vgl. Backhaus et al. (2008), S. 87 f.
[164] Vgl. Backhaus et al. (2008), S. 88.
[165] Vgl. Boettcher (2013a), S. 104 ff. und Boettcher (2013b), S. 127 ff.

Hauptmeier, **Mittermaier** und **Rincke** haben ein Modell entwickelt, das die kommunalen Reaktionsfunktionen im Wettbewerb um den mobilen Faktor Kapital beschreibt. Hierbei wird unterstellt, dass die Kommunen ihre Entscheidung über die Höhe des Gewerbesteuerhebesatzes und die Menge eines bereitgestellten öffentlichen Gutes simultan treffen. Am Beispiel von Baden-Württemberg kann für den Zeitraum 1998 bis 2004 aufgezeigt werden, dass Gemeinden sowohl den Hebesatz als auch die Menge des bereitgestellten öffentlichen Gutes im Wettbewerb um Kapital nutzen, um sich von anderen Kommunen abzusetzen. Durch eine Regressionsanalyse wird belegt, dass Gemeinden den eigenen Hebesatz senken und die Bereitstellung öffentlicher Güter ausweiten, wenn Nachbargemeinden ihre Hebesätze senken. Ferner wird deutlich, dass Gemeinden ihre Ausgaben für öffentliche Güter erhöhen (hier: Infrastruktur), sofern Nachbargemeinden mehr Investitionen unternommen haben.[166]

Die Autoren **Koh** und **Riedel** überprüfen in ihrer Arbeit neben einer Vielzahl von Kontrollvariablen[167] vornehmlich den Einfluss des Urbanisierungs- und Lokalisierungsgrades von Unternehmen auf die Gewerbesteuerhebesatzhöhe. Dabei stellen sie signifikant fest, dass mit einer steigenden Anzahl an Arbeitsplätzen in einem Gemeindegebiet (Urbanisierungsgrad) auch der Gewerbesteuerhebesatz ansteigt. Der gleiche Effekt kann in Gemeinden beobachtet werden, in denen viele Arbeitsplätze auf lokalisierte Branchen entfallen.[168] Für viele der Kontrollvariablen werden dabei ebenfalls signifikante Ergebnisse erzielt.[169]

In einer Untersuchung über die Abhängigkeit der Gewerbesteuerhebesatzveränderung von der Legislaturperiode kommen **Foremny** und **Riedel** zu der Erkenntnis, dass das Wachstum des Gewerbesteuerhebesatzes in dem Jahr vor einer Wahl um 40 % sinkt und in dem Jahr nach der Wahl wieder um 40 % ansteigt. Ferner weist die Arbeit partiell nach, dass sich eine Veränderung in der Sitzverteilung der Parteien im Gemeinderat auf die Höhe des Gewerbesteuerhebesatzes auswirkt.[170]

Mittels einer Erhebung von Primärdaten unter baden-württembergischen Bürgermeistern untersuchen **Janeba** und **Osterloh** die „reale" räumliche Struktur des lokalen Steuerwettbewerbs und zeigen auf, dass der Wettbewerbsdruck zwischen einzelnen Gebietskörperschaften zum Teil stark schwankt. Als entscheidende Einflussfaktoren für dessen Intensität werden durch die kommunalen Entscheidungsträger die Größe und insbesondere die ökonomische Funktion der Kommunen wahrgenommen. Demnach stehen vor allem urbane Zentren nicht nur mit ihren direkten Nachbargemeinden im Wettbewerb, sondern auch mit Kommunen in größerer Entfernung. Auf Basis dieser Erkenntnisse entwickeln die Autoren ein zweistufiges Modell, in dem sich Metropolregionen mit anderen Metropolregionen und ihren umgebenden (ländlichen) Nachbarn im Steuerwettbewerb um Kapital befinden. Während Büttner und die weitere empirische Literatur nachweisen konnten, dass

---

[166] Vgl. für den ganzen Absatz Hauptmeier et al. (2009).

[167] Hierunter fallen u.a.: Pro-Kopf-Einkommen, gewichteter Steuersatz der Nachbargemeinde, Altersstruktur der Bevölkerung, diverse Infrastrukturvariablen und Budgetvariablen.

[168] Eine Branche gilt in einer Gemeinde dann als lokalisiert, wenn sie in der Gemeinde einen DO-Index besitzt, der oberhalb des Mittelwerts der Verteilung liegt. Der DO-Index stellt den Anteil der Unternehmen einer Branche an den gesamten Unternehmen der Gemeinde dar. Die Branchenklassifizierung orientiert sich dabei an der „Klassifikation der Wirtschaftszweige WZ (93)" des Statistischen Bundesamts.

[169] Vgl. für den ganzen Absatz Koh / Riedel (2013).

[170] Vgl. für den ganzen Absatz Foremny / Riedel (2012).

zwischen der Einwohnerzahl einer Gemeinde und deren Gewerbesteuerhebesätze ein positiver Zusammenhang besteht, gelangen die Autoren zu gegensätzlichen Ergebnissen. Diese implizieren, dass größere Kommunen den Faktor Kapital nicht zwingend stärker besteuern, wenn sie sich einem starken Wettbewerb mit weiter entfernten Gemeinden ausgesetzt sehen. Abschließend werden die gewonnenen Erkenntnisse mit der Entwicklung der Gewerbesteuerhebesätze in Baden-Württemberg in den letzten 20 Jahren verglichen. So zeigt sich, dass gerade kleinere Gemeinden immer stärker auch zu höheren Hebesätzen tendieren, während diese in größeren Kommunen seit Jahren stagnieren.[171]

In einer Veröffentlichung aus dem Jahr 2014 gehen **Büttner**, **Scheffler** und **von Schwerin** der Frage nach, ob zwischen dem Anstieg der Gewerbesteuerhebesätze in den letzten Jahren und den Unternehmenssteuerreformen der Jahre 2001 und 2008 ein Zusammenhang besteht. Insbesondere wird dabei untersucht, ob sich in Gemeinden mit einem hohen Anteil an Einzelunternehmen und Personengesellschaften häufiger Hebesatzerhöhungen beobachten lassen als in Gemeinden, in denen vermehrt Kapitalgesellschaften ihren Sitz haben. Denn seit der eingeführten Gewerbesteueranrechnung auf die Einkommensteuer können Kommunen ihren Gewerbesteuerhebesatz in gewissen Grenzen erhöhen, ohne einen Anstieg der Steuerlast für die örtlichen Unternehmer zu bewirken. Durch eine empirische Analyse in Form einer Difference-in-Difference Regression mit Paneldaten kann dies für die Unternehmenssteuerreform 2008 nachgewiesen werden.[172]

3.4 Modellformulierung zur Regressionsanalyse

3.4.1 Abhängige Variablen

Wie bereits proklamiert und durch die Forschungsfrage impliziert, stellt der **Hebesatz der Gewerbesteuer**, der **Hebesatz der Grundsteuer A** und der **Hebesatz der Grundsteuer B** die jeweilige abhängige Variable in einem der drei Regressionsmodelle dar. Die Modelle geben somit Auskunft darüber, inwiefern die Ausprägung lokaler Standortfaktoren die kommunale Hebesatzhöhe der Realsteuern beeinflusst. Im Sinne der Zielsetzung dieser Arbeit werden die drei Modelle einheitlich konstruiert. Das heißt, dass die gleichen unabhängigen Variablen in dem jeweiligen Modell betrachtet werden und dass diese den gleichen Zeitbezug aufweisen. Hierdurch soll eine Vergleichbarkeit der drei Regressionsanalysen gewährleistet werden, um die jeweiligen Ergebnisse für eine gemeinsame Interpretation zu öffnen und gleichartige Schlussfolgerungen formulieren zu können.

Als Zeitbezug wurde für die abhängigen Variablen das Jahr 2011 gewählt, da es zum Forschungsbeginn die jüngsten verfügbaren Daten aufgewiesen hat. Bei der Untersuchung handelt es sich somit um eine Querschnittsstudie, die den aktuellen Bestand der Realsteuerhebesätze in Deutschland analysiert. Dies wird für den Untersuchungsgegenstand als sehr zweckdienlich erachtet. Durch die Betrachtung der absoluten Hebesatzhöhe werden längerfristige Wirkungszusammenhänge erforscht, die bei Längsschnittstudien und der Fokussierung auf die jährliche Veränderung der Werte häufig verschleiert werden. Denn die jährli-

---

[171] Vgl. für den ganzen Absatz Janeba / Osterloh (2013).
[172] Vgl. für den ganzen Absatz Büttner et al. (2014).

che Veränderung kann von kurzfristigen Trends und zufälligen Einflüssen wie Steuerrechtänderungen überlagert werden. Ein weiteres Argument für eine Zeitpunktbetrachtung findet sich in den zahlreichen Gemeindegebietsreformen der neuen Bundesländer. Eine deutschlandweite Untersuchung wäre für eine Zeitreihe mit enormem zeitlichen Mehraufwand und einem gewissen Präzisionsverlust der Daten verbunden. Denn bei sich ändernden Gebietsständen hätten die Daten entweder aggregiert oder auf neue Gemeindegebiete aufgeteilt werden müssen.

3.4.2 Unabhängige Variablen

Da die kommunalen Entscheidungsträger mit Beschluss der Haushaltssatzung bereits im vorangegangenen Jahr über die Realsteuerhebesätze des nächsten Haushaltsjahres entscheiden,[173] wurden bei den unabhängigen Variablen sogenannte „lagged values" gewählt. Diese weisen den Zeitbezug t-1 (hier: 2010) auf und tragen so diesem lokalen Entscheidungsprozess Rechnung. Wie die Untersuchungen der Autoren Büttner sowie Koh und Riedel zeigen, ist dies innerhalb solcher Untersuchungen üblich.[174] Eine Ausnahme stellen in diesem Zusammenhang jedoch die in dem jeweiligen Modell aufgenommenen weiteren Realsteuerhebesätze dar. Weil in den Kommunen über die Höhe der einzelnen Hebesätze meist simultan entschieden wird, werden für diese Variablen sogenannte Instrumentenschätzer auf Basis von Daten der Jahre 2009 und 2010 verwendet. Dies wird nachstehend noch genauer erläutert. Die folgende Tabelle zeigt, welche unabhängigen Variablen neben den abhängigen Variablen in die drei Modelle aufgenommen werden.

Während einige der untersuchten Variablen direkt aus dem jeweiligen Ausgangsdatensatz in den einheitlichen Datenpool der Untersuchung aufgenommen werden konnten, sind die Variablen Einwohnerzahl, Lohn- und Einkommensteuer pro Einwohner, Fläche, Erreichbarkeit einer Bundesautobahn, Erreichbarkeit eines Intercity-Bahnhofs, Erreichbarkeit eines internationalen Flughafens, Erreichbarkeit eines Mittelzentrums und Patentanmeldungen im Sinne adäquater Verteilungseigenschaften (Normalverteilung) zunächst logarithmiert worden. Ferner sind einige Variablen konstruiert worden, wie nachfolgend noch gezeigt wird.

---

[173] Der kommunale Prozess zur Festsetzung der Realsteuerhebesätze innerhalb der Haushaltssatzung gestaltet sich wie folgt: Zunächst wird im Rahmen der Haushaltsberatungen (gewöhnlich im letzten Quartal eines Jahres) ein Entwurf der Haushaltssatzung für das kommende Jahr vom Kämmerer aufgestellt, welcher nach Bestätigung durch den Bürgermeister dem Rat zugeleitet wird. Unter Einhaltung gewisser Fristen wird der Entwurf vom Rat in öffentlicher Sitzung dann beraten und beschlossen. Siehe stellvertretend § 80 GemO NRW.

[174] Vgl. Büttner (2001), S. 225 ff. und Koh / Riedel (2013), S. 96 ff.

Variablen	Einheit	Zeit-bezug	N	Min.	Mittel-wert	Max.	Standard-abweich.
Realsteuerhebesätze							
Grundsteuerhebesatz A	Prozent	2011	11.215	0,00	304,31	640,00	54,45
Grundsteuerhebesatz B	Prozent	2011	11.215	100,00	339,29	600,00	47,90
Gewerbesteuerhebesatz	Prozent	2011	11.215	200,00	343,83	515,00	34,74
GewSt-Hebesatz (Nachbar)	Prozent	2010	11.215	283,53	337,55	455,92	24,75
GrSt-Hebesatz A (Nachbar)	Prozent	2010	11.215	0,00	296,89	545,54	42,01
GrSt-Hebesatz B (Nachbar)	Prozent	2010	11.215	248,47	327,86	472,27	30,78
Bevölkerungsstruktur							
Einwohner	Tausend	2010	11.215	0,01	6,44	1.007,12	24,59
Einwohner unter 18	Prozent	2010	11.215	8,00	16,95	26,50	2,59
Einwohner 18 bis unter 30	Prozent	2010	11.215	7,30	12,80	25,50	1,42
Einwohner 30 bis unter 50	Prozent	2010	11.215	18,20	28,37	49,80	1,82
Einwohner 50 bis unter 65	Prozent	2010	11.215	13,00	21,29	31,30	2,01
Einwohner 65 und älter	Prozent	2010	11.215	9,10	20,59	38,70	3,03
Lohn- u. Einkommensteuer	Euro / EW	2010	11.215	0,00	2.106,15	21.450,00	1.030,24
Realsteueraufkommen							
Grundsteuer A (Grundbetrag)	Euro / EW	2010	11.215	-3,31	4,82	111,11	5,53
Grundsteuer B (Grundbetrag)	Euro / EW	2010	11.215	0,00	26,58	377,36	10,96
Gewerbesteuer (Grundbetrag)	Euro / EW	2010	11.215	-424,60	65,03	5.842,52	140,92
Raumordnung & Infrastruktur							
Gemeindefläche	km²	2010	11.215	0,39	30,63	530,42	36,73
Erreichbarkeit Bundesautobahn	Minuten	2010	11.215	0,00	17,16	139,20	12,79
Erreichbarkeit IC-Bahnhof	Minuten	2010	11.215	0,00	27,72	170,70	13,68
Erreichbarkeit Flughafen	Minuten	2010	11.215	2,90	60,82	223,90	25,80
Erreichbarkeit Mittelzentren	Minuten	2010	11.215	0,00	13,24	138,00	8,28
Arbeitsmarkt & Beschäftigung							
Beschäftigtenquote	Prozent	2010	11.215	0,00	53,68	102,00	5,16
Beschäftigte Primärer Sektor	Prozent	2010	11.215	0,00	3,85	54,78	5,39
Beschäftigte Sekundärer Sektor	Prozent	2010	11.215	0,00	38,86	94,10	15,00
Beschäftigte Tertiärer Sektor	Prozent	2010	11.215	0,00	57,27	100,00	14,86
Pendlersaldo	je 100 SVB	2010	11.215	-960,80	-106,62	76,00	111,54
Patentanmeldungen	je 1.000	2005	11.215	0,02	0,40	3,09	0,36
Parteienpräferenz							
Präferenz für Linksparteien	Prozent	2009	11.215	0,00	41,16	81,58	10,87

Tabelle 4: Deskriptive Statistik zu den Regressionsanalysen.[175]

Die Vorstellung der unabhängigen Variablen startet mit dem Untersuchungsbereich der Realsteuerhebesätze. Demnach werden in die Regressionsanalyse zu einer Realsteuer die beiden **weiteren Realsteuerhebesätze** einer Kommune mit aufgenommen. Es ist zu erwarten, dass sich in dem Niveau dieser Steuersätze die allgemeine steuerpolitische Haltung der kommunalen Entscheidungsträger niederschlägt. Sofern eine Kommune eher zu einer expansiven Steuerpolitik tendiert, wird sie wohl bei allen drei Hebesätzen ein höheres Niveau präferieren. Begünstigt wird diese einheitliche steuerpolitische Haltung dadurch, dass die

---

[175]   Quelle: Eigene Darstellung.

kommunalen Entscheidungsträger zeitgleich über die Höhe der einzelnen Realsteuerhebesätze entscheiden und daher häufig nicht nur einen Hebesatz anpassen. Dies kann mittels
der folgenden deskriptiven Auswertung für das Jahr 2011 dargestellt werden.

	Anpassung der Realsteuerhebesätze in 2011				
	kein Hebesatz	ein Hebesatz	zwei Hebesätze	drei Hebesätze	Summe
Gesamtbetrachtung					
gesamte Veränderung	62,70%	7,96%	15,48%	13,86%	100,00%
Detailbetrachtung					
davon nur Erhöhung	---	7,50%	15,15%	13,52%	36,17%
davon nur Senkung	---	0,46%	0,15%	0,08%	0,69%
davon Erhöhung und Sen-	---	---	0,18%	0,26%	0,44%

Tabelle 5: Anpassung der Realsteuerhebesätze von 2010 auf 2011.[176]

Demnach bestehen die Realsteuerhebesätze einer Kommune im Vergleich zum Vorjahr
(hier: 2010) entweder unverändert fort (62,70 %) oder werden zeitgleich zu zweit (15,15 %)
oder gar zu dritt (13,52 %) erhöht. Der Anstieg eines einzelnen Hebesatzes ergibt sich hingegen deutlich seltener (7,50 %). Senkungen oder das gleichzeitige Erhöhen und Senken
stellen sich sogar nur in 1,13 % aller Fälle ein. Als Ergebnis der Regressionsanalysen dürfte
sich zwischen den einzelnen Realsteuerhebesätzen demzufolge ein positiver Zusammenhang nachweisen lassen. Allerdings liegt es aufgrund der beschriebenen Zusammenhänge
auch nahe, dass zwischen diesen Variablen jeweils eine beidseitige, simultane Kausalität besteht.[177] Um diese Endogenitätsproblematik zu umgehen, wurden die erklärenden Variablen durch andere Größen (Instrumentenschätzer) ersetzt. So wurden zum Beispiel im Gewerbesteuermodell die Grundsteuerhebesätze der Jahre 2009 und 2010 als Instrumente für
den wahren Wert der beiden unabhängigen Variablen Grundsteuerhebesatz A und B gewählt.[178]

Ein weiterer bedeutender Einfluss wird dem **Hebesatzniveau der Nachbargemeinden**
zugesprochen. In Abhängigkeit von der betrachteten Regressionsanalyse bezieht sich der
durchschnittliche Hebesatz der Nachbargemeinden dabei jeweils auf die abhängige Variable des Modells. So umfasst die Variable „Hebesatz (Nachbar)" in dem Gewerbesteuermodell den durchschnittlichen Gewerbesteuerhebesatz der jeweiligen Nachbargemeinden. Bei
den Grundsteuern A und B gelten diese Definitionen analog. Es wird erwartet, dass Gemeinden vor dem Hintergrund eines kommunalen Steuerwettbewerbs ihre Hebesatzentscheidung vor allem auch unter Berücksichtigung der Hebesatzpolitik der benachbarten
Kommunen treffen und dieser Variable demzufolge ein positiver Einfluss auf das kommu-

---

[176] Quelle: Eigene Darstellung mit Daten der Regionaldatenbank Deutschland (2016c).
[177] Hierunter versteht man, dass die erklärende Variable einen kausalen Effekt auf die erklärte Variable hat, die
       erklärte Variable aber auch einen kausalen Effekt auf die erklärende Variable.
[178] Für detailliertere Angaben zur Berechnung siehe die Erläuterungen im Anhang unter B.2.1.

nale Hebesatzniveau zuteilwird. Für den Gewerbesteuerhebesatz konnte in der Literatur bereits ein positiver Einfluss nachgewiesen werden.[179] Allerdings lässt sich für die beiden Grundsteuern ein derartiger Zusammenhang zunächst nicht intuitiv vermuten. So steht dem Argument des Steuerwettbewerbs die Immobilität des Besteuerungsobjekts klar entgegen. Schließlich bleibt das kommunale Steueraufkommen auch im Falle einer Veräußerung des Grund und Bodens konstant, da sich die Grundsteuer nicht an den persönlichen Verhältnissen des Steuerpflichtigen (Eigentümers) orientiert, sondern ausschließlich an das Besteuerungsobjekt anknüpft und somit in gleicher Höhe auch durch einen neuen Eigentümer zu leisten ist. Folglich könnte man denken, dass Kommunen in ihrer Hebesatzentscheidung gänzlich frei sind. Dem ist jedoch nicht so. Vielmehr lässt sich erkennen, dass Gemeinden auch bei den Grundsteuern das nachbarschaftliche Hebesatzniveau umfassend würdigen und mit einem eigenen attraktiven Hebesatzniveau Ansiedlungs- und Investitionsanreize setzen wollen. Dies gilt sowohl für Privat- als auch Gewerbeimmobilien. Denn erst durch eine (Neu-) Bebauung kommt es zu einer lukrativen Aufwertung des Grund und Bodens und somit zu steigenden Steuereinnahmen. Die Einheitswerte von unbebauten oder einfach bebauten Grundstücken sind generell sehr niedrig.

Wie einleitend bereits postuliert, sollte sich demzufolge nicht nur im Gewerbesteuermodell, sondern ebenfalls in den beiden weiteren Untersuchungen ein deutlich positiver Zusammenhang für den nachbarschaftlichen Hebesatz nachweisen lassen. Zur Ermittlung der jeweiligen Variablen war es allerdings zuerst nötig, eine Begriffsbestimmung der „Nachbargemeinde(n)" aufzustellen. Hierzu wurde Bezug auf die Erkenntnisse von Heidenreich genommen,[180] wonach zwischen Gemeinden dann eine Nachbarschaft besteht, wenn deren Entfernung weniger als 30 km beträgt. Sofern dies zutraf, wurde das multiplikative Inverse (Kehrwert) der Entfernung dieser Kommunen ermittelt, um eine Gewichtung vorzunehmen. Denn es ist anzunehmen, dass die Intensität des interkommunalen Wettbewerbs mit der Entfernung zweier Gemeinden abnimmt. Sowohl Unternehmen mit einem lokalen Kundenstamm als auch Privatpersonen, die meist aus persönlichen oder beruflichen Gründen in einer Gegend verwurzelt sind, treffen ihre Standortentscheidung vorwiegend in gewissen regionalen Grenzen. Näher liegenden Gemeinden wird somit ein größerer Einfluss auf das eigene Hebesatzniveau unterstellt, da diese eher als alternative Standorte (Substitute) für Menschen und Unternehmen in Betracht kommen.

Auf Grundlage dieser Gewichtung und unter Berücksichtigung des jeweiligen Hebesatzes der Nachbargemeinden ergibt sich der durchschnittliche Hebesatz der benachbarten Gemeinden schließlich als Summe aus den anteiligen Einflüssen aller benachbarten Kommunen.[181] Da es darüber hinaus denkbar ist, dass sich Gemeinden insbesondere mit den Nachbargemeinden der gleichen Größenklasse vergleichen,[182] wurde auch eine derartige

---

[179] Vgl. Büttner (2001), S. 220 ff.

[180] Nach Heidenreich (1988) liegt die durchschnittliche Pendeldistanz von über 90 % der Arbeitnehmer unter 30 km. Dieser Wert wird als Indikator für ein Nachbarschaftsverhältnis gewählt, da diese Gemeinden aufgrund der Pendelströme noch in einem Bezug zueinander stehen. Siehe Heidenreich (1988), S. 88.

[181] Siehe hierzu auch die detaillierten Erläuterungen im Anhang unter B.2.2.

[182] Als Indikator für die gleiche Größenklasse wurde der vom Bundesinstitut für Bau-, Stadt- und Raumforschung (BBSR) definierte Stadt- und Gemeindetyp herangezogen. Dieser ordnet die Gemeinden in die Kategorien Groß-, Mittel-, Kleinstädte und Landgemeinden ein. Der Stadt- und Gemeindetyp konzentriert sich dabei auf die Funktion und die Bedeutung der Städte mit Blick auf ihre Größe.

Variable konstruiert. Jedoch trug diese im Vergleich zu der ursprünglich konstruierten Variable zu keinem größeren Erklärungsgehalt des Modells bei, so dass dieser Ansatz wieder aufgegeben wurde.

Unter Bezugnahme auf die Erkenntnisse von Büttner sind auch Variablen zur **Bevölkerungsstruktur** in die Regressionsmodelle integriert worden.[183] Dessen Untersuchung zeigt, dass zwischen der **Einwohnerzahl** einer Kommune und deren Gewerbesteuerhebesatz ein positiver Zusammenhang besteht. Größere Kommunen weisen demnach auch höhere Gewerbesteuerhebesätze auf. Neben der absoluten Bevölkerungszahl wird ebenfalls die **Altersstruktur der Gemeindebürger** in den Regressionsmodellen betrachtet. Dies ist insofern wichtig, da die Nachfrage nach öffentlichen Gütern entlang des Lebenszyklus eines Menschen variiert. Gerade junge Menschen und solche, die sich bereits im Ruhestand befinden, sind stärker auf öffentliche Einrichtungen und Dienstleistungen angewiesen als erwerbstätige Menschen. Da die Bereitstellung dieser Güter finanziert werden muss, ist zu erwarten, dass in Kommunen mit einem höheren Anteil in diesen Altersgruppen auch höhere Realsteuerhebesätze vorliegen. Demzufolge wurde in den Modellen als Referenzgruppe der Bevölkerungsanteil der 30- bis 65-Jährigen gewählt, da die meisten Menschen in diesem Alter einer Erwerbstätigkeit nachgehen. Zwar beginnt das erwerbsfähige Alter per Definition bereits mit dem 15. Lebensjahr, jedoch dürften die Wenigsten ab diesem Alter bereits tatsächlich erwerbstätig oder gar finanziell unabhängig sein.

Als letzte Variable dieses Untersuchungsbereichs wird das Pro-Kopf-Aufkommen aus der **Lohn- und Einkommensteuer** in den Regressionsmodellen untersucht. In Anlehnung an den Argumentationsstrang zu den Variablen der Altersstruktur wird angenommen, dass in Kommunen mit einer wohlhabenderen Wohnbevölkerung weniger öffentliche Güter bereitgestellt werden müssen und es sich diese Kommunen daher leisten können, niedrigere Realsteuerhebesätze festzusetzen.

Da das **Realsteueraufkommen** einer Kommune nicht nur von der Höhe des Hebesatzes, sondern vor allem auch von der jeweiligen Bemessungsgrundlage abhängt, wird erwartet, dass Kommunen, die bereits über hohe steuerliche Bemessungsgrundlagen verfügen, sich nicht dazu veranlasst sehen, auch noch hohe Steuersätze zu implementieren. Schließlich erreichen sie bereits mit niedrigeren Hebesätzen ein zufriedenstellendes Steueraufkommen und können mit dieser gemäßigten Hebesatzpolitik noch weitere Wettbewerbsvorteile gegenüber anderen Kommunen generieren. Demzufolge wurden der Grundbetrag der **Gewerbesteuer** sowie die Grundbeträge der **Grundsteuer A** und der **Grundsteuer B** in die drei Modelle aufgenommen. Der sogenannte Grundbetrag einer Realsteuer wird retrograd durch die Division des Istaufkommens eines Haushaltsjahres mit dem in diesem Jahr gültigen Hebesatz errechnet und wird in den amtlichen Statistiken üblicherweise als Maß für die Bemessungsgrundlage der Realsteuern angegeben. Von der eigentlichen steuerlichen Bemessungsgrundlage, dem jeweiligen Gewerbesteuer- oder Grundsteuermessbetrag, unterscheidet sich die Größe dann, wenn in der Folge einer Hebesatzanpassung einzelne Veranlagungszeiträume in dem betrachteten Haushaltsjahr mit unterschiedlichen Steuersätzen abgerechnet wurden.

---

[183]   Vgl. Büttner (2001), S. 230 ff.

Den nächsten Untersuchungsbereich beschreiben die Variablen zur **Raumordnung und Infrastruktur**. Da die Investitionen in die kommunale Infrastruktur neben den Ausgaben für den Sozialbereich zu den Ausgabenschwerpunkten einer Gemeinde zählen, ist anzunehmen, dass Gemeinden die ortsansässigen Steuerpflichtigen an den Kosten für die Bereitstellung einer adäquaten Infrastruktur beteiligen und deshalb höhere Hebesätze einführen. Dies wäre vor allem deswegen nicht besonders verwunderlich, da die Gewerbesteuer seit jeher mit dem Äquivalenzprinzip gerechtfertigt wird.[184] Als Indikatoren für eine gute Infrastruktur werden die Variablen **Erreichbarkeit einer Bundesautobahn**, **Erreichbarkeit eines Intercity-Bahnhofs**, **Erreichbarkeit eines Flughafens** und **Erreichbarkeit eines Mittelzentrums** in die Modelle aufgenommen. Gemäß ihrer Definition werden die Variablen mittels der durchschnittlichen PKW-Fahrtzeit in Minuten ausgedrückt, so dass ein negativer Zusammenhang mit der Hebesatzhöhe prognostiziert wird. Sicherlich kann diesen Variablen eine gewisse Unschärfe bei der Beurteilung des Zustands der kommunalen Infrastruktur unterstellt werden, da die Gemeinden die Ausprägung dieser Variablen nicht unmittelbar beeinflussen können. Insofern wäre die Verfügbarkeit von Variablen, die die kommunale Investitionstätigkeit in Gewerbegebiete, den Straßenbau und den Ausbau der Breitbandnetze abbilden, erstrebenswert. Jedoch werden solch detaillierte Daten bundesweit nicht einheitlich bereitgestellt. Selbst für eine sehr aggregierte Position wie die Sachinvestitionen des Vermögenshaushalts aus der Statistik „Vierteljährliche Kassenergebnisse der Kommunen" liegen nur für rund 7.400 Gemeinden Daten vor.[185] Darüber hinaus wäre es problematisch, wenn im Rahmen einer Querschnittsuntersuchung lediglich die Investitionsausgaben eines Jahres betrachtet werden, da die kommunale Investitionstätigkeit stark schwankt. Aber auch eine Betrachtung der Ausgaben in einem gewissen Zeitraum ermöglicht nicht zwingend eine exakte Aussage über den tatsächlichen Zustand der Infrastruktur, wenn in einer Kommune nach wie vor ein Investitionsstau besteht oder umliegende Gebietskörperschaften die Verkehrswege nicht an ihr eigens Verkehrsnetz sinnvoll anbinden.

Vor dem Hintergrund dieser Aspekte erscheinen die verwendeten Indikatoren noch stärker als probate Vorhersagewerte für die Ausgestaltung der kommunalen Infrastruktur. Zum einen beschreiben die gewählten Indikatoren recht gut die allgemeine Lage der Kommune in der Raumordnung und beziehen sich hiermit nicht nur auf die momentane Investitionstätigkeit in einer Gemeinde. Denn für Bürger und Unternehmen macht es keinen Unterschied, ob sie mit Gemeindestraßen oder mit Kreis-, Landes- und Bundesstraßen an die überregionalen Verkehrsnetze angeschlossen sind. Zum anderen können die Gemeinden durchaus selbst Einfluss auf die Erreichbarkeit dieser Infrastruktureinrichtungen nehmen. So kann die verkehrstechnische Anbindung durch eigene Straßen, Brücken oder den öffentlichen Personennahverkehr verbessert werden. Ferner können durch geschickte Verhandlungen auch Infrastrukturprojekte der Kreis-, Landes- oder Bundesbehörden angestoßen werden.

Hinsichtlich der Variable **Gemeindefläche** wird davon ausgegangen, dass sich in allen drei Regressionsmodellen ein negativer Zusammenhang nachweisen lässt. Kommunen mit

---

[184]   Vgl. Birk (2011), S. 379 und Hidien et al. (2014), S. 45.
[185]   Vgl. Regionaldatenbank Deutschland (2016b).

einem größeren Gemeindegebiet können wohl deshalb niedrigere Realsteuerhebesätze festsetzen, da mit einer steigenden Gemeindefläche tendenziell auch höhere steuerliche Bemessungsgrundlagen vorliegen, die den kommunalen Entscheidungsträgern einen Spielraum
für ein moderates Steuersatzniveau eröffnen.

In dem Bereich **Arbeitsmarkt und Beschäftigung** wird ebenfalls eine negative Kausalbeziehung zwischen den Determinanten und den abhängigen Variablen erwartet. Je besser
die Unternehmenslandschaft und die Arbeitsmarktbedingungen an einem Standort ausgeprägt sind, desto weniger Sozialleistungen oder wirtschaftliche Strukturprogramme muss
eine Kommune bereitstellen. Des Weiteren bedingt eine ausgeprägte Unternehmenslandschaft üblicherweise auch höhere Bemessungsgrundlagen für die Gewerbesteuer. Aufgrund
dieser Aspekte kann es sich eine Kommune finanziell leisten, auch ein niedriges Hebesatzniveau festzulegen, um die Attraktivität des Standorts weiter zu steigern. Um die Arbeitsmarktbedingungen in einer Kommune und die Attraktivität des Standorts analysieren zu
können, wurden die Beschäftigtenquote und der Pendlersaldo als Determinanten in die
Modelle integriert. Die **Beschäftigtenquote** gibt Auskunft über das Verhältnis der sozialversicherungspflichtig Beschäftigten am Wohnort je 100 Einwohner im erwerbsfähigen Alter. Der **Pendlersaldo** stellt die Zahl der Einpendler den Auspendlern je 100 sozialversicherungspflichtig Beschäftigten am Arbeitsort gegenüber. Ein Pendlerüberschuss gilt daher als
Indikator für die Wirtschaftskraft einer Gemeinde. Der vorstehenden These folgend, sollten
sich für diese Einflussgrößen in den Untersuchungen negative Regressionskoeffizienten ergeben. Die gleiche Einflussrichtung sollte sich auch für die Variable **Patentanmeldungen**
ergeben, die sich als Anzahl der Patentanmeldungen je 1.000 Einwohner definiert. Die Variable beschreibt somit die Forschungs- und Entwicklungstätigkeit in einer Gemeinde und
misst die Fortschrittlichkeit eines Unternehmensstandorts. Es wird unterstellt, dass an
Standorten mit großer Zukunftsorientierung höhere Unternehmensgewinne erwirtschaftet
werden und ein geringerer Bedarf für eine Unterstützung durch die öffentliche Hand besteht.

Als weiterer Faktor dieses Untersuchungsbereichs soll schließlich noch die Zusammensetzung der Wirtschaftssektoren in einer Kommune gemäß der Drei-Sektoren-Hypothese
betrachtet werden.[186] Es ist naheliegend, dass Kommunen mit einer sehr landwirtschaftlich
geprägten Beschäftigtenstruktur in Sachen Realsteuerpolitik anders agieren als klassische
Industriestandorte mit gewerblicher Prägung. So dürften sich in Kommunen mit einem hohen Anteil der **Beschäftigten im primären Sektor** tendenziell höhere steuerliche Bemessungsgrundlagen für die Grundsteuer A ergeben, wohingegen in Kommunen mit hohen
Anteilen der **Beschäftigten im sekundären und tertiären Sektor** eher die Gewerbesteuer
im Fokus stehen dürfte. Da der Einfluss von Industriebetrieben und Dienstleistungsunter-
nehmen auf das kommunale Gewerbesteueraufkommen nicht unterschiedlich beurteilt
wird, werden die beiden Sektoren zusammen als Referenzgröße gewählt und der Anteil der
sozialversicherungspflichtig Beschäftigten im primären Sektor als Variable einzeln betrachtet. Somit dürfte die Variable besonders für das Modell zur Grundsteuer A von Relevanz
sein. Der allgemeinen Grundannahme folgend, wird erwartet, dass in Kommunen mit er-

---

[186] Demnach wird die Volkswirtschaft in Rohstoffgewinnung (primärer Sektor), Rohstoffverarbeitung (sekundä-
rer Sektor) und Dienstleistung (tertiärer Sektor) differenziert. Ausgearbeitet wurde die Theorie in den 1930er-
Jahren von den britischen Wirtschaftswissenschaftlern A. Fisher und C. Clark.

höhten Bemessungsgrundlagen für die Grundsteuer A auch ein größerer haushaltspolitischer Spielraum besteht, niedrigere Hebesätze festzusetzen.

Als letzte Variable wurde noch die **parteipolitische Präferenz** einer Gemeinde in den Untersuchungsansatz integriert. Diese wird durch das Bundestagswahlergebnis des Jahres 2009 in der jeweiligen Gebietskörperschaft zum Ausdruck gebracht. Da Parteien des linken Spektrums wie die SPD, BÜNDNIS 90 / DIE GRÜNEN und DIE LINKEN gemäß ihrer Ideologie eher für eine Politik stehen, die auf soziale Umverteilung setzt und hierfür generell auch höhere Steuersätze in Betracht zieht,[187] wird erwartet, dass mit einem steigenden Stimmenanteil dieser Parteien auch die Realsteuerhebesätze in dieser Kommune ansteigen. Da sich auf Kommunalebene zum Teil andere Wahlentscheidungen als auf Bundesebene beobachten lassen, würde ein Abstellen auf Kommunalwahlergebnisse wohl zu genaueren Ergebnissen führen. Allerdings war dies vor allem aufgrund der Mannigfaltigkeit von regionalen Wählergemeinschaften, welche sich nicht eindeutig einem politischen Lager zuordnen lassen, nicht möglich. Des Weiteren wäre bei einer Berücksichtigung von Kommunalwahlergebnissen erschwerend hinzugekommen, dass deren Wahlbeteiligung deutlich niedriger als auf nationaler Ebene ist und dass eine Vielzahl unterschiedlicher Wahltermine existiert.[188] Daneben erwies es sich als vorteilhaft, dass zwischen der Bundestagswahl und dem Erhebungsjahr der abhängigen Variablen bereits ein Zeitversatz von zwei Jahren besteht. Schließlich finden Foremny und Riedel in ihrer Untersuchung über das Wachstum des Gewerbesteuerhebesatzes heraus, dass sich dieses in dem ersten Jahr nach einer Wahl parteiunabhängig um 40 % erhöht.[189] Eine Untersuchung des implizierten Zusammenhangs im ersten Jahr nach einer Wahl würde den eigentlichen Untersuchungsgegenstand daher sicherlich verzerren.

3.4.3 Nicht berücksichtigte Einflussfaktoren

Neben den oben dargestellten Variablen erscheint auch die Aufnahme von weiteren Faktoren zwar lohnenswert, allerdings wurden diese Ansätze wieder verworfen, da sich entweder keine geeignete Datenbasis finden lässt oder weil diese Faktoren die statistischen Modellprämissen wie beispielsweise die Abstinenz von Multikollinearität verletzen.

Hierzu zählen insbesondere auch Variablen, die die Mechanismen innerhalb des **kommunalen Finanzausgleichs** abbilden. Zu nennen wären stellvertretend die Variablen Steuereinnahmekraft, Schlüsselzuweisungen, Kreisumlage und Gewerbesteuerumlage. Sobald diese im Regressionsmodell neben dem Gewerbesteueraufkommen (Grundbetrag) berücksichtigt werden, ergibt sich eine Verletzung dieser Modellprämisse. Dies ist insofern nicht besonders erstaunlich, da die genannten Variablen aus dem Gewerbesteueraufkommen einer Kommune rechnerisch ermittelt werden und infolge dessen miteinander hoch korrelieren.[190] Daher ist es nicht nachvollziehbar, dass diese Variablen in wissenschaftlichen Unter-

---

[187] Vgl. Wilensky (2002), S. 235 ff. und S. 378 ff.
[188] Siehe für Unterschiede in der Wahlbeteiligung Kersting (2016).
[189] Vgl. Foremny / Riedel (2012).
[190] Bspw. zeigt sich für das Gewerbesteueraufkommen (Grundbetrag) und die Gewerbesteuerumlage ein Korrelationskoeffizient nach Pearson von 0,93 und für das Gewerbesteueraufkommen (Grundbetrag) und die Steuereinnahmekraft von 0,97. Demzufolge ergeben sich für diese Variablen innerhalb der Regression sehr hohe

suchungen zum Teil nebeneinander betrachtet werden, um die Höhe des Gewerbesteuerhebesatzes zu erklären.[191] Demgegenüber werden in anderen wissenschaftlichen Quellen Kenngrößen des kommunalen Finanzausgleichs wie die Schlüsselzuweisungen oder die Umlagen an Gemeindeverbände nicht untersucht, da deren statistische Beziehungen mit dem Gewerbesteuerhebesatz den vermuteten Wirkungszusammenhängen widersprechen.[192]

Aufgrund dieser Aspekte werden die genannten Faktoren auch für die eigene Untersuchung nicht als geeignete Maßzahlen aufgefasst, um den Einfluss des Finanzausgleichs auf die Realsteuerhebesätze zu beschreiben. Wie später die qualitative Untersuchung noch deutlich machen wird, sprechen die befragten Fachleute dem Finanzausgleich zwar zu, dass er tendenziell zu höheren Hebesätzen führt, ein klarer, messbarer Einfluss bleibt dieser potentiellen Determinante aber wohl deshalb verwehrt, da die meisten Gemeindevertreter die Mechanismen des Finanzausgleichs wegen ihrer Komplexität bei einer Hebesatzentscheidung nicht ausreichend beachten. Insofern wird dessen Untersuchung in einer quantitativen Analyse auch nicht als stimmig erachtet, da ein messbarer Einfluss in der Realität offenbar nicht existiert. Davon abgesehen, würde eine Berücksichtigung in einer bundesweiten Studie durch den Umstand erschwert, dass der kommunale Finanzausgleich in Ländergesetzen geregelt ist und sich die Berechnung der oben genannten Maßzahlen zum Teil von Bundesland zu Bundesland unterscheidet. Konsistente Ergebnisse lassen sich daher nicht erwarten.

Ein weiteres interessantes Themengebiet wäre sicherlich die **Verschuldung** der Gemeinden, da diese inzwischen in einigen Regionen im Wesentlichen den kommunalen Haushalt bestimmt. Wie die nachfolgende Abbildung wiedergibt, ist die kommunale Pro-Kopf-Verschuldung in Nordrhein-Westfalen seit 2010 um 16 % auf über 2.800 Euro angestiegen, während dieser Wert in Bayern und Baden-Württemberg zeitgleich gesunken ist.[193] Vor dem Hintergrund dieser Entwicklung wird angeführt, dass hieraus unmittelbare Konsequenzen für die kommunale Steuerpolitik resultieren. So wird der starke Anstieg der gemeindlichen Steuersätze in Nordrhein-Westfalen mit der zunehmenden kommunalen Verschuldung begründet und fortführend darauf verwiesen, dass weitere Steuererhöhungen massive Standortnachteile gegenüber anderen Bundesländern nach sich ziehen würden.[194] Als Resultat einer quantitativen Untersuchung sollte sich daher ein Zusammenhang zwischen dem Grad der Verschuldung und der Hebesatzhöhe einer Kommune aufzeigen lassen.

Zu diesem Ergebnis kommt auch die bisherige empirische Forschung. So wurde am Beispiel für Baden-Württemberg bereits nachgewiesen, dass mit einem steigenden Schuldendienst (ausgedrückt durch die Zinsbelastung) höhere Gewerbesteuerhebesätze einherge-

---

VIF-Werte, die ein Beleg für die bereits theoretisch begründete Prämissenverletzung „Multikollinearität" sind. Vgl. hierzu die späteren Erläuterungen in Kapitel 3.6.3.

[191] Vgl. Büttner (2001). Neben dem Gewerbesteueraufkommen wurden noch die Variablen Kreisumlage und Schlüsselzuweisungen geschätzt und deren Einfluss auf den Hebesatz als signifikant nachgewiesen.

[192] Vgl. Boettcher (2013b), S. 128.

[193] Weitere Bundesländer mit stark zunehmender Verschuldung sind Schleswig-Holstein (+17 %), Rheinland-Pfalz (+25 %) und das Saarland (+26 %). Vgl. Regionaldatenbank Deutschland (2016e).

[194] Vgl. Klein (2016), S. 1. Zur Person: Dr. Martin Klein ist Hauptgeschäftsführer des Landkreistags NRW.

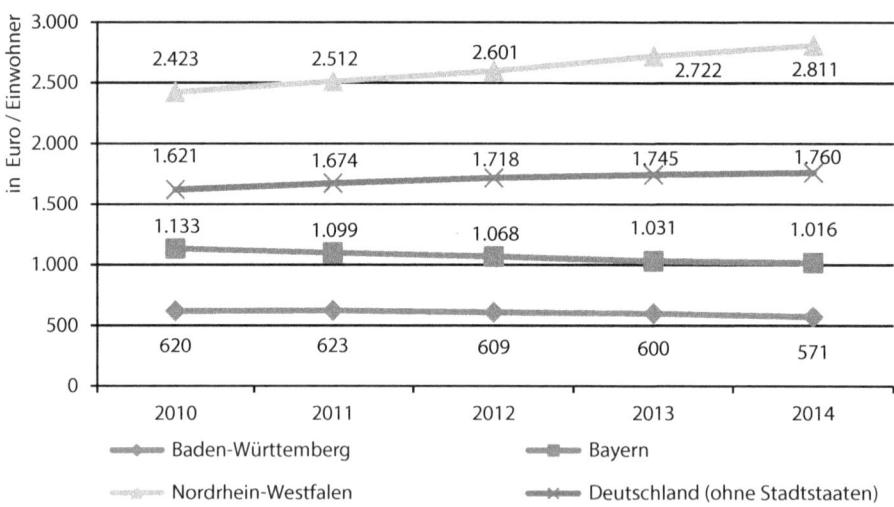

Abbildung 20: Entwicklung des Schuldenstands der Gemeinden und Gemeindeverbände in ausgewählten Bundesländern.[195]

hen.[196] In Anbetracht der derzeitigen Zinsentwicklung ist es allerdings fraglich, ob die jährliche Zinsbelastung noch als geeignete Maßzahl dienen kann. Zweckmäßiger wäre wohl eine Bezugnahme auf die Tilgungsleistung oder den Schuldenstand pro Kopf. Gerade vor dem Hintergrund der Rekordsteuereinnahmen in den vergangenen Jahren gilt es aber auch diesbezüglich zu bedenken, dass ein hoher Schuldendienst für eine Kommune erst kritisch wird und sie zum Erhöhen ihrer Steuersätze veranlassen könnte, wenn ihre Einnahmen nicht mehr ausreichen, einen ausgeglichenen Haushalt abzubilden.

Dennoch wäre es sicherlich nach wie vor vielversprechend, eine Variable in das Modell aufzunehmen, die in geeigneter Form die kommunale Verschuldung abbildet. Trotz großer Bemühungen und der persönlichen Konsultation der zuständigen Stellen bei den Statistischen Ämtern des Bundes und der Länder konnten keine entsprechenden Gemeindedaten gewonnen werden. Auskunftsgemäß wird die kommunale Verschuldung bundesweit nicht in der erforderlichen regionalen Tiefe erfasst, sondern liegt erst auf Ebene der Kreise und kreisfreien Städte vor.

Hinsichtlich der jährlichen Tilgungsleistung der kommunalen Kredite hält die amtliche Statistik hingegen Daten bereit. Letztlich entschied sich der Autor aber auch diesbezüglich dagegen, eine Variable in die Regressionsmodelle aufzunehmen, die auf diesen Daten basiert. Problematisch ist nämlich, dass diese Daten nicht nur die Tilgung von Krediten umfassen, sondern auch die Rückzahlungen von inneren Darlehen beinhalten.[197] Diese stellen

---

[195]   Quelle: Eigene Darstellung mit Daten der Regionaldatenbank Deutschland (2016e).
[196]   Vgl. Büttner (2001), S. 16.
[197]   Unter inneren Darlehen versteht man die vorübergehende Inanspruchnahme kurzfristig benötigter liquider Mittel aus Sondervermögen als Deckungsmittel für die Investitionstätigkeit. Diese stellen somit „Kredite" aus eigenen Mitteln der Kommune dar. Siehe hierzu die jeweiligen Gemeindehaushaltsverordnungen (GemHVO) der Bundesländer, insb. § 98 Nr. 35 Bayerische KommHV-Doppik.

lediglich eine Innenverpflichtung dar und sind dementsprechend nicht mit Verbindlichkeiten am Kapitalmarkt vergleichbar. Darüber hinaus werden diese internen Rückzahlungen nur in der Kameralistik erfasst und nicht länger in der immer häufiger angewendeten Doppik, die nur noch eine nachrichtliche Nennung des Stands dieser Darlehen in der Verbindlichkeitenübersicht vorsieht.[198] Das vorliegende Datenmaterial ist somit nicht einheitlich. Selbst wenn hiervon abgesehen werden würde, könnte diese Variable nicht für eine bundesweite Untersuchung herangezogen werden, da nicht für alle Bundesländer diese Daten veröffentlicht werden, so dass sich der Datensatz auf nur noch 7.428 Kommunen reduzieren würde.

Um auch in einer Querschnittuntersuchung eine dynamische Komponente mit aufzunehmen, wurde in Betracht gezogen, die wirtschaftliche und bevölkerungsmäßige Entwicklung einer Kommune in den Modellen zu untersuchen. Hierfür würde sich die von dem BBSR definierte Variable **Gemeindewachstum** anbieten. Diese gliedert sich in die Kategorien stark schrumpfend, schrumpfend, stabil, wachsend und stark wachsend.[199] Es liegt nahe, dass eine florierende Kommune nicht darauf angewiesen ist, von ihren Steuerpflichtigen hohe Steuersätze zu verlangen, wenn die Gemeinde ohnehin über steigende steuerliche Bemessungsgrundlagen verfügt. Folglich sollte sich in den Modellen ein positiver Zusammenhang einstellen. Von der Untersuchung wurde allerdings aus Aspekten der Multikollinearität wieder Abstand genommen,[200] da diese Variable zu anderen unabhängigen Variablen lineare Abhängigkeiten aufweist. So definiert sich das Gemeindewachstum beispielsweise über die Veränderung der Arbeitslosenquote und die Entwicklung des Istaufkommens der Gewerbesteuer. Es ist nur folgerichtig, dass diese Faktoren mit den beiden betrachteten Einflussgrößen Beschäftigtenquote bzw. Gewerbesteuer (Grundbetrag) korrelieren und so die Modellprämissen verletzt werden.

3.5 Datensatz

Die für den Untersuchungsgegenstand benötigte Datenbasis wurde vor allem aus Datensätzen des Statistischen Bundesamtes (Gemeindeverzeichnis), der Statistischen Ämter des Bundes und der Länder (Realsteuervergleich, Lohn- und Einkommensteuerstatistik, Bruttoeinnahmen und -ausgaben der Gemeinden, Bundestagswahl 2009 – Endgültige Ergebnisse) und des Bundesinstituts für Bau-, Stadt- und Raumforschung (BBSR) im Bundesamt für Bauwesen und Raumordnung (Indikatoren und Karten zur Raum- und Stadtentwicklung / INKAR) gewonnen.[201] Da die einzelnen Datensätze zum Teil unterschiedliche Gebietsstände und Zeitbezüge aufwiesen, mussten die Daten mit großer Sorgfalt zusammengeführt werden. Als Zuordnungskriterium wurde hierfür der amtliche Gemeindeschlüssel

---

[198] Siehe beispielsweise § 86 Abs. 3 Nr. 4 Bayerische KommHV-Doppik.

[199] Schrumpfung und Wachstum werden dabei nach dem BBSR an folgenden sechs Entwicklungsindikatoren der letzten fünf Jahre festgemacht: Bevölkerungsentwicklung, Gesamtwanderungssaldo, Entwicklung der Erwerbsfähigen (20 bis 64 Jahre), Entwicklung der sozialversicherungspflichtig Beschäftigten, Veränderung der Arbeitslosenquote, Entwicklung der Istaufkommen der Gewerbesteuer.

[200] Siehe für eine Erläuterung zur Multikollinearität das Kapitel 3.6.3, welches die Modellprämissen einer Regressionsanalyse beschreibt.

[201] Siehe hierzu auch die Tabelle B.1 im Anhang.

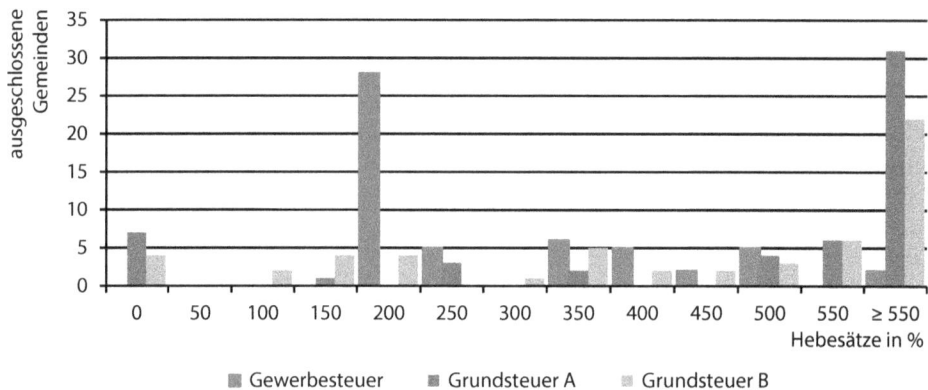

Abbildung 21: Hebesatzklassen der ausgeschlossenen Ausreißer.[202]

herangezogen. Zu Beginn der Analyse umfasste der Datensatz alle 11.441 deutschen Gemeinden. Somit handelt es sich bei der Untersuchung um eine Vollerhebung. Wie der deskriptiven Statistik in Tabelle 4 entnommen werden kann, sind jedoch 226 Gemeinden in die Berechnung der Regressionsmodelle nicht eingeflossen.

Zum einen sind 137 Gemeinden mittels bewusster Auswahl ausgeschlossen worden, da diese extreme Ausreißer darstellen.[203] Für das Modell zum Gewerbesteuerhebesatz waren dies 53 Gemeinden, für das Modell zum Grundsteuerhebesatz A weitere 49 und für das Modell zum Grundsteuerhebesatz B noch einmal 35 Kommunen.

Zu den ausgeschlossenen Extremfällen zählen beispielsweise kleinere Gemeinden wie Dierfeld (Rheinland-Pfalz, 8 Einwohner), Bad Wildbad (Baden-Württemberg, 10.521 Einwohner), Enzklösterle (Baden-Württemberg, 1.186 Einwohner), Südermarsch (Schleswig-Holstein, 161 Einwohner) und Goldisthal (Thüringen, 523 Einwohner). Aber auch Großstädte wie Berlin, Hamburg, München, Bremen, Dresden und Leipzig. Während München wegen seines hohen Gewerbesteuerhebesatzes ausschied, war das Ausschlusskriterium der anderen Städte ihr hoher Hebesatz bei der Grundsteuer B. Wichtig ist es in diesem Zusammenhang aber zu betonen, dass es sich bei den ausgeschlossenen Gemeinden keinesfalls nur um Kommunen mit extrem hohen Hebesätzen handelt. Wie die vorstehende Verteilung darstellt, waren hierunter auch viele Gemeinden mit einem Gewerbesteuerhebesatz von 200 % oder einem sehr niedrigen Hebesatz bei den beiden Grundsteuern. Solch extreme Werte kann eine Schätzfunktion nicht vorhersagen. Um die Modellschätzer nicht verzerrt darzustellen, wird es als sinnvoll erachtet, diese extremen Ausreißer aus der Untersuchung auszuschließen.

---

202 Quelle: Eigene Darstellung und Berechnung mit Daten der Regionaldatenbank Deutschland (2016c). In der Summe zeigt die Abbildung mehr als 137 Fälle (nämlich 162), da 25 Gemeinden bei mehreren Realsteuern das Ausschlusskriterium erfüllt haben.

203 Die Auswahl der Ausreißer erfolgte dabei mittels der Fallweisen Diagnose in SPSS. Diese Auswertung gibt Auskunft über die Fälle, deren Residuen (Differenz zwischen vorhergesagtem Wert und tatsächlichem Wert) besonders groß ist. Dass extreme Ausreißer aus einer Analyse herausgenommen werden, ist nicht unüblich und sogar sinnvoll, da die Modellschätzer sonst verzerrt sein können.

Zum anderen können neben den ausgeschlossenen Ausreißern weitere 89 Gemeinden in die Untersuchung nicht mit einbezogen werden, da diese fehlende Werte („missing values") aufwiesen. Letztlich sind somit 11.215 Fälle für die Berechnung der Schätzfunktionen berücksichtigt worden.

3.6 Überprüfung der Modellgüte

Die Angemessenheit der Kleinst-Quadrate-Methode für die Schätzung eines ökonometrischen Modells wird durch die Eigenschaften ihrer Schätzfunktion bedingt. Deren Qualität gilt es zunächst ausführlich zu überprüfen, da dies über die Anwendung dieser Methode entscheidet.

3.6.1 Prüfung der Regressionsfunktion

In einem ersten Schritt gilt es, die Regressionsfunktion als Ganzes zu überprüfen. Globale Gütemaße zur Prüfung der Regressionsfunktion sind das Bestimmtheitsmaß (R^2), die F-Statistik und der Standardfehler der Schätzung.

Das **Bestimmtheitsmaß** gibt die Güte des Modells wieder und gibt somit Auskunft darüber, wie gut eine geschätzte Regressionsfunktion die empirischen Daten beschreibt. Die Grundlage für das Maß sind die sogenannten Residualgrößen, durch welche die Abweichung der tatsächlichen Beobachtungswerte von den geschätzten Werten zum Ausdruck gebracht wird.[204] Da das Bestimmtheitsmaß in seiner Höhe durch die Anzahl der unabhängigen Variablen beeinflusst wird, wird nachstehend für jedes Modell das sogenannte „korrigierte Bestimmtheitsmaß" angegeben. Im Gegensatz zum einfachen Bestimmtheitsmaß ist dieses um eine Korrekturgröße vermindert, die umso größer ist, je mehr Regressionskoeffizienten in das Modell aufgenommen wurden und je kleiner die Zahl der Freiheitsgrade ist. Insgesamt erreichen alle drei Modelle zufriedenstellende Werte für das korrigierte R^2. Im Gewerbesteuermodell beträgt es 0,57. Der Wert besagt, dass 57,0 % der Variation des Gewerbesteuerhebesatzes durch die aufgenommenen Variablen erklärt wird. In den beiden anderen Modellen liegt der Wert für die Grundsteuer A bei 62,6 % und für die Grundsteuer B bei 56,7 %.

Modellzusammenfassung der Regressionsmodelle	R	R-Quadrat	Korrigiertes R-Quadrat	Standardfehler des Schätzers	Durbin-Watson-Statistik
- Gewerbesteuerhebesatz	,756	,571	,570	22,779	1,982
- Grundsteuerhebesatz A	,792	,627	,626	33,285	2,008
- Grundsteuerhebesatz B	,754	,568	,567	31,515	1,977

Tabelle 6: Modellzusammenfassungen der drei Regressionsmodelle.[205]

---

[204] Vgl. Backhaus et al. (2008), S. 67 ff. und Eckey et al. (2011), S. 49 ff.
[205] Quelle: Eigene Darstellung gemäß den Auswertungen mittels SPSS.

Die **F-Statistik** beschreibt, ob ein Regressionsmodell, welches auf Basis einer Stichprobe geschätzt wurde, auch Gültigkeit für die Grundgesamtheit hat.[206] Daher ist es folgerichtig, dass alle drei Modelle diesen Test erfüllen, da die zugrunde liegenden empirischen Daten aus einer Vollerhebung resultierten. Erwartungsgemäß sind die F-Werte in den Modellen weit größer als es bei einer vorgegebenen Irrtumswahrscheinlichkeit von beispielsweise 0,05 ein Tabellenwerk für die F-Verteilung fordern würde.[207] Das Signifikanzniveau beträgt 0,000. Die Nullhypothese kann somit abgelehnt werden.

3.6.2 Prüfung der Regressionskoeffizienten

Geeignete Maße zur Prüfung der Regressionskoeffizienten sind der t-Wert und der Beta-Wert.[208] Diese Werte determinieren, ob und wie gut die einzelnen unabhängigen Variablen des jeweiligen Regressionsmodells zur Erklärung der Realsteuerhebesätze beitragen. Diese Maße werden im Rahmen der Präsentation der Untersuchungsergebnisse in Kapitel 3.7 ausführlich diskutiert, so dass an dieser Stelle dem nicht vorgegriffen werden soll.

3.6.3 Prüfung und Darstellung einiger Modellprämissen

Neben der Prüfung der Regressionsfunktion als Ganzes und der Prüfung der Regressionskoeffizienten ist es entscheidend zu überprüfen, ob die Modellprämissen eingehalten wer-

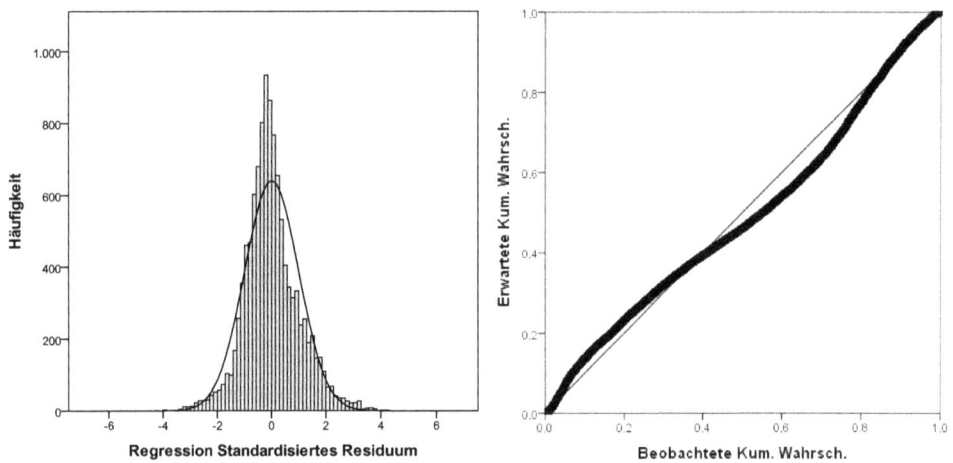

Abbildung 22: Histogramm und PP-Diagramm der standardisierten Residuen der abhängigen Variable Gewerbesteuerhebesatz.[209]

---

[206]   Vgl. Backhaus et al. (2008), S. 71 ff.
[207]   Die F-Werte betragen in den Modellen 709,2 (GewSt), 896,1 (GrSt A) und 700,9 (GrSt B).
[208]   Vgl. Backhaus et al. (2008), S. 67.
[209]   Quelle: Eigene Berechnung mit SPSS.

den. Wie jede andere statistische Methode basiert auch die Regressionsanalyse auf gewissen Annahmen, die erfüllt sein müssen. Ist dies gegeben, liefert die Methode der kleinsten Quadrate unverzerrte und effiziente lineare Schätzfunktionen für die Regressionsparameter. Im Folgenden soll für einige wichtige Annahmen dargestellt werden, dass die Regressionsmodelle zu keiner Verletzung dieser Prämissen führen.

Wie an den beiden Diagrammen in Abbildung 22 deutlich wird, erfüllt das Gewerbesteuermodell die Voraussetzung **Normalverteilung der Residuen**. Beide Diagramme ermöglichen den schnellen Vergleich mit der Normalverteilung. Wie an dem rechts abgebildeten PP-Diagramm ersichtlich wird, liegen die beobachteten Werte der Residuen ϵ_i (dargestellt durch einzelne Punkte) überwiegend in der Nähe der diagonal verlaufenden Gerade, welche die kumulierten Häufigkeiten der Normalverteilung wiedergibt. Dies verdeutlicht, dass die Residuen normalverteilt sind. Da diese Annahme erfüllt ist, sind auch die Y-Werte und folglich die Regressionsparameter normalverteilt.

Eine weitere Modellprämisse ist die **Unabhängigkeit der Residuen (Störgrößen)**. Wenn diese nicht erfüllt ist, wird von Autokorrelation gesprochen. Autokorrelation bedeutet „mit sich selbst korreliert", also dass verschiedene Beobachtungen einer Variable untereinander korreliert, also vom vorangegangenen Beobachtungswert abhängig sind. Zur Aufdeckung von Autokorrelation wird üblicherweise die Durbin-Watson-Statistik empfohlen. Der Test untersucht die Reihenfolge der Residuen der Beobachtungswerte und stellt einen Indexwert zur Interpretation zur Verfügung. Ein Wert nahe 2 spricht für unabhängige Fehler, dagegen gelten Werte größer 3 oder kleiner 1 als problematisch.[210] Seine häufigste Anwendung findet der Test bei Zeitreihenuntersuchungen. Bei Querschnittsdaten ist die Reihenfolge der Fälle jedoch üblicherweise beliebig, so dass der Test keine Aussagekraft hat und die Maßzahl nicht berechnet wird. Sofern die Reihenfolge der Beobachtungen allerdings einer bestimmten logischen Ordnung folgt, kann die Berechnung des Werts sinnvoll sein. In dem vorliegenden Datensatz können die Gemeinden nach ihren amtlichen Gemeindeschlüsseln sortiert werden können. Gemäß dem Aufbau der Schlüsselzahl folgen damit nun räumlich nahe liegende Kommunen aufeinander. Ein Test auf Autokorrelation kann somit Auskunft darüber geben, ob die Residuen benachbarter Gemeinden nicht unabhängig voneinander sind und daher räumliche Autokorrelation („spatial auto-correlation") vorliegt. Für alle drei Regressionsmodelle nimmt das Ergebnis des Durbin-Watson-Tests einen Wert von nahe 2 an. Hiermit gilt die Modellprämisse als nicht verletzt.

Eine weitere wichtige Annahme einer Regressionsanalyse ist, dass **keine Multikollinearität** besteht. Diese Voraussetzung gibt vor, dass sich die unabhängigen Variablen nicht als lineare Funktion der anderen unabhängigen Variablen darstellen lassen dürfen. Ein bestimmtes Maß an Multikollinearität lässt sich jedoch nicht immer vermeiden, da die unabhängigen Variablen untereinander stets etwas korrelieren. Bestehen aber zu große lineare Abhängigkeiten zwischen den unabhängigen Variablen, führt dies zu ungenauen Schätzungen der betroffenen Regressionsparameter. So können sich für eigentlich bedeutsame Variablen nicht signifikante Regressionskoeffizienten ergeben. Ob und in welchem Ausmaß in einem Modell Multikollinearität vorliegt, lässt sich aus der Kollinearitätsstatistik ablesen, welche für jede Variable den Toleranzwert und den VIF-Wert (Varianzinflationsfaktor) an-

---

[210] Vgl. Field (2012), S. 324 ff., Backhaus et al. (2008), S. 87 und Eckey et al. (2011), S. 113 ff.

gibt. Damit die Prämisse nicht verletzt wird, sollten gemäß einer Faustregel die Toleranzwerte über 0,1 und VIF-Werte unter 10 liegen.[211] Welche der beiden Statistiken betrachtet wird, ist dabei von keiner Relevanz, da der Varianzinflationsfaktor den Kehrwert des Toleranzwerts darstellt. Wie den im Anhang abgedruckten Regressionsmodellen entnommen werden kann, werden die vorgegeben Richtwerte in allen drei Modellen überschritten bzw. unterschritten.

Abschließend werden noch die Modellprämissen **Linearität** und **Homoskedastizität** geprüft. Homoskedastizität besagt, dass die Störgrößen eine konstante Varianz haben. Dies bedeutet, dass die Störgröße nicht von den unabhängigen Variablen und von der Reihenfolge der Beobachtungen abhängen. Dafür werden in einem Streudiagramm die standardisierten Residuen gegen deren vorhergesagten Wert der abhängigen Variable geplottet. Die Streudiagramme der drei Modelle zeigen zufällig gestreute Punkte ohne einen Trend. Dies spricht dafür, dass keine Prämissenverletzung vorliegt.

3.7 Untersuchungsergebnisse

Bevor die Resultate der Regressionsanalysen im Folgenden detailliert dargestellt und interpretiert werden, soll zunächst ein Hinweis auf die Endogenitätsproblematik von Querschnittsuntersuchungen gegeben werden. Demnach können die Modelle zwar systematische Zusammenhänge zwischen den unabhängigen Variablen und der abhängigen Variable (d. h. dem jeweiligen Realsteuerhebesatz) aufzeigen, jedoch lassen sie keinen Rückschluss auf die Richtung dieser Kausalbeziehungen zu. Somit gilt es bei der Diskussion der Schätzergebnisse stets zu hinterfragen, ob tatsächlich die unabhängigen Variablen die Hebesatzhöhe determinieren oder ob eventuell eine umgekehrte Kausalität vorliegt.

Um die dargestellten Ergebnisse und die zugehörigen Interpretationen leichter nachvollziehen zu können, sind nachstehend bereits Auszüge der Regressionsmodelle für die erläuterten Variablen mit abgedruckt. Die ausführlichen Tabellen der Regressionsmodelle finden sich im Anhang dieser Arbeit.

3.7.1 Realsteuerhebesätze

Die Diskussion der Ergebnisse beginnt mit der Präsentation der gewonnen Erkenntnisse über den Einfluss des durchschnittlichen **Hebesatzes der Nachbargemeinden** auf das Hebesatzniveau einer Gemeinde. Modellübergreifend kann ein stark positiver Zusammenhang nachgewiesen werden. An den standardisierten Regressionskoeffizienten (Betas) in der zweiten Spalte der folgenden Abbildung lässt sich erkennen, dass dieser Variable in allen Regressionsmodellen im Vergleich zu den anderen unabhängigen Variablen des jeweiligen Modells der stärkste Einfluss zuteilwird. Die Regressionskoeffizienten sind dabei hoch signifikant.[212] Der nachgewiesene positive Zusammenhang belegt, dass Kommunen durchschnittlich höhere Realsteuerhebesätze verabschieden, wenn die Nachbargemeinden ein er-

---

[211]   Vgl. Field (2012), S. 324 ff., Eckey et al. (2011), S. 92 und Wooldridge (2013), S. 98.
[212]   Signifikant bedeutet im weiteren Verlauf dieser Arbeit, dass ein Signifikanzniveau von $\alpha = 0,05$ vorliegt. Demnach darf die Wahrscheinlichkeit dafür, dass eine wahre Nullhypothese anhand des Testergebnisses dennoch

höhtes Hebesatzniveau bei dieser Steuer aufweisen. So steigen der Gewerbesteuerhebesatz einer Kommune um rund 0,68 Prozentpunkte, der Hebesatz der Grundsteuer A sogar um rund 0,75 Prozentpunkte und der Hebesatz der Grundsteuer B um 0,59 Prozentpunkte, sofern sich der jeweils korrespondierende nachbarschaftliche Realsteuerhebesatz um einen Prozentpunkt erhöht. Ein derart stark positiver Zusammenhang belegt, dass Kommunen unmittelbar und beinahe in gleichem Umfang auf eine Hebesatzanpassung in ihrer direkten Nachbarschaft reagieren. Diese Feststellungen bestätigen umfassend die eingangs aufgestellte Hypothese. Vor dem Hintergrund eines gemeindlichen Steuerwettbewerbs treffen kommunale Entscheidungsträger ihre Hebesatzentscheidungen bei allen drei Realsteuern vor allem unter Bezug auf die Hebesatzpolitik der Nachbarn. Für den Gewerbesteuerhebesatz stehen diese Ergebnisse im Einklang mit den Erkenntnissen der bisherigen wissenschaftlichen Forschung.[213] Dass dieser Zusammenhang gleichermaßen für die beiden Grundsteuern gilt, konnte erstmals nachgewiesen werden. Dies ist deshalb so bemerkenswert, da deren Besteuerungsobjekt bekanntlich immobil ist und demzufolge häufig vermutet wird, dass Gemeinden ihre Grundsteuerhebesätze beinahe beliebig anpassen können, da sich die Steuerpflichtigen einer Besteuerung nicht entziehen können. Die Ergebnisse weisen

Vergleich der **Regressionsmodelle** mit N = 11.215	Gewerbesteuerhebesatz (korr. R² = 57,0%)			Grundsteuerhebesatz A (korr. R² = 62,6%)			Grundsteuerhebesatz B (korr. R² = 56,7%)		
	nicht standard. Ko-eff. B	standard. Koeffiz. Beta	Signi-fikanz	nicht standard. Ko-eff. B	standard. Koeffiz. Beta	Signi-fikanz	nicht standard. Ko-eff. B	standard. Koeffiz. Beta	Signi-fikanz
Realsteuerhebesätze									
Hebesatz (Nachbar)	,679	,483	,000	,747	,576	,000	,590	,379	,000
Gewerbesteuerhebesatz (iv)	- - -	- - -	- - -	-,117	-,067	,000	,451	,296	,000
Grundsteuerhebesatz A (iv)	-,024	-,035	,000	- - -	- - -	- - -	,271	,289	,000
Grundsteuerhebesatz B (iv)	,252	,315	,000	,504	,398	,000	- - -	- - -	- - -
Bevölkerungsstruktur									
Einwohner (ln)	2,251	,097	,000	-2,459	-,068	,000	1,222	,038	,020
Einwohner unter 18	,306	,023	,050	1,913	,091	,000	-3,898	-,210	,000
Einwohner 18 bis 30	2,234	,092	,000	,992	,026	,001	2,134	,063	,000
Einwohner über 65	,928	,081	,000	,856	,048	,000	-,661	-,042	,000
Lohn- & Einkommensteuer (ln)	-2,272	-,028	,003	1,976	,016	,078	-5,427	-,049	,000

Tabelle 7: Auszug aus den Regressionsmodellen: Untersuchungsbereiche Realsteuerhebesätze und Bevölkerungsstruktur.[214]

---

abgelehnt wird (sogenannter Fehler 1. Art), nicht mehr als 5 % betragen. Vgl. Hackl (2005), S. 111 und Stigler (2008), S. 12.

[213] Vgl. Büttner (2001), S. 15 ff. und S. 32.

[214] Quelle: Eigene Darstellung gemäß den Auswertungen mittels SPSS.

das Gegenteil nach und untermauern die Hypothese, wonach auch bei den Grundsteuern ein kommunaler Steuer- und Standortwettbewerb existiert. Unter Bezug auf das nachbarschaftliche Hebesatzniveau sind Kommunen bestrebt, attraktive Grundsteuerhebesätze festzusetzen, um damit Ansiedlungs- und Investitionsanreize zu setzen.

Neben dem starken Einfluss des nachbarschaftlichen Hebesatzniveaus zeigt sich auch, dass zwischen den **weiteren Realsteuerhebesätzen einer Kommune** bedeutende signifikante Abhängigkeiten bestehen.[215] Wie der vorstehende Auszug der drei Regressionsmodelle darlegt, lässt sich hierbei ein positiver Zusammenhang zwischen dem Gewerbesteuerhebesatz und dem Grundsteuerhebesatz B sowie dem Grundsteuerhebesatz A und dem Grundsteuerhebesatz B gegenseitig beobachten. So dokumentiert zum Beispiel das Regressionsmodell zum Grundsteuerhebesatz B, dass sich dieser um 0,45 bzw. 0,27 Prozentpunkte erhöht, sofern der Gewerbesteuerhebesatz bzw. der Grundsteuerhebesatz A um einen Prozentpunkt ansteigt. In Übereinstimmung mit der Hypothese lässt dies den Schluss zu, dass kommunale Entscheidungsträger bezüglich der einzelnen Realsteuern offenbar der gleichen steuerpolitischen Strategie folgen. Sofern bei einer Realsteuer ein höheres Hebesatzniveau präferiert wird, gilt dies auch bei den anderen. Wie die Ergebnisse der Regressionsmodelle aber auch zeigen, scheint für die Kausalbeziehung zwischen dem Gewerbesteuer- und dem Grundsteuerhebesatz A jedoch eine Ausnahme zu bestehen. Zwischen den beiden Steuersätzen ergibt sich ein schwach negativer Zusammenhang. Da dieser Effekt der aufgestellten Hypothese widerspricht und sich nicht plausibel erklären lässt, wurde die Beziehung dieser Variablen zunächst weiterführend untersucht. Zwar konnte hierbei ein Mediator-Effekt aufgedeckt werden,[216] allerdings führte dies zu keinem weiteren Erkenntnisgewinn, da sich das Ergebnis im finalen Modell hinsichtlich einer Veränderung des Zeitbezugs und der Aufnahme weiterer Variablen stets robust zeigt. Demnach spiegelt der dargestellte negative Zusammenhang den wahren Zusammenhang zwischen dem Gewerbesteuer- und dem Grundsteuerhebesatz A wider, so dass zwischen diesen Realsteuern augenscheinlich eine gewisse Substitutionsbeziehung vorliegt. Wie sich im weiteren Verlauf dieser Arbeit aber noch zeigt, wird eine qualitative Betrachtung dieser Kausalbeziehung zu einem anderen Ergebnis führen.

3.7.2 Bevölkerungsstruktur

Als weitere potentielle Einflussfaktoren wurden außerdem einige Variablen zur **Bevölkerungsstruktur** in die Regressionsmodelle mit aufgenommen. Denn bereits Büttner konnte für baden-württembergische Gemeinden aufzeigen, dass in größeren Kommunen und solchen mit einem größeren Anteil an jüngeren und älteren Bürgern höhere Gewerbesteuer-

---

[215] Wie im vorangegangenen Kapitel beschrieben, wurden die korrespondierenden Realsteuerhebesätze durch Instrumentenschätzer ersetzt, um der Endogenitätsproblematik angemessen zu begegnen.

[216] Ein Mediator-Effekt liegt vor, wenn die kausale Beziehung zwischen einer unabhängigen Variable (Grundsteuerhebesatz A) und der abhängigen Variable (Gewerbesteuerhebesatz) durch einen Mediator (Grundsteuerhebesatz B) interveniert bzw. unterbrochen wird. Demnach zeigt sich für den Grundsteuerhebesatz A ein positiver Einfluss auf den Gewerbesteuerhebesatz, solange die Variable Grundsteuerhebesatz B nicht in das Modell mit aufgenommen wird. Sofern dies geschieht, wird der beobachtete Effekt negativ. Hierbei handelt es sich um den wahren Zusammenhang dieser Variablen. Der zuvor beobachtete positive Effekt wurde lediglich vom Grundsteuerhebesatz B (Mediator) vermittelt. Vgl. hierzu Urban / Mayerl (2011), S. 303 ff.

hebesätze vorliegen.[217] Die im Rahmen der eigenen Untersuchung gewonnenen Erkenntnisse bestätigen diese Feststellungen.

So kann auch auf Bundesebene nachgewiesen werden, dass mit steigender **Einwohnerzahl** der Gewerbesteuerhebesatz einer Kommune ansteigt. Demnach gelingt es größeren Gemeinden offensichtlich trotz des interkommunalen Steuerwettbewerbs, einen zusätzlichen Steueraufschlag durchzusetzen.[218] Ursächlich hierfür ist wohl die Marktmacht dieser Gemeinden. Für die Grundsteuer B ergibt sich das gleiche Ergebnis. Demnach wird der Einwohnerzahl auch bei dieser Realsteuer ein positiver Einfluss auf die Hebesatzhöhe zuteil. Auch für die Grundsteuer B kann sicherlich das Argument der Marktmacht angeführt werden, welche sich in größeren Kommunen infolge der zunehmenden Urbanisierung einstellt. Im Modell zur Grundsteuer A ergibt sich hingegen ein negativer Zusammenhang. Dies mag sich dadurch erklären lassen, dass mit steigender Einwohnerzahl auch die Urbanität einer Kommune zunimmt und in der Folge die landwirtschaftliche Flächennutzung abnimmt. Hierdurch verliert die Grundsteuer A weiter an Bedeutung für den kommunalen Haushalt, so dass kommunale Entscheidungsträger offenbar eine geringe Veranlassung verspüren, höhere Hebesätze bei dieser Steuer zu forcieren. Dies bedeutet aber zugleich, dass in kleineren Gemeinden mit starker landwirtschaftlicher Prägung die Grundsteuer A an haushaltspolitischer Bedeutung gewinnt und deren Steuersatz als lukrativer Hebel wahrgenommen wird, um die Einnahmeseite der eigenen Kommune zu stärken.

Im Einklang zu den Ergebnissen von Büttner stehen auch die Erkenntnisse zu der **Altersstruktur der kommunalen Bevölkerung**. Sowohl das Modell zur Gewerbesteuer als auch das Modell zur Grundsteuer A erbringen den statistischen Nachweis zu der aufgestellten Hypothese. Alle Altersgruppen weisen einen positiven Einfluss im Vergleich zu der Referenzgruppe der zwischen 30- und 65-Jährigen auf. Dies belegt, dass in Kommunen, in denen verstärkt jüngere und ältere Bevölkerungsgruppen zu Hause sind, höhere Realsteuerhebesätze festgesetzt werden, um die erhöhte Ausgabenbelastung zu kompensieren. Denn jüngere (unter 30-Jährige) und ältere (über 65-Jährige) Menschen sind stärker auf öffentliche Einrichtungen und Dienstleistungen angewiesen. Hingegen besitzen Kommunen mit einem größeren Anteil von Personen im erwerbstätigen Alter (30- bis 65-Jährige) einen steuerpolitischen Entscheidungsspielraum, niedrigere Hebesätze festzusetzen, da diese Altersgruppe weniger öffentliche Güter nachfragt und somit niedrigere Kosten im Sozialbereich verursacht. Im Modell zur Grundsteuer B ergibt sich hingegen keine einheitliche Richtung des Zusammenhangs, was zunächst nicht plausibel erscheint. Lediglich die Gruppe der 18- bis 30-Jährigen zeigt ebenfalls einen positiven Einfluss auf das Hebesatzniveau. Sofern sich der Anteil dieser Altersgruppe im Vergleich zur Referenzgruppe der 30- bis 65-Jährigen um einen Prozentpunkt erhöht, steigt der Hebesatz der Gewerbesteuer um 2,2 %-Punkte, der Hebesatz zur Grundsteuer A um 1,0 %-Punkte und der Hebesatz zur Grundsteuer B um 2,1 %-Punkte. Die Regressionskoeffizienten sind dabei hoch signifikant. Für die beiden Altersgruppen der unter 18- und der über 65-Jährigen liegt im Modell zur Grundsteuer B allerdings ein negativer Zusammenhang vor. Möglicherweise könnte dies damit erklärt werden, dass die bloße Altersstruktur einer Kommune als Proxy für die Ausgabenbelastung im Sozialbereich zu kurz greift. So werden Minderjährige noch durch ihre Eltern unterstützt

---

[217] Vgl. Büttner (2001).
[218] Siehe hierzu auch Hoyt (1992).

und ältere Personen haben am Ende ihrer Erwerbstätigkeit gewöhnlich ein größeres Vermögen als Berufseinsteiger.

Auf diese Erkenntnis aufbauend, wird in dem Untersuchungsbereich zur Bevölkerungsstruktur auch die finanzielle Ausstattung der Bevölkerung untersucht. Als Variable wurde hierzu das Pro-Kopf-Aufkommen der Wohnbevölkerung aus der **Lohn- und Einkommensteuer** gewählt. Sowohl das Modell zur Gewerbesteuer als auch das Modell zur Grundsteuer B vermitteln den erwarteten negativen Zusammenhang. Die einleitend aufgestellte Hypothese wird somit vollumfänglich bestätigt: Infolge einer niedrigeren Ausgabenbelastung im Sozialbereich setzen Kommunen mit einer wohlhabenderen Bevölkerung niedrigere Realsteuerhebesätze fest. Für die Grundsteuer A kann dieser Zusammenhang jedoch nicht bestätigt werden, da das Modell einen positiven Regressionskoeffizienten aufweist. Allerdings ist dieser als nicht signifikant einzustufen, so dass er nicht weiter interpretiert wird.

3.7.3 Realsteueraufkommen

Um zu klären, ob die steuerlichen Bemessungsgrundlagen einen Einfluss auf die Realsteuerhebesatzhöhe haben, werden in dem Variablenbereich **Realsteueraufkommen** die drei Realsteuergrundbeträge als eigenständige Variablen in gesonderter Weise betrachtet. Für die Interpretation der Ergebnisse eines Modells ist natürlich die eigene Bemessungsgrundlage dieser Realsteuer von besonderer Bedeutung. Die Ergebnisse zeigen, dass entsprechend der aufgestellten Hypothese eine Ausweitung der steuerlichen Bemessungsgrundlagen einer Realsteuer auch zu einem Rückgang des jeweiligen Hebesatzes dieser Realsteuer führt. Im Zuge der Ausweitung des korrespondierenden Grundbetrags um einen Euro pro Einwohner sinkt der Gewerbesteuerhebesatz um 0,01 %-Punkte, der Grundsteuerhebesatz A um 0,25 %-Punkte und der Grundsteuerhebesatz B um 0,18 %-Punkte. In den beiden Modellen zur Grundsteuer zeigt sich darüber hinaus, dass auch die Bemessungsgrundlagen der beiden weiteren Realsteuern einen negativen Einfluss auf den untersuchten Hebesatz haben. Für das Modell zur Gewerbesteuer gilt dies jedoch nicht, da die Regressionskoeffizienten der beiden grundsteuerlichen Bemessungsgrundlagen ein positives Vorzeichen tragen. Anscheinend werden zumindest aus gewerbesteuerlicher Betrachtung die Grundsteuern gewissermaßen als Substitute aufgefasst. Bei erhöhten Grundsteuergrundbeträgen wird demnach ein höherer Gewerbesteuerhebesatz festgesetzt, da die erhöhten grundsteuerlichen Bemessungsgrundlagen bereits niedrigere Grundsteuerhebesätze in der Kommune bewirken. Die Überlegungen hinsichtlich einer Substitutionsbeziehung werden für die Gewerbesteuer und die Grundsteuer A bereits in Kapitel 3.7.1 geäußert.

Da in den Modellen jedoch vor allem die Wirkungsweise auf den eigenen Hebesatz wichtig ist, soll unabhängig von den vorstehenden Ausführungen abschließend noch einmal konstatiert werden, dass sich modellübergreifend zeigt, dass in Gemeinden mit höheren steuerlichen Bemessungsgrundlagen der zugehörige Hebesatz der Realsteuer niedriger ausfällt. Schließlich können hierdurch steuerwettbewerbliche Anreize geschaffen werden, ohne zugleich Steuereinbußen realisieren zu müssen.

Vergleich der **Regressionsmodelle** mit N = 11.215	Gewerbesteuer-hebesatz (korr. R^2 = 57,0%)			Grundsteuer-hebesatz A (korr. R^2 = 62,6%)			Grundsteuer-hebesatz B (korr. R^2 = 56,7%)		
	nicht standard. Ko-eff. B	standard. Koeffiz. Beta	Signi-fikanz	nicht standard. Ko-eff. B	standard. Koeffiz. Beta	Signi-fikanz	nicht standard. Ko-eff. B	standard. Koeffiz. Beta	Signi-fikanz
Realsteueraufkommen									
Gew.steuer (Grundbetrag)	-,014	-,058	,000	-,013	-,032	,000	-,015	-,044	,000
Grundsteuer A (Grundbetrag)	,155	,025	,004	-,246	-,025	,002	-,327	-,038	,000
Grundsteuer B (Grundbetrag)	,057	,018	,016	-,025	-,005	,472	-,175	-,040	,000
Raumordnung und Infrastruktur									
Gemeindefläche (ln)	-2,995	-,091	,000	-1,991	-,039	,001	-1,815	-,040	,001
Erreichbarkeit Autobahn (ln)	-,629	-,013	,097	-1,086	-,014	,050	,270	,004	,607
Erreichbarkeit IC-Bahnhof (ln)	-,014	,000	,973	,461	,005	,446	-1,344	-,017	,020
Erreichbarkeit Flughafen (ln)	-2,628	-,034	,000	4,722	,040	,000	-1,191	-,011	,141
Erreichbark. Mittelzentren (ln)	-2,107	-,049	,000	3,707	,055	,000	-2,727	-,046	,000

Tabelle 8: Auszug aus den Regressionsmodellen: Untersuchungsbereiche Realsteueraufkommen sowie Raumordnung und Infrastruktur.[219]

3.7.4 Raumordnung und Infrastruktur

In dem Untersuchungsbereich **Raumordnung und Infrastruktur** lässt sich an dem negativen Vorzeichen der Determinante **Gemeindefläche** in allen drei Regressionsmodellen erkennen, dass in flächenmäßig größeren Kommunen niedrigere Realsteuerhebesätze vorliegen. Die Untersuchungen bestätigen somit vollumfänglich die einleitend formulierte Hypothese. Demnach nutzen kommunale Entscheidungsträger offensichtlich den mit höheren Bemessungsgrundlagen einhergehenden Gestaltungsspielraum, um in der Kommune ein attraktives Hebesatzniveau anzubieten. Dies gilt für alle drei Realsteuern gleichermaßen. Da insbesondere die Bemessungsgrundlagen der Grundsteuern an flächenbezogene Werte anknüpfen, verdeutlicht auch diese Variable anschaulich, dass sich Kommunen ebenfalls bei den Grundsteuern mit einem Steuerwettbewerb konfrontiert sehen – und das trotz einer Immobilität des Besteuerungsobjekts.

Auch wenn aus dogmatischer Sicht grundsätzlich kein Zusammenhang zwischen einer staatlichen Leistung und einer Steuer bestehen darf, kann mittels des Regressionsmodells zur Gewerbesteuer aufgezeigt werden, dass kommunale Entscheidungsträger ganz im Sinne der Äquivalenztheorie vor allem Unternehmen an den Kosten für die Bereitstellung einer umfangreichen **Infrastruktur** beteiligen wollen und deshalb höhere Gewerbesteuerhebesätze verabschieden. Wie erörtert, werden die Infrastrukturindikatoren durch die durchschnittliche PKW-Fahrtzeit zu einer Bundesautobahn, einem IC-Bahnhof, einem internati-

---

[219] Quelle: Eigene Darstellung gemäß den Auswertungen mittels SPSS.

onalen Flughafen oder einem Mittelzentrum ausgedrückt. Folglich entspricht der gezeigte negative Zusammenhang dieser Variablen der aufgestellten Hypothese. Mit steigender Fahrtzeit zu diesen zentralen Infrastruktureinrichtungen liegt eine ungünstige Infrastruktur vor, so dass sich offenbar keine höheren Hebesätze durchsetzen lassen und die Kommunen tendenziell niedrigere Hebesätze verabschieden. Hingegen hat eine geringere Fahrtzeit ein höheres Hebesatzniveau zur Folge. Allerdings bleibt anzumerken, dass das Resultat für die Erreichbarkeit einer Autobahn oder eines IC-Bahnhofes im Gewerbesteuermodell kein signifikantes Ergebnis aufzeigt. Die Verkehrswege Schiene und Straße sind bekanntermaßen fast flächendeckend verbreitet, so dass diese Infrastruktureinrichtungen offenbar ein nicht so gewichtiges Entscheidungskriterium für diese Steuer sind.

Bei der Grundsteuer B, die insbesondere auch die Bürger besteuert, kann ebenfalls ein negativer Einfluss der Infrastrukturindikatoren auf den Hebesatz beobachtet werden. Sofern eine Gemeinde diese Infrastruktureinrichtungen selbst vorhält oder zumindest eine gute Anbindung hierzu gewährleistet, ergeben sich höhere Steuersätze. Wie bei der Gewerbesteuer zeigt sich, dass vor allem die gute Erreichbarkeit eines Mittelzentrums die Hebesatzhöhe beeinflusst. Darüber hinaus kann auch für die Erreichbarkeit eines IC-Bahnhofs und eines Flughafens ein negativer Zusammenhang nachgewiesen werden. Der t-Wert der Variable Flughafen erreicht jedoch nicht das geforderte Signifikanzniveau.

Demgegenüber erscheinen die Ergebnisse für die Grundsteuer A zunächst nicht plausibel zu sein. Lediglich für die Erreichbarkeit einer Autobahn ergibt sich der erwartete negative Zusammenhang. Hingegen nimmt mit steigender Entfernung zu einem Flughafen oder zu einem Mittelzentrum auch der Hebesatz zu. Dies widerspricht der entwickelten Hypothese. Warum sollten Kommunen mit einer schlechteren Infrastruktur in der Lage sein, höhere Hebesätze bei der Grundsteuer A festzusetzen? Eine Begründung lässt sich wohl darin finden, dass es sich bei Kommunen mit einer langen Fahrtzeit zum nächsten Flughafen oder Mittelzentrum um kleinere Gemeinden außerhalb eines Ballungsraumes handelt, die wahrscheinlich recht landwirtschaftlich geprägt sind. Wie bei der Variable Einwohnerzahl lässt sich deshalb schlussfolgern, dass die Grundsteuer A für diese Gemeinden eine hohe haushaltspolitische Bedeutung hat und der Hebesatz als Steuerungselement eingesetzt wird, um die Einnahmemöglichkeiten auszuschöpfen.

3.7.5 Arbeitsmarkt und Beschäftigung

Die Erwartungen an den Variablenbereich **Arbeitsmarkt und Beschäftigung** konnten für das Regressionsmodell der Gewerbesteuer bestätigt werden. Dies ist insofern bedeutend, da diese Realsteuer den größten wirtschaftlichen Bezug aufweist. Die Regressionskoeffizienten der Variablen **Beschäftigtenquote**, **Pendlersaldo** und **Patentanmeldungen** zeigen alle das erwartete negative Vorzeichen und weisen dabei höchste Signifikanzwerte auf. Bei einem Anstieg der Beschäftigtenquote um einen Prozentpunkt sinkt der Gewerbesteuerhebesatz durchschnittlich um rund 0,27 %-Punkte. Der gleiche Zusammenhang ergibt sich für den Pendlersaldo, welcher als Indikator für die Wirtschaftskraft einer Gemeinde gilt. Pendelt eine weitere Person je 100 sozialversicherungspflichtig Beschäftigter in eine Gemeinde ein, sinkt deren Gewerbesteuerhebesatz um rund 0,01 %-Punkte.

Vergleich der **Regressionsmodelle** mit N = 11.215	Gewerbesteuer-hebesatz (korr. R^2 = 57,0%)			Grundsteuer-hebesatz A (korr. R^2 = 62,6%)			Grundsteuer-hebesatz B (korr. R^2 = 56,7%)		
	nicht standard. Ko-eff. B	standard. Koeffiz. Beta	Signi-fikanz	nicht standard. Ko-eff. B	standard. Koeffiz. Beta	Signi-fikanz	nicht standard. Ko-eff. B	standard. Koeffiz. Beta	Signi-fikanz
Arbeitsmarkt und Beschäftigung									
Beschäftigtenquote	-,270	-,040	,000	-,581	-,055	,000	,144	,015	,029
Beschäftigte primärer Sektor	-,291	-,045	,000	-,511	-,051	,000	,643	,072	,000
Pendlersaldo	-,010	-,031	,000	-,025	-,052	,000	,007	,016	,031
Patentanmeldungen (ln)	-4,610	-,029	,001	2,818	,011	,171	-16,208	-,074	,000
Parteienpräferenz									
Präferenz für Linksparteien	,165	,052	,000	,037	,007	,301	,123	,028	,000

Tabelle 9: Auszug aus den Regressionsmodellen: Untersuchungsbereiche Arbeitsmarkt und Beschäftigung sowie parteipolitische Präferenz.[220]

Diese Zusammenhänge lassen sich zum einen damit begründen, dass Kommunen infolge eines hohen Beschäftigungsstands weniger Sozialleistungen aufbringen müssen und daher nicht darauf angewiesen sind, ihre Einnahmen mittels höherer Steuersätze zu maximieren. Zu diesem Schluss kommt bereits Büttner, da er mit seinem Modell nachweisen kann, dass in Gemeinden mit erhöhten Sozialaufwendungen höhere Gewerbesteuerhebesätze vorzufinden sind.[221] Zum anderen können niedrigere Steuersätze auch deshalb festlegt werden, da die Gemeinden infolge einer erhöhten Wirtschaftskraft über größere steuerliche Bemessungsgrundlagen verfügen und somit auch mit niedrigeren Hebesätzen das bisherige Einnahmenniveau erzielen können.[222]

Das Regressionsmodell der Grundsteuer A kann für die Variablen Beschäftigtenquote und Pendlersaldo die gleiche negative Einflussrichtung wie das Gewerbesteuermodell belegen. Bei einem Anstieg der Beschäftigtenquote um einen Prozentpunkt reduziert sich der Hebesatz um 0,58 %-Punkte, bei einer Zunahme des Pendlersaldos um eine Person geht der Hebesatz um 0,03 %-Punkte zurück. Anders als im Gewerbesteuermodell ergibt sich für die Variable Patentanmeldungen jedoch ein positiver Regressionskoeffizient. Allerdings ist dieser nicht signifikant. Im Modell zur Grundsteuer B zeigt sich für die Variable Patentanmeldungen indessen wieder ein negativer Koeffizient. Entgegen der Ergebnisse der beiden anderen Modelle lässt sich für die Variablen Beschäftigtenquote und Pendlersaldo nun aber

---

[220] Quelle: Eigene Darstellung gemäß den Auswertungen mittels SPSS.

[221] Vgl. Büttner (2001), S. 230 ff.

[222] Hierzu sei angemerkt, dass aufgrund der einleitend beschriebenen Endogenitätsproblematik nicht zweifelsfrei davon ausgegangen werden kann, dass sich die Kausalbeziehung in dieser Richtung darstellt. Es ist auch denkbar, dass sich eine florierende Unternehmenslandschaft deshalb einstellt, da die Gemeinde die unternehmerische Aktivität mit niedrigen Steuersätzen unterstützt.

ein positiver Zusammenhang nachweisen. Demnach führen günstige Arbeitsmarkt- und Beschäftigungsbedingungen zu höheren Hebesätzen der Grundsteuer B. Dies widerspricht der aufgestellten Hypothese und erscheint nicht sonderlich plausibel.

Insgesamt betrachtet fällt die Wirkungsweise der untersuchten Variablen auf das Realsteuerhebesatzniveau einer Kommune unterschiedlich aus. Einerseits wechselt die Einflussrichtung der Variablen zwischen den einzelnen Regressionsmodellen. Andererseits ist die Einflussrichtung auch innerhalb der Grundsteuermodelle nicht einheitlich geprägt. Wie die Ergebnisse für die Regressionsanalyse zur Gewerbesteuer nahelegen, bieten die Arbeitsmarkt- und Beschäftigungsfaktoren vor allem für die Hebesatzhöhe dieser Realsteuer einen Erklärungsgehalt. Für die beiden Grundsteuern lässt sich offenbar deshalb kein einheitlich interpretierbarer Zusammenhang nachweisen, da wirtschaftliche Parameter nicht zu deren wesentlichen Einflussfaktoren zählen. Hieran wird ein Nachteil von Vergleichsstudien ersichtlich. Im Sinne der Vergleichbarkeit werden in allen Modellen die gleichen Determinanten untersucht, auch wenn diese in einzelnen Modellen teilweise keinen bedeutenden Beitrag zum Erklärungsgehalt erwarten lassen. Aufgrund dessen wird im Weiteren auf eine Interpretation dieser Einflussgrößen hinsichtlich der Grundsteuermodelle verzichtet.

Als letzte Variable des Untersuchungsbereichs Arbeitsmarkt und Beschäftigung sei noch kurz auf den Anteil der **Beschäftigten im primären Sektor** eingegangen. Gemäß den Vorüberlegungen sollte diese Variable vor allem in dem Modell zur Grundsteuer A zu einem schlüssigen Ergebnis führen. Dies ist auch der Fall. Im Zuge eines Anstiegs des Beschäftigtenstands im primären Sektor um einen Prozentpunkt sinkt das Hebesatzniveau einer Gemeinde bei der Grundsteuer A um 0,51 %-Punkte. Begründen lässt sich dies damit, dass in Gemeinden mit verhältnismäßig vielen Beschäftigten im primären Sektor auch eine große landwirtschaftliche Prägung vorliegt, welche höhere steuerliche Bemessungsgrundlagen für die Grundsteuer A bedingt. Der Einfluss der Bemessungsgrundlage auf die Hebesatzhöhe wurde bereits ausführlich beschrieben.

Demzufolge wäre aber auch zu erwarten, dass sich in Gemeinden mit hohem Beschäftigungsstand im primären Sektor höhere Hebesätze der Grundsteuer B und der Gewerbesteuer einstellen. Denn wenn mehr Beschäftigte im primären Sektor tätig sind, entfällt auf den sekundären und tertiären Sektor ein geringerer Arbeitnehmeranteil. Infolge der geringeren wirtschaftlichen und urbanen Prägung sollten sich in diesen Kommunen niedrigere Bemessungsgrundlagen für die Grundsteuer B und die Gewerbesteuer ergeben, was schließlich die höheren Hebesätze dieser Realsteuern bedingt. Für die Grundsteuer B ergibt sich dieser prognostizierte Zusammenhang. Mit einem Anstieg der Beschäftigtenquote im primären Sektor, welche einen Rückgang der Beschäftigung im sekundären und tertiären Sektor in gleicher Höhe impliziert, erhöht sich der Grundsteuerhebesatz B um 0,64 %-Punkte. In dem Gewerbesteuermodell zeigt sich dagegen ein negativer Regressionskoeffizient. Dieser Zusammenhang lässt sich über den herausgearbeiteten Argumentationsstrang somit nicht erklären. Offenbar gibt es weitere Einflussgrößen, die den Kausalzusammenhang bedingen. Möglicherweise wird ein niedrigerer Gewerbesteuerhebesatz von Kommunen mit ursprünglicher Unternehmensstruktur als wirtschaftspolitisches Strukturprogramm eingesetzt, um eine fortschrittliche Entwicklung der heimischen Wirtschaft steuerpolitisch zu unterstützen.

3.7.6 Parteipolitische Präferenz

Als letzte unabhängige Variable wurde noch das kumulierte Bundestagswahlergebnis aus 2009 der Parteien SPD, BÜNDNIS 90 / DIE GRÜNEN und DIE LINKE in das Modell mit aufgenommen, da sich hieraus die **parteipolitischen Präferenzen** der Gemeindebevölkerung ableiten lassen. Alle drei Regressionsmodelle können dabei den erwarteten Zusammenhang bestätigen. In Gemeinden, in denen die Wählerschaft Parteien des linken Spektrums präferieren, ergeben sich durchschnittlich höhere Realsteuerhebesätze. Die wirtschaftspolitische Orientierung dieser Kommunen kann somit als restriktiv eingestuft werden. So zeigt sich für die Gewerbesteuer, dass sich infolge eines Anstiegs des kumulierten Wahlergebnisses dieser Parteien um einen Prozentpunkt der Gewerbesteuerhebesatz um 0,17 %-Punkte erhöht. Bei der Grundsteuer B liegt dieser Wert bei 0,13 %-Punkten und bei der Grundsteuer A bei 0,04 %-Punkten. Während der Regressionskoeffizient für die beiden erstgenannten Realsteuern darüber hinaus hoch signifikant ist, erzielt er für den Grundsteuerhebesatz A keine Signifikanz. Dennoch wird insgesamt betrachtet deutlich, dass die parteipolitischen Präferenzen einer Gemeindebevölkerung einen messbaren Einfluss auf die steuerpolitische Ausrichtung einer Kommune besitzen. Je größer die Präferenzen für eine linksgerichtete Politik sind, desto höher ist auch das Steuersatzniveau dieser Kommune.

3.8 Zusammenfassung

Wie in jüngerer Vergangenheit immer häufiger beobachtet werden kann, scheuen sich viele deutsche Kommunen nicht länger vor einer Anhebung ihrer Steuersätze. Dies zeigt sich bereits bei einer Betrachtung der gewogenen Durchschnittshebesätze aller deutschen Gemeinden. Während der durchschnittliche Gewerbesteuerhebesatz im Jahr 2005 noch bei 389 % lag, ist er bis zum Jahr 2015 um 10 %-Punkte auf 399 % gestiegen. Die durchschnittlichen Hebesätze der Grundsteuern A und B wuchsen im gleichen Zeitraum sogar noch deutlich stärker wie die Abbildung 23 vermittelt.[223]

Als Argument für diese Entwicklung lässt sich in Anbetracht einer steigenden Ausgabenbelastung und einer erhöhten Verschuldung der öffentlichen Haushalte sicherlich das Ziel einer Einnahmemaximierung anführen. Darüber hinaus ist für die Gewerbesteuer bekannt, dass deren Anrechnungsverfahren bei der Einkommensteuer und die Mechanismen des kommunalen Finanzausgleichs Anreize für eine Erhöhung des Hebesatzes darstellen können.

Gleichwohl ist aber auch beschrieben worden, dass sich Kommunen mit einem ausgeprägten Steuerwettbewerb konfrontiert sehen. So sprechen sich viele Gemeinden wegen der zunehmenden Mobilität von Kapital und Arbeit bewusst für ein moderates Hebesatzniveau aus, um gegenüber anderen Kommunen standortpolitische Vorteile zu generieren. Aus diesem Grund kann der kommunale Steuerwettbewerb wohl als geeigneter Ausgleichmechanismus verstanden werden, der den Anreizen einer expansiven Hebesatzpolitik entgegenwirkt und dadurch das Funktionieren der kommunalen Realsteuerpolitik sicherstellt.

---

[223] Vgl. Genesis-Online Datenbank (2016a).

Abbildung 23: Die Durchschnittshebesätze der Realsteuern in den Jahren 2005, 2010, 2015.[224]

Wie in der Literatur bereits für die Gewerbesteuer gezeigt werden konnte, bestimmt sich das kommunale Hebesatzniveau somit vor allem in Abhängigkeit von einer Vielzahl an hinter den Besteuerungsstrategien stehenden Entscheidungsvariablen. Deren kommunale Ausprägung bestimmt letztlich, ob eine Gemeinde eher eine gemäßigte oder expansive Hebesatzpolitik präferiert und ob es ihr gelingt, diese am „Markt der Steuerpflichtigen" durchzusetzen.

Die eigene Untersuchung knüpft an diese Erkenntnisse unmittelbar an. Um allgemeingültigere Aussagen über das deutsche Realsteuersystem zu erlangen, beschränkt sich die durchgeführte Analyse aber nicht nur auf ein einzelnes Bundesland, sondern baut auf einem bundesweiten Datensatz auf.

Während bisherige Studien ausschließlich den Zusammenhang zwischen lokalen Standortfaktoren und dem Gewerbesteuerhebesatz untersucht haben, wird erstmals auch der Einfluss von lokalen Standortfaktoren auf die Höhe der Grundsteuerhebesätze analysiert. Denn wie die vorstehende Abbildung 23 auch zeigt, sind die Grundsteuerhebesätze im Vergleich zur Gewerbesteuer deutlich stärker gestiegen. Da die gleichen politischen Entscheidungsträger über die Hebesatzhöhe der einzelnen Realsteuern befinden, ist in diesem Zusammenhang besonders die Frage interessant gewesen, ob es sich bei den Grundsteuern um dieselben Standortfaktoren wie bei der Gewerbesteuer handelt oder ob andere Faktoren im Vordergrund stehen.

Im Rahmen der Untersuchung erweist sich die **Hebesatzhöhe der Nachbargemeinden** in allen drei Regressionsmodellen als bedeutendste Einflussgröße. Vor dem Hintergrund eines gemeindlichen Steuerwettbewerbs beziehen die Kommunen insbesondere die Ausprägung der nachbarschaftlichen Steuerpolitik in ihre eigene Hebesatzentscheidung mit ein. Je höher der durchschnittliche Hebesatz der Nachbargemeinden ist, desto höher fällt der betrachtete Steuersatz auch in der eigenen Gemeinde aus. Die gleiche Kausalbeziehung

224   Quelle: Eigene Darstellung mit Daten der Genesis-Online Datenbank (2016a).

kann zum ersten Mal auch für die beiden Grundsteuern nachgewiesen werden. Kommunen sehen sich somit trotz einer Immobilität des Besteuerungsobjekts auch bei den Grundsteuern mit einem umfassenden Steuerwettbewerb konfrontiert.

Darüber hinaus zeigt sich, dass zwischen den **weiteren Realsteuerhebesätzen einer Kommune** bedeutende signifikante Abhängigkeiten bestehen. Hierbei lassen sich zwischen dem Gewerbesteuerhebesatz und dem Grundsteuerhebesatz B, aber auch zwischen den beiden Grundsteuerhebesätzen positive Zusammenhänge beobachten. Offenbar folgen kommunale Entscheidungsträger bezüglich der einzelnen Realsteuern der gleichen steuerpolitischen Strategie und präferieren daher meist einheitlich ein höheres oder niedrigeres Hebesatzniveau. Für die Kausalbeziehung zwischen dem Gewerbesteuer- und dem Grundsteuerhebesatz A konnte dieser Zusammenhang allerdings nicht aufgezeigt werden. Jedoch wird dies, vor allem im Hinblick auf die im fünften Kapitel dargestellten Ergebnisse, nicht als plausibel eingeschätzt.

Die Variablen zu dem Untersuchungsbereich **Realsteueraufkommen** können verdeutlichen, dass Gemeinden, die über umfangreiche steuerliche Bemessungsgrundlagen verfügen, einen niedrigeren Hebesatz bei der zugehörigen Realsteuer festsetzen. Schließlich erreichen sie bereits mit einem geringeren Steuersatzniveau ein zufriedenstellendes Steueraufkommen und können mit einer gemäßigten Hebesatzpolitik noch weitere Wettbewerbsvorteile generieren.

Hinsichtlich des Untersuchungsbereichs **Bevölkerungsstruktur** vermittelt das Gewerbesteuermodell die gleichen Ergebnisse wie bisherige Studien. Demnach erhöht sowohl die Anzahl der Einwohner als auch ein höherer Bevölkerungsanteil von jungen und älteren Bürgern das Hebesatzniveau einer Kommune. Für die Einwohnerzahl zeigen sich die gleichen Zusammenhänge auch in dem Modell zur Grundsteuer B. Dies ist naheliegend, da diese insbesondere auch die Wohnbevölkerung besteuert. Für die Altersstruktur führt das Modell zur Grundsteuer A zu identischen Ergebnissen. Jedoch ist eine Einheitlichkeit über alle Modelle hinweg nicht immer gegeben. Personenbezogene Daten können anscheinend einen unterschiedlichen Einfluss auf die Realsteuern besitzen. So wird in größeren Kommunen eine Anhebung der Grundsteuer A offenbar weniger forciert, da die Steuer mit zunehmender Urbanität an Relevanz für den kommunalen Haushalt verliert. Im Modell zur Grundsteuer B wird deutlich, dass die Altersstruktur einer Kommune als Proxy für die Ausgabenbelastung im Sozialbereich gegebenenfalls zu kurz greifen kann, da sich kein gleichgerichteter Einfluss aller betrachteten Altersgruppen auf das Hebesatzniveau ergibt. Daran anknüpfend wird in dem Untersuchungsbereich noch die finanzielle Ausstattung der Wohnbevölkerung betrachtet. Dabei zeigt sich, dass sich in Kommunen mit wohlhabenderen Gemeindebürgern niedrigere Hebesätze der Gewerbesteuer und der Grundsteuer B beobachten lassen. Ursächlich ist hierfür offenbar die geminderte Ausgabenbelastung dieser Kommunen. Für das Modell zur Grundsteuer A ergibt sich kein signifikantes Ergebnis.

Die Variablen zur **Infrastruktur**, welche durch die Erreichbarkeit von zentralen Infrastruktureinrichtungen zum Ausdruck gebracht werden, zeigen vornehmlich den erwarteten negativen Zusammenhang. Begleitet von wenigen Ausreißern kann vor allem durch die Regressionsmodelle zur Gewerbesteuer und der Grundsteuer B verdeutlicht werden, dass Gemeinden die ortsansässigen Steuerpflichtigen durch höhere Realsteuerhebesätze an den Kosten für die Bereitstellung einer umfangreichen Infrastruktur beteiligen. Für die Grundsteuer A ergeben sich hingegen wohl deshalb nicht die zunächst prognostizierten Ergebnisse, da es sich bei Kommunen mit einer hohen Fahrtzeit zu Flughäfen und Mittelzentren vor allem um kleinere, ländliche Gemeinden handelt, welche trotz einer ungünstigen Infrastruktur höhere Hebesätze für die Grundsteuer A festsetzen, da diese Steuer eine große haushaltspolitische Bedeutung für sie hat.

Ferner kann gezeigt werden, dass die Variable **Gemeindefläche** in allen drei Untersuchungen einen negativen, hoch signifikanten Einfluss auf die jeweilige Hebesatzhöhe ausübt. Hiermit bestätigen die Modelle die postulierte Hypothese einheitlich. Die mit einer größeren Gemeindefläche einhergehenden höheren Bemessungsgrundlagen werden durch die politischen Entscheidungsträger für die Festsetzung moderater Hebesätze ausgenutzt, um der Gemeinde eine günstige Wettbewerbsposition zu verschaffen. Für die beiden Grundsteuern konnte dies erstmals nachgewiesen werden. Dies ist insofern plausibel, da deren Bemessungsgrundlagen umfassend an flächenbezogene Werte anknüpfen.

Die Erwartungen an den Variablenbereich **Arbeitsmarkt und Beschäftigung** konnten insbesondere für das Gewerbesteuermodell bestätigt werden. Dies verwundert insofern nicht, da diese Realsteuer den größten wirtschaftlichen Bezug aufweist. Der Hypothese entsprechend zeigen die untersuchten Variablen Beschäftigtenquote, Pendlersaldo und Patentanmeldungen den erwarteten negativen Zusammenhang. Je besser die Unternehmenslandschaft und die Arbeitsmarktbedingungen an einem Standort ausgeprägt sind, desto weniger Sozialleistungen oder wirtschaftliche Strukturprogramme muss eine Kommune bereitstellen und kann es sich in der Folge leisten, ein niedrigeres Gewerbesteuerhebesatzniveau zu beschließen. Hinsichtlich der beiden Grundsteuermodelle sind die Ergebnisse aber weniger einheitlich. Dies lässt sich damit begründen, dass sich die Auswahl der Variablen für diesen Untersuchungsbereich vornehmlich an der Gewerbesteuer orientiert. Bekanntlich zählen wirtschaftliche Parameter nicht zu den wesentlichen Einflussfaktoren der Grundsteuern. Im Sinne einer Vergleichbarkeit werden aber in allen Modellen die gleichen Determinanten untersucht, auch wenn diese in einem Modell keinen bedeutenden Beitrag zum Erklärungsgehalt erwarten lassen.

Der letzte Untersuchungsbereich in den drei Regressionsmodellen ermittelt, ob **parteipolitische Präferenzen** der Gemeindebevölkerung einen Einfluss auf die Steuerpolitik einer Kommune haben. Dabei kann modellübergreifend nachgewiesen werden, dass sich mit einer steigenden Präferenz für eine linksgerichtete Politik das Steuersatzniveau dieser Kommune messbar erhöht. Die eigene Hypothese und allgemeine Annahme, dass Parteien des linken Spektrums eher für eine Politik stehen, die auf soziale Umverteilung setzt und hierfür höhere Steuersätze in Kauf nimmt, kann folglich auch für die Realsteuern bestätigt werden.

Zusammenfassend lässt sich somit festhalten, dass mittels der Regressionsanalysen der Nachweis erbracht werden kann, dass sich Kommunen nicht nur bei der Festlegung ihres Gewerbesteuerhebesatzes, sondern auch bei den Hebesätzen der beiden Grundsteuern A und B in bedeutendem Umfang an der Ausprägung ihrer lokalen Standortfaktoren orientieren. Für die Mehrzahl der untersuchten Einflussfaktoren können die zuvor aufgestellten Hypothesen bestätigt werden. Die wichtigste Einflussgröße ist in jedem der drei Modelle das Hebesatzniveau der Nachbargemeinden. Damit kann gezeigt werden, dass sich Kommunen trotz einer Immobilität des Besteuerungsobjekts auch bei den Grundsteuern mit einem umfassenden Steuerwettbewerb konfrontiert sehen. Als weitere bedeutende Einflussfaktoren lassen sich insbesondere die lokale Ausprägung der Infrastruktur, das allgemeine Hebesatzniveau einer Gemeinde, die Bevölkerungsstruktur, die zur Verfügung stehende steuerliche Bemessungsgrundlage und die Parteienpräferenz identifizieren. Bei einer Gegenüberstellung der Ergebnisse kann für viele Determinanten eine Einheitlichkeit hinsichtlich ihrer Einflussrichtung und ihres Signifikanzniveaus beobachtet werden. Dies legt den Schluss nahe, dass kommunale Mandatsträger bei der Festlegung der einzelnen Realsteuerhebesätze weitestgehend den selben Entscheidungsmustern folgen und offenbar eine einheitliche Hebesatzpolitik in ihrer Kommune präferieren, und das, obwohl die drei Realsteuern sehr unterschiedliche Besteuerungsobjekte aufweisen. Vor diesem Hintergrund ist es auch plausibel, dass bei einem Vergleich zwischen den einzelnen Realsteuermodellen nicht für alle untersuchten Variablen völlig identische Resultate beobachtet werden können.

4 Überprüfung bisheriger Forschungs-ergebnisse mittels einer qualitativen Untersuchungsmethode

Im vorausgegangenen Kapitel wird auf Basis bundesweiter Gemeindedaten ermittelt, ob ein Zusammenhang zwischen der lokalen Ausprägung von Standortfaktoren und dem kommunalen Realsteuerhebesatzniveau besteht. Hierbei werden insbesondere das Verhältnis zu den Nachbargemeinden, die lokale Ausprägung der Infrastruktur, das Arbeitsmarktumfeld, die Bevölkerungsstruktur und die Parteienpräferenz der Kommunen analysiert. Es zeigt sich, dass kommunale Mandatsträger bei ihren Hebesatzentscheidungen meist den gleichen Entscheidungsmustern folgen und eine einheitliche Steuerpolitik präferieren, obwohl die Realsteuern unterschiedliche Besteuerungsobjekte zum Ziel haben.

Während sich die bisherigen Erkenntnisse auf die Ergebnisse einer quantitativen Methode stützen, soll in diesem Kapitel eine qualitative Methode zur Anwendung kommen, um weitere Einblicke in die Realsteuerpolitik zu erhalten. Da es sich bei qualitativen und quantitativen Ansätzen keinesfalls um zwei sich gegenseitig ausschließende Untersuchungsmethoden handelt,[225] kann die folgende Untersuchung dafür eingesetzt werden, die bisherigen Erkenntnisse zu überprüfen und um weitere Aspekte zu ergänzen. Die notwendige Datenbasis wird dabei durch Experteninterviews mit (Ober-) Bürgermeistern und Kämmerern in der nordbayerischen Region Mainfranken geschaffen. Die für die Befragung vorgenommene geografische Einschränkung erleichtert die Ermittlung von relevanten Interviewpartnern und gewährleistet daneben die Berücksichtigung von regionalen Aspekten in dieser Arbeit.

Um dem Leser eine geeignete Informationsgrundlage zu verschaffen, wird im ersten Teil dieses Kapitels zunächst die Region vorgestellt und die kommunale Steuerpolitik in Mainfranken analysiert. Für ein tieferes Verständnis und zur Erhöhung der Anschaulichkeit werden die verbalen Ausführungen dabei um deskriptive Statistiken ergänzt. Im zweiten Teil dieses Kapitels werden sodann die Ergebnisse der Experteninterviews präsentiert und die qualitative Inhaltsanalyse durchgeführt, bevor die Erkenntnisse abschließend zusammengefasst werden.

4.1 Die Region Mainfranken

Die Region Mainfranken liegt zentral in Deutschland und erstreckt sich über mehrere kreisfreie Städte und Landkreise, alle im Norden des Freistaats Bayern gelegen. Die meisten Quellen zählen hierzu die Landkreise Bad Kissingen, Rhön-Grabfeld, Haßberge, Kitzingen, Main-Spessart, Schweinfurt und Würzburg sowie die beiden kreisfreien Städte Würzburg

---

[225] Vgl. Gläser / Laudel (2009), S. 24 f. und Dreier (1997), S. 62.

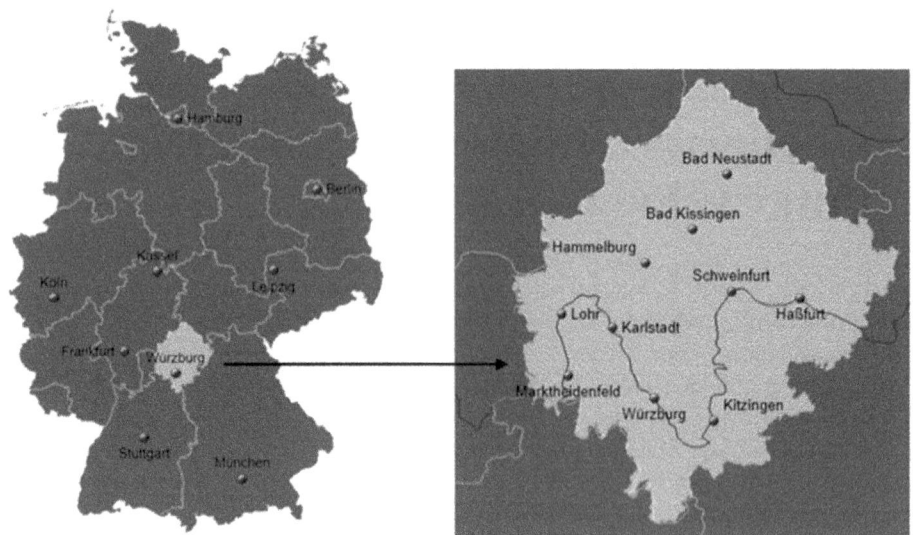

Abbildung 24: Die Lage der Region Mainfranken in Deutschland.[226]

und Schweinfurt.[227] Die Region umfasst den östlichen Teil des bayerischen Regierungsbezirks Unterfranken. Die westlichen Landkreise Aschaffenburg, Miltenberg sowie die kreisfreie Stadt Aschaffenburg sind hingegen topografisch durch das Mittelgebirge Spessart vom Rest des Regierungsbezirks abgegrenzt und bilden die zweite unterfränkische Teilregion – den Bayerischen Untermain. Dieses Gebiet orientiert sich seit jeher stärker in Richtung der räumlich nahe gelegenen, hessischen Metropolregion Frankfurt am Main.[228]

Der Main, welcher die Region von Ost nach West durchfließt, ist Namensgeber, prägendes Landschaftselement und mit seiner Schifffahrt traditioneller Verkehrsweg. Mit seinen Häfen in Würzburg, Schweinfurt, Haßfurt, Kitzingen, Marktbreit, Ochsenfurt und Zeil am Main besitzt Mainfranken sieben Umschlagplätze vom Schiff auf andere Verkehrsträger. Für den Schienenverkehr sind vor allem der Hauptbahnhof in Würzburg und der Bahnknoten in Gemünden von Bedeutung. Während über den im Taktverkehr bedienten ICE-Bahnhof in Würzburg ein unmittelbarer Anschluss an das europäische Bahnfernverkehrsnetz besteht, fungiert Gemünden als Drehkreuz im Fracht- und Güterverkehr.[229]

Der Verkehrsweg Straße wird in der Region vor allem durch die beiden Bundesautobahnen A 3 und A 7 bestimmt. Diese sind nicht nur die beiden längsten Autobahnen in Deutschland, sondern gehören auch zu den wichtigsten deutschen und europäischen Verkehrswegen. Die A 7 reicht von der dänischen Grenze in Ellund bis zur österreichischen

---

[226]   Eigene Darstellung.
[227]   Vgl. Wagner (1994), S. 33, Ante et al. (2006), S. 7 und Regionalmarketing-Initiative Chancen-Region Mainfranken (2015).
[228]   Vgl. Ante et al. (2006), S. 8.
[229]   Vgl. Holzhey (2010), S. 20 ff. Kruip / Eujen (1988), S. 104 ff. und Deutsche Bahn (2015).

Basisdaten und wirtschaftliche Kennziffern in 2014					
	Gemeinden	Fläche	Einwohner	Unter-nehmen	BIP 2013 (in Mio. Euro)	GewSt-Hebesatz
Kreisfreie Städte						
Schweinfurt	1	35,7 km²	51.610	3.349	4.747	370 %
Würzburg	1	87,6 km²	124.219	9.066	6.981	420 %
Landkreise						
Bad Kissingen	26	1.137,0 km²	102.901	6.449	2.804	352 %
Rhön-Grabfeld	37	1.021,8 km²	79.676	5.110	2.535	358 %
Haßberge	26	956,4 km²	84.152	5.384	2.236	324 %
Kitzingen	31	684,2 km²	88.492	6.568	2.559	331 %
Main-Spessart	40	1.321,4 km²	125.915	9.065	3.824	344 %
Schweinfurt	29	841,5 km²	113.747	7.035	2.569	345 %
Würzburg	52	968,4 km²	159.253	10.358	3.711	335 %
Gesamt	**243**	**7.053,9 km²**	**929.965**	**62.384**	**31.996**	**357 %**

Tabelle 10: Basisdaten und wirtschaftliche Kennziffern der Region Mainfranken.[230]

Grenze bei Füssen, durchquert Mainfranken in Nord-Süd-Richtung und verbindet so die beiden Oberzentren Würzburg und Schweinfurt. Die A 3 verläuft hingegen in Ost-West-Richtung durch Mainfranken. Ihre durchschnittliche tägliche Verkehrsstärke liegt an dem Autobahndreieck Würzburg-West bei bis zu 90.000 Fahrzeugen, weshalb diese bis 2019 zwischen Aschaffenburg und Nürnberg vollständig sechsspurig ausgebaut wird. Die Autobahn A 70 ergänzt die mainfränkische Verkehrsinfrastruktur in Richtung Bamberg und Bayreuth, die A 71 in Richtung Erfurt / Thüringen und die A 81 in Richtung Heilbronn und Stuttgart.[231]

Über einen internationalen Flughafen verfügt Mainfranken hingegen nicht. Jedoch besteht zu den Flughäfen Frankfurt am Main, Nürnberg und Stuttgart über Schiene und Straße eine schnelle verkehrsinfrastrukturelle Anbindung. Darüber hinaus stehen für Geschäftsreisende in der Nähe von Würzburg und Schweinfurt zwei regionale Verkehrslandeplätze zur Verfügung.

Die sieben Landkreise und die beiden kreisfreien Städte der Region Mainfranken definieren auch den Kammerbezirk der Industrie- und Handelskammer (IHK) Würzburg-Schweinfurt. In dem mit mehr als 7.000 Quadratkilometer großen Gebiet leben fast eine Million Menschen und rund 62.000 Gewerbebetriebe sind bei der zugehörigen IHK Würzburg-Schweinfurt registriert.[232] Weitere wichtige Basisdaten und wirtschaftliche Kennziffern der Region können der Abbildung 25 entnommen werden.

---

[230] Quelle: Eigene Darstellung mit Daten der IHK Würzburg-Schweinfurt (2015a) und der Genesis-Online Datenbank Bayern (2015b): Bruttoinlandsprodukt zu Marktpreisen in jeweiligen Preisen (in Millionen Euro) des Jahres 2013. Bei den angegebenen Gewerbesteuerhebesätzen auf Kreisebene handelt es sich um gewogene Durchschnittshebesätze, die sich wie folgt ermitteln: Summe der Istaufkommen x 100 / Summe der Grundbeträge der kreisangehörigen Gemeinden.

[231] Vgl. Ante et al. (2006), S. 7 und IHK Würzburg-Schweinfurt (2013a), S. 20 ff.

[232] Vgl. IHK Würzburg-Schweinfurt (2015a) und Bayerisches Landesamt für Statistik (2015).

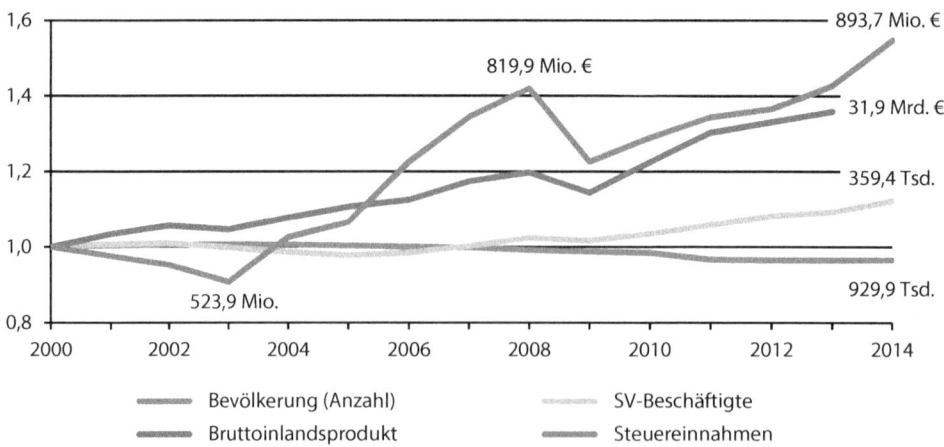

Abbildung 25: Entwicklung der Bevölkerung, der sozialversicherungspflichtig Beschäftigten, des Bruttoin-landsprodukts und der Steuereinnahmen der Gemeinden in Mainfranken seit 2000.[233]

Betrachtet man die wirtschaftliche Entwicklung der Region in den beiden letzten Deka-den, wird deutlich, dass diese von großer Prosperität gekennzeichnet war. Wie Abbil-dung 25 aufzeigt, stieg die Anzahl der sozialversicherungspflichtig Beschäftigten (SV-Be-schäftigte) allein seit der Jahrtausendwende um 12,2 % auf 359.350 im Jahr 2014, das Brut-toinlandsprodukt erhöhte sich um 35,8 % auf knapp 32 Mrd. Euro und die Steuereinnah-men[234] erreichten ein Volumen von 894 Mio. Euro (+54,8 %). Zwar zeigt die Abbildung auch,[235] dass Mainfranken ebenfalls vom demografischen Wandel betroffen ist, allerdings hat sich der Bevölkerungsrückgang deutlich verlangsamt. Seit nunmehr fünf Jahren liegt die Einwohnerzahl nahezu konstant bei rund 930.000. Gerade vor dem Hintergrund dieses Umstands ist die Entwicklung der wirtschaftlichen Kennzahlen umso positiver zu bewerten.

Die Unternehmenslandschaft der Region ist von einem breiten Branchenspektrum ge-prägt. Hierzu zählen neben traditionellen Handwerksbetrieben moderne Dienstleistungs-unternehmen und mittelständische Unternehmen aus Industriebranchen wie Maschinen-bau und Automobilzulieferung; aber auch viele Weltkonzerne haben ihren Sitz in Main-franken. Wichtige Unternehmensstandorte sind vor allem die beiden Oberzentren Schweinfurt und Würzburg mit ihren Nachbargemeinden. Bekannte Marken und bedeu-tende Arbeitgeber sind am Standort Würzburg BASF, der Automobilzulieferer Brose, die Online-Druckerei flyeralarm, Kneipp und der Druckmaschinenhersteller Koenig & Bauer; in Schweinfurt das Wälzlagerunternehmen FAG / Schaeffler, Fresenius, die Kugellagerfa-brik SKF und der Spezialist für Antriebs- und Fahrwerktechnik ZF Friedrichshafen; in Marktheidenfeld Warema (Sonnenschutz), Braun als eine Marke des Konzerns Procter & Gamble (Hersteller für elektrische Kleingeräte) und der Automobilzulieferer Hilite; in Och-

---

[233]   Quelle: Eigene Darstellung mit Daten des Bayerischen Landesamts für Statistik (2015).

[234]   Summe aus den Gemeindeanteilen an der Einkommen- und Umsatzsteuer sowie den Istaufkommen aus den Realsteuern abzüglich der Gewerbesteuerumlage.

[235]   Aus Darstellungsgründen wurden die Werte der Kennziffern im Jahr 2000 auf 1 normiert. Die Grafik zeigt somit die Veränderung im Vergleich zum Basisjahr 2000.

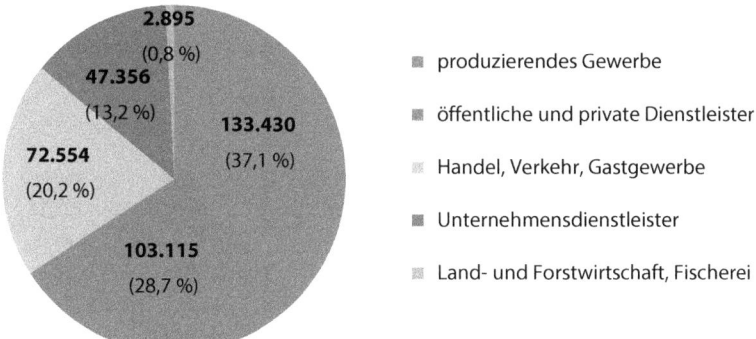

Abbildung 26: Sozialversicherungspflichtig Beschäftigte (am Arbeitsort) nach Wirtschaftsbereichen in Mainfranken im Jahr 2014.[236]

senfurt Danone (Milchfrischeprodukte) und Südzucker; in Lohr am Main Bosch Rexroth; in Ostheim/Rhön der Biolimonadenhersteller Bionade; in Iphofen die Firma Knauf; in Bad Neustadt/Saale das Rhön-Klinikum, Siemens und der Elektronikhersteller Preh sowie in Rottendorf das Bekleidungsunternehmen s.Oliver.[237]

Ein weiterer, vor allem für die touristische Inwertsetzung der Region bedeutender Wirtschaftszweig ist der Weinbau. Die 6.000 Hektar große Rebfläche entlang des Mains und an den Hängen des Steigerwalds wird von rund 4.400 Winzern bewirtschaftet. Viele Winzer betreiben dies im Nebenerwerb als eigenständige Selbstvermarkter oder im Rahmen einer Winzergenossenschaft. Die drei Würzburger Weingüter Juliusspital (170 Hektar Anbaufläche), Staatlicher Hofkeller (120 Hektar) und Bürgerspital zum Heiligen Geist (110 Hektar) gehören zu den größten Weinbaubetrieben Deutschlands. Nach den Hessischen Staatsweingütern bewirtschaftet das Juliusspital die meisten Rebflächen in Deutschland.[238]

4.2 Die Kommunalsteuerpolitik in der Region

Nachdem im vorangegangenen Kapitel zunächst die Region definiert und allgemeine Basisdaten und Kenngrößen der Unternehmenslandschaft betrachtet wurden, soll der Fokus in diesem Abschnitt auf die mainfränkischen Kommunen gelegt werden. Mainfranken umfasst 241 kreisangehörige Gemeinden und die beiden kreisfreien Oberzentren Würzburg und Schweinfurt. Mit fast 125.000 Einwohnern ist Würzburg die mit Abstand größte Kommune Mainfrankens, ist Sitz des Regierungsbezirkes Unterfranken, hat die älteste Universität des Freistaates Bayern und ist in der Raumordnung und Wirtschaftsgeografie der Re-

---

[236] Quelle: Eigene Darstellung mit Daten des Bayerischen Landesamts für Statistik (2015).
[237] Bei der getroffenen Auswahl handelt es sich um eine persönliche Einschätzung des Autors; diese hat keinen Anspruch auf Vollständigkeit. Kriterien der Auswahl waren vor allem die Beschäftigtenzahl und der subjektiv wahrgenommene Bekanntheitsgrad. Vgl. hierzu aber auch Deppisch (2014), S. 26 ff.
[238] Vgl. Steinmann (2014), S. 134, Scheuermann (2012) und Freihold (1988), S. 170 ff.

Bruttoeinnahmen und -ausgaben der Gemeinden in 2014

Gemeinde	Landkreis	Einwohner	Bruttoeinnahmen		Brutto-ausgaben
			Gesamt (in Mio. Euro)	Steuern (in Mio. Euro)	(in Mio. Euro)
Würzburg	kreisfrei	124.219	361,7	151,1	374,7
Schweinfurt	kreisfrei	51.610	189,5	94,8	183,1
Bad Kissingen	Bad Kissingen	21.323	45,1	20,0	44,9
Kitzingen	Kitzingen	20.474	44,2	19,3	38,3
Bad Neustadt a. d. Saale	Rhön-Grabfeld	15.053	40,6	19,0	37,1
Lohr a. Main	Main-Spessart	15.036	33,7	17,6	37,5
Karlstadt	Main-Spessart	14.750	30,2	14,8	30,1
Haßfurt	Haßberge	13.121	27,0	12,9	29,7
Hammelburg	Bad Kissingen	11.142	19,6	8,1	20,2
Ochsenfurt	Würzburg	11.095	22,4	13,4	20,7
Marktheidenfeld	Main-Spessart	10.901	56,9	30,1	41,9
Werneck	Schweinfurt	10.222	19,8	7,6	18,9
Gemünden a. Main	Main-Spessart	10.153	17,2	7,9	17,1

Tabelle 11: Bruttoeinnahmen und -ausgaben der Gemeinden mit mehr als 10.000 Einwohnern.[239]

gion von größter Bedeutung. Für einen kurzen Überblick sind in Tabelle 11 die mainfränkischen Kommunen mit mehr als 10.000 Einwohnern in absteigender Rangfolge aufgeführt.
Die unter den Bruttoeinnahmen der Gemeinden aufgeführten Steuern und steuerähnlichen
Einnahmen umfassen vornehmlich die Summe aus den Gemeindeanteilen an der Einkom-
men- und Umsatzsteuer sowie den Istaufkommen aus den drei Realsteuern abzüglich der
Gewerbesteuerumlage. Örtliche Verbrauchs- und Aufwandsteuern sind von untergeordneter Bedeutung. Die Steuereinnahmen stellen die wichtigste Einnahmequelle der Kommunen dar. Als größte Kommune Mainfrankens kann Würzburg auch die größten Steuereinnahmen aufweisen. Im Jahr 2014 lagen diese bei über 150 Mio. Euro. Erst mit einem gewissen Abstand folgt die Stadt Schweinfurt mit Einnahmen von rund 95 Mio. Euro. Wie stark
der Anteil der Steuereinnahmen an den Gesamteinnahmen einer Gemeinde ist, ist jedoch
sehr unterschiedlich. Während in Ochsenfurt im Jahr 2014 knapp 60 % der Bruttoeinnahmen aus Steuern generiert wurden, lag dieser Wert in Schweinfurt bei 50 %, in Würzburg
bei rund 42 % und in Werneck sogar nur bei 38 %. Wie später noch deutlicher wird, lässt
sich bereits hieran erkennen, dass einige Kommunen wesentlich stärker am Finanzausgleich
partizipieren als andere.[240]

---

[239]   Quelle: Eigene Darstellung mit Daten der Regionaldatenbank Deutschland (2016a) und (2016b). Die Bruttoeinnahmen und -ausgaben setzen sich aus den kassenmäßigen Einnahmen und Ausgaben des Verwaltungs-
und Vermögenshaushalts der Gemeinden in dem jeweiligen Landkreis zusammen. Die Einnahmen und Ausgaben der Kreise sind nicht enthalten. Daneben sind die Beträge um bewirtschaftete Fremdmittel (z. B. Wohn-
geld, Unterhaltsvorschuss), die Gewerbesteuerumlage, haushaltstechnische Verrechnungen (innere Verrechnungen, kalkulatorische Kosten, Zinseinnahmen aus inneren Darlehen, Zuführungen vom Verwaltungs- bzw.
Vermögenshaushalt) bereinigt.
[240]   Vgl. Regionaldatenbank Deutschland (2016a).

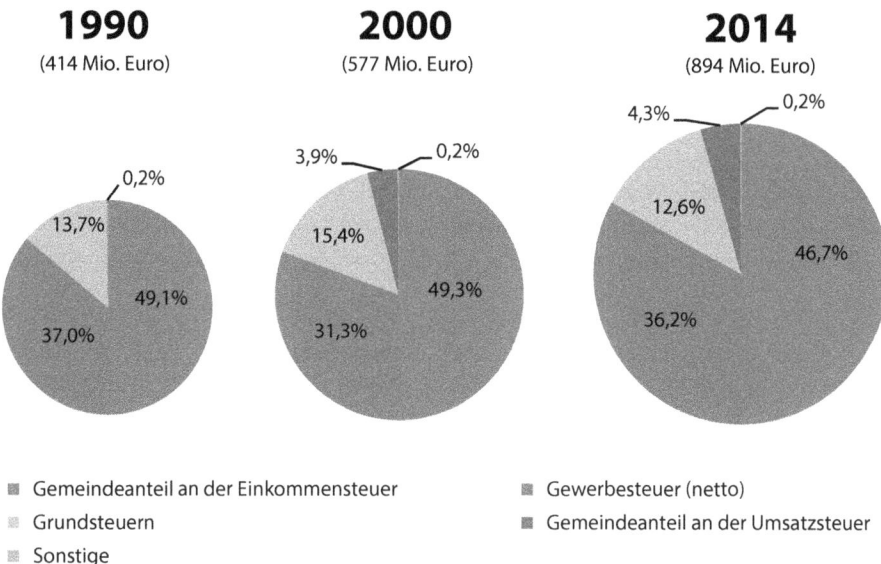

Abbildung 27: Entwicklung und Struktur der kommunalen Steuereinnahmen in Mainfranken.[241]

Um tiefergehende Erkenntnisse über die mainfränkische Realsteuerpolitik zu gewinnen, werden die Gesamtsteuereinnahmen in einem ersten Schritt in die einzelnen Steuerarten aufgeteilt und diese anschließend separat betrachtet. Abbildung 27 gibt die Entwicklung und Zusammensetzung der kommunalen Steuereinnahmen exemplarisch für die Jahre 1990, 2000 und 2014 bildlich wieder.

Es zeigt sich, dass der Gemeindeanteil an der Einkommensteuer in Mainfranken die größte Einnahmequelle der Kommunen darstellt. So partizipierten diese im Jahr 2014 mit 417,5 Mio. Euro an der gezahlten Einkommensteuer ihrer Wohnbevölkerung. Dies entspricht einem Anteil von 46,7 % der gesamten Steuereinnahmen. Landesweit steht den bayerischen Gemeinden ein Volumen von 6,5 Mrd. Euro aus der Einkommensteuer zu. Hieraus ergibt sich ein durchschnittlicher Anteil an den kommunalen Steuereinnahmen von rund 41,0 %. Im Bundesdurchschnitt liegt dieser Wert sogar nur bei 38,1 %. Daran wird deutlich, dass sich die mainfränkischen Kommunen im Landes- und Bundesvergleich deutlich stärker über die Einkommensteuer finanzieren als Gemeinden in anderen Regionen.[242]

Korrespondierend hierzu fallen die Einnahmen aus der Gewerbesteuer in mainfränkischen Gemeinden im Durchschnitt niedriger aus, so dass diese in der Folge nicht, wie andernorts üblich, die wichtigste Einnahmequelle sind. Im Jahr 2014 entfielen in Mainfranken rund 36,2 % der Einnahmen auf die Gewerbesteuer (nach Abzug der Gewerbesteuerumlage). Dies entspricht rund 323 Mio. Euro. Im Landes- bzw. Bundesvergleich weist Mainfranken damit eher niedrige Gewerbesteuereinnahmen auf. So lag der Durchschnitt

---

241 Quelle: Eigene Darstellung mit Daten der Genesis-Online Datenbank Bayern (2015a).
242 Vgl. Genesis-Online Datenbank (2016a) und Genesis-Online Datenbank Bayern (2015a).

bayernweit bei 44,0 % und auf Bundesebene bei 42,5 %. Die geringere Bedeutung der Ge-werbesteuer in Mainfranken kann ebenfalls aussagekräftig aufgezeigt werden, wenn das Ge-werbesteueraufkommen pro Kopf betrachtet wird. Im mainfränkischen Durchschnitt liegt dieser Wert im Jahr 2014 bei nur 347 Euro pro Einwohner, während er im bayerischen Lan-desdurchschnitt bei 551 Euro und auf Bundesebene bei 455 Euro liegt. Wie in diesem Ka-pitel aber noch deutlich werden wird, sind die Unterschiede der Pro-Kopf-Einnahmen bei der Gewerbesteuer auch in Mainfranken auf kommunaler Ebene zum Teil eklatant.[243]

Im Vergleich zu den Einnahmen aus den Einkommensteueranteilen und der Gewerbe-steuer sind die erzielten Einnahmen aus den Grundsteuern und der Umsatzsteuerbeteili-gung für die Gemeinden zwar eher von untergeordneter Bedeutung, dennoch handelt es sich auch hierbei um wichtige kommunale Finanzierungsquellen. Zum einen fallen die Ein-nahmen aus diesen Steuerarten im Zeitverlauf in sehr konstanter Höhe an, zum anderen beträgt deren Anteil an den kommunalen Steuereinnahmen in Mainfranken immerhin 16,9 %, was rund 151,2 Mio. Euro entspricht. Davon entfielen 7,8 Mio. Euro auf die Grund-steuer A, 105,1 Mio. Euro auf die Grundsteuer B und 38,3 Mio. Euro auf die kommunale Umsatzsteuerbeteiligung. Deutschlandweit liegt der Anteil dieser Steuern durchschnittlich bei 19,4 % und in Bayern bei rund 15,0 %.[244]

Darüber hinaus scheint die Abbildung zunächst zu verdeutlichen, dass die Anteile der einzelnen Steuerarten für die Region im Zeitverlauf relativ stabil sind. Auch wenn sich das Steueraufkommen in Mainfranken seit 1990 mehr als verdoppelt hat und die Kommunen seit 1998 mit 2,2 % an der Umsatzsteuer beteiligt werden, liegt der Gemeindeanteil an der Einkommensteuer zu allen drei Zeitpunkten bei annähernd 50 %, was abermals dessen große kommunale Bedeutung für Mainfranken zum Ausdruck bringt. Aber auch der Anteil der Grundsteuern A und B (zwischen 13 und 15 %) und der Gemeindeanteil an der Um-satzsteuer (rund 4 %) fällt im Zeitverlauf konstant aus. Einzig der Anteil der Gewerbesteuer deutet auf eine gewisse Volatilität hin. Schließlich betrug dieser in Mainfranken im Jahr 2000 durchschnittlich noch 31,3 %, stieg bis zum Jahr 2006 auf den Spitzenwert von 43,4 % an, um am Höhepunkt der Weltwirtschaftskrise im Jahr 2009 wieder auf 33,5 % zurückzu-fallen. Im Jahr 2014 konnte er schließlich wieder einen Wert von 36,2 % erreichen, liegt aber auch damit deutlich unter dem Landes- (44,0 %) und Bundesdurchschnitt (42,5 %). Die Volatilität der Gewerbesteuer zeigt sich noch anschaulicher, wenn sie nicht im Verhältnis zu den gesamten Steuereinnahmen ausgedrückt, sondern im Zeitverlauf absolut betrachtet wird.[245]

Die Grafik illustriert den großen fiskalischen Nachteil der Gewerbesteuer anschaulich. Die Kommunen sehen sich bei den Gewerbesteuereinnahmen mit deutlichen Einnahme-schwankungen konfrontiert, welche im großen Maße durch die konjunkturellen Rahmen-bedingungen bestimmt werden. Ein direkter Zusammenhang ist deshalb folgerichtig, da die Gewerbesteuer inzwischen eine rein ertragsabhängige Steuer ist und ihre Bemessungs-grundlage unmittelbar an dem Unternehmensgewinn anknüpft, welcher durch den Kon-junkturverlauf erheblich beeinflusst wird. Während die Gewerbesteuer im Zeitraum von 2000 bis 2003 im Trend um 6,7 % p.a. zurückgegangen ist, erhöhte sie sich allein in 2004

---

[243] Vgl. ebenda.
[244] Vgl. ebenda.
[245] Vgl. Genesis-Online Datenbank (2016a) und Genesis-Online Datenbank Bayern (2015a).

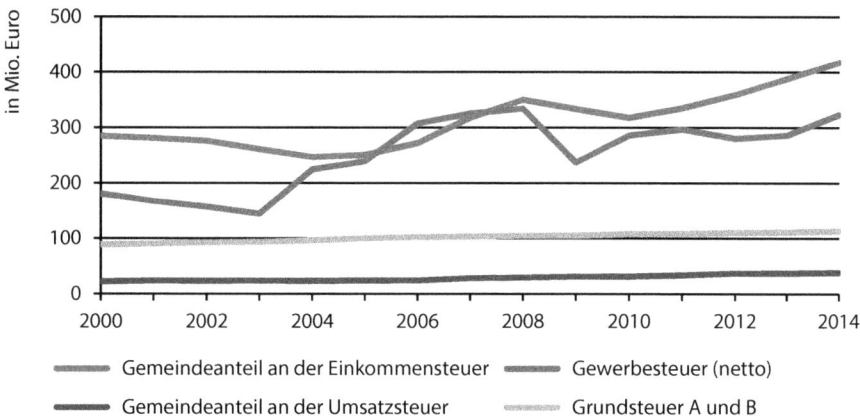

Abbildung 28: Entwicklung der Steuereinnahmen in Mainfranken seit 2001.[246]

um 55,6 % im Vergleich zum Vorjahr. Besonders markante Veränderungen der Einnahmen zeigen sich noch in den Jahren 2006 (+28,4 %), infolge der Finanzkrise im Jahr 2009 (-29,1 %), in 2010 (+20,6 %) und im Zuge einer weiterhin positiven konjunkturellen Entwicklung in 2014 (+12,9 %).[247]

Zwar ist die Gewerbesteuer unstrittig konjunkturabhängig, allerdings lässt sich das Ausmaß ihrer Konjunkturabhängigkeit im Einzelnen nicht quantifizieren. Neben den konjunkturellen Aufkommensreaktionen beinhalten die Einnahmeschwankungen insbesondere auch Rechtsänderungen wie die Steuerreform 2000, die Mindestbesteuerung (ab 2004) und das Unternehmensteuerreformgesetz 2008. Letztgenanntes hatte durch die Senkung der Gewerbesteuermesszahl, umfangreichere gewerbesteuerliche Hinzurechnungen und den

Veränderung zum Vorjahr	2001	2002	2003	2004	2005	2006	2007	$\sum_{2000}^{2007}\Delta_t$
absolut (in Mio. Euro)	-13,44	-10,23	-12,69	+80,23	+14,84	+68,06	+17,7	+144,47
prozentual	-7,4 %	-6,1 %	-8,1 %	+55,6 %	+6,6 %	+28,4 %	+5,8 %	+80,0 %

Veränderung zum Vorjahr	2008	2009	2010	2011	2012	2013	2014	$\sum_{2000}^{2014}\Delta_t$
absolut (in Mio. Euro)	+8,92	-97,04	+48,89	+10,96	-16,68	+6,08	+36,95	+142,54
prozentual	+2,7 %	-29,1 %	+20,6 %	+3,8 %	-5,6 %	+2,2 %	+12,9 %	+78,9 %

Tabelle 12: Veränderung der Gewerbesteuereinnahmen (netto) in Mainfranken.[248]

---

[246] Quelle: Genesis-Online Datenbank Bayern (2015a).
[247] Vgl. ebenda.
[248] Quelle: Eigene Darstellung mit Daten der Genesis-Online Datenbank Bayern (2015a).

Wegfall des Betriebsausgabenabzugs der Gewerbesteuer die weitreichendsten Auswirkungen auf die gewerbesteuerliche Bemessungsgrundlage.

Die Tabelle 12 zeigt die wertmäßige Entwicklung der Gewerbesteuereinnahmen in Mainfranken seit 2000 nochmals im Detail. Die für die einzelnen Erhebungszeiträume dargestellten Werte sind stets im Vergleich zum jeweiligen Vorjahr ausgedrückt.

Dennoch zeigt sich alles in allem, dass die Gewerbesteuer trotz ihrer starken Konjunkturabhängigkeit und den zeitweise auftretenden Einnahmeeinbrüchen eine wichtige Steuer für die mainfränkischen Gemeinden ist. Schließlich eröffnet sie für die kommunalen Steuereinnahmen zugleich erhebliche Wachstumschancen. Eine in der Diskussion um eine Reform oder gar Abschaffung der Gewerbesteuer häufig angeführte Ausweitung der kommunalen Umsatzsteuerbeteiligung würde dies nicht leisten können. Immerhin lag das durchschnittliche Wachstum des Gewerbesteueraufkommens, ungeachtet starker Einnahmeschwankungen, zwischen 2000 und 2014 bei 5,6 % pro Jahr. Insgesamt erhöhten sich die Steuereinnahmen in diesem Zeitraum um 78,9 % und folgten damit weitestgehend dem Bundes- und Landestrend. Denn im gesamten Bundesgebiet erhöhten sich die Gewerbesteuereinnahmen im gleichen Zeitraum um 70,5 % und auf Landesebene sogar um 99,7 %.[249]

Neben der starken Volatilität der Gewerbesteuer zeigt Abbildung 28 hingegen auch, dass die vermutete Einnahmekontinuität lediglich bei den Grundsteuern und der kommunalen Umsatzsteuerbeteiligung gegeben ist. So stiegen die Grundsteuern seit dem Jahr 2000 gleichmäßig um durchschnittlich 2,0 % pro Jahr, was im gesamten Zeitraum einer Zunahme von rund 24 Mio. Euro bzw. 27,4 % entspricht. Der Gemeindeanteil an der Umsatzsteuer entwickelte sich ähnlich und erzielte ein durchschnittliches jährliches Wachstum von 5,1 %.[250]

Während Abbildung 27 auch ein konstantes Wachstum für den Gemeindeanteil an der Einkommensteuer suggeriert, wird dies durch die vorstehende Grafik widerlegt. So sank in den ersten fünf Jahren nach der Jahrtausendwende der Einkommensteueranteil pro Jahr um durchschnittlich 2,5 %, so dass dieser im Jahr 2005 nur noch bei 250,5 Mio. Euro lag. Hingegen ist er in den Jahren 2006, 2007 und 2008 um rund 12 % jährlich gewachsen, in den beiden folgenden Jahren insgesamt wieder um 10 % gesunken und im Jahr 2014 schließlich wieder angestiegen. Im ganzen Betrachtungszeitraum konnte ein positiver Trend beobachtet werden; seit 2000 stieg das Aufkommen um 46,7 %. Hierbei handelt es sich indes um keine gesonderte Entwicklung in Mainfranken. Bei einer Betrachtung der Werte im Landes- und Bundesdurchschnitt zeigen sich im Zeitverlauf annähernd die gleichen Veränderungen.[251]

Mittels der vorstehenden Ausführungen konnte bereits auf regionaler Ebene dargelegt werden, dass eine Stabilität der Einnahmesituation über alle Einnahmequellen hinweg nicht immer gegeben ist. Da es sich bei den dargestellten Werten um aggregierte Daten für die Region Mainfranken handelt, ist es nachvollziehbar, dass sich auf Ebene einer einzelnen Gemeinde noch stärkere Einnahmeschwankungen ergeben können und die Bedeutung der einzelnen Steuerarten unterschiedlich stark ausfallen kann. So weisen klassische Wohnge-

---

[249] Vgl. Genesis-Online Datenbank (2016a) und Genesis-Online Datenbank Bayern (2015a).
[250] Vgl. ebenda.
[251] Vgl. Genesis-Online Datenbank (2016a) und Genesis-Online Datenbank Bayern (2015a).

meinden konsequenterweise einen größeren Gemeindeanteil an der Einkommensteuer auf, während in mainfränkischen Industriestandorten höhere Gewerbesteuereinnahmen erzielt werden. Daher werden im Folgenden die einzelnen kommunalen Steuerarten auf Gemeindeebene detailliert betrachtet und einige Kommunen jeweils exemplarisch vorgestellt.

4.2.1 Gemeindeanteil an der Einkommensteuer

Bereits in Kapitel 2.1.2 wurde ausgeführt, dass sich der **Gemeindeanteil an der Einkommensteuer** einer Kommune entsprechend dem jeweiligen örtlichen Einkommensteueraufkommen bemisst. Da somit die Einkommensteuer der Wohngemeinde des Steuerpflichtigen zugerechnet wird, auch wenn dessen Einkommen außerhalb der Gemeinde, zum Beispiel an einem anderen Arbeitsort, erzielt wird, kann erwartet werden, dass vor allem in typischen Wohngemeinden eine hohe kommunale Einkommensteuerbeteiligung anzutreffen ist. Wie schon bei den gesamten Steuereinnahmen verfügt Würzburg auch bei der Einkommensteuerbeteiligung mit 59,7 Mio. Euro über das größte Steueraufkommen in Mainfranken. Erst mit großem Abstand folgen die Städte Schweinfurt (21,2 Mio. Euro) und Lohr am Main (9,2 Mio. Euro). Der geringste Gemeindeanteil an der Einkommensteuer wurde

Gemeindeanteil an der Einkommenssteuer

Die Gemeinden mit dem größten Steueraufkommen

Steuereinnahmen pro Kopf		Steuereinnahmen (gesamt)	
Lohr a. Main	611,67 €	Würzburg	59.684.000 €
Margetshöchheim	604,23 €	Schweinfurt	21.164.000 €
Höchberg	589,18 €	Lohr a. Main	9.197.000 €
Eibelstadt	574,78 €	Bad Kissingen	8.577.000 €
Erlenbach b. Marktheidenfeld	556,82 €	Kitzingen	7.768.000 €
Gerbrunn	555,86 €	Karlstadt	7.281.000 €
Steinfeld	546,25 €	Bad Neustadt a.d. Saale	6.562.000 €
Mittelwert	**448,91 €**	**Mittelwert**	**1.718.000 €**

Die Gemeinden mit dem niedrigsten Steueraufkommen

Steuereinnahmen pro Kopf		Steuereinnahmen (gesamt)	
Willmars	298,83 €	Sonderhofen	214.000 €
Trappstadt	296,74 €	Hausen	213.000 €
Sonderhofen	253,25 €	Willmars	179.000 €

Tabelle 13: Gemeindeanteil an der Einkommensteuer: Die mainfränkischen Gemeinden mit dem größten und dem niedrigsten Steueraufkommen.[252]

---

[252]   Quelle: Eigene Darstellung mit Daten der Genesis-Online Datenbank Bayern (2015a).

mit nur 179.000 Euro der Gemeinde Willmars im Landkreis Rhön-Grabfeld zugewiesen.[253] Insbesondere bei einer Betrachtung des Steueraufkommens im Verhältnis zur Einwohnerzahl wird die Einnahmeschwäche dieser Gemeinde offenkundig. Mit nur 298,83 Euro pro Einwohner belegt die Kommune ebenfalls einen der letzten Plätze in Mainfranken.

Allerdings zeigt sich in der Tabelle auch, dass die exponierte Stellung Würzburgs lediglich bei einer absoluten Betrachtung vorliegt und diese somit allein in der großen Einwohnerzahl begründet ist. Mit Pro-Kopf-Einnahmen von 480,47 Euro folgt das Oberzentrum nämlich erst an 57. Stelle hinter Gemeinden wie Lohr am Main (611,67 Euro), Margetshöchheim (604,23 Euro) oder Höchberg (589,18 Euro), welche die ersten drei Plätze im mainfränkischen Vergleich belegen. Einen noch geringen Wert als Würzburg erzielt jedoch das zweite Oberzentrum Schweinfurt (410,08 Euro) und belegt damit sogar nur den 149. Rang. Dies ist insofern verwunderlich, da in der Stadt aufgrund der dort angesiedelten Großindustrie verhältnismäßig hohe Löhne und Gehälter gezahlt werden.[254]

Die vergleichsweise niedrigeren Werte in den beiden Oberzentren dürften vor allem darin begründet sein, dass es viele Besserverdiener vorziehen, sich in den Vororten dieser Städte anzusiedeln, auch wenn sie ihre Einkünfte teilweise andernorts erzielen. Schließlich liegen in den Stadtrandgemeinden bei deutlich niedrigeren Baulandpreisen ebenfalls gute infrastrukturelle Rahmenbedingungen vor und es kann zugleich am kulturellen Angebot der nahe gelegenen Stadt partizipiert werden. Als Beispiele wären für Würzburg, neben den bereits genannten Gemeinden Höchberg und Margetshöchheim, noch Eibelstadt (574,78 Euro), Gerbrunn (555,86 Euro), Kist (532,67 Euro), Randersacker (529,11 Euro), Zell am Main (527,90 Euro) und Estenfeld (522,08 Euro) zu nennen, welche allesamt weniger als 10 Kilometer vom Stadtzentrum entfernt liegen und im Ranking der mainfränkischen Gemeinden unter den Top 20 bei den Pro-Kopf-Einnahmen liegen. Für die Stadt Schweinfurt zeichnet sich ein ähnliches Bild. So werden auch dort in den Stadtrandgemeinden Grafenrheinfeld (545,45 Euro), Dittelbrunn (534,39 Euro), Schonungen (533,34 Euro), Schwebheim (531,37 Euro), Euerbach (524,03 Euro), Röthlein (519,03 Euro) und Bergrheinfeld (516,18 Euro) deutlich höhere Pro-Kopf-Einnahmen als in dem Oberzentrum erzielt.[255]

Dass es auch Industriestandorte mit hohem Lohnniveau erreichen können, Arbeitnehmer über eine attraktive Standortpolitik als Einwohner an den Standort zu binden, zeigen die Städte Lohr am Main und Marktheidenfeld. Wie bereits angeführt, wird in Lohr der größte Einkommensteueranteil pro Kopf in Mainfranken erzielt. In Marktheidenfeld wird ebenfalls ein hoher Wert von 515,18 Euro pro Einwohner erreicht. Allerdings zeigt sich auch für Marktheidenfeld, dass direkte Umlandgemeinden zum Teil höhere Werte aufweisen. Besonders deutlich wird dies an der Gemeinde Erlenbach (556,82 Euro), welche im mainfränkischen Vergleich den 5. Platz belegt. Aber auch den in direkter Nachbarschaft liegenden Gemeinden Roden (539,08 Euro) und Birkenfeld (520,64 Euro) wird im Rahmen

---

[253]   Willmars liegt in dem strukturschwachen Teil des Landkreises Rhön-Grabfeld, nahe der Stadt Ostheim vor der Rhön und hat nur 599 Einwohner. Obwohl der Gemeindeanteil an der Einkommensteuer der geringste in Mainfranken ist, macht er dennoch 77,8 % der kommunalen Steuereinnahmen aus, da bei den anderen Steuerarten noch geringere Aufkommen erzielt werden. Insgesamt beträgt der Anteil der Steuereinnahmen an den gesamten Bruttoeinnahmen der Gemeinde nur 14,7 %.

[254]   Vgl. für die genannten Gemeindedaten: Genesis-Online Datenbank Bayern (2015a).

[255]   Vgl. ebenda.

des Finanzausgleichs eine höhere Einkommensteuerbeteiligung pro Kopf zugesprochen. Zwar werden in den unmittelbaren Nachbargemeinden von Lohr keine höheren Pro-Kopf-Einnahmen als in der Stadt erzielt, dennoch liegen diese auch in den umliegenden Gemeinden Neuendorf (528,78 Euro), Partenstein (514,19 Euro) und Rechtenbach (512,17 Euro) deutlich über dem mainfränkischen Durchschnitt von 448,91 Euro pro Einwohner.[256]

Trotz der beschriebenen Extremfälle ergibt sich in den meisten Gemeinden ein solides Einnahmeniveau. Verdeutlicht werden kann dies mit einer Häufigkeitsverteilung der Pro-Kopf-Einnahmen. Gemäß dem unten dargestellten Histogramm verteilen sich die mainfränkischen Gemeinden nahezu normalverteilt auf die definierten Einnahmeklassen.[257] Der Großteil der Gemeinden (90 %) befindet sich dabei in dem Intervall zwischen 334 und 533 Euro pro Kopf (219 Kommunen). Jeweils 5 % der Gemeinden unter- (11 Kommunen) bzw. überschreiten (13 Kommunen) dieses Intervall. Der Median liegt bei 431,88 Euro pro Kopf.[258]

Während sich im Folgenden für die meisten kommunalen Steuerarten in Mainfranken keine gleichmäßige Verteilung der Pro-Kopf-Einnahmen zeigen wird, ist diese bei der Einkommensteuerbeteiligung wohl darin begründet, dass auch deren Bemessungsgrundlage (die Einkommensteuer der Einwohner) in der Region offensichtlich normalverteilt ist.

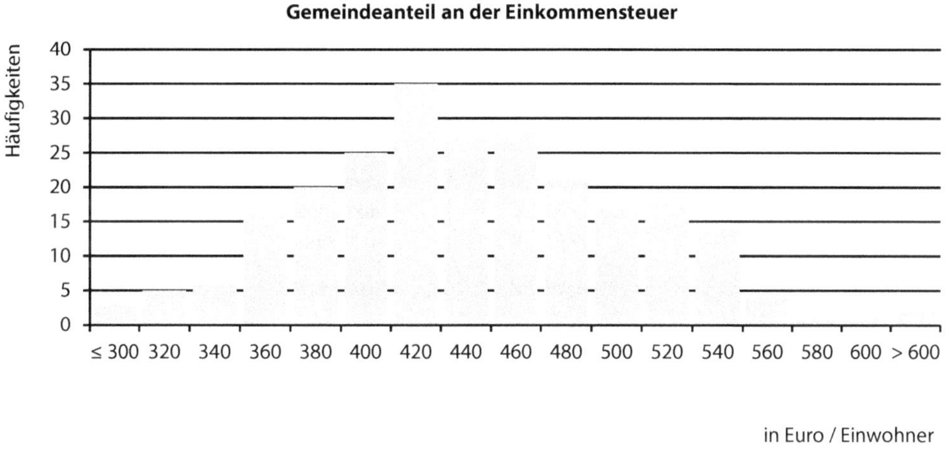

Abbildung 29: Häufigkeitsverteilung der kommunalen Pro-Kopf-Einnahmen aus dem Gemeindeanteil an der Einkommensteuer in Mainfranken.[259]

---

[256] Vgl. ebenda.

[257] Die Überprüfung der Normalverteilung wurde ausschließlich mittels der Abbildung 29 grafisch vollzogen. Ein statistischer Test auf Normalverteilung mit hoher Güte, z. B. Shapiro-Wilks-, Anderson-Darling- und Cramér-von-Mises-Test wurde nicht durchgeführt. Da das Aussehen des Histogramms und somit die Aussage über die Normalverteilung stark von der Klassenbreite und den Klassengrenzen abhängt, wurden diese möglichst eng gewählt und zudem variiert. Auch hierbei zeigte sich stets eine annähernde Normalverteilung.

[258] Vgl. für die genannten Gemeindedaten: Genesis-Online Datenbank Bayern (2015a).

[259] Quelle: Eigene Darstellung mit Daten der Genesis-Online Datenbank Bayern (2015a).

4.2.2 Gemeindeanteil an der Umsatzsteuer

Der im Rahmen des Finanzausgleichs gewährte **Gemeindeanteil an der Umsatzsteuer** gilt auch in Mainfranken als eine stetige und gut kalkulierbare Einnahmequelle der Kommunen. Da diese Einnahmequelle den Wegfall der Gewerbekapitalertragsteuer kompensieren soll, wird der Gemeindeanteil nach bundesgesetzlich geregelten Schlüsselzahlen aufgeteilt. Die wesentlichen Berechnungskomponenten der Schlüsselzahlen sind neben dem Gewerbesteueraufkommen vorangegangener Haushaltsjahre die Anzahl der sozialversicherungspflichtig Beschäftigten und die Summen der sozialversicherungspflichtigen Entgelte.[260] Demzufolge werden in Kommunen mit umfangreicher wirtschaftlicher Betätigung auch hohe Einnahmen aus dieser Steuerart erzielt.[261]

Sowohl bei der absoluten Rangfolge als auch bei einer Betrachtung der Steuereinnahmen pro Kopf belegen die großen mainfränkischen Gewerbe- und Industriestandorte in der Auflistung die vorderen Plätze. Hierunter fallen insbesondere die Kommunen Iphofen (Knauf), Schweinfurt (FAG / Schaeffler, Fresenius, SKF, ZF Friedrichshafen), Lohr am Main (Bosch

Gemeindeanteil an der Umsatzsteuer

Die Gemeinden mit dem größten Steueraufkommen

Steuereinnahmen pro Kopf			Steuereinnahmen (gesamt)		
Iphofen	143,39	€	Würzburg	9.974.000	€
Grafenrheinfeld	128,91	€	Schweinfurt	5.691.000	€
Schweinfurt	110,27	€	Lohr a. Main	1.481.000	€
Lohr a. Main	98,50	€	Bad Neustadt a.d. Saale	1.388.000	€
Rottendorf	95,31	€	Kitzingen	1.118.000	€
Bad Neustadt a.d. Saale	92,21	€	Marktheidenfeld	1.003.000	€
Marktheidenfeld	92,01	€	Bad Kissingen	999.000	€
Mittelwert	**41,15**	**€**	**Mittelwert**	**157.000**	**€**

Die Gemeinden mit dem niedrigsten Steueraufkommen

Steuereinnahmen pro Kopf			Steuereinnahmen (gesamt)		
Üchtelhausen	3,35	€	Aura a.d. Saale	3.000	€
Bieberehren	3,29	€	Bieberehren	3.000	€
Seinsheim	1,89	€	Seinsheim	2.000	€

Tabelle 14: Gemeindeanteil an der Umsatzsteuer: Die mainfränkischen Gemeinden mit dem größten und dem niedrigsten Steueraufkommen.[262]

---

[260]   Der endgültige Schlüssel wird zu 25 % aus der Summe des Gewerbesteueraufkommens der aktuell verfügbaren vergangenen sechs Jahre determiniert, zu 50 % aus der Anzahl der sozialversicherungspflichtig Beschäftigten und zu 25 % aus der Summe der sozialversicherungspflichtigen Entgelte der aktuell verfügbaren vergangenen drei Jahre. Vgl. hierzu BMF (2016a).

[261]   Vgl. für die theoretischen Grundlagen zum Gemeindeanteil an der Umsatzsteuer Kapitel 2.1.3.

[262]   Quelle: Eigene Darstellung mit Daten der Genesis-Online Datenbank Bayern (2015a).

Rexroth), Bad Neustadt/Saale (Rhön-Klinikum, Siemens, Preh) und Marktheidenfeld (Warema, Braun, Hilite).

Die größten Steuereinnahmen pro Kopf werden mit 143,39 Euro in Iphofen, mit 110,27 Euro in Schweinfurt, mit 98,50 Euro in Lohr am Main und mit 95,31 Euro in Rottendorf erzielt. Dies ist aufgrund der dortigen Unternehmens- und Wirtschaftsstruktur nicht anders zu erwarten gewesen. Gerade bei kleineren Kommunen mit einem großen Konzern am Standort, wie dies in Iphofen und Rottendorf der Fall ist, verwundert es nicht, dass diese im Pro-Kopf-Ranking einen der vorderen Plätze belegen. Da in diesen Kommunen in den zurückliegenden Jahren sehr stabile Beschäftigungsverhältnisse und hohe Gewerbesteuereinnahmen vorlagen, wird dies dazu führen, dass die genannten Gemeinden ebenfalls in den nächsten Jahren hohe Einnahmen aus dieser Steuerart generieren können.[263]

Auch wenn die Kommune Grafenrheinfeld mit 128,91 Euro noch den zweiten Platz in der Rangfolge belegt, gelten diese Ausführungen für sie nicht länger, da der wesentliche Treiber für die hohe Umsatzsteuerzuweisung der Kommune das hohe Gewerbesteueraufkommen aus dem Kernkraftwerk war. Dieses ist vom Betreiber E.ON im Zuge der Energiewende allerdings am 27. Juni 2015 stillgelegt worden, so dass die Gewerbesteuereinnahmen angesichts der bevorstehenden Abschaltung und konzerninterner Verlustverrechnungen bereits seit 2010 deutlich zurückgegangen sind. Wurden in 2008 noch 14 Mio. Euro an Gewerbesteuer vereinnahmt, lag dieser Wert in 2014 nur noch bei 1,8 Mio. Euro. Da die Gemeinde auch nicht über verhältnismäßig viele sozialversicherungspflichtig Beschäftigte verfügt, wird Grafenrheinfeld zukünftig mit deutlich niedrigeren Einnahmen aus der Umsatz-

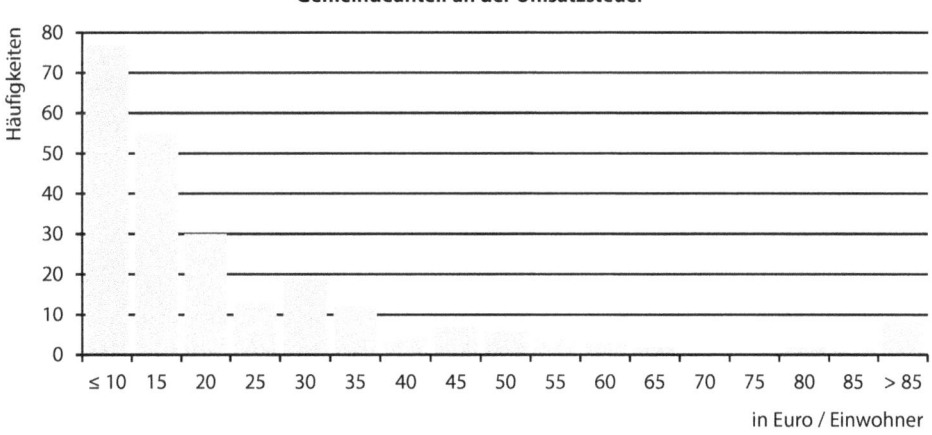

Abbildung 30: Häufigkeitsverteilung der kommunalen Pro-Kopf-Einnahmen aus dem Gemeindeanteil an der Umsatzsteuer in Mainfranken.[264]

---

[263] Vgl. Genesis-Online Datenbank Bayern (2015a).

[264] Quelle: Eigene Darstellung mit Daten der Genesis-Online Datenbank Bayern (2015a).

steuerbeteiligung kalkulieren müssen.[265] Die Abbildung 30 gibt die Häufigkeitsverteilung der kommunalen Pro-Kopf-Einnahmen aus der Umsatzsteuer in Mainfranken wieder.

Entgegen den Ausführungen zur Häufigkeitsverteilung der Einkommensteuerbeteiligung lässt sich beim Gemeindeanteil an der Umsatzsteuer keine Normalverteilung beobachten. Wie aus der Abbildung 30 hervorgeht, scheint das Histogramm vielmehr rechtsschief einem konvexen Verlauf zu folgen. Demnach wird den meisten Gemeinden nur eine geringe Umsatzsteuerbeteiligung zugesprochen. So überschreiten 77 Kommunen die Grenze von 10 Euro pro Einwohner nicht, in dem Intervall zwischen 10 und 20 Euro pro Einwohner liegen 85 Kommunen und in dem Bereich zwischen 20 und 30 Euro pro Einwohner noch 32 Kommunen. Somit haben rund 80 % aller mainfränkischen Gemeinden einen Wert von unter 30 Euro pro Einwohner. Demzufolge liegt der Median der Gemeindeanteile aus der Umsatzsteuer in Mainfranken lediglich bei 14,15 Euro pro Einwohner.[266]

Hohe Pro-Kopf-Einnahmen aus der Umsatzsteuer können nur wenige Gemeinden aufweisen. Einen Wert von über 50 Euro pro Einwohner erreichen insgesamt nur 20 mainfränkische Kommunen. Wie im nächsten Unterabschnitt zu den Gewerbesteuereinnahmen noch deutlicher werden wird, beschränkt sich eine umfangreiche wirtschaftliche Betätigung in der Region nämlich auf vergleichsweise wenige Agglomerationszentren. Folglich verfügen auch nur wenige Kommunen über hohe Werte bei den Berechnungskomponenten dieser Steuerart und können wegen der zugrunde gelegten Verteilungsmechanismen nur eingeschränkt am Finanzausgleich partizipieren. Hohe kommunale Umsatzsteuerbeteiligungen fallen somit nur in den großen mainfränkischen Gewerbe- und Industriestandorten an.[267]

4.2.3 Gewerbesteuer

Wie einleitend zu diesem Kapitel bereits aufgezeigt werden konnte, weist Mainfranken im Landes- bzw. Bundesvergleich eher niedrige Gewerbesteuereinnahmen auf. Nach Abzug der Gewerbesteuerumlage wurden in Mainfranken im Jahr 2014 323,2 Mio. Euro an Gewerbesteuer vereinnahmt, dies entspricht 36,2 % der kommunalen Steuereinnahmen.[268] Allerdings gibt es auch viele Kommunen, die einen deutlich höheren Gewerbesteueranteil (netto) besitzen. So lag dieser Wert in den Gemeinden Iphofen, Marktheidenfeld und Rottendorf bei über 70 %. Auch in den Kommunen Sulzfeld, Abtswind, Röttingen, Euerdorf und Schweinfurt konnte ein Gewerbesteueranteil von mehr als 60 % erzielt werden. Wie die Mehrzahl der genannten Kommunen belegt, kann die Betrachtung dieses Werts als erstes Indiz für eine Bestimmung der bedeutenden Unternehmensstandorte der Region herangezogen werden. Problematisch ist hieran jedoch, dass das Verhältnismaß bewirkt, dass auch relativ kleine Kommunen wie Sulzfeld und Abtswind in dieser Rangfolge einen der vorderen Plätze belegen, obwohl deren absolutes Gewerbesteueraufkommen vergleichsweise gering ist. Ferner werden für die Ermittlung des Anteils der Gewerbesteuer an den Steuerein-

---

[265]   Vgl. ebenda sowie E.ON (2016), Steiche (2015) und Lux (2011).
[266]   Vgl. Genesis-Online Datenbank Bayern (2015a).
[267]   Vgl. ebenda.
[268]   In Bayern beträgt der Durchschnitt 44,0 % und bundesweit 42,5 %. Vgl. Genesis-Online Datenbank (2016a).

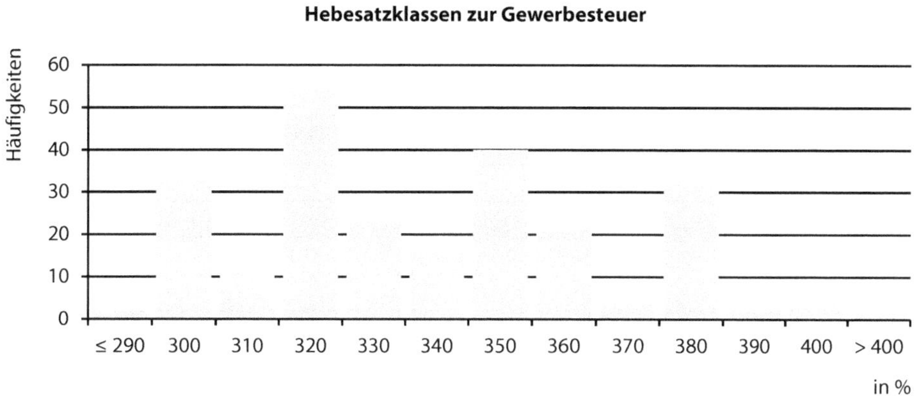

Hebesatzklassen zur Gewerbesteuer

Abbildung 31: Hebesatzklassen zur Gewerbesteuer in Mainfranken für 2014.[269]

nahmen die Istaufkommen herangezogen, welche durch die jeweiligen Gewerbesteuerhebesätze entscheidend beeinflusst werden. Das breite Spektrum an festgesetzten Gewerbesteuerhebesätzen verdeutlicht die vorstehende Einteilung der mainfränkischen Kommunen in Gewerbesteuerhebesatzklassen. In Würzburg (420 %) sowie Margetshöchheim und Erlabrunn (jeweils 400 %) sind die höchsten Hebesätze festgesetzt worden. Die Gemeinden Großlangheim (280 %) und Aubstadt (270 %) weisen hingegen die niedrigsten Werte auf. Der gewogene Durchschnittshebesatz lag in Mainfranken im Jahr 2014 bei 357 %.[270]

Im Sinne einer besseren Vergleichbarkeit und um genauere Aussagen über die wahre gewerbesteuerliche Leistungsfähigkeit einer Kommune treffen zu können, werden für einen interkommunalen Vergleich daher meist Maßzahlen verwendet, welche die Größe einer Gemeinde und deren lokales Hebesatzniveau berücksichtigen. Hierfür bietet sich der Grundbetrag der Gewerbesteuer pro Einwohner an.[271] Eine Häufigkeitsverteilung dieses Werts kann für die mainfränkischen Gemeinden der nachfolgenden Abbildung 32 entnommen werden. Von wenigen Abweichungen am oberen Rand der Verteilung abgesehen, zeigt sich, wie bereits bei der Umsatzsteuerbeteiligung, ein konvexer Verlauf. So besitzen 50,0 % der Gemeinden einen Gewerbesteuer-Grundbetrag von bis zu 48,4 Euro pro Kopf (Median) und noch 81,4 % einen Wert von unter 100,0 Euro. Begründet ist diese Verteilung wohl darin, dass sich eine umfangreiche wirtschaftliche Betätigung nur auf einige mainfränkische Gemeinden beschränkt, während der Großteil an Gemeinden weniger gewerblich geprägt ist.[272]

---

[269] Quelle: Eigene Darstellung mit Daten der Genesis-Online Datenbank Bayern (2015a).

[270] Das Hebesatzniveau entwickelte sich in den zurückliegenden Jahren in Mainfranken nur mäßig. Seit 2008 erhöhte sich der gewogene Durchschnittshebesatz nur um 1,4 %. Vor allem in großen Kommunen gab es kaum Hebesatzanpassungen. Vgl. hierzu Genesis-Online Datenbank Bayern (2015a).

[271] Der Grundbetrag errechnet sich auf Gemeindeebene durch Division des Ist-Aufkommens durch den örtlichen Hebesatz (Multiplikation mit 100). Auf Landes- und Gemeindegrößenklassenebene ergibt sich der Grundbetrag durch Aggregation der jeweils einbezogenen kommunalen Körperschaften.

[272] Vgl. Genesis-Online Datenbank Bayern (2015a).

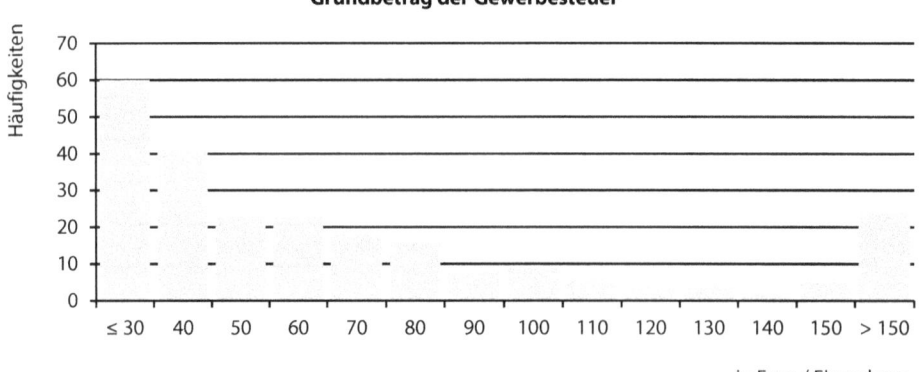

Abbildung 32: Häufigkeitsverteilung der kommunalen Pro-Kopf-Einnahmen aus der Gewerbesteuer in Main-franken.[273]

Allerdings könnte die alleinige Betrachtung dieses Werts ebenfalls zu einer Fehlein-schätzung führen, da die Maßzahl zwar das hohe Steueraufkommen großer Gemeinden (wie zum Beispiel Würzburg) relativiert, weiterhin aber kleinere Kommunen in einer Rang-folge zu weit vorne platziert, sofern diese bei geringer Einwohnerzahl zumindest über einen ertragsreichen Gewerbebetrieb verfügen. Beispielsweise besitzt der größte mainfränkische Industriestandort Schweinfurt in 2014 Gewerbesteuereinnahmen (Grundbetrag) von 361,9 Euro pro Einwohner, während dieser Wert in dem relativ unbedeutenden Standort Sulzfeld mit 421,8 Euro pro Einwohner deutlich höher liegt.

Demzufolge sollte die Größe einer Kommune nicht nur über deren Einwohnerzahl, son-dern auch über deren absolutes Gewerbesteueraufkommen (Grundbetrag) definiert wer-den. Des Weiteren kann es bei der Gewerbesteuer im Vergleich zu den Gemeindeanteilen an der Einkommensteuer und der Umsatzsteuer auch von Nachteil sein, eine Beurteilung von der Betrachtung eines einzelnen Zeitpunkts abhängig zu machen. Während nämlich bei der Ermittlung des Umsatzsteueranteils eines Jahres per se mehrere Perioden berück-sichtigt werden, was im Zeitverlauf zu relativ konstanten Ergebnissen führt, und der Ein-kommensteueranteil die weniger schwankungsanfällige Einkommensteuer als Bemessungs-grundlage hat, richtet sich das Gewerbesteueraufkommen einer Gemeinde nach dem vola-tilen steuerlichen Ergebnis seiner Gewerbebetriebe. Dieses kann nicht nur durch konjunk-turelle Entwicklungen, welche wegen einer unterschiedlichen Unternehmensstruktur nicht alle Kommunen gleichermaßen treffen müssen, sondern auch durch Einmaleffekte (z. B. Unternehmenstransaktionen) und eine unzutreffende Vorauszahlungshöhe stark beein-flusst werden.

Daher werden in der folgenden Tabelle ausschließlich solche Gemeinden aufgeführt, deren Gewerbesteuergrundbetrag seit 2008 durchschnittlich über 1 Mio. Euro lag. Das ge-währleistet, dass die Liste nur Kommunen mit konstant hohem Aufkommen enthält und

---

[273]   Quelle: Eigene Darstellung mit Daten der Genesis-Online Datenbank Bayern (2015a).

Gewerbesteuer

Die Gemeinden mit dem größten Steueraufkommen (Grundbetrag) > 1 Mio. Euro

	Steuereinnahmen pro Kopf			Steuereinnahmen (gesamt)	
Kommune	2014	MW	Kommune	2014	MW
Iphofen	846,48 €	694,37 €	Schweinfurt	18.678 T€	17.638 T€
Marktheidenfeld	823,41 €	334,16 €	Würzburg	16.969 T€	15.324 T€
Rottendorf	765,51 €	507,83 €	Marktheidenfeld	8.976 T€	3.643 T€
Schweinfurt	361,91 €	341,76 €	Rottendorf	4.048 T€	2.685 T€
Marktbreit	346,31 €	392,87 €	Iphofen	3.843 T€	3.152 T€
Waldbüttelbrunn	227,06 €	212,19 €	Bad Neustadt / Saale	2.804 T€	2.614 T€
Ochsenfurt	198,74 €	188,08 €	Kitzingen	2.744 T€	2.372 T€
Bad Neustadt / Saale	186,28 €	173,62 €	Ochsenfurt	2.205 T€	2.087 T€
Haßfurt	163,17 €	183,07 €	Haßfurt	2.141 T€	2.402 T€
Ebern	159,46 €	151,26 €	Bad Kissingen	1.923 T€	1.599 T€
Veitshöchheim	145,54 €	109,79 €	Lohr am Main	1.820 T€	2.697 T€
Grafenrheinfeld	144,69 €	360,09 €	Karlstadt	1.556 T€	1.401 T€
Würzburg	136,61 €	123,37 €	Veitshöchheim	1.411 T€	1.064 T€
Kitzingen	134,02 €	115,87 €	Marktbreit	1.290 T€	1.463 T€
Lohr am Main	121,04 €	179,39 €	Ebern	1.169 T€	1.109 T€
Karlstadt	105,49 €	94,96 €	Waldbüttelbrunn	1.106 T€	1.034 T€
Kolitzheim	96,70 €	192,51 €	Hammelburg	849 T€	1.199 T€
Bad Kissingen	90,18 €	75,00 €	Kolitzheim	525 T€	1.045 T€
Hammelburg	76,20 €	107,59 €	Grafenrheinfeld	495 T€	1.232 T€

Tabelle 15: Gewerbesteuer (Grundbetrag): Die mainfränkischen Gemeinden mit dem größten Steueraufkommen.[274]

diese somit als bedeutende regionale Gewerbestandorte beurteilt werden können. Die dargestellten Werte beziehen sich auf das Jahr 2014, die Mittelwerte auf den Zeitraum von 2008 bis 2014 und sind jeweils in der zweiten Spalte aufgeführt.

Neben den beiden Oberzentren Würzburg und Schweinfurt, welche in dieser Arbeit in Kapitel 4.3 noch gesondert betrachtet werden, rücken bei der Studie der Tabelle insbesondere die Gemeinden Iphofen, Marktheidenfeld und Rottendorf in das Blickfeld des Betrachters. Dies gilt sowohl für die Auflistung der absoluten Gewerbesteuergrundbeträge als auch für die Rangfolge der relativen Werte.

Die rund 4.500 Einwohner zählende Stadt Iphofen (Landkreis Kitzingen), welche ursprünglich vor allem durch den Weinanbau überregional bekannt wurde, weist bei den Pro-Kopf-Einnahmen aus der Gewerbesteuer den höchsten Wert aller mainfränkischen Kommunen auf. Dies gilt sowohl für das Jahr 2014 (846,48 Euro / Einwohner) als auch im Durchschnitt der letzten sieben Jahre (694,37 Euro / Einwohner). Das für eine bessere Vergleichbarkeit um den Gewerbesteuerhebesatz von 300 % bereinigte Gewerbesteuer-Aufkommen betrug in 2014 3,84 Mio. Euro und im Betrachtungszeitraum durchschnittlich 3,15 Mio. Euro. Bestimmender Wirtschaftsfaktor und Gewerbesteuerzahler der Stadt ist der Gips-

---

[274] Quelle: Eigene Darstellung mit Daten der Genesis-Online Datenbank Bayern (2015a).

und Baustoffkonzern Knauf. Die Unternehmensgruppe erzielte mit rund 26.000 Mitarbeitern weltweit einen Umsatz von 6,4 Mrd. Euro.[275]

Eine vergleichbare Gemeinde- und Wirtschaftsstruktur wie Iphofen kann auch die am Stadtrand von Würzburg gelegene Kommune Rottendorf (5.300 Einwohner) aufweisen. Bei einem Gewerbesteuerhebesatz von lediglich 320 % lag das Gewerbesteueraufkommen (Grundbetrag) bei 4,05 Mio. Euro, was im mainfränkischen Vergleich den vierthöchsten Wert bedeutet. Auch bei den Gewerbesteuereinnahmen pro Kopf belegt die Kommune mit 765,51 Euro in 2014 und mit 507,83 Euro im Mehrjahresdurchschnitt einen der vordersten Plätze. Verantwortlich für die aus steuerpolitischer Sicht herausragende Stellung der Kommune sind die ertragreichen Unternehmen s.Oliver (Bekleidungshersteller und Handelskettenbetreiber, 7.400 Mitarbeiter weltweit), Edeka Nordbayern-Sachsen-Thüringen (Lebensmittelhändler, 25.000 Mitarbeiter in der Region) und Frankonia (Vertrieb von Jagdbedarf sowie Funktions- und gehobener Modebekleidung, 600 Mitarbeiter in Deutschland).[276]

Das nach den beiden Oberzentren höchste Gewerbesteueraufkommen der Region wurde durch die im Landkreis Main-Spessart gelegene Stadt Marktheidenfeld (10.901 Einwohner) erzielt. Bedeutende Gewerbesteuerzahler am Standort sind das Unternehmen Warema (Sonnenschutztechnik, knapp 3.500 Mitarbeiter weltweit), der Konsumgüterhersteller Procter & Gamble mit einem Werk (Oral-B-Zahnbürsten, ehemals Braun, 1.400 Mitarbeiter) und einem Zentralauslieferungslager (400 Mitarbeiter), der Automobilzulieferer Hilite (knapp 1.500 Mitarbeiter weltweit) und ein Werk des französischen Konzerns Schneider-Electric. Das um den Hebesatz von 340 % bereinigte Gewerbesteueraufkommen lag im Jahr 2014 bei 8,98 Mio. Euro. Die Steuereinnahmen pro Kopf nahmen in der Folge einen Wert von 823,41 Euro an. Wie bereits an einem Vergleich mit den deutlich niedrigeren Mittelwerten zu erkennen ist, hat sich das Steueraufkommen der Kommune in den vergangenen Jahren sehr positiv entwickelt.[277] Die genaue Entwicklung des Steueraufkommens wird für den Zeitraum von 2008 bis 2014 in der nachstehenden Abbildung aufgezeigt. Neben der exemplarischen Darstellung der Kommunen Iphofen, Rottendorf und Marktheidenfeld wurden in den Vergleich ferner die Stadt Lohr am Main und die Gemeinde Grafenrheinfeld aufgenommen, da diese unter den großen regionalen Gewerbestandorten eine besonders anschauliche Entwicklung genommen haben.

Lohr am Main mit seinen rund 15.000 Einwohnern ist ehemalige Kreisstadt und eines von vier Mittelzentren im Landkreis Main-Spessart. Die Stadt nimmt in Mainfranken eine gesonderte Stellung in steuerlicher Hinsicht ein, da sie von einer starken gewerbesteuerlichen Monostruktur geprägt ist. Zwar gelten neben der dominierenden Bosch Rexroth AG (Hydraulik, Maschinenbau und Automationstechnik, 6.620 Mitarbeiter) auch das Bezirkskrankenhaus Lohr (Psychiatrie, Psychotherapie und psychosomatische Medizin, 607 Mitarbeiter) und das Krankenhaus Lohr (unter dem Dach des Klinikums Main-Spessart, 450

[275]   Vgl. Genesis-Online Datenbank Bayern (2015a) und Knauf (2015).

[276]   Vgl. Genesis-Online Datenbank Bayern (2015a), s.Oliver (2016), Edeka Nordbayern-Sachsen-Thüringen (2016) und Frankonia (2016).

[277]   Vgl. Genesis-Online Datenbank Bayern (2015a), Warema (2016), Hilite (2016) und Procter & Gamble (2016).

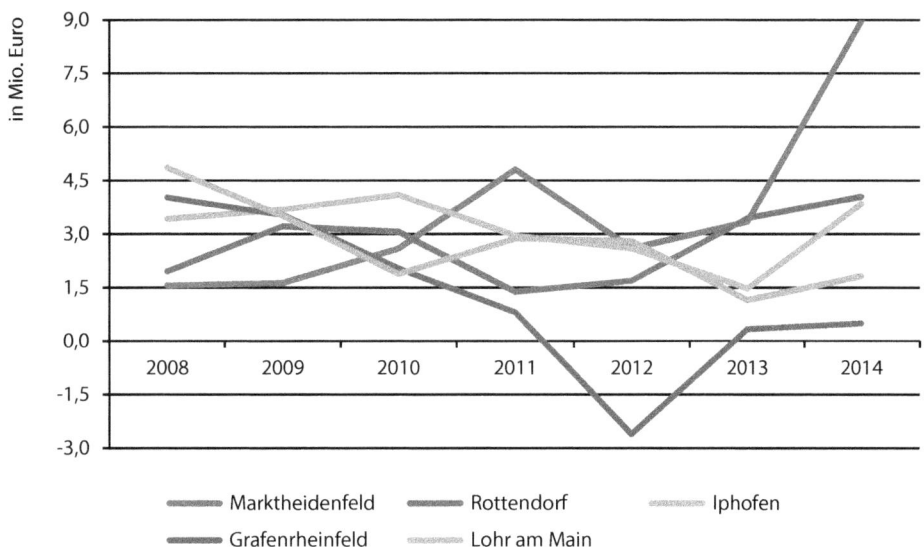

Abbildung 33: Entwicklung des Gewerbesteueraufkommens (Grundbetrag) ausgewählter mainfränkischer Kommunen seit 2008.[278]

Mitarbeiter) als wichtige Arbeitgeber der Stadt, allerdings sind die letztgenannten Einrichtungen bekanntermaßen nicht gewerbesteuerpflichtig,[279] so dass das Gewerbesteueraufkommen der Stadt im Wesentlichen von der Bosch Rexroth AG geprägt und deshalb auch abhängig ist. In den Jahren 2008 und 2009 konnten aufgrund des großen wirtschaftlichen Erfolgs des Unternehmens noch 4,85 bzw. 3,51 Mio. Euro an Gewerbesteuer (Grundbetrag) vereinnahmt werden. Daraus resultierten in diesen Jahren Pro-Kopf-Einnahmen von 322,89 bzw. 233,37 Euro. Jedoch hat sich das Unternehmen inzwischen enorme Umstrukturierungsmaßnahmen auferlegt. Nach einem im Sommer 2015 bekannt gegebenen Sparkurs sollen bis ins Jahr 2019 rund 450 Mio. Euro eingespart und deutschlandweit über 1.000 Stellen abgebaut werden. Infolge dieser unternehmerischen Entwicklung sanken die kommunalen Gewerbesteuereinnahmen in den vergangenen Jahren stetig. Im Jahr 2014 lag der Gewerbesteuer-Grundbetrag nur noch bei 1,82 Mio. Euro, was einem Pro-Kopf-Aufkommen von 121,04 Euro entsprach. Somit hat sich dieser Wert seit den gewerbesteuerlichen Hochjahren der Gemeinde halbiert. Ein in der Region bekanntes Sprichwort beschreibt es treffend und veranschaulicht die Abhängigkeit mancher Kommunen von der Gewerbesteuer: „Wenn Rexroth hustet, hat Lohr einen ausgewachsenen Schnupfen".[280]

Eine vergleichbare Abhängigkeit wie die Stadt Lohr besaß in den vergangenen Jahrzehnten auch das im Landkreis Schweinfurt gelegene Grafenrheinfeld. Während die Gemeinde

---

[278] Quelle: Eigene Darstellung mit Daten der Genesis-Online Datenbank Bayern (2015a).

[279] Gemäß § 3 Nr. 20 GewStG sind Gewinne von Krankenhäusern, Altenheimen, Pflegeheimen etc. gewerbesteuerbefreit. Allerdings bezieht sich dies nur auf ihre Zweckbetriebe; die Erträge aus den wirtschaftlichen Geschäftsbetrieben sind ebenfalls gewerbesteuerpflichtig.

[280] Vgl. Mainpost (2008a).

mit ihren rund 3.400 Einwohnern bis in die Jahre 2008 (4,02 Mio. Euro) und 2009 (3,53 Mio. Euro) aufgrund der hohen Gewerbeerträge[281] des ortsansässigen Kernkraftwerks stets einen der vorderen Plätze im Ranking der Gewerbesteuer-Grundbeträge belegt hatte, sind die Gewerbesteuereinnahmen angesichts der bevorstehenden Abschaltung und konzerninternen Verlustverrechnungen bereits seit 2010 deutlich zurückgegangen. Im Jahr 2012 wurde aufgrund der umfangreichen Zurückzahlungen von bereits in vorausgegangenen Haushaltsjahren erhaltenen Gewerbesteuervorauszahlungen an den Kernkraftwerks-Betreiber E.ON sogar ein negativer Gewerbesteuer-Grundbetrag von 2,61 Mio. Euro erzielt. Seit dem Jahr 2013 hat sich das Gewerbesteueraufkommen (Grundbetrag) bei nur noch rund 400 Tsd. Euro eingependelt. Da hierbei keine Bemessungen mehr für das Kernkraftwerk enthalten sind, entspricht dies dem Aufkommen der übrigen Gewerbebetriebe am Standort. Als Reaktion auf die zurückgehenden Gewerbesteuereinnahmen wurde der Gewerbesteuerhebesatz bereits in 2013 von 350 % auf 380 % angepasst. Die Pro-Kopf-Einnahmen aus dem Gewerbesteuer-Grundbetrag sind im Zuge der dargestellten Entwicklung von ehemals 1.176,26 Euro in 2008 auf inzwischen nur noch 144,69 Euro in 2014 zurückgegangen. Hiermit liegt Grafenrheinfeld zwar noch über dem mainfränkischen Mittelwert von 120,59 Euro pro Einwohner, belegt aber insgesamt nur noch den 27. Platz und wird zukünftig nicht mehr in der Auflistung der bedeutenden Gewerbesteuer-Standorte vertreten sein. Infolge der inzwischen relativ niedrigen Gewerbesteuereinnahmen und der sich daran anschließenden negativen Entwicklung bei den Steuerkraftzahlen erhielt die bisher abundante[282] Gemeinde erstmals in 2014 als Ausgleich für die fehlende eigene Steuerkraft Schlüsselzuweisungen in Höhe von 5,3 Mio. Euro.[283]

Bei einer Untersuchung und Bewertung der kommunalen Gewerbesteuereinnahmen in Mainfranken ist es daher unabdingbar, auch die Elemente des Finanzausgleichs zu betrachten, die unmittelbar an die Gewerbesteuer anknüpfen. Dies sind im Wesentlichen die zu zahlende Gewerbesteuerumlage und die Schlüsselzuweisungen nach Art. 7 FAG. Insgesamt erhielten die mainfränkischen Gemeinden in 2014 203 Mio. Euro an Schlüsselzuweisungen aus dem allgemeinen Steuerverbund des Freistaates Bayern. Da sich die Höhe dieser zweckfreien Zuweisung in Abhängigkeit vom Finanzbedarf und der Steuerkraft einer Kommune bestimmt, verteilt sich dieser Betrag sehr unterschiedlich auf die Region. So erhielten die finanzkräftigen Gemeinden Euerdorf, Iphofen, Marktbreit, Kreuzwertheim, Marktheidenfeld, Eibelstadt, Greußenheim, Röttingen und Rottendorf im Untersuchungszeitraum (seit 2008) keinerlei Schlüsselzuweisungen, während die in der folgenden Tabelle aufgeführten Kommunen in 2014 aufgrund ihres hohen Finanzbedarfs jeweils mehr als 2 Mio. Euro erhalten haben. Somit entfielen rund 41 % der nach Mainfranken geflossenen Schlüsselzuweisungen auf diese 14 Kommunen.[284]

---

[281] Da das Kernkraftwerk Grafenrheinfeld kein eigenständiges Unternehmen, sondern eine Betriebsstätte der E.ON Kernkraft GmbH ist, handelt es sich hierbei genauer gesagt um die auf Grafenrheinfeld entfallenden Zerlegungsanteile des Gewerbesteuermessbetrags des Unternehmens.

[282] Abundante Gemeinden erhalten keine Schlüsselzuweisungen, weil ihr Finanzbedarf mindestens ihrer Finanzkraft entspricht und davon ausgegangen wird, dass sie ihre Ausgaben ohne staatliche Transferleistungen bestreiten können.

[283] Vgl. Genesis-Online Datenbank Bayern (2015a).

[284] Vgl. Genesis-Online Datenbank Bayern (2015a).

Schlüsselzuweisungen

Die mainfränkischen Gemeinden mit Schlüsselzuweisungen > 2 Mio. Euro

Schlüsselzuweisungen pro Kopf			Schlüsselzuweisungen (gesamt)		
Kommune	2014	MW	Kommune	2014	MW
Grafenrheinfeld	1.547,91 €	221,13 €	Würzburg	41.865 T€	40.510 T€
Burkardroth	349,39 €	332,17 €	Grafenrheinfeld	5.295 T€	756 T€
Bad Brückenau	337,36 €	339,70 €	Bad Kissingen	4.892 T€	4.323 T€
Würzburg	337,03 €	326,12 €	Kitzingen	4.402 T€	3.827 T€
Gemünden a. Main	310,55 €	239,43 €	Schweinfurt	3.752 T€	3.075 T€
Münnerstadt	308,76 €	269,54 €	Gemünden a. Main	3.153 T€	2.431 T€
Niederwerrn	296,98 €	277,37 €	Hammelburg	2.895 T€	2.172 T€
Hammelburg	259,86 €	194,92 €	Burkardroth	2.636 T€	2.507 T€
Volkach	252,62 €	234,90 €	Karlstadt	2.504 T€	1.802 T€
Bad Kissingen	229,40 €	202,72 €	Münnerstadt	2.357 T€	2.057 T€
Werneck	229,15 €	208,89 €	Werneck	2.342 T€	2.135 T€
Kitzingen	215,02 €	186,91 €	Niederwerrn	2.321 T€	2.167 T€
Karlstadt	169,77 €	122,17 €	Bad Brückenau	2.201 T€	2.216 T€
Schweinfurt	72,70 €	59,58 €	Volkach	2.190 T€	2.037 T€

Tabelle 16: Die mainfränkischen Gemeinden mit den größten Schlüsselzuweisungen.[285]

Als Pendant zu den Schlüsselzuweisungen ist die an den Bund und das Land abzuführende Gewerbesteuerumlage die größte Ausgabenposition der Gemeinden im vertikalen Finanzausgleich. Derzeit beträgt sie in Bayern 69 % des Gewerbesteuergrundbetrags einer Gemeinde und wird somit von allen Gemeinden gleichermaßen erhoben.[286] Demzufolge verwundert es nicht, dass die besonders einnahmestarken Gemeinden (vgl. Tabelle 15) betragsmäßig die größten Zahlungen an Gewerbesteuerumlage leisten. Aufgrund des direkten Zusammenhangs mit der zum Teil sehr volatilen Gewerbesteuer wird deren Istaufkommen für Vergleichszwecke in der nachstehenden Tabelle mit angegeben. Im absoluten Vergleich leisten die beiden Oberzentren Würzburg und Schweinfurt im langjährigen Mittel die höchsten Gewerbesteuerumlagen in Mainfranken. Ebenfalls hohe absolute Umlagezahlungen leisten die Stadt Marktheidenfeld (2,86 Mio. Euro), Iphofen (1,95 Mio. Euro) und Bad Neustadt a. d. Saale (1,83 Mio. Euro). Im Verhältnis zur Einwohnerzahl belegen Iphofen, Rottendorf und Grafenrheinfeld die ersten drei Plätze im mainfränkischen Ranking. Bezüglich Grafenrheinfelds Umlagezahlungen sei jedoch wieder auf die bereits beschriebene Entwicklung verwiesen. Seit 2012 sind p.a. nur noch zwischen 200 und 250 Tsd. Euro an Gewerbesteuerumlage abzuführen. Die Gemeinde ist folglich nur noch wegen der hohen Werte früherer Jahre in der nachstehenden Aufstellung vertreten.[287]

---

285 Quelle: Eigene Darstellung mit Daten der Genesis-Online Datenbank Bayern (2015a).
286 Die Gewerbesteuerumlage ergibt sich durch Multiplikation des Gewerbesteuergrundbetrags mit dem Vervielfältiger (Umlagesatz). Dieser ermittelt sich durch den Bundesvervielfältiger (14,5 %), den Landesvervielfältiger (49,5 %) und die Erhöhungszahl West (5 %) und beträgt somit insgesamt 69 %. Siehe § 6 GemFinRefG.
287 Vgl. Genesis-Online Datenbank Bayern (2015a).

Gewerbesteuerumlage

Die Gemeinden mit den höchsten Gewerbesteuerumlagen von 2008 - 2014 (Mittelwerte)

Gewerbesteuerumlage pro Kopf			Gewerbesteuerumlage (gesamt)		
Kommune	GewSt (Ist)	Umlage	Kommune	GewSt (Ist)	Umlage
Iphofen	2.083,04 €	429,96 €	Schweinfurt	65.261 T€	11.644 T€
Rottendorf	1.625,05 €	320,81 €	Würzburg	64.362 T€	10.619 T€
Grafenrheinfeld	1.270,76 €	320,25 €	Marktheidenfeld	12.385 T€	2.857 T€
Marktheidenfeld	1.136,17 €	262,07 €	Iphofen	9.457 T€	1.952 T€
Schweinfurt	1.264,50 €	225,62 €	Bad Neustadt / Saale	9.640 T€	1.830 T€
Ochsenfurt	634,60 €	129,94 €	Lohr a.Main	9.441 T€	1.778 T€
Bad Neustadt / Saale	640,42 €	121,55 €	Rottendorf	8.593 T€	1.696 T€
Lohr a.Main	627,87 €	118,25 €	Kitzingen	8.540 T€	1.624 T€
Haßfurt	585,79 €	115,33 €	Haßfurt	7.686 T€	1.513 T€
Würzburg	518,13 €	85,49 €	Ochsenfurt	7.041 T€	1.442 T€
Kitzingen	417,12 €	79,33 €	Grafenrheinfeld	4.347 T€	1.096 T€
Bad Kissingen	285,01 €	51,10 €	Bad Kissingen	6.077 T€	1.090 T€

Tabelle 17: Die mainfränkischen Gemeinden mit den höchsten Gewerbesteuerumlagen.[288]

4.2.4 Grundsteuer A

Wie bereits bei der Gewerbesteuer zeigt sich auch bei den Grundsteuern ein breites Spektrum an unterschiedlichen Hebesätzen in Mainfranken. Die höchsten Hebesätze sind derzeit in den Gemeinden Thüngersheim (600 %), Unterpleichfeld (512 %), Neuhütten (500 %), Münnerstadt (495 %) und Eußenheim (490 %) festgesetzt worden. Besonders niedrige Hebesätze verlangen die Gemeinden Rieneck (275 %), Waldbrunn (275 %), Grafen-

Hebesatzklassen zur Grundsteuer A

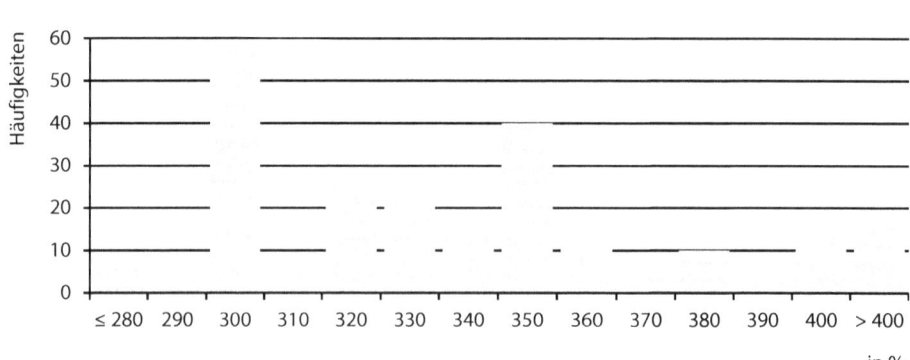

Abbildung 34: Hebesatzklassen zur Grundsteuer A in Mainfranken für 2014.[289]

---

[288]   Quelle: Eigene Darstellung mit Daten der Genesis-Online Datenbank Bayern (2015a).
[289]   Quelle: Eigene Darstellung mit Daten der Genesis-Online Datenbank Bayern (2015a).

rheinfeld (270 %), Großlangheim (260 %) und Rottendorf (260 %). Der gewogene Durchschnittshebesatz liegt in Mainfranken bei 340,5 %.[290]

Besonders bemerkenswerte Hebesatzänderungen wurden in den letzten Jahren in den Gemeinden Unterpleichfeld, Rannungen, Schonungen und Randersacker vorgenommen. Das sich in einer angespannten Haushaltslage befindliche Randersacker erhöhte im Jahr 2013 seinen Hebesatz für land- und forstwirtschaftliche Grundstücke um 100 %-Punkte auf 430 %. Aus den gleichen Beweggründen passte auch die Gemeinde Schonungen in 2015 den Hebesatz um 150 %-Punkte auf 510 % an. Unterpleichfeld nahm bereits im Jahr 2011 eine noch deutlichere Hebesatzanpassung vor, indem es den Hebesatz von 320 % auf 512 % anpasste, um die hohen Kosten der Instandhaltung der kommunalen Wirtschaftswege kompensieren zu können.[291] Entgegen dem allgemeinen Trend zu Hebesatzerhöhungen senkte die Gemeinde Rannungen den Hebesatz zur Grundsteuer A (wie auch den zur Grundsteuer B) im Jahr 2008 von 650 % auf 550 %, im folgenden Jahr auf 490 % und im Jahr 2011 schließlich um weitere 120 %-Punkte auf nunmehr 370 %. Ihre Begründung finden die Senkungen vor allem darin, dass seit 2007 Beiträge für die Kanalsanierung erhoben werden und diese Gebühren in den Folgejahren weiter erhöht wurden, die Bürger jedoch nicht übermäßig belastet werden sollen.[292]

Insgesamt wurde in Mainfranken im Jahr 2014 ein Istaufkommen aus der Grundsteuer A von 7,8 Mio. Euro erzielt, dies entspricht lediglich 0,9 % der gesamten kommunalen Steuereinnahmen. Zwar sind diese Einnahmen verhältnismäßig gering und daher nicht für alle Kommunen von großer Bedeutung, allerdings sind sie im Zeitverlauf sehr konstant und insofern eine gut zu planende Einnahmequelle. Entgegen der Darstellung bei der Gewerbesteuer kann deshalb in der folgenden Tabelle 18 auch auf die Angabe des langjährigen Mittelwerts verzichtet werden. Wie bei der Gewerbesteuer werden die Steuereinnahmen im Folgenden als Grundbeträge angegeben, um die bestehenden Hebesatzunterschiede auszugleichen und die Werte zwischen den Kommunen vergleichbar zu machen. Das in 2014 erzielte Istaufkommen entspricht einem Grundbetrag der Grundsteuer A von 2,3 Mio. Euro.[293]

Die größten absoluten Steuereinnahmen erzielen die Gemeinden Kolitzheim, Arnstein, Werneck, Dettelbach und Volkach. So erzielt das im Landkreis Schweinfurt gelegene Kolitzheim in 2014 ein Steueraufkommen von 141 Tsd. Euro, was bei einem Hebesatz von 300 % einem Grundbetrag von 47 Tsd. Euro entspricht. Die hohen Einnahmen in dieser Steuerart verwundern in Kolitzheim nicht, ist die Gemeinde doch sehr landwirtschaftlich geprägt. So liegt der Anteil der landwirtschaftlich genutzten Flächen bei 78,1 %. Insbesondere der Anbau von Sonderkulturen wie Spargel, Wein und Obst spielt dabei eine bedeutende Rolle.[294]

---

[290] Vgl. Genesis-Online Datenbank Bayern (2015a).

[291] Vgl. Mainpost (2011).

[292] Vgl. Mainpost (2006) und Mainpost (2008b) und zu den Daten des ganzen Absatzes Genesis-Online Datenbank Bayern (2015a).

[293] Vgl. Genesis-Online Datenbank Bayern (2015a).

[294] Vgl. ebenda und Bundesinstitut für Bau-, Stadt- und Raumforschung (2015).

Grundsteuer A

Die Gemeinden mit dem größten Steueraufkommen (Grundbetrag)

Steuereinnahmen pro Kopf		Steuereinnahmen (gesamt)	
Sonderhofen	21,30 €	Kolitzheim	47.000 €
Bütthard	19,04 €	Arnstein	43.000 €
Riedenheim	19,00 €	Werneck	42.000 €
Gelchsheim	18,47 €	Dettelbach	41.000 €
Nordheim a. Main	16,10 €	Volkach	40.000 €
Biebelried	15,41 €	Ochsenfurt	38.000 €
Martinsheim	14,82 €	Giebelstadt	38.000 €
Mittelwert	**2,43 €**	**Mittelwert**	**9.000 €**

Die Gemeinden mit dem niedrigsten Steueraufkommen (Grundbetrag)

Steuereinnahmen pro Kopf		Steuereinnahmen (gesamt)	
Höchberg	0,21 €	Neuendorf	1.000 €
Schweinfurt	0,14 €	Aura a.d. Saale	1.000 €
Rechtenbach	0,00 €	Rechtenbach	0 €

Tabelle 18: Grundsteuer A (Grundbetrag): Die mainfränkischen Gemeinden mit dem größten und dem niedrigsten Steueraufkommen.[295]

Eine stark landwirtschaftliche Prägung findet sich auch in den genannten und in der unmittelbaren Umgebung von Kolitzheim gelegenen Gemeinden Arnstein, Werneck, Dettelbach und Volkach. Insgesamt zeigt sich sowohl absolut als auch im Verhältnis zur Einwohnerzahl, dass in den Gemeinden, welche in den beiden großen mainfränkischen Ackerbauregionen „Ochsenfurter Gau" (u.a. Ochsenfurt, Giebelstadt, Sonderhofen, Bütthard, Gelchsheim, Riedenheim, Gaukönigshofen) und „Gäuplatten im Maindreieck" (u.a. Werneck, Unterpleichfeld, Dettelbach, Bergtheim, Biebelried, Prosselsheim) sowie in der Weinanbauregion „Mittleres Maintal" (u.a. Nordheim, Volkach, Kitzingen) liegen, auch die zu erwartenden höheren Steuereinnahmen aus der Grundsteuer A erzielt werden. Der Anteil der landwirtschaftlich genutzten Fläche liegt in den genannten Kommunen meist deutlich über 70 % der Gemeindefläche. Die höchsten Werte weisen die Kommunen Gaukönigshofen (86,9 %), Aub (83,8 %), Gelchsheim (83,8 %), Sonderhofen (83,8 %) und Bergtheim (81,2 %) auf.[296]

An der folgenden Häufigkeitsverteilung der kommunalen Pro-Kopf-Einnahmen aus der Grundsteuer A für Mainfranken zeigt sich jedoch, dass derart hohe Grundsteuereinnahmen eher selten sind und sich auf die oben beschriebenen Gemeinden mit landwirtschaftlicher Prägung beschränken. So besitzt die Hälfte der mainfränkischen Gemeinden lediglich einen Grundbetrag zur Grundsteuer A von bis zu 3,24 Euro pro Einwohner (Median) und noch 81,5 % der Gemeinden einen Wert von unter 6,00 Euro.[297]

---

[295]   Quelle: Eigene Darstellung mit Daten der Genesis-Online Datenbank Bayern (2015a).
[296]   Vgl. Genesis-Online Datenbank Bayern (2015a), Bundesamt für Naturschutz (2016) und Bundesinstitut für Bau-, Stadt- und Raumforschung (2015).
[297]   Vgl. Genesis-Online Datenbank Bayern (2015a).

Grundbetrag der Grundsteuer A

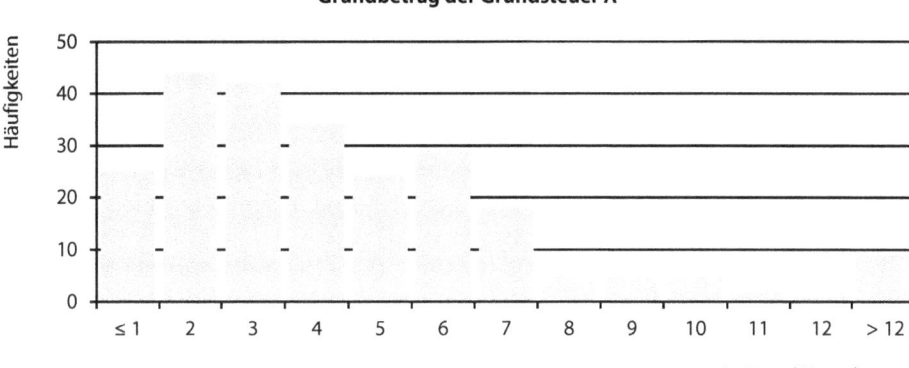

Abbildung 35: Häufigkeitsverteilung der kommunalen Pro-Kopf-Einnahmen aus der Grundsteuer A in Main-franken.[298]

4.2.5 Grundsteuer B

Auch bei der Grundsteuer B zeigen sich merkliche Hebesatzunterschiede in Mainfranken. Wie bereits bei den beiden anderen Realsteuern vermittelt die Einteilung in Hebesatzklassen keinen systematischen Verlauf. Allerdings wird deutlich, dass diese mit der Verteilung der Grundsteuer A beinahe deckungsgleich ist. So haben die meisten Kommunen auch bei der Grundsteuer B Hebesätze von 300 % (61 Gemeinden, bei der GrSt A: 57), von 350 % (35 Gemeinden, bei der GrSt A: 38) oder 320 % (30 Gemeinden, bei der GrSt A: 24) festgesetzt.[299]

Hebesatzklassen zur Grundsteuer B

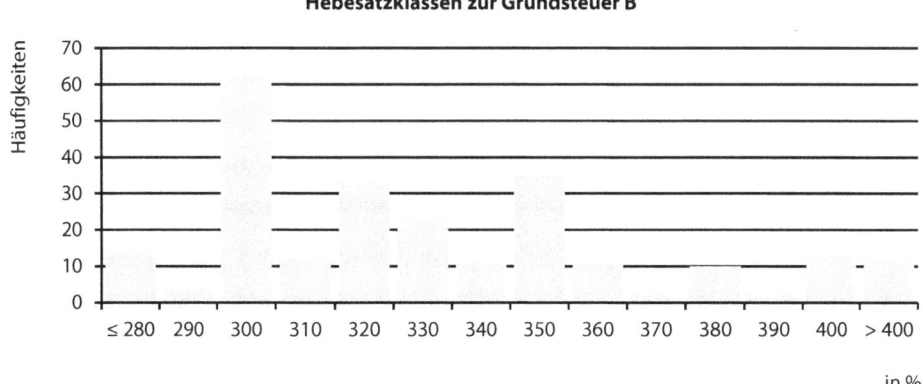

Abbildung 36: Hebesatzklassen zur Grundsteuer B in Mainfranken für 2014.[300]

---

[298]   Quelle: Eigene Darstellung mit Daten der Genesis-Online Datenbank Bayern (2015a).
[299]   Vgl. Genesis-Online Datenbank Bayern (2015a).
[300]   Quelle: Eigene Darstellung mit Daten der Genesis-Online Datenbank Bayern (2015a).

Die relativ spiegelbildliche Verteilung bei den beiden Grundsteuern ist darin begründet, dass in einer Gemeinde meist die gleichen Hebesätze festgelegt werden. Offenbar sollen hierdurch die landwirtschaftlichen Betriebe, die Gewerbetreibenden als auch die Bürger gleichermaßen belastet werden. Von den 243 mainfränkischen Gemeinden haben in 2014 166 den gleichen Hebesatz der Grundsteuern A und B, bei weiteren 42 Gemeinden beträgt der Unterschied maximal 20 %-Punkte. Sofern eine Differenz vorliegt, ist meist der Grundsteuerhebesatz A (61 Kommunen) der höhere, umgekehrt ist dies nur bei 16 Gemeinden der Fall. Deutlich höhere Hebesätze der Grundsteuer A sind in den Gemeinden Thüngersheim (GrSt A: 600 %, GrSt B: 350 %), Unterpleichfeld (GrSt A: 512 %, GrSt B: 300 %), Neuhütten (GrSt A: 500 %, GrSt B: 350 %), Partenstein (GrSt A: 400 %, GrSt B: 275 %) und Eußenheim (GrSt A: 490 %, GrSt B: 380 %) festgesetzt worden. Deutlich niedrigere Hebesätze sind in den Kommunen Volkach (GrSt A: 350 %, GrSt B: 395 %), Bad Neustadt a.d. Saale (GrSt A: 300 %, GrSt B: 350 %) und Würzburg (GrSt A: 340 %, GrSt B: 450 %) anzutreffen.[301]

Die höchsten Hebesätze sind für das Jahr 2014 in den Gemeinden Münnerstadt (495 %), Obernbreit (470 %), Marktbreit und Würzburg (je 450 %) verabschiedet worden. Die niedrigsten Hebesätze bestehen in Rottendorf (275 %), Grafenrheinfeld (270 %), Großlangheim (260 %), Niederwerrn und Euerdorf (je 250 %). Der gewogene Durchschnittshebesatz liegt in Mainfranken bei 356,8 %. Besonders deutliche Hebesatzänderungen wurden in den letzten Jahren in den Gemeinden Rannungen, Schonungen, Nordheim v.d. Rhön, Heustreu, Unsleben und Randersacker vollzogen. Die Hebesatzänderungen in Rannungen (bis 2010: 490 %, seit 2011: 370 %), Schonungen (bis 2014: 360 %, seit 2015: 540 %) und Randersacker (bis 2012: 330 %, seit 2013: 360 %) wurden dabei ebenfalls aus den bereits bei der Grundsteuer A geschilderten Beweggründen vorgenommen. In Nordheim v.d. Rhön erhöhte sich der Hebesatz der Grundsteuer B in 2013 um 80 %-Punkte auf 380 %, in den nahe Bad Neustadt gelegenen Nachbargemeinden Hollstadt (im Jahr 2010), Heustreu und Unsleben (im Jahr 2012) jeweils um 60 %-Punkte auf 360 %.[302] Bei den letztgenannten Gemeinden, welche alle im Landkreis Rhön-Grabfeld gelegen sind, ergab sich die gleiche Hebesatzentwicklung auch bei der Grundsteuer A. In Nordheim v.d. Rhön wurde die Grundsteuer A hingegen etwas geringer (70 %-Punkte) auf 400 % angepasst. Die angesprochene Parallelität der Hebesatzanpassungen bei den Grundsteuern zeigt sich somit bei allen aufgeführten Kommunen.[303]

Während das Istaufkommen der Grundsteuer A in Mainfranken im Jahr 2014 lediglich 7,8 Mio. Euro (0,9 % der kommunalen Steuereinnahmen) betrug, lagen die Steuereinnahmen aus der Grundsteuer B mit 105,2 Mio. Euro deutlich höher. Dies entspricht einem Anteil an den kommunalen Steuereinnahmen von 11,8 %. Wie die Tabelle 19 zeigt, wurde die Rangfolge der mainfränkischen Kommunen im Sinne einer besseren Vergleichbarkeit wieder um die kommunalen Hebesätze bereinigt und deshalb in Form von Grundbeträgen dargestellt. Insgesamt betrug dieser Wert in Mainfranken 29,5 Mio. Euro, im Durchschnitt vereinnahmte eine mainfränkische Gemeinde daher rund 121 Tsd. Euro. Für eine zutreffende

---

[301]   Vgl. ebenda.
[302]   Vgl. Genesis-Online Datenbank Bayern (2015a).
[303]   Vgl. ebenda.

Einordnung der dargestellten Werte ist es unabdingbar, die Größe, die Siedlungsstruktur und den dortigen Bebauungszustand in eine Bewertung mit einzubeziehen.[304]

Die Betrachtung der absoluten Rangfolge in der rechten Tabellenhälfte zeigt auf, dass in Würzburg (4,8 Mio. Euro), Schweinfurt (2,8 Mio. Euro) und Bad Kissingen (1,1 Mio. Euro) die größten Steuereinnahmen erzielt werden. Es wird aber auch offenkundig, dass die rein flächenmäßige Größe einer Kommune offenbar nur bedingt als Treiber des Steueraufkommens bezeichnet werden kann. Zwar handelt es sich bei Hammelburg (128,88 km²), Arnstein (112,11 km²), Karlstadt (98,18 km²), Ebern (95,02 km²) und Münnerstadt (93,11 km²) hinsichtlich der Fläche um die größten Kommunen der Region, einen der vordersten Plätze belegen sie bei den Einnahmen aus der Grundsteuer B aber nicht. Die eingeschränkte Bedeutung der Gemeindefläche verwundert deshalb auch nicht, da der Einheitswert als Bemessungsgrundlage der Grundsteuer in den meisten Fällen durch den Gebäudewert und weniger durch die bloße Grundstücksfläche geprägt wird.[305] Somit ist es viel entscheidender, ob und in welcher Form die Gemeindefläche bebaut ist, denn für unbebaute Grundstücke ergeben sich gemäß dem Bewertungsgesetz sehr niedrige Einheitswerte. Demzufolge zeigt sich, dass vor allem die Kommunen einen der Spitzenwerte in Mainfranken belegen, die einen hohen Urbanisierungsgrad und eine umfangreiche Bebauung aufweisen. Reine Flä-

Grundsteuer B

Die Gemeinden mit dem größten Steueraufkommen (Grundbetrag)

Steuereinnahmen pro Kopf		Steuereinnahmen (gesamt)	
Schweinfurt	55,14 €	Würzburg	4.820.000 €
Bad Kissingen	53,56 €	Schweinfurt	2.846.000 €
Marktheidenfeld	48,25 €	Bad Kissingen	1.142.000 €
Gochsheim	47,07 €	Kitzingen	744.000 €
Donnersdorf	46,80 €	Lohr a. Main	575.000 €
Schwebheim	43,63 €	Bad Neustadt a.d. Saale	570.000 €
Sennfeld	41,78 €	Marktheidenfeld	526.000 €
Mittelwert	**31,71 €**	**Mittelwert**	**121.000 €**

Die Gemeinden mit dem niedrigsten Steueraufkommen (Grundbetrag)

Steuereinnahmen pro Kopf		Steuereinnahmen (gesamt)	
Trappstadt	12,86 €	Emmershausen	11.000 €
Riedbach	11,39 €	Willmars	9.000 €
Herbstadt	11,04 €	Herbstadt	7.000 €

Tabelle 19: Grundsteuer B (Grundbetrag): Die mainfränkischen Gemeinden mit dem größten und dem niedrigsten Steueraufkommen.[306]

---

[304] Vgl. ebenda.
[305] Für Grundbesitz, der nach dem Ertragswertverfahren bewertet wird, hat die Grundstücksfläche nur insofern eine Bedeutung, als dass sie den Mindestwert determiniert, welchen der ermittelte Ertragswert nach § 77 BewG nicht unterschreiten darf.
[306] Quelle: Eigene Darstellung mit Daten der Genesis-Online Datenbank Bayern (2015a).

chengemeinden, die zudem noch in der mainfränkischen Peripherie liegen, besitzen gewöhnlich niedrigere Grundsteuereinnahmen.

Aufgrund dessen führt eine Darstellung der Einnahmen aus der Grundsteuer B im Verhältnis zu der Gemeindefläche oder gar der Siedlungs- und Verkehrsfläche zu keinem wesentlichen Erkenntniszugewinn, da hierdurch vor allem die Gemeinden aufgezeigt werden würden, deren Gemeindefläche umfangreich (mehrstöckig, dicht) und aufwendig (hohe Regelherstellungskosten) bebaut ist bzw. zu hohen Mieterträgen führt. Dies ist vor allem in den beiden Oberzentren der Region und deren unmittelbaren Umlandgemeinden der Fall. Während der Median der Grundsteuereinnahmen pro Quadratkilometer der Siedlungs- und Verkehrsfläche in 2014 nur bei 24,2 Tsd. Euro lag, erzielten Schweinfurt und Würzburg mit ihren Stadtrandgemeinden Werte von über 100 Tsd. Euro bei dieser Maßzahl.[307]

Daher entschied sich der Autor dazu, in der folgenden Darstellung als Verhältnismaß (wie bisher) die Steuereinnahmen pro Kopf darzustellen. Zwar implizieren natürlich auch Einwohner eine Bebauung, allerdings nicht zwingend eine urbane. Dadurch schließt diese Maßzahl nicht von vornherein gewisse Gemeinden aus der Rangfolge aus, so dass auch typische Wohngemeinden, welche eher durch Ein- und Zweifamilienhäuser geprägt sind, einen Zugang in die mainfränkische Rangfolge der Tabelle 19 bekommen können. Die höchsten Steuereinnahmen pro Einwohner werden allerdings dennoch in den Städten Schweinfurt (55,14 Euro), Bad Kissingen (53,56 Euro) und Marktheidenfeld (48,25 Euro) erzielt. Das nicht in der Aufstellung enthaltene Würzburg belegt mit Pro-Kopf-Einnahmen von 38,80 Euro den elften Rang in Mainfranken. Daneben erzielen die im Schweinfurter Umland gelegenen Gemeinden Gochsheim (47,07 Euro), Donnersdorf (46,80 Euro), Schwebheim (43,63 Euro) und Sennfeld (41,78 Euro) ebenfalls Höchstwerte. Die niedrigsten Pro-Kopf-Einnahmen weisen hingegen die beiden im Landkreis Rhön-Grabfeld gelegenen Nachbargemeinden Herbstadt und Trappstadt sowie das im Landkreis Haßberge gelegene Riedbach auf. Alle drei Gemeinden sind sehr ländlich geprägt und dünn besiedelt. Die beiden erstgenannten Gemeinden liegen unmittelbar an der ehemaligen innerdeutschen Grenze zu Thüringen und befinden sich damit weit in der Peripherie.[308]

Trotz der aufgezeigten Differenzen lässt sich an dem nachstehenden Histogramm erkennen, dass die kommunalen Einnahmeunterschiede bei der Grundsteuer B bei einer Pro-Kopf-Betrachtung nicht sonderlich groß ausfallen. So liegt der Median der Pro-Kopf-Einnahmen bei 25,27 Euro und die durchschnittliche Abweichung vom Mittelwert beträgt 5,58 Euro. Die beinahe symmetrische Verteilung mag wohl darin begründet sein, dass die Steuereinnahmen in urbanen und dicht besiedelten Gemeinden zwar absolut oder pro Quadratmeter höher sind, dies in einer Pro-Kopf-Betrachtung aber weniger stark ins Gewicht fällt, da in diesen Gemeinden auch die Einwohnerdichte höher ist, sich das Grundsteueraufkommen somit auf mehrere Personen verteilt und dadurch relativiert.[309]

---

[307]   Eigene Berechnung mit Daten der Genesis-Online Datenbank Bayern (2015a) und des Bundesinstituts für Bau-, Stadt- und Raumforschung (2015).

[308]   Vgl. für die im Abschnitt genannten Daten: Genesis-Online Datenbank Bayern (2015a).

[309]   Vgl. ebenda.

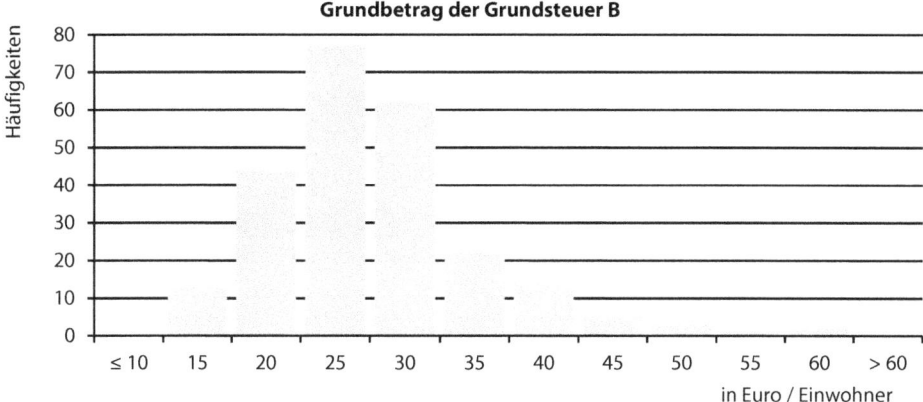

Abbildung 37: Häufigkeitsverteilung der kommunalen Pro-Kopf-Einnahmen aus der Grundsteuer B in Mainfranken.[310]

4.3 Wettbewerbspositionen der Oberzentren Würzburg und Schweinfurt in steuerpolitischer Hinsicht

Anknüpfend an das vorige Kapitel, in welchem bei den Ausführungen zum kommunalen Einkommensteueranteil bereits herausgearbeitet wurde, dass große Interdependenzen zwischen den beiden mainfränkischen Oberzentren und ihren Nachbargemeinden bestehen, sollen Würzburg und Schweinfurt in diesem Kapitel gesondert betrachtet werden. Während bisher die steuerlichen Kennzahlen einer Kommune den Werten aller mainfränkischen Gemeinden gegenübergestellt wurden, wird nun ausschließlich ein Vergleich der beiden Oberzentren mit ihrem direkten Umland vollzogen. Hierdurch sollen regionale Zusammenhänge aufgedeckt und die steuerpolitischen Wettbewerbspositionen der beiden Städte detaillierter dargestellt werden. Vor diesem Hintergrund ist die Definition der Wettbewerbsposition lediglich auf steuerpolitische Aspekte beschränkt. Die Bewertung der steuerpolitischen Wettbewerbsposition erfolgt nachstehend für die beiden Städte zunächst einzeln, indem die Realsteuerhebesätze und das Steueraufkommen des Oberzentrums ins Verhältnis zu seinem Umland gesetzt werden. Am Ende des Kapitels werden die gewonnen Erkenntnisse miteinander verglichen.

Zur Darstellung der relativen Wettbewerbsposition der beiden Oberzentren ist zunächst eine geeignete Abgrenzung des Umlandes vorzunehmen. Der im Folgenden verwendete Ansatz definiert dafür zwei Ringe rund um Würzburg und Schweinfurt mit einem Radius von je 10 Kilometer. Folglich schließt der erste Ring diejenigen Gemeinden ein, welche im Umkreis von 0 bis 10 Kilometer um das Stadtzentrum Würzburgs bzw. Schweinfurts liegen. Hierbei handelt es sich fast ausschließlich um Kommunen, die direkt an das jeweilige Stadtgebiet angrenzen. Der zweite Ring beinhaltet alle Gemeinden im Umkreis von 10 bis 20

---

[310]   Quelle: Eigene Darstellung mit Daten der Genesis-Online Datenbank Bayern (2015a).

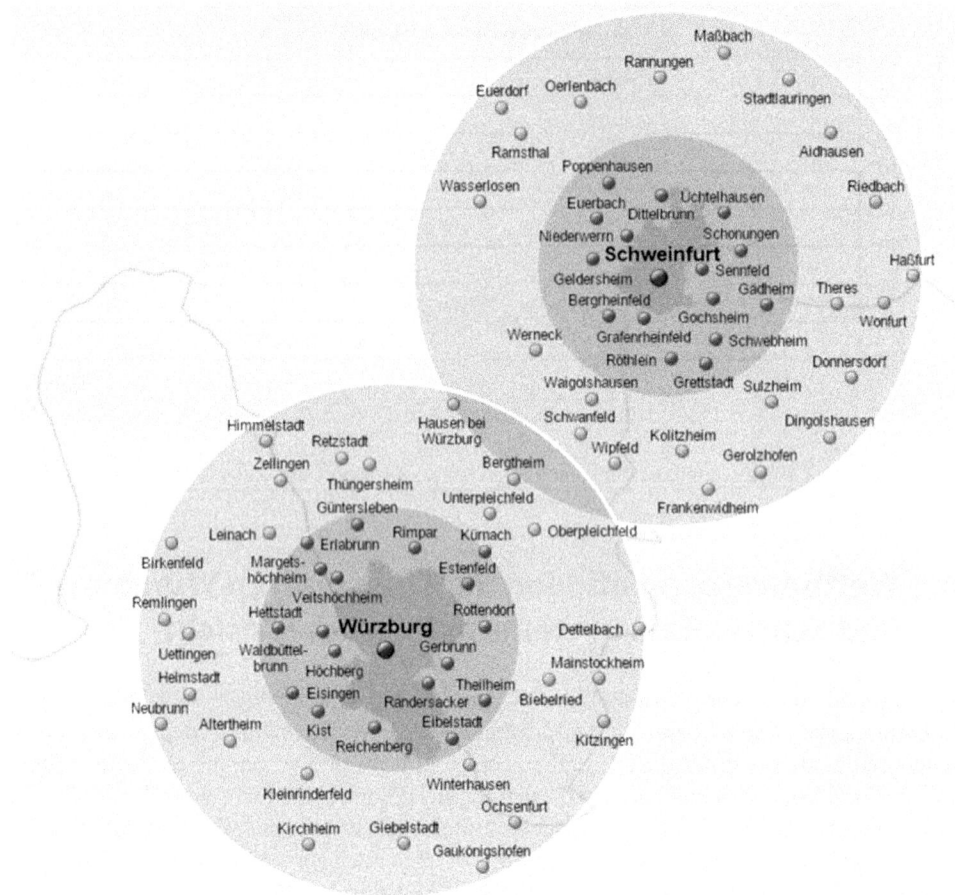

Abbildung 38: Zuordnung der Gemeinden in zwei Ringe um die beiden Oberzentren Würzburg und Schweinfurt.[311]

Kilometer.[312] Gemeinden mit einer größeren Entfernung wurden in die Untersuchung nicht mit aufgenommen. Aufgrund der räumlichen Nähe der beiden Oberzentren zueinander – die Entfernung beträgt rund 37 Kilometer – würde es dann zu einer Überschneidung der äußeren Ringe kommen, woraus sich wiederum Interferenzen ergeben könnten.

Die Zuordnung der umliegenden Kommunen zu den jeweiligen Ringen ist aus der nachstehenden Karte ersichtlich. Aus Darstellungsgründen sind einige wenige Gemeinden nicht abgebildet. Ein vollständiges Gemeindeverzeichnis wurde dem Anhang unter C.2 und C.3 hinzugefügt und um die wesentlichen steuerlichen Kenngrößen dieser Kommunen ergänzt.

---

[311]   Quelle: Eigene Darstellung.
[312]   In die Betrachtung wurden nur bayerische Gemeinden einbezogen. Im zweiten Ring der Stadt Würzburg würden nämlich auch einige baden-württembergische Kommunen liegen.

Ferner sei vorab vermerkt, dass bei der Bildung von Durchschnittswerten auf Ebene eines Rings eine Gewichtung der Gemeinden vollzogen wurde. Für die Werte zu den kommunalen Steuereinnahmen wurde wie bisher die Einwohnerzahl als Maßstab gewählt. Um eine Neutralität gegenüber dem kommunalen Hebesatzniveau zu erreichen, werden bei dem Vergleich der Realsteuereinnahmen wieder die jeweiligen Grundbeträge als Vergleichsmaßstab herangezogen.

Bei der Ermittlung von Durchschnittswerten für die Realsteuerhebesätze der Umlandgemeinden wurde hingegen eine distanzbasierte Gewichtung verwendet. Indem der Hebesatz einer Kommune mit der inversen Distanz zu dem jeweiligen Oberzentrum gewichtet wird, wird der räumliche Zusammenhang zum jeweiligen Oberzentrum besser abgebildet.[313]

4.3.1 Die Wettbewerbsposition der Stadt Würzburg

Nachdem Würzburg im Jahr 704 erstmals urkundlich als „Castellum Virteburch" genannt wurde, zählt die Stadt seit dem Mittelalter zu einem bedeutenden wirtschaftlichen, geistlichen und hoheitlichen Zentrum. Die überregionale Bedeutung blieb bis zur Industriellen Revolution erhalten. Heute ist Würzburg mit seinen rund 125 Tsd. Einwohnern immer noch die mit Abstand größte Stadt im Regierungsbezirk Unterfranken und gilt als Handels- und Dienstleistungszentrum Mainfrankens.[314] Die exponierte Stellung wird auch dadurch zum Ausdruck gebracht, dass sich in Würzburg der Sitz der Regierung von Unterfranken, das Landratsamt sowie ein Bischofssitz der römisch-katholischen Kirche befinden. Mit rund 33 Tsd. Studenten und weiteren Hochschulangehörigen gilt Würzburg als klassische Universitätsstadt. Neben der Julius-Maximilians-Universität bestehen als akademische Einrichtungen die Fachhochschule Würzburg-Schweinfurt und die Hochschule für Musik.

Seit im Jahr 1978 mit Lengfeld, Versbach und dem Steinbachtal die letzten Eingemeindungen stattgefunden haben, grenzen zwölf Kommunen direkt an das Stadtgebiet an. Dies sind Eibelstadt, Estenfeld, Gerbrunn, Güntersleben, Höchberg, Randersacker, Reichenberg, Rimpar, Rottendorf, Veitshöchheim, Winterhausen[315] und Zell am Main. Wie der Abbildung 39 zu entnehmen ist, weisen mit Kürnach, Eisingen, Erlabrunn, Hettstadt, Kist, Margetshöchheim, Theilheim und Waldbüttelbrunn noch acht weitere Gemeinden eine Entfernung von weniger als zehn Kilometer zum geografischen Mittelpunkt Würzburgs auf. Im zweiten Ring um das Oberzentrum liegen insgesamt 39 Kommunen. Stellvertretend wären hier die Städte Ochsenfurt und Kitzingen, aber auch kleinere Gemeinden wie Bergtheim, Dettelbach, Giebelstadt, Helmstadt, Leinach und Zellingen zu nennen.[316]

---

[313]   Zwar wäre auch die Betrachtung des gewogenen Durchschnittshebesatzes denkbar, was beim Vergleich von Hebesätzen von Gemeindegruppen sogar meist üblich ist, da es hierdurch zu einer stärkeren Gewichtung der Gemeinden mit höherem Steueraufkommen kommt. Vor dem Hintergrund der Darstellung der räumlichen Zusammenhänge wird an dieser Stelle aber die distanzbasierte Gewichtung bevorzugt.

[314]   Vgl. Ante et al. (2006), S. 12 und Zeitler (1988), S. 46 ff.

[315]   Winterhausen grenzt zwar direkt an das Würzburger Stadtgebiet an, wurde allerdings aufgrund seiner Entfernung von 11,3 km dem zweiten Ring zugeordnet.

[316]   Wie bereits erläutert, kann die vollständige Auflistung der Kommunen und deren Zuordnung zu den beiden Ringen dem Anhang unter C.2 entnommen werden.

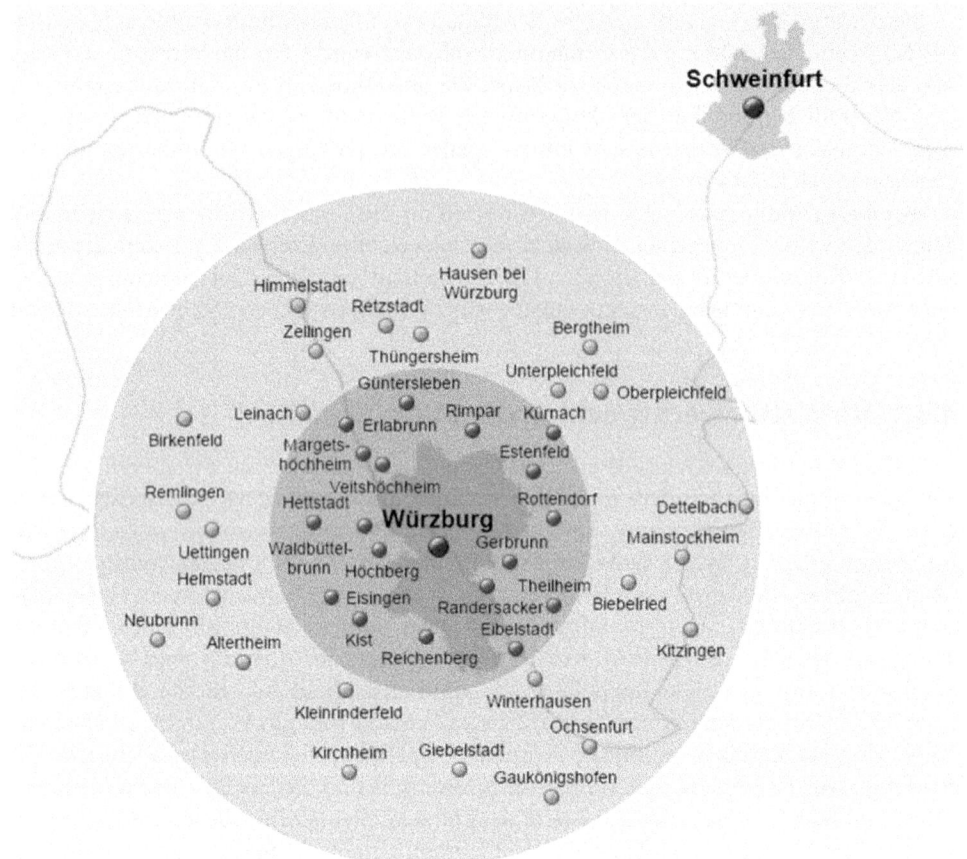

Abbildung 39: Zuordnung der Gemeinden in den zwei Ringen um Würzburg.[317]

4.3.1.1 Die Realsteuerhebesätze im Vergleich zum Umland

Für eine Beurteilung der Wettbewerbssituation Würzburgs mittels der Realsteuerhebesätze stellt Abbildung 40 das Hebesatzniveau der Stadt dem der umliegenden Kommunen im Zeitverlauf gegenüber. Bei den auf der vertikalen Achse gezeigten Werten für die Ringe 1 und 2 handelt es sich um den distanzgewichteten durchschnittlichen Hebesatz einer Gemeinde des jeweiligen Rings.[318]

Die Darstellung veranschaulicht, dass bei der Gewerbesteuer wie auch der Grundsteuer B markante Unterschiede zwischen dem Oberzentrum und den Nachbargemeinden bestehen. Mit 420 % ist in Würzburg im Jahr 1991 und seither unverändert der höchste Gewerbesteuerhebesatz Mainfrankens festgesetzt worden. Auch wenn das Hebesatzniveau in den umliegenden Gemeinden in den letzten Jahren leicht angestiegen ist, übersteigt der Würz-

---

[317] Quelle: Eigene Darstellung.
[318] Ein Vergleich mit den bereits für Mainfranken angegebenen Durchschnittswerten ist nur eingeschränkt möglich, da es sich hierbei stets um die gewogenen Durchschnittshebesätze gehandelt hat.

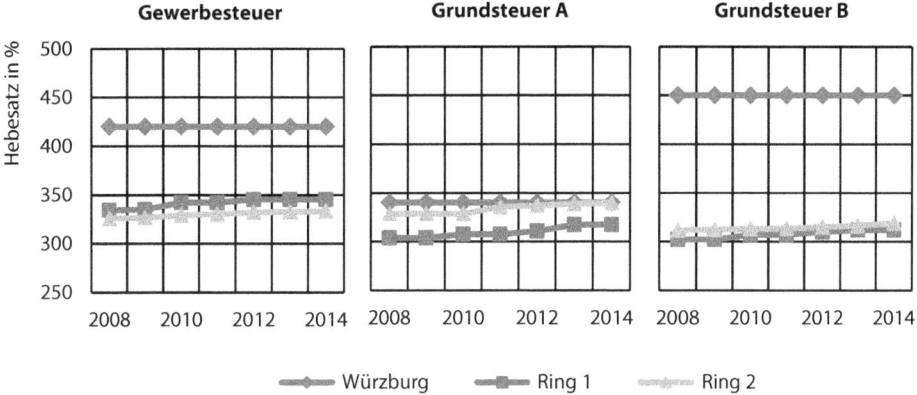

Abbildung 40: Die Entwicklung der Realsteuerhebesätze in Würzburg und seinem Umland.[319]

burger Wert das durchschnittliche Hebesatzniveau der Nachbargemeinden deutlich. Im Vergleich zu Ring 1 liegt er im Jahr 2014 um rund 75 %-Punkte und im Vergleich zu Ring 2 sogar um 87 %-Punkte höher. In einem Gutachten über die Wettbewerbsposition der Stadt Frankfurt im Verhältnis zu seinem Umland kommen Büttner und Kauder zu dem gleichen Ergebnis. Je näher eine Kommune am Stadtgebiet liegt, desto höher ist deren Gewerbesteuerhebesatz. Hingegen nimmt mit steigender Entfernung das Hebesatzniveau wieder ab.[320]

In Übereinstimmung mit den empirischen Erkenntnissen des dritten Kapitels und den folgenden Ergebnissen der Expertenbefragung lässt sich hieran offensichtlich der Einfluss einer Kommune auf die Gewerbesteuerpolitik ihrer Nachbargemeinden erkennen. So verwundert es auch nicht, dass im ersten Ring um Würzburg mit Margetshöchheim und Erlabrunn die beiden Gemeinden mit den nächst höchsten Gewerbesteuerhebesätzen in ganz Mainfranken liegen (jeweils 400 %). Es erscheint unwahrscheinlich, dass diese Gemeinden ein derart hohes Hebesatzniveau in der mainfränkischen Peripherie hätten durchsetzen können.

Entgegen dem generellen Befund, sich dem Hebesatzniveau des Oberzentrums anzupassen, lässt sich indes an den Beispielen Veitshöchheim (315 %), Rottendorf (320 %) und Waldbüttelbrunn (320 %) erkennen, dass einige Nachbargemeinden erfolgreich eine genau gegensätzliche Hebesatzstrategie verfolgen und offenbar bewusst niedrigere Hebesätze festlegen. Hierdurch fallen Standortentscheidungen offensichtlich immer häufiger auch zu deren Gunsten aus, wodurch in diesen Stadtrandgemeinden zusätzliches Steuersubstrat generiert werden kann – sicherlich auch zu Lasten des nahe gelegenen Oberzentrums Würzburg. Die positive Entwicklung dieser Stadtrandgemeinden verwundert deshalb nicht, da deren Gewerbegebiete zum Teil unmittelbar an das Stadtgebiet angrenzen und sich in den beiden Kommunen aufgrund des Hebesatzunterschieds eine um 3,5 %-Punkte niedrigere Steuer-

---

[319] Quelle: Eigene Darstellung mit Daten der Genesis-Online Datenbank Bayern (2015a).
[320] Vgl. Büttner / Kauder (2009), S. 39 ff.

belastung ergibt.[321] Vor allem in Branchen mit niedriger Umsatzrentabilität mag dieses Argument durchaus ein gewisses Gewicht besitzen. Somit zeigt sich, dass aus dem erhöhten Gewerbesteuerhebesatzniveau Würzburgs im Vergleich zu seinen direkten Nachbargemeinden durchaus Wettbewerbsnachteile resultieren können, da auch diese Gemeinden bei zugleich deutlich niedrigeren Hebesätzen über eine vergleichbare infrastrukturelle Anbindung und günstige wirtschaftliche Rahmenbedingungen verfügen.[322]

Gibt man diese enge regionale Betrachtung auf, kann trotz der beschriebenen Umstände nicht geschlussfolgert werden, dass Würzburg mit seinem Hebesatzniveau grundsätzlich ein Wettbewerbsnachteil zuteilwird. Der Vergleich mit anderen bayerischen Großstädten in Tabelle 20 offenbart nämlich, dass der Würzburger Gewerbesteuerhebesatz in der eigenen Gemeindegrößenklasse durchaus als wettbewerbsfähig eingeschätzt werden kann. So besitzen die räumlich nahe gelegenen Städte Nürnberg, Fürth und Erlangen einen höheren Hebesatz. Zu dieser Feststellung passt es ebenso, dass es Würzburg trotz seines (vermeintlich zu hohen) Gewerbesteuerhebesatzes von 420 % auch regional gelingt, nicht nur bei einer absoluten Betrachtung des Gewerbesteuergrundbetrags, sondern auch in Relation zur Einwohnerzahl verhältnismäßig hohe Gewerbesteuereinnahmen zu erzielen, wie die folgende Tabelle 20 noch offenlegen wird. Dies ist insofern nicht erstaunlich, da der Hebesatz nur als einer von vielen Faktoren gilt, der die Standortentscheidung eines Unternehmens und somit die Platzierung des Besteuerungssubstrats beeinflusst.[323] Großstädten wird stets auch eine erhöhte Anziehungskraft auf Unternehmen zuteil. Wie sollte es sich sonst erklären lassen, dass die bayerische Landeshauptstadt München bei einem Gewerbesteuerhebesatz von 490 % einen Gewerbesteuergrundbetrag von 322,5 Euro pro Einwohner erzielt und damit einen Wert erreicht, der deutlich über dem Landesdurchschnitt von ca. 178 Euro sowie den Werten der meisten mainfränkischen Kommunen liegt.[324]

Bei der Grundsteuer A zeigt sich hingegen ein gänzlich anderes Bild. Zum einen hat Würzburg im Vergleich zu seinem direkten Umland mit 340 % keinen deutlich höheren Hebesatz festgelegt und zum anderen fällt dieser auch nicht mit der Entfernung zum Oberzentrum. Der erste Punkt ist wohl darin begründet, dass diese Realsteuer für Würzburg eine zu geringe Bedeutung hat, um als haushaltspolitisches Steuerungselement aufgefasst zu werden. So beträgt der Anteil der Grundsteuer A an den kommunalen Steuereinnahmen in Würzburg lediglich ca. 0,1 %, während er im ersten Ring schon durchschnittlich 0,6 % und im zweiten Ring im Mittel sogar 2,6 % beträgt. Selbst mit dem höchsten mainfränkischen Hebesatz von 600 % (Thüngersheim, Ring 2) könnte Würzburg bei einem jährlichen Messbetrag der Grundsteuer A von rund 26 Tsd. Euro seine Steuereinnahmen lediglich um ca. 70 Tsd. Euro erhöhen, was bei Steuereinnahmen von rund 140 Mio. Euro kaum ins Gewicht fallen würde. Wie in anderen urbanen Ballungsräumen besteht auch in Würzburg aufgrund

---

[321]   Nach Anwendung der Steuermesszahl (3,5 %) wird bei einem Gewerbesteuerhebesatz von 320 % der Gewerbeertrag eines Unternehmens mit 11,2 % versteuert, in Würzburg bei einem Hebesatz von 420 % hingegen mit 14,7 %.

[322]   Vgl. hierzu die Standortsuche zu den Gewerbegebieten der genannten Gemeinden in der Onlinedatenbank der IHK: Sisby (2016).

[323]   Vgl. für eine allgemeine Begriffsbestimmung Hansmann (2006), S. 107 ff. und für empirische Untersuchungen zu Standortfaktoren Arndt et al. (2009) S. 68 ff. und S. 82 sowie Berlemann / Tilgner (2007), S. 16 ff.

[324]   Vgl. für die genannten Gemeindedaten: Genesis-Online Datenbank Bayern (2015a).

Gebietskörperschaften	Einwohner zum 31.12.14	GewSt	Realsteuerhebesätze	
			GrSt A	GrSt B
1. Oberzentrum				
Würzburg	124.219	420%	340%	450%
2. Nachbargemeinden				
Ring 1	88.165	345%	317%	312%
Ring 2	113.482	333%	339%	319%
3. Vergleichbare Städte				
München	1.429.584	490%	535%	535%
Nürnberg	501.072	447%	332%	535%
Augsburg	281.111	348%	364%	374%
Regensburg	142.292	425%	295%	395%
Ingolstadt	131.002	400%	350%	460%
Fürth	121.519	440%	350%	555%
Erlangen	106.423	440%	350%	500%
Bamberg	71.952	390%	280%	425%
Mittelwert	348.119	423%	357%	472%
4. Bayern	12.691.568	377%	342%	385%

Tabelle 20: Die Würzburger Realsteuerhebesätze im Vergleich.[325]

der mäßigen Verfügbarkeit von landwirtschaftlich genutzten Flächen nur ein geringer Anreiz, höhere Hebesätze bei der Grundsteuer A zu forcieren. Vor diesem Hintergrund überrascht die zweite Feststellung auch nicht. In den Kommunen des zweiten Rings kann wohl deshalb ein höheres Hebesatzniveau (rund 339 %) als im ersten Ring (rund 317 %) beobachtet werden, da diese Kommunen bereits deutlich ländlicher geprägt sind. Der Hebesatz zur Grundsteuer A wird dort als Steuerungselement wahrgenommen. Zu verweisen wäre zum Beispiel auf die beiden Gemeinden Thüngersheim (Weinbau) sowie Unterpleichfeld (Ackerbau) und in diesem Zusammenhang auf die Ausführungen in Kapitel 4.2.4.

Die Gegenüberstellung des Grundsteuerhebesatzes B der Stadt Würzburg mit den Werten seiner unmittelbaren Nachbarn führt zu ähnlichen Beobachtungen wie die bei der Gewerbesteuer. Mit einem Hebesatz von 450 % besitzt Würzburg wieder einen viel höheren Steuersatz als die Kommunen in den Ringen 1 und 2. Erst mit deutlichem Abstand folgen auf den hohen Wert des Oberzentrums die Gemeinden Randersacker (Ring 1) sowie Gaukönigshofen und Winterhausen (beide Ring 2), die im Jahr 2014 jeweils einen Hebesatz von 360 % festgesetzt haben. Die niedrigsten Hebesätze (jeweils 275 %) weisen Rottendorf (Ring 1), Albertshofen und Waldbrunn (beide Ring 2) auf. Infolgedessen ergibt sich für den ersten Ring ein Durchschnittshebesatz von lediglich 312 %, im zweiten Ring liegt der Wert mit rund 319 % unwesentlich höher. Dies zeigt aber auch, dass im Unterschied zur Gewerbesteuer die Hebesätze nicht mit zunehmender Entfernung sinken. Ferner liegen die Werte

---

[325]   Quelle: Eigene Darstellung mit Daten der Genesis-Online Datenbank Bayern (2015a).

relativ dicht beieinander und befinden sich damit auf Höhe des mainfränkischen Durchschnitts. So besteht der Unterschied wohl alleine zwischen der Stadt und dem Land. Den einzelnen Ringen und der Entfernung zum Oberzentrum wird somit keine Bedeutung zuteil.

Ein Wettbewerbsnachteil entsteht für Würzburg aus diesen Hebesatzunterschieden wohl aber nur sehr bedingt. Zwar mag für manchen Bauherren die lokale Grundsteuerbelastung einer der Faktoren bei der Standortwahl sein, andere Aspekte wie Baulandpreise, die Entfernung zum Arbeitsplatz, das soziale Umfeld, kulturelle Angebote und öffentliche Einrichtungen sind hierfür aber sicherlich gewichtiger. Zumal der vermeintlich überhöhte Steuersatz stets auch mit der Attraktivität eines Standorts in Verbindung gebracht werden sollte. Schließlich können in Würzburg aus der Vermietung und der Veräußerung von Immobilien deutlich höhere Erträge erzielt werden als andernorts.[326] Des Weiteren wirkt es sich generell wettbewerbsbeschränkend aus, dass das Besteuerungsobjekt der Grundsteuer, die Grundstücke und die hierauf bereits errichteten Gebäude immobil sind. Folglich können sich die Eigentümer einem höheren Hebesatz nicht ohne Weiteres entziehen. Abschließend kann somit konstatiert werden, dass dem Oberzentrum durch seinen hohen Hebesatz der Grundsteuer B kein Wettbewerbsnachteil zuteilwird.

4.3.1.2 Das Steueraufkommen im Vergleich zum Umland

Nachdem im vorstehenden Kapitel das Hebesatzniveau verglichen wurde, soll nun ein Vergleich der städtischen Steuereinnahmen mit denen der Umlandgemeinden vorgenommen werden. Wie einleitend bereits erläutert, werden im Sinne einer besseren Vergleichbarkeit

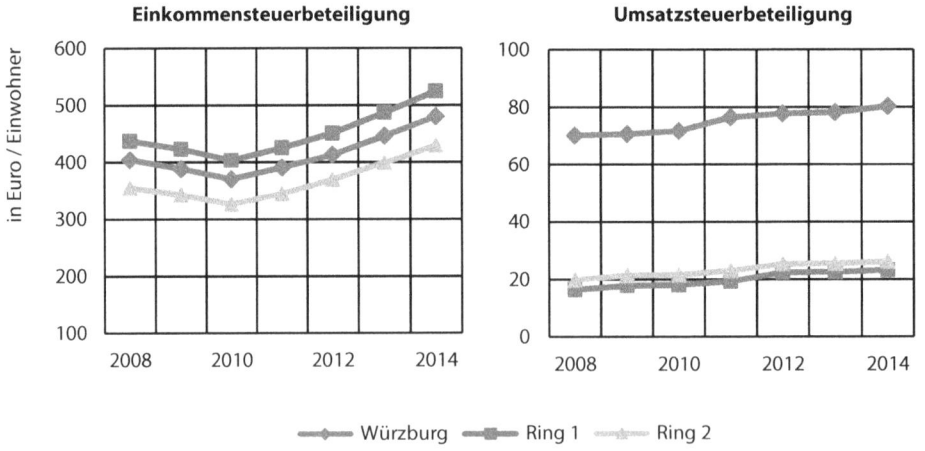

Abbildung 41: Die Gemeindeanteile an der Einkommensteuer und der Umsatzsteuer in Würzburg und seinem Umland.[327]

326　Vgl. hierzu den Mietspiegel von Immobilienscout24 (2016).
327　Quelle: Eigene Darstellung mit Daten der Genesis-Online Datenbank Bayern (2015a).

stets die Pro-Kopf-Einnahmen der jeweiligen Steuer dargestellt, bei den Realsteuern wird ferner von den Grundbeträgen ausgegangen, um eine Hebesatzneutralität gewährleisten zu können.

Für die Gemeindeanteile an der Einkommensteuer und der Umsatzsteuer zeigt sich, dass sich diese in Würzburg und seinem Umland sehr gleichmäßig entwickelt haben. Unabhängig von dem jeweiligen Niveau nehmen dabei alle Kurven annähernd den gleichen Verlauf. Für den Einkommensteueranteil wird ersichtlich, dass die Finanzkrise ab 2008 auch auf die privaten Einkommen einen starken Einfluss hatte. Erst ab dem Jahr 2010 stieg das Aufkommen an Lohn- und an veranlagter Einkommensteuer wieder an, so dass auch die kommunale Einkommensteuerbeteiligung wieder zunehmen konnte.

Die Abbildung verdeutlicht, dass Würzburg trotz der hohen absoluten Einnahmen aus der Einkommensteuerbeteiligung von zuletzt rund 60 Mio. Euro bei einer Pro-Kopf-Betrachtung über niedrigere Einnahmen als die Kommunen des Rings 1 verfügt und auch die durchschnittlichen Pro-Kopf-Einnahmen im zweiten Ring nur unwesentlich niedriger liegen. Dies zeigt, dass Würzburg bei der Generierung von Einnahmen aus der Einkommensteuerbeteiligung offenbar im Vergleich zu seinen Nachbarkommunen aufgrund seiner Bevölkerungsstruktur Wettbewerbsnachteile hinnehmen muss. Wie bereits in Kapitel 4.2.1 am Beispiel von einzelnen Gemeinden beschrieben wurde, scheint es sich nun zu bestätigen, dass es viele Besserverdiener offenbar vorziehen, sich in den Vororten Würzburgs anzusiedeln, auch wenn sie ihre Einkünfte teilweise andernorts (zum Beispiel in Würzburg) erzielen. Verstärkt wird dieser Umstand dadurch, dass Würzburg als Universitätsstandort überproportional viele junge Menschen beherbergt und diese Personengruppe per se über niedrigere Einkünfte verfügt. Dass im Ring 2 hingegen niedrigere Pro-Kopf-Einnahmen als in Würzburg vorliegen, lässt sich vermutlich vor allem damit begründen, dass das Lohnniveau im ländlichen Raum generell niedriger liegt. Des Weiteren nimmt der oben beschriebene Effekt bezüglich der Ansiedlung von Besserverdienern wohl auch mit der Entfernung zur Stadt wieder ab, da sich die Pendeldistanz vergrößert und die Partizipationsmöglichkeiten am kulturellen Angebot sowie den öffentlichen Einrichtungen des Oberzentrums deutlich zurückgehen. Für eine Stärkung seiner Wettbewerbsposition hinsichtlich der Erzielung von Einnahmen aus der Einkommensteuerbeteiligung wäre es für das Oberzentrum sicherlich ratsam, durch ein Angebot von günstigem Bauland oder dessen Bezuschussung steuernd auf den Immobilienmarkt einzuwirken und eine umfassendere Kinderbetreuung anzubieten, um so ein entsprechendes Einwohnerklientel anzulocken. Wie die Beispiele Marktheidenfeld und Lohr zeigen, kann es Kommunen so gelingen, Arbeitnehmer auch als Einwohner an den Standort zu binden und hierdurch einen erhöhten Einkommensteueranteil zu erzielen.[328] Erschwert wird die Empfehlung für Würzburg allerdings durch die geringe Verfügbarkeit freier Flächen und die hohen Preise im Immobiliensektor.[329]

Für den Gemeindeanteil an der Umsatzsteuer veranschaulicht die Grafik, dass Würzburg bei dieser Steuerart mit Pro-Kopf-Einnahmen von 80,29 Euro (in 2014) deutlich höhere Einnahmen erzielt als seine Umlandgemeinden. Einzig Rottendorf kann mit einem Wert von 95,31 Euro das Würzburger Ergebnis übertreffen. Alle anderen Gemeinden erzielen viel niedrigere Werte, wie die beiden Kurvenverläufe wiedergeben. Der hohe Wert

---

[328] Siehe hierzu die Ausführungen in Kapitel 4.2.1.
[329] Vgl. Immobilienscout24 (2016).

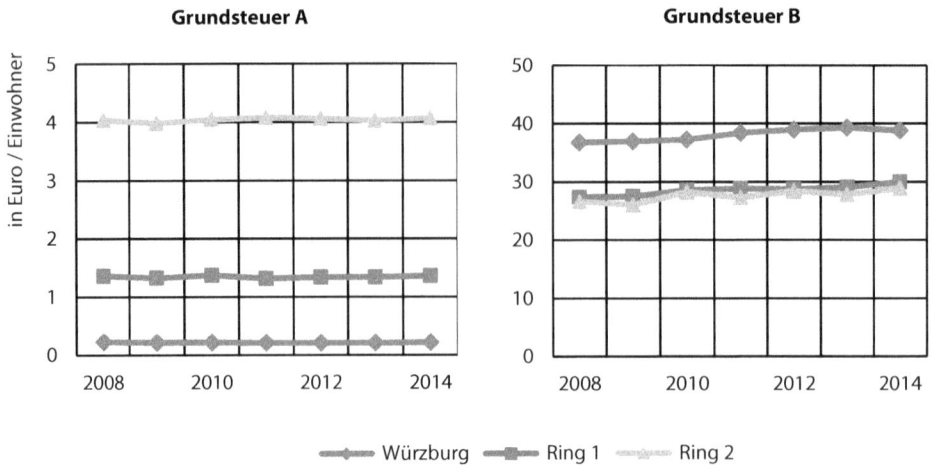

Abbildung 42: Die Grundsteuereinnahmen (Grundbeträge) in Würzburg und seinem Umland.[330]

Würzburgs ist vor allem in der großen Zahl an sozialversicherungspflichtig Beschäftigten und der hohen Summe der sozialversicherungspflichtigen Entgelte begründet, da diese Kennzahlen wesentliche Berechnungsgrößen des Verteilungsschlüssels sind.

Der Abbildung 42 kann entnommen werden, dass sich die Einnahmesituation der Stadt bei den beiden Grundsteuern völlig konträr darstellt, im Zeitverlauf aber zugleich sehr konstant ist.[331] Vor dem Hintergrund geringer landwirtschaftlich genutzter Flächen und der hohen Einwohnerzahl verwundert es aber nicht, dass Würzburg mit Pro-Kopf-Einnahmen von lediglich 0,22 Euro neben Höchberg einen der niedrigsten Werte bei der Grundsteuer A in Mainfranken aufweist. Wie später noch deutlicher werden wird, hat lediglich Schweinfurt mit 0,14 Euro einen noch niedrigeren Wert. Hingegen können die Würzburger Umlandgemeinden des Rings 1 einen Wert von 1,36 Euro und die des Rings 2 sogar von 4,07 Euro aufweisen. Das legt den Schluss nahe, je ländlicher geprägt und dünner besiedelt eine Kommune ist, desto höher sind die Einnahmen aus der Grundsteuer A. Daher ist es nur folgerichtig, dass in urbanen Gebieten mit dichter und hochwertiger Bebauung, hohen Grundstückspreisen sowie hohen Mieten höhere Einnahmen aus der Grundsteuer B erzielt werden. Schließlich wirken diese Faktoren über den Einheitswert eines Grundstücks auf die Grundsteuermessbeträge ein und determinieren somit die Steuereinnahmen einer Kommune. Mit Pro-Kopf-Einnahmen von 38,80 Euro verfügt das Oberzentrum Würzburg demzufolge über deutlich höhere Einnahmen als die Kommunen im ersten Ring (30,00 Euro), als auch die Gemeinden des zweiten Rings (28,89 Euro). Alleine die in Ring 1 gelegene Gemeinde Rottendorf kann einen besseren Wert aufweisen (40,28 Euro).

---

[330]   Quelle: Eigene Darstellung mit Daten der Genesis-Online Datenbank Bayern (2015a).
[331]   Bei den dargestellten Werten handelt es sich um Grundbeträge. Da diese um das jeweilige Hebesatzniveau bereinigt sind, besteht kein Zusammenhang mit den Ausführungen des letzten Unterkapitels.

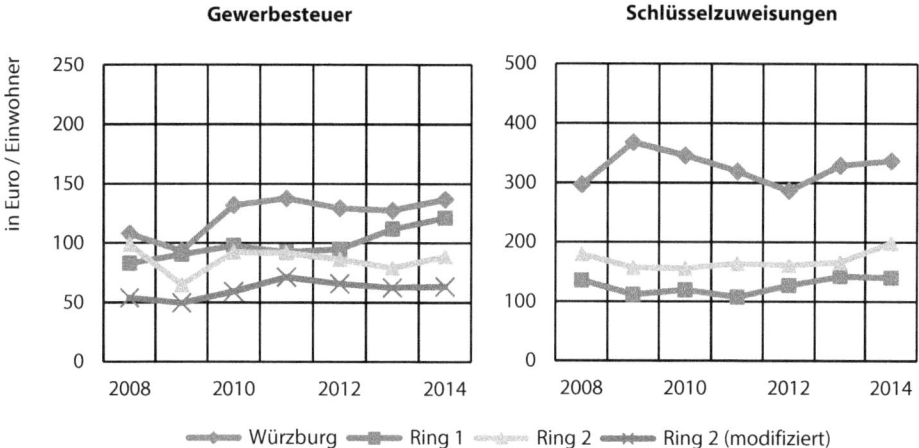

Abbildung 43: Die Gewerbesteuereinnahmen (Grundbetrag) und Schlüsselzuweisungen in Würzburg und seinem Umland.[332]

Die Darstellung zu den gewerbesteuerlichen Pro-Kopf-Einnahmen zeigt für Würzburg und die umliegenden Gemeinden zuallererst, dass diese, wie auch der Gemeindeanteil an der Einkommensteuer, im Zeitverlauf volatil sind. Aufgrund der starken Konjunkturabhängigkeit der Gewerbesteuer sind die Folgen der Weltwirtschaftskrise auch auf dieser kommunalen Ebene zu erkennen. Nachdem die Würzburger Pro-Kopf-Einnahmen im Jahr 2009 auf 93,27 Euro abgesunken waren, haben sich diese inzwischen wieder bei rund 130,00 Euro stabilisiert und erreichten im Jahr 2014 einen Wert von 136,61 Euro. Hingegen waren die konjunkturellen Auswirkungen auf die direkten Nachbargemeinden Würzburgs viel geringer. Insbesondere die Gemeinden des ersten Rings konnten sogar während der Krise einen Zuwachs der Gewerbesteuereinnahmen verzeichnen und nähern sich deshalb in den vergangenen Jahren immer stärker dem Einnahmeniveau des Oberzentrums an. In 2014 wurden im ersten Ring bereits Pro-Kopf-Einnahmen von durchschnittlich 121,08 Euro erzielt. Für diese positive Entwicklung sind allen voran die Gemeinden Rottendorf, Veitshöchheim, Waldbüttelbrunn und Eibelstadt verantwortlich, die durch eine geschickte Standortpolitik allesamt höhere Pro-Kopf-Einnahmen aus der Gewerbesteuer erreichen. Darüber hinaus scheint die Wirtschaft an diesen Standorten weitestgehend konjunkturunabhängig zu sein.[333]

Zwar mag der Kurvenverlauf des zweiten Rings vor allem im Jahr 2009 zunächst einen anderen Schluss vermitteln, jedoch treffen die Ausführungen zu Ring 1 generell auch auf die Kommunen des zweiten Rings zu. Diesen allgemeinen Feststellungen wirkt nämlich der Umstand entgegen, dass sich unter den Gemeinden des zweiten Rings auch die beiden Mit-

---

[332]   Quelle: Eigene Darstellung mit Daten der Genesis-Online Datenbank Bayern (2915a) Die Kurve „Ring 2 (modifiziert)" bezieht die beiden Mittelzentren Kitzingen und Ochsenfurt aufgrund ihres dominierenden Einflusses sowie Giebelstadt wegen eines Sondereffekts in 2008 nicht in die Betrachtung mit ein.

[333]   Die Gemeinde Veitshöchheim bildet hierzu eine Ausnahme, da sich auch dort im Jahr 2009 die Gewerbesteuereinnahmen von 118,51 Euro auf 54,05 Euro pro Kopf mehr als halbiert haben.

telzentren Kitzingen und Ochsenfurt befinden, die das Gesamtergebnis deutlich beeinflussen. Während die gewerbesteuerlichen Pro-Kopf-Einnahmen ohne diese beiden Städte seit 2008 konstant bei rund 64,50 Euro p.a. gelegen hätten, wird der Wert allein durch Kitzingen und Ochsenfurt auf 85,87 Euro erhöht. Demzufolge lässt sich der unstete Kurvenverlauf des zweiten Rings beinahe vollständig auf diese beiden Städte zurückführen. Dies zeigt sich insbesondere auch bei dem starken Rückgang im Jahr 2009, der vor allem in dem Einbruch der Gewerbesteuereinnahmen in Kitzingen begründet war. Verstärkend wirkte in diesem Zusammenhang noch die Tatsache, dass die Pro-Kopf-Einnahmen im Jahr 2008 durch den exorbitant hohen Veräußerungsgewinn eines Unternehmens aus Giebelstadt sogar auf Ebene des gesamten zweiten Rings um 16,40 Euro höher lagen und sich der Rückgang in 2009 deshalb stärker darstellte als er tatsächlich durch die Finanzkrise bedingt war.

Daher wurde in das Schaubild der Gewerbesteuereinnahmen noch eine weitere Datenreihe für den zweiten Ring aufgenommen, welche die beiden Mittelzentren Kitzingen und Ochsenfurt aufgrund ihres dominierenden Einflusses sowie Giebelstadt wegen des Sondereffekts in 2008 nicht berücksichtigt. Durch diese Anpassung kann klarer aufgezeigt werden, dass das Gewerbesteueraufkommen vom Oberzentrum ausgehend von Ring zu Ring absinkt, dort aber auch weniger volatil ist. Begründet mag dies vor allem in der Unternehmens- und Branchenstruktur der ortsansässigen Wirtschaft sein. In ländlich geprägten Kommunen sind vorwiegend kleinere Gewerbebetriebe angesiedelt. Diese agieren meist regional und werden deshalb von den internationalen Konjunkturverläufen weniger beeinflusst als weltweit tätige Großbetriebe. Was in Krisenzeiten als durchweg positiv zu bewerten ist, kann diesen Kommunen in längeren Phasen wirtschaftlich vorteilhafter Entwicklung aber auch Chancen zu Einnahmesteigerungen verwehren. So gingen beispielsweise in Kitzingen die Gewerbesteuereinnahmen im Zuge der Finanzkrise in 2009 zwar um rund 60 % zurück, verdoppelten sich allerdings bereits wieder in 2010 und erreichten in 2014 mit knapp 10 Mio. Euro wieder annähernd den Wert aus 2008.

Neben der Entwicklung der Gewerbesteuereinnahmen in Würzburg und Umgebung stellt die Abbildung 43 noch den Verlauf der erhaltenen Schlüsselzuweisungen dar. Auch wenn diese nicht zu den kommunalen Steuereinnahmen zählen, sind sie für viele Kommunen von großer Bedeutung. Deshalb sei auf die Schlüsselzuweisungen kurz eingegangen. Da sich die Höhe dieser zweckfreien Zuweisungen in Abhängigkeit von Finanzbedarf und der Steuerkraft einer Kommune ermittelt, sind die Schlüsselzuweisungen besonders für finanzschwächere Kommunen ein zentrales Instrument der Finanzierung. Es zeigt sich, dass Würzburg trotz einer relativ hohen Steuerkraft (840,47 Euro / Einwohner) deutlich höhere Schlüsselzuweisungen (337,03 Euro / Einwohner) als die umliegenden Gemeinden erhält. Würzburg ist somit eher als finanzschwache Gemeinde zu beurteilen. Denn den Gemeinden des ersten Rings werden durchschnittlich nur 140,27 Euro pro Einwohner und den Kommunen des zweiten Rings nur 198,14 Euro pro Einwohner zugewiesen. Ursächlich hierfür ist die Systematik des Finanzausgleichs, die Würzburg aufgrund seiner Einwohnerzahl und des Status als kreisfreie Stadt über den Hauptansatz und die Ergänzungsansätze einen hohen Finanzbedarf pro Einwohner zuspricht, da es auch für das Umland Leistungen erbringt (etwa Ausbildung, Kultur, Verkehrsnetz) und in einigen Bereichen kostspieligere Aufgaben zu erfüllen hat (etwa im sozialen Bereich). Daneben befinden sich unter den Kommunen des ersten Rings (Eibelstadt, Waldbüttelbrunn, Rottendorf) und unter denen des zweiten

Rings (Marktsteft, Greußenheim) einige abundante Gemeinden, die keinerlei Zuweisungen erhalten und somit den Durchschnittswert ihres Rings weiter absenken.

Abschließend lässt sich somit festhalten, dass Würzburg im Vergleich zu seinem Umland hinsichtlich der Generierung von Steuereinnahmen und Schlüsselzuweisungen eine sehr gute Wettbewerbsposition innehat. Aufgrund seiner Größe und des Status als kreisfreie Stadt partizipiert es nicht nur umfangreich am Finanzausgleich, sondern schöpft auch seine Steuereinnahmemöglichkeiten weitestgehend aus. Vor allem bei der Gewerbesteuer (netto), der Grundsteuer B und der kommunalen Umsatzsteuerbeteiligung, welche zusammen rund 60 % der städtischen Steuereinnahmen ausmachen, erzielt das Oberzentrum ein sehr gutes Ergebnis. Dies ist insbesondere für die Gewerbesteuer bemerkenswert, da die Stadt nicht als klassischer Industriestandort gilt und nur wenige Großbetriebe beheimatet.

Dass Würzburg bei der Grundsteuer A kein sonderlich gutes Resultat erzielt, fällt dabei kaum ins Gewicht, da dieser Steuer nur wenig Bedeutung für den kommunalen Haushalt zuteilwird und sich deren Relevanz aufgrund der topografischen Begebenheiten auch nicht steigern ließe.

Einzig bei dem Gemeindeanteil an der Einkommensteuer besteht für Würzburg im Vergleich zu seinem direkten Umland noch Entwicklungspotential. Da beinahe alle Gemeinden des ersten Rings höhere Werte bei den Pro-Kopf-Einnahmen erzielen, sollte die Stadt Anstrengungen unternehmen, auch für Besserverdienende bei der Wohnortwahl attraktiver zu werden. Hierzu würden sicherlich der Ausweis weiterer Baugebiete (wie beispielsweise im neuen Stadtteil Hubland) als auch die Ausweitung einer modernen Kinderbetreuung beitragen. Erschwerende Faktoren für eine Steigerung der Einkommensteuerbeteiligung sind allerdings die begrenzte Flächenverfügbarkeit und die mit der Eigenschaft als Universitätsstadt einhergehende Bevölkerungsstruktur.

4.3.2 Die Wettbewerbsposition der Stadt Schweinfurt

Das ebenso am Main gelegene Schweinfurt ist das zweite Oberzentrum in Mainfranken und ebenfalls eine kreisfreie Stadt. Mit rund 52 Tsd. Einwohnern und einer Fläche von 35,7 km² ist es merklich kleiner und besitzt in seiner Wirtschaftsstruktur eine völlig andere Prägung. Während sich das 37 Kilometer entfernte Würzburg vor allem als Verwaltungsstadt, Hochschul- und Dienstleistungsstandort auszeichnet,[334] ist Schweinfurt heute die wichtigste Industriestadt Nordbayerns, erzielt im Freistaat nach Ingolstadt und München mit 89.455 Euro das höchste BIP je Einwohner und gilt als Zentrum der deutschen Wälzlagerindustrie.[335]

Die relativ kleine Fläche Schweinfurts ist vor allem darauf zurückzuführen, dass im Zuge der bayerischen Gebietsreform keine Vororte eingemeindet wurden. Die Stadt umfasst nach wie vor nur das kleine Gebiet der Kernstadt. Wie der vorstehenden Abbildung entnommen werden kann, fallen in den ersten Ring um Schweinfurt 15 Kommunen. Dabei grenzen die Gemeinden Bergrheinfeld, Dittelbrunn, Geldersheim, Gochsheim, Grafenrheinfeld, Niederwerrn, Schonungen, Sennfeld und Üchtelhausen direkt an das Stadtgebiet an. Euerbach, Gädheim, Grettstadt, Poppenhausen, Röthlein und Schwebheim ergänzen den Kreis der

---

334 Vgl. Zeitler (1988), S. 46 ff.
335 Vgl. Meidel (1988), S. 122 ff. und für die Angaben zum BIP die Regionaldatenbank Deutschland (2016d).

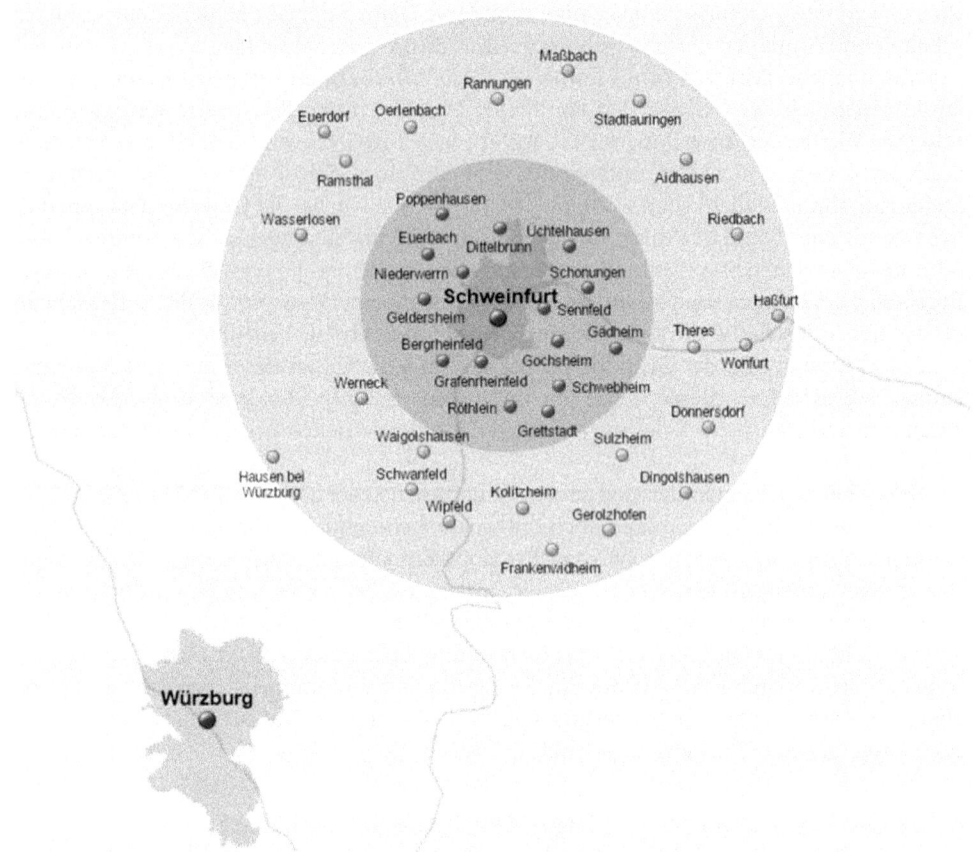

Abbildung 44: Zuordnung der Gemeinden in den zwei Ringen um Schweinfurt.[336]

Kommunen, die weniger als 10 Kilometer vom Stadtzentrum entfernt liegen. Der zweite Ring um das Oberzentrum umfasst 26 Gemeinden. Neben einer Vielzahl kleinerer Gemeinden in den Landkreisen Schweinfurt, Bad Kissingen und Haßberge zählen hierzu die Kreisstadt Haßfurt, das Mittelzentrum Gerolzhofen und die großen Gemeinden Oerlenbach sowie Werneck.

4.3.2.1 Die Realsteuerhebesätze im Vergleich zum Umland

Die Beurteilung über die Wettbewerbsposition der Stadt Schweinfurt beginnt ebenfalls mit einer Bewertung der Realsteuersätze des Oberzentrums im Vergleich zu seinem Umland. Wie der folgenden Grafik entnommen werden kann, zeichnet sich ein ähnliches Bild wie für Würzburg. Bei allen drei Realsteuerarten hat Schweinfurt einen höheren Hebesatz festgelegt als seine Umlandgemeinden. Mit Ausnahme der Grundsteuer A sind die Hebesatzunterschiede aber weit weniger deutlich.

---

[336]   Quelle: Eigene Darstellung.

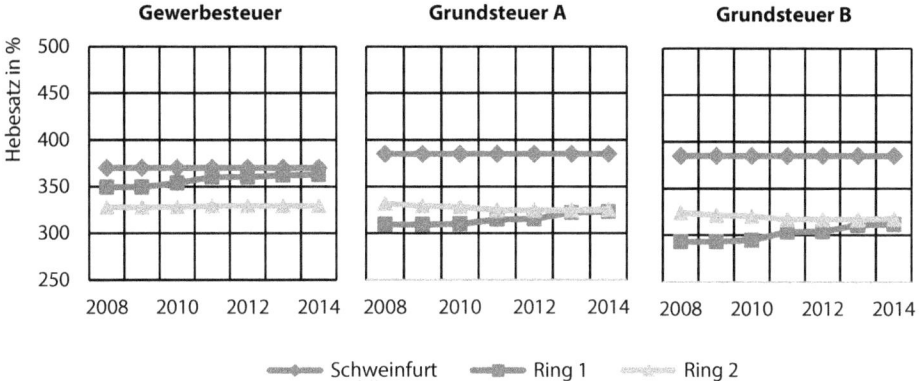

Abbildung 45: Die Entwicklung der Realsteuerhebesätze in Schweinfurt und seinem Umland.[337]

Mit einem Gewerbesteuerhebesatz von 370 % ist in Schweinfurt nur ein unwesentlich höherer Hebesatz festgesetzt worden als in den Nachbargemeinden des ersten Rings.[338] Wie sich an der Entwicklung im Zeitverlauf erkennen lässt, geht der Hebesatzunterschied dabei immer weiter zurück. Bei einer mittleren Abweichung von 16,7 %-Punkten beträgt der durchschnittliche Hebesatz im Ring 1 im Jahr 2014 bereits 362,6 % und liegt damit rund 7 %-Punkte unter dem Wert des Oberzentrums. Im Betrachtungszeitraum sind die Hebesätze in den umliegenden Gemeinden um rund 4 % angestiegen. In den Kommunen des zweiten Rings kam es hingegen nur zu sehr geringen Hebesatzanpassungen von unter 1 %, obwohl deren Hebesatzunterschied zu Schweinfurt deutlich größer ist. Bei einem durchschnittlichen Hebesatz von 329,1 % beträgt die Differenz zum Oberzentrum rund 41 %. Dies verdeutlicht, dass sich für das Verhältnis des Schweinfurter Gewerbesteuerhebesatzes zu dem Hebesatzniveau der umliegenden Gemeinden die gleichen Erkenntnisse wie für Würzburg gewinnen lassen: Mit steigender Entfernung zum Oberzentrum fällt das Hebesatzniveau von Ring zu Ring.

Der Vergleich mit den Umlandgemeinden vermittelt bereits, dass der Gewerbesteuerhebesatz des Oberzentrums als moderat beurteilt werden kann. Da das Hebesatzgefälle zu den Kommunen des ersten Rings, aber auch zu denen des zweiten Rings, gering ausfällt, hat Schweinfurt hieraus keine direkten Wettbewerbsnachteile zu erwarten. Ein Vorzug von umliegenden Gemeinden bei Standortentscheidungen ergibt sich daher meist aus anderen Standortfaktoren wie beispielsweise der begrenzten Flächenverfügbarkeit in Schweinfurt.

Aufgrund dessen wäre eine mäßige Anhebung des Hebesatzes in Schweinfurt sicherlich möglich. So stellt auch die Tabelle 21 im Vergleich mit den bayerischen Städten der gleichen Größenklasse dar, dass Schweinfurt einen wettbewerbsfähigen Hebesatz bei der Gewerbesteuer besitzt. Lediglich Neu-Ulm veranschlagt mit 360 % einen niedrigeren Wert. Eine Einschränkung erfahren diese Ausführungen allerdings dadurch, dass sich Schweinfurt auch als überregionaler Industriestandort definiert. Zwar haben die vier ortsansässigen Unter-

---

[337] Quelle: Eigene Darstellung mit Daten der Genesis-Online Datenbank Bayern (2015a).
[338] In Schweinfurt fand die letzte Hebesatzanpassung 1988 statt. Damals wurde der Hebesatz von 350 % auf 370 % erhöht. Vgl. Genesis-Online Datenbank Bayern (2015a).

Gebietskörperschaften	Einwohner zum 31.12.14	GewSt	Realsteuerhebesätze GrSt A	GrSt B
1. Oberzentrum				
Schweinfurt	51.610	370%	385%	385%
2. Nachbargemeinden				
Ring 1	69.899	363%	323%	312%
Ring 2	81.944	350%	330%	330%
3. Vergleichbare Städte				
Bamberg	71.952	390%	280%	425%
Bayreuth	71.601	390%	250%	425%
Aschaffenburg	68.167	385%	200%	350%
Landshut	67.509	420%	300%	430%
Kempten (Allgäu)	65.624	387%	250%	380%
Rosenheim	60.889	400%	330%	420%
Neu-Ulm	55.689	360%	350%	375%
Passau	49.952	400%	300%	390%
Mittelwert	63.923	392%	283%	399%
4. Bayern	12.691.568	377%	342%	385%

Tabelle 21: Die Schweinfurter Realsteuerhebesätze im Vergleich.[339]

nehmen, die der Großindustrie zugeordnet werden können, alle ihren Ursprung in Schweinfurt, gehören aber mittlerweile als Standorte zu internationalen Konzernen, welche hinsichtlich der Besteuerung sehr sensitiv sind. So konnten bereits die Autoren Becker et al. nachweisen, dass ein negativer Zusammenhang zwischen der Höhe des Gewerbesteuerhebesatzes und der Anzahl an Firmenhauptsitzen von international agierenden Unternahmen besteht.[340] Vor diesem Hintergrund erscheint es für Schweinfurt sicherlich sinnvoll, Hebesatzanpassungen bei der Gewerbesteuer genau abzuwägen.

Bei den beiden Grundsteuern veranschlagt Schweinfurt einen einheitlichen Hebesatz von jeweils 385 % und liegt damit deutlich über den Werten seines Umlands. Im Jahr 2014 betrug die Differenz zwischen dem Oberzentrum und dem ersten Ring bei der Grundsteuer A 62,1 %-Punkte und bei der Grundsteuer B sogar 73,4 %-Punkte. Zu den Gemeinden des zweiten Rings ergibt sich bei der Grundsteuer A ein Hebesatzunterschied von 59,8 %-Punkten und bei der Grundsteuer B von 67,3 %-Punkten. Damit wird deutlich, dass zwischen den beiden Ringen, aber auch zwischen den beiden Steuerarten relativ geringe Hebesatzunterschiede bestehen. Wie sich im Zeitverlauf zeigt, ist die bestehende geringe Differenz in den letzten Jahren noch weiter zurückgegangen, so dass wohl weitestgehend von einer einheitlichen Hebesatzpolitik der Umlandgemeinden ausgegangen werden kann. Während diese Feststellung für Würzburg nur bei der Grundsteuer B getroffen werden konnte, trifft das in Schweinfurt für beide Steuerarten zu. Es besteht ein deutliches Stadt-

---

[339]   Quelle: Eigene Darstellung mit Daten der Genesis-Online Datenbank Bayern (2015a).
[340]   Vgl. Becker et al. (2009), S. 14 ff.

Land-Gefälle. Ein umfassender Wettbewerbsnachteil lässt sich hieraus für Schweinfurt aber wohl nicht unmittelbar ableiten.

So muss in Bezug auf die Grundsteuer A angemerkt werden, dass diese für Schweinfurt von noch geringerer Bedeutung ist als für das benachbarte Oberzentrum Würzburg. Denn der Anteil von landwirtschaftlich genutzten Flächen liegt in Schweinfurt lediglich bei rund 24 %, was einen der niedrigsten Werte in ganz Mainfranken darstellt. Folglich beträgt der jährlich zu veranlagende Messbetrag zur Grundsteuer A auch nur 7 Tsd. Euro, woraus sich Steuereinnahmen von ca. 27 Tsd. Euro p.a. ergeben. Es ist nur schwer vorstellbar, dass sich die Stadt bei Gesamtsteuereinnahmen von 94,8 Mio. Euro (in 2014) daher in einen Wettbewerb bei der Grundsteuer A begeben möchte oder muss. Zwar mag der Hebesatz der Grundsteuer A im Vergleich zum Umland und anderen bayerischen Großstädten zu hoch ausfallen, vor dem Hintergrund der geringen Relevanz dieser Steuer für Schweinfurt erscheint dies aber nicht als gewichtig. Vielmehr lässt sich vermuten, dass der Hebesatz eher aus Aspekten der Einheitlichkeit mit der Grundsteuer B auf ein gemeinsames Niveau festgesetzt wurde, anstatt Überlegungen zur Wettbewerbsfähigkeit der Hebesatzhöhe zu folgen.

Die Grundsteuer B ist hingegen von größerer Relevanz für die Kommune, weshalb deren Hebesatzniveau deutlich stärker in den Kontext der benachbarten Gemeinden gesetzt werden muss. Gerade vor dem Hintergrund der begrenzten Flächenverfügbarkeit des Oberzentrums steht Schweinfurt sowohl bei gewerblichen und industriellen Neuansiedlungen als auch beim Zuzug von Einwohnern in einem großen Wettbewerb mit seinen Nachbargemeinden. So wird in den beiden Gemeinden Euerbach und Gochsheim lediglich ein Grundsteuerhebesatz B von 300 % veranschlagt, in Grafenrheinfeld nur von 270 % und in Niederwerrn sogar nur von 250 %. Bei zugleich niedrigeren Bodenpreisen und niedrigeren Gewerbesteuerhebesätzen kann sich deshalb durchaus ein Wettbewerbsnachteil für die Stadt einstellen. Allein die Kommunen Gädheim (350 %), Schonungen (360 %) und Üchtelhausen (360 %) scheinen sich dem Hebesatzniveau Schweinfurts anzupassen. Auch wenn die Hebesatzunterschiede im Vergleich zu den beiden umliegenden Ringen sehr ausgeprägt sind, kann die Tabelle 21 vermitteln, dass Schweinfurt mit seinem Grundsteuerhebesatz B genau im bayerischen Landesdurchschnitt liegt und sogar unter dem Durchschnitt der bayerischen Städte der gleichen Größenklasse. Folglich ist ein vermeintlicher Wettbewerbsnachteil hauptsächlich regional begrenzt und beschränkt sich dabei sicherlich nur auf die Ansiedlung von kleinen, regional operierenden Gewerbebetrieben und den Bau bzw. Erwerb von selbstgenutzten Wohnimmobilien. Bei Vermietungsobjekten stehen dem erhöhten Hebesatz nämlich höhere Ertragsaussichten im Oberzentrum gegenüber, so dass der Hebesatz ohnehin nicht als alleiniger Entscheidungsfaktor berücksichtigt werden kann. Hinsichtlich der Standortentscheidung von größeren Unternehmen konkurriert Schweinfurt sowieso nicht mit den umliegenden Gemeinden, sondern eher mit größeren Städten – zum Teil weltweit.

4.3.2.2 Das Steueraufkommen im Vergleich zum Umland

Mit der Abbildung 46 kann grafisch dargestellt werden, dass sich die Gemeindeanteile an der Einkommensteuer auch in Schweinfurt und dessen Umland sehr gleichmäßig entwickelt haben. Die Auswirkungen der Finanzkrise auf das Einkommen der Wohnbevölkerung

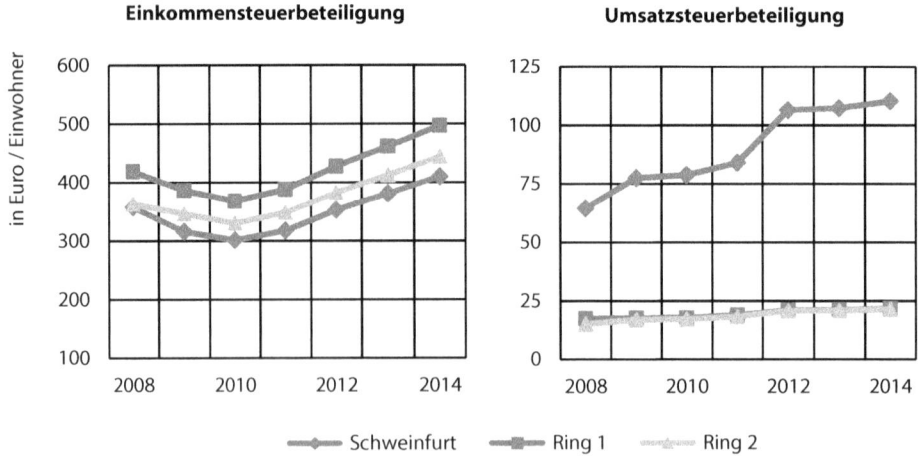

Abbildung 46: Die Gemeindeanteile an der Einkommensteuer und der Umsatzsteuer in Schweinfurt und seinem Umland.[341]

werden dabei ebenfalls gut sichtbar. Allerdings sieht sich die Stadt, wie bereits auch Würzburg, bei der Generierung von Einnahmen aus der Einkommensteuerbeteiligung mit einem Wettbewerbsnachteil konfrontiert, da sich die einkommensstärkere Klientel überwiegend in den Umlandgemeinden niederlässt.

Zum Ausdruck gebracht wird dies durch die niedrigeren Pro-Kopf-Einnahmen des Oberzentrums aus der Einkommensteuer. Während Schweinfurt in 2014 über den vertikalen Finanzausgleich nur 410,08 Euro je Einwohner zugewiesen bekommen hat, erhält eine Gemeinde im ersten Ring durchschnittlich 496,87 Euro pro Kopf an Einkommensteuer und eine Gemeinde im zweiten Ring noch 444,05 Euro. Die Gemeinden mit der höchsten Einkommensteuerbeteiligung je Einwohner sind im ersten Ring Grafenrheinfeld (545,45 Euro/Kopf), Dittelbrunn (534,39 Euro/Kopf) und Schonungen (533,34 Euro/Kopf). Besonders bemerkenswert ist dabei, dass keine Gemeinde im ersten Ring über niedrigere Einnahmen als Schweinfurt verfügt. Selbst die beiden Gemeinden mit den niedrigsten Pro-Kopf-Einnahmen (Geldersheim und Sennfeld) erreichen noch einen Wert von rund 435,30 Euro je Einwohner. Erst in Ring 2 befinden sich sieben Gemeinden, die eine geringere Einkommensteuerbeteiligung als Schweinfurt erzielen, dafür aber auch weit in der mainfränkischen Peripherie liegen.[342]

Hingegen zeichnet sich für den Gemeindeanteil an der Umsatzsteuer ein vollständig gegensätzliches Bild. Hier erzielt Schweinfurt aufgrund seiner hohen Gewerbesteuereinnahmen und des hohen Beschäftigungsstands deutlich höhere Steuereinnahmen als die Gemeinden seines Umlands.[343] Bei einer absoluten Umsatzsteuerbeteiligung von rund 5,7 Mio.

---

341   Quelle: Eigene Darstellung mit Daten der Genesis-Online Datenbank Bayern (2015a).
342   Hierbei handelt es sich um die Gemeinden Stadtlauringen, Riedbach, Thundorf in Unterfranken, Ramsthal, Aidhausen, Eisenheim und Euerdorf.
343   Für eine Begründung dieser Zusammenhänge sei auf Kapitel 2.1.3 verwiesen.

Euro in 2014 ergeben sich im Oberzentrum Pro-Kopf-Einnahmen von 110,27 Euro, während in den Gemeinden der beiden Ringe fast deckungsgleiche Werte erzielt werden. In Ring 1 liegt der Durchschnittswert dieses Jahres bei 21,79 Euro und in Ring 2 bei 21,49 Euro. Einzig in den beiden Gemeinden Sennfeld (60,38 Euro/Kopf) und Grafenrheinfeld (128,91 Euro/Kopf) werden ebenfalls hohe Gemeindeanteile an der Umsatzsteuer erlangt. Wie die Entwicklung bei den Gewerbesteuereinnahmen Grafenrheinfelds aber bereits aufzeigt, wird sich im Zuge des Rückbaus des Kernkraftwerks auch der Umsatzsteueranteil der Gemeinde in den kommenden Jahren merklich reduzieren.[344]

Die Feststellungen, die sich nach einer Studie der Abbildung 47 für die erzielten Grundsteuereinnahmen treffen lassen, sind ebenfalls von einer großen Konsistenz hinsichtlich der Ausführungen zu Würzburg geprägt. Wieder zeigen sich für die Grundsteuer A drei klar voneinander getrennte Stufen in der Darstellung. Ausgehend von den sehr niedrigen Pro-Kopf-Einnahmen in Höhe von zuletzt 0,14 Euro im Oberzentrum steigen diese mit zunehmender Entfernung von Ring 1 zu Ring 2 stufenweise an. Während in Ring 1 schon durchschnittlich 1,80 Euro pro Einwohner erzielt werden, liegt dieser Wert im zweiten Ring bei 4,14 Euro. Die sehr ländlich geprägten Gemeinden Poppenhausen (3,25 Euro/Kopf), Üchtelhausen (3,35 Euro/Kopf) und Gädheim (3,61 Euro/Kopf) verfügen in Ring 1 über die höchsten Pro-Kopf-Einnahmen. Im zweiten Ring zählen zu diesen Gemeinden Aidhausen (9,04 Euro/Kopf) und Frankenwinheim (11,14 Euro/Kopf). Lediglich das unmittelbar ans Stadtgebiet angrenzende und ebenfalls dicht besiedelte Sennfeld weist mit 0,69 Euro je Einwohner eine ähnliche Einnahmesituation wie Schweinfurt auf.[345] Selbst das im zweiten Ring

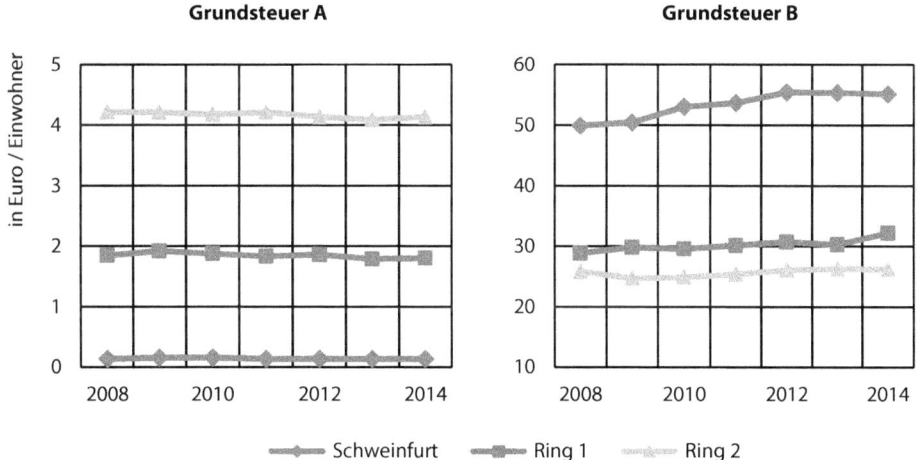

Abbildung 47: Die Grundsteuereinnahmen (Grundbeträge) in Schweinfurt und seinem Umland.[346]

---

[344] Vgl. Genesis-Online Datenbank Bayern (2015a) sowie E.ON (2016), Steiche (2015) und Lux (2011).

[345] Mit 1.631 Einwohnern pro Quadratkilometer Siedlungsfläche weist Sennfeld nach Schweinfurt mit 2.685 Einwohnern pro Quadratkilometer einen der höchsten Werte in Mainfranken auf. Vgl. BBSR (2015).

[346] Quelle: Eigene Darstellung mit Daten der Genesis-Online Datenbank Bayern (2015a).

gelegene Mittelzentrum Haßfurt besitzt mit 1,22 Euro noch deutlich höhere Pro-Kopf-Einnahmen.[347]

Bei der Grundsteuer B ergibt sich im Vergleich zur Grundsteuer A abermals ein völlig gegensätzliches Bild. So übersteigen die Pro-Kopf-Einnahmen aus dieser Steuer das Einnahmeniveau der umliegenden Kommunen deutlich, welches darüber hinaus mit zunehmender Entfernung noch weiter absinkt. Da die Unterschiede zwischen den beiden Ringen allerdings sehr gering sind, unterstreicht die Abbildung die bereits für Würzburg beobachtete Zweiteilung zwischen Oberzentrum und Umland, weshalb an dieser Stelle nur noch verkürzt darauf eingegangen wird. In Ring 1 existieren mit Sennfeld (41,78 Euro/Kopf), Schwebheim (43,63 Euro/Kopf) und Gochsheim (47,07 Euro/Kopf) nur drei Gemeinden, die annähernd so hohe Pro-Kopf-Einnahmen wie Schweinfurt erzielen. Die Mehrzahl aller Gemeinden in diesem Ring generieren niedrigere Einnahmen aus dieser Steuer, wie das durchschnittliche Einnahmeniveau von 32,19 Euro je Einwohner belegt. Nicht weit davon entfernt liegt dieser Wert in Ring 2 bei 26,21 Euro je Einwohner. Dort kann einzig Donnersdorf mit 46,80 Euro hohe Pro-Kopf-Einnahmen aus der Grundsteuer B aufweisen.[348]

Im Gegensatz zu den Ausführungen zu den Grundsteuern bringt die Abbildung 48 zum Ausdruck, dass bei der Gewerbesteuer und den Schlüsselzuweisungen kein Gleichklang zwischen den beiden mainfränkischen Oberzentren besteht. Würzburg, das zwar ebenfalls höhere Pro-Kopf-Einnahmen als sein Umland besitzt, hat bei der Gewerbesteuer ein deutlich niedrigeres Steuereinnahmeniveau. Trotz der Verwerfungen im Zuge der Finanzkrise im Jahr 2009, in welchem sich die Gewerbesteuereinnahmen Schweinfurts mehr als halbiert haben, liegt dessen Mittelwert seit 2008 bei rund 341,76 Euro je Einwohner. In 2014 wurde ein Wert von 361,91 Euro erreicht. Darüber hinaus zeigt sich für Schweinfurt, dass die umliegenden Kommunen nur unzureichend von der Gewerbesteuerkraft der Stadt partizipieren können. In den beiden umliegenden Ringen ergeben sich unisono deutlich niedrigere Pro-Kopf-Einnahmen als es die Nähe zu einem bedeutenden Industriestandort hätte erwarten lassen. Im Jahr 2014 erzielte eine Gemeinde des ersten Rings im Durchschnitt 62,70 Euro pro Kopf und eine Gemeinde des zweiten Rings 83,75 Euro pro Kopf. Damit liegt deren Einnahmeniveau unter dem der Würzburger Umlandgemeinden, wie die Abbildung 43 verdeutlichen konnte. Einzig die im ersten Ring gelegenen Gemeinden Grafenrheinfeld (144,69 Euro/Kopf) und Sennfeld (295,22 Euro/ Kopf) konnten in 2014 ebenfalls gute Ergebnisse vorzeigen. Im zweiten Ring trifft dies für Haßfurt (163,17 Euro/Kopf), Donnersdorf (277,21 Euro/Kopf) und Euerdorf (323,82 Euro/ Kopf) zu. Für Grafenrheinfeld gilt es wiederholt anzumerken, dass dessen Gewerbesteuereinnahmen früher noch viel höher ausgefallen sind. Jedoch war die Gemeinde im Jahr 2012 auch beinahe vollständig für den starken Rückgang des Ergebnisses des ersten Rings verantwortlich. Im Zuge umfangreicher Gewerbesteuerrückzahlungen an den Kraftwerksbetreiber E.ON hatte sich in der Kommune ein negativer Gewerbesteuergrundbetrag von 763,23 Euro pro Kopf ergeben. Wegen dieses verzerrenden Effekts und des starken Einflusses der Gemeinde auf den Mittelwert wurde in die Abbildung noch eine modifizierte Datenreihe für den ersten Ring aufgenommen, welche Grafenrheinfeld nicht länger berücksichtigt.

---

[347]   Vgl. Genesis-Online Datenbank Bayern (2015a).
[348]   Vgl. Genesis-Online Datenbank Bayern (2015a).

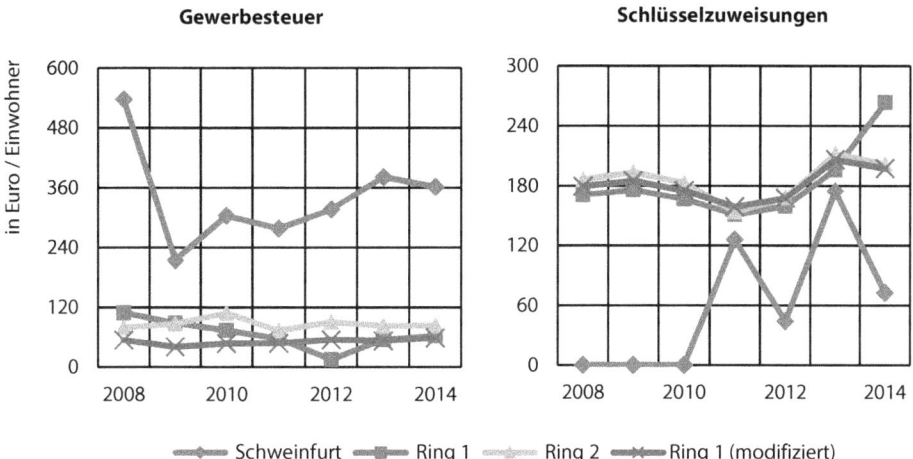

Abbildung 48: Die Gewerbesteuereinnahmen (Grundbeträge) und die Schlüsselzuweisungen in Schweinfurt und seinem Umland.[349]

Durch diese Modifikation ergeben sich wesentlich gleichmäßigere Resultate und es kann veranschaulicht werden, dass das Einnahmeniveau im ersten Ring ohne den Beitrag aus Grafenrheinfeld sogar unter dem des zweiten Rings liegt. Hieraus lässt sich wohl der Schluss ziehen, dass Schweinfurt über umfangreiche Agglomerationsvorteile im Standortwettbewerb verfügt. Wegen der starken Wettbewerbsposition gelingt es der Kommune, Gewerbesteuerkraft aus dem direkten Umland zu absorbieren und am eigenen Standort zu bündeln. Dieser Effekt nimmt offensichtlich erst wieder mit steigender Entfernung spürbar ab. Wie bereits in Kapitel 4.3.1.2 gezeigt werden konnte, ist in Würzburg genau das Gegenteil der Fall. Dort wird durch einige benachbarte Kommunen gewerbesteuerliches Substrat aus dem Stadtgebiet abgezogen.

Aufgrund der hohen Steuerkraft Schweinfurts hat die Stadt in den Jahren 2008, 2009 und 2010 keine Schlüsselzuweisungen aus dem kommunalen Finanzausgleich erhalten. Nach dem starken Rückgang der Steuereinnahmen in 2009 konnte die Kommune erst wieder ab 2011 daran partizipierten. An diesen Zusammenhängen wird die Wirkungsweise des kommunalen Finanzausgleichs anschaulich dargestellt. Infolge der Berechnungssystematik der Schlüsselzuweisungen wirken sich Minderungen der Steuereinnahmen erst mit einem Zeitversatz von zwei Jahren auf die Höhe der Schlüsselzuweisungen aus, da bei deren Ermittlung die Realsteuergrundbeträge zugrunde gelegt werden, die sich aus den Ist-Einnahmen des vorvorhergehenden Jahres ergeben. Die nachstehende Grafik veranschaulicht dies, indem die Gewerbesteuereinnahmen und der Gemeindeanteil an der Einkommensteuer als die steuerlichen Haupteinnahmequellen auf der horizontalen Sekundärachse mit einem Zeitversatz von zwei Jahren dargestellt werden. Es zeigt sich, dass ein Einnahmerückgang die Höhe der Schlüsselzuweisungen im übernächsten Jahr unmittelbar bedingt. Demnach

---

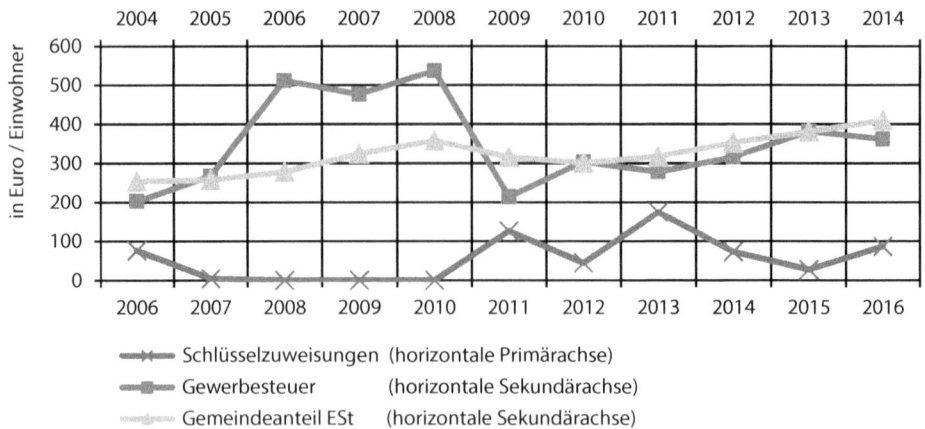

Abbildung 49: Die Höhe der Schlüsselzuweisungen im Vergleich zu den erzielten Einnahmen aus der Gewerbesteuer und dem Gemeindeanteil an der Einkommensteuer in Schweinfurt.[350]

waren die im Jahr 2011 erhaltenen Schlüsselzuweisungen auf den starken Einbruch der Steuereinnahmen im Jahr 2009 zurückzuführen.

Die Schlüsselzuweisungen in den Nachbargemeinden des Oberzentrums fallen im gleichen Zeitraum sogar höher aus. Dies ist insofern folgerichtig, da diese Kommunen aufgrund der starken Wettbewerbsposition der Stadt Schweinfurt auch deutlich niedrigere Gewerbesteuereinnahmen erzielen. Da es sich bei den Gewerbesteuereinnahmen um die Hauptfinanzierungsquelle der meisten Kommunen handelt, resultiert hieraus eine verringerte kommunale Steuerkraftmesszahl, die als wesentliche Berechnungsgrundlage die Höhe der Schlüsselzuweisungen direkt bedingt. Während das Oberzentrum in 2014 Zuweisungen in Höhe von 72,70 Euro je Einwohner aus dem kommunalen Finanzausgleich erhielt, beliefen sich diese in den Gemeinden des ersten Rings auf 263,39 Euro je Einwohner (ohne Grafenrheinfeld: 197,30 Euro/Kopf) und im zweiten Ring auf 201,54 Euro je Einwohner. Neben dem bereits häufig zitierten Grafenrheinfeld, das zwischen den Jahren 1982 und 2013 keine Schlüsselzuweisungen erhielt,[351] sind im ersten Ring vor allem noch die Gemeinden Sennfeld und Schwebheim zu nennen, die ebenfalls über viele Jahre hinweg abundante Gemeinde waren, in junger Vergangenheit aber auch geringe Zuweisungen bekommen haben. Im zweiten Ring können die Gemeinden Euerdorf und Donnersdorf im Jahr 2014 als abundante Gemeinden bezeichnet werden, da diese derzeit auch keine Schlüsselzuweisungen erhalten.

Zusammenfassend lässt sich ausführen, dass Schweinfurt im Vergleich zu seinem Umland hinsichtlich der Generierung von Steuereinnahmen eine hervorragende Wettbewerbsposition innehat. Vor allem bei der Gewerbesteuer, aber auch bei der Grundsteuer B und der Umsatzsteuerbeteiligung, schöpft das Oberzentrum seine Steuereinnahmemöglichkeiten weitestgehend aus. Als klassischer Industriestandort wird insbesondere bei der Gewer-

---

[350]   Quelle: Eigene Darstellung mit Daten der Genesis-Online Datenbank Bayern (2015a).
[351]   Eine Ausnahme stellt das Jahr 2005 dar.

besteuer ein exzellentes Ergebnis erzielt. Die unmittelbaren Nachbargemeinden im ersten Ring müssen hingegen Einnahmeeinbußen bei der Gewerbesteuer zu Gunsten des Oberzentrums hinnehmen. Das vergleichsweise schlechte Ergebnis bei Grundsteuer A fällt wegen der absoluten Bedeutung dieser Steuer kaum ins Gewicht.

Bei dem Gemeindeanteil an der Einkommensteuer und den erhaltenen Schlüsselzuweisungen erzielt Schweinfurt im Vergleich zu seinem direkten Umland niedrigere Ergebnisse. Eine Steigerung der Schlüsselzuweisungen wäre aus Sicht der Stadt allerdings bei der derzeitigen Ausgestaltung des kommunalen Finanzausgleichs nur erstrebenswert, wenn sich diese nicht infolge eines Rückgangs der Steuereinnahmen (Steuerkraftmesszahl), sondern durch eine Erhöhung der Ausgangsmesszahl (fiktiven Aufgabenbelastung der Kommune) ergeben würde. Die Tatsache, dass deren wesentliche Berechnungsgröße die Einwohnerzahl ist, verdeutlicht, dass Schweinfurt Anstrengungen unternehmen sollte, seine Einwohnerzahl auszuweiten. Schließlich hätte dies auch unmittelbar Einfluss auf die Einkommensteuerbeteiligung der Kommune. Denn auch an dieser Einnahmequelle kann das Oberzentrum trotz eines hohen Lohnniveaus in den Industrieunternehmen nur unzureichend partizipieren. Die begrenzte Flächenverfügbarkeit der Kommune wirkt diesen Bemühungen allerdings entgegen.

4.3.3 Vergleich der beiden Wettbewerbspositionen

Soweit noch nicht geschehen, soll nun abschließend ein Vergleich zwischen den beiden Oberzentren gezogen werden. Dabei wird zunächst auf die Punkte eingegangen, in denen sich Würzburg und Schweinfurt voneinander unterscheiden. Anschließend werden die Aspekte präsentiert, die sich einheitlich darstellen. Ferner werden die wesentlichen Erkenntnisse dieses Kapitels zusammengefasst.

Der am leichtesten ablesbare Unterschied besteht zwischen den beiden mainfränkischen Städten hinsichtlich ihrer Größe. Das in der Region weiter südlich am Main gelegene Würzburg ist sowohl in Bezug auf die Fläche (87,6 km² zu 35,7 km²) als auch die Einwohnerzahl (124.219 zu 51.610) mehr als doppelt so groß wie Schweinfurt. Aber nicht nur im eigenen Stadtgebiet, sondern auch im Würzburger Einzugsgebiet leben mehr Menschen. Während in Würzburg die Einwohnerzahl im ersten Ring bei 88.165 und im zweiten Ring bei 113.482 liegt, sind dies für Schweinfurt lediglich 69.899 im Ring 1 und 81.944 im Ring 2.[352] Die Bevölkerungsstruktur der beiden Städte unterscheidet sich dabei ebenfalls. Würzburg als klassischer Hochschulstandort beherbergt viel mehr junge Bürger und hat deutschlandweit den höchsten Anteil „Junger Erwachsener" inne.[353]

Daneben wurde ausgeführt, dass sich die beiden Städte hinsichtlich ihrer Wirtschaftsstruktur vollständig unterscheiden. Mit einer Beschäftigtenquote von 83,6 % im tertiären Sektor gilt Würzburg als das mainfränkische Handels- und Dienstleistungszentrum. Schweinfurt ist hingegen ein klassischer Industriestandort. Die Stadt hat nicht nur die höchste Arbeitsplatzdichte in Deutschland und ist Firmensitz vieler namhafter Unterneh-

---

[352]   Vgl. für die Daten BBSR (2015) und Genesis-Online Datenbank Bayern (2015b).
[353]   Vgl. Ante et al. (2006), S. 14 und für die Daten BBSR (2015).

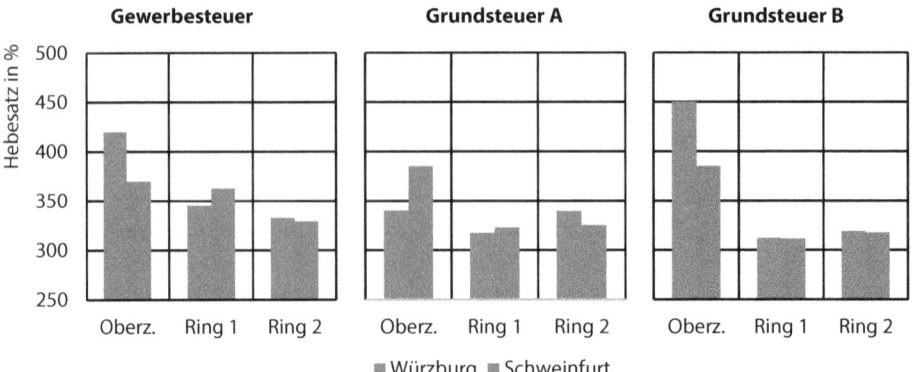

Abbildung 50: Vergleich des Hebesatzniveaus in den beiden Oberzentren und ihren Nachbargemeinden im Jahr 2014.[354]

men, sondern weist auch eine Beschäftigtenquote im sekundären Sektor von 51,6 % auf. In Würzburg liegt dieser Wert lediglich bei 16,3 %.[355]

Um der eigenen Branchenstruktur und der Steuersatzsensitivität der ortsansässigen Unternehmen Rechnung zu tragen, besitzt Schweinfurt mit 370 % ein um 50 %-Punkte niedrigeres Gewerbesteuerhebesatzniveau als Würzburg. Auch bei der zweiten Realsteuer mit relevantem Einfluss auf den kommunalen Haushalt, der Grundsteuer B, hat Schweinfurt einen niedrigeren Hebesatz festgelegt. Mit 385 % liegt dieser sogar 65 %-Punkte unter dem Wert Würzburgs.

Bedingt durch die große Wirtschaftskraft werden in Schweinfurt wesentlich höhere Pro-Kopf-Einnahmen aus der Gewerbesteuer erreicht. Sogar während des starken Einnahmeeinbruchs im Jahr 2009, bei dem sich die Gewerbesteuereinnahmen in Schweinfurt mehr als halbiert haben, lagen diese viel höher als in Würzburg. In Zeiten eines stabilen weltwirtschaftlichen Umfelds übersteigen die Pro-Kopf-Einnahmen den Würzburger Wert um rund das 2,5-fach. In konjunkturellen Hochphasen wie beispielsweise 2008 sogar um das 4- bis 5-fache. Zwar lassen sich auch in Würzburg die Folgen der Wirtschaftskrise bei den Gewerbesteuereinnahmen erkennen (siehe Abbildung 43), dennoch besteht in dem Oberzentrum eine verminderte Konjunkturabhängigkeit, so dass die Volatilität der Gewerbesteuereinnahmen in Würzburg viel geringer ausfällt. Die Unternehmen am Standort sind somit weit weniger von der Weltwirtschaft abhängig als in Schweinfurt.

Infolge des niedrigeren gewerbesteuerlichen Einnahmenniveaus und dem erhöhten Finanzbedarf, der sich insbesondere aus der Einwohnerzahl ergibt, partizipiert Würzburg seit jeher auch stark am kommunalen Finanzausgleich. Schweinfurt ist indessen kein typischer Empfänger von Schlüsselzuweisungen. Während in Würzburg die Schlüsselzuweisungen seit 2008 sehr konstant bei durchschnittlich 326,12 Euro je Einwohner liegen und als wichtiges Instrument der Finanzierung gelten, erhielt Schweinfurt in den Jahren 2008, 2009 und

---

[354] Quelle: Eigene Darstellung mit Daten der Genesis-Online Datenbank Bayern (2015a).
[355] Vgl. Ante et al. (2006), S. 15, Zeitler (1988), S. 46 f., Petzold (1988), S. 52 ff. und für die Daten BBSR (2015).

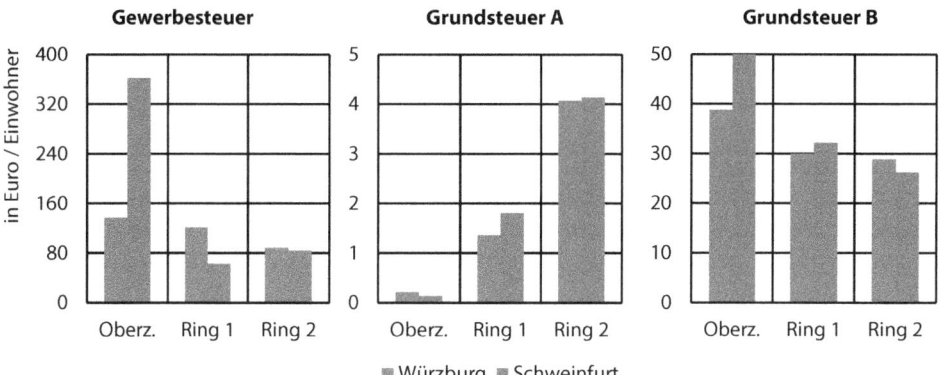

Abbildung 51: Vergleich der Pro-Kopf-Einnahmen aus den Realsteuern (Grundbeträge) in den beiden Oberzentren und ihren Nachbargemeinden im Jahr 2014.[356]

2010 keinerlei Zuweisungen und erreicht für den Zeitraum lediglich einen Durchschnittswert von 59,58 Euro je Einwohner.[357]

Neben den genannten Unterschieden können zwischen den beiden Oberzentren aber auch viele Gemeinsamkeiten aufgezeigt werden. So wurde für die Realsteuerhebesätze herausgearbeitet, dass diese – trotz der unterschiedlichen Hebesatzhöhe in den Oberzentren – zum jeweiligen Umland hin stufenweise absinken. Bei der Gewerbesteuer reduzieren sich die Hebesätze in drei Stufen vom Oberzentrum aus zunächst zu Ring 1 und dann weiter zu Ring 2. So lag in Würzburg im Jahr 2014 der durchschnittliche Gewerbesteuerhebesatz in den Gemeinden des ersten Rings rund 75 %-Punkte und in den Gemeinden des zweiten Rings sogar 87 %-Punkte niedriger. In Schweinfurt betrug die Differenz zum ersten Ring 7 %-Punkte und zum zweiten Ring 41 %-Punkte. Dieses Hebesatzgefälle entzieht den beiden Oberzentren sicherlich in gewissem Maße Steuersubstrat. Verstärkend wirkt dabei noch, dass sich im direkten Umfeld beider Städte Gemeinden befinden, die offenbar willentlich eine entgegengesetzte Strategie verfolgen und sich entgegen dem allgemeinen Befund nicht dem Hebesatzniveau des Oberzentrums anpassen, sondern bewusst niedrigere Hebesätze festsetzen. Für Würzburg wurden in diesem Zusammenhang bereits die Kommunen Veitshöchheim, Rottendorf und Waldbüttelbrunn genannt. Die Analyse der Schweinfurter Umlandgemeinden impliziert eine derartige Hebesatzstrategie insbesondere für die Gemeinden Euerbach und Niederwerrn.

Bei den beiden Grundsteuern lässt sich hingegen ein zweistufiger Ansatz erkennen, der dabei ein klares Stadt-Land-Gefälle aufzeigt. Besonders deutlich wird dies für den Hebesatz der Grundsteuer B. Unabhängig von der Hebesatzhöhe im jeweiligen Oberzentrum liegt er in den jeweiligen Ringen 1 und 2 beinahe einheitlich bei rund 315 %. Aus dem Vergleich mit dem Würzburger Hebesatz resultiert daher eine Differenz von 135 %-Punkten und aus der Gegenüberstellung mit dem Schweinfurter Hebesatz eine von 70 %-Punkten. Relativiert werden diese Ausführungen allerdings durch eine Gegenüberstellung der Hebesätze mit

356   Quelle: Eigene Darstellung mit Daten der Genesis-Online Datenbank Bayern (2015a).
357   Vgl. für die Daten die Genesis-Online Datenbank Bayern (2015a).

den Werten anderer Städte der entsprechenden Größenklasse. Dabei kann sowohl für Würzburg als auch Schweinfurt festgestellt werden, dass im Vergleich zu anderen Oberzentren ein relativ moderates Steuersatzniveau festgesetzt wurde.

Im Zusammenhang mit der Hebesatzhöhe der beiden Oberzentren sei daneben noch angemerkt, dass empirische Studien zwar belegen können, dass Steuern die Standortwahl von Unternehmen signifikant beeinflussen,[358] allerdings eine ganze Reihe weiterer Faktoren existieren, die einen Einfluss auf Standortentscheidungen von Unternehmen oder Bürgern haben. Stellvertretend wären hier die Infrastruktur, die Kommunikationsnetze, die Nähe zu Lieferanten und Absatzmärkten, die Verfügbarkeit von Flächen, die Bodenpreise, das Ausbildungs- und Lohnniveau sowie gesetzliche und tarifliche Rahmenbedingungen zu nennen. Daneben bestehen noch eine Vielzahl weiterer, nicht quantifizierbarer Entscheidungsfaktoren wie zum Beispiel die Nähe zu Bildungseinrichtungen, das Kultur- und Freizeitangebot und die Familienfreundlichkeit einer Kommune.

Wie bei den Hebesätzen der Gewerbesteuer und der Grundsteuer B zeigt sich auch bei deren Pro-Kopf-Einnahmen, dass diese im Umland der Oberzentren niedriger ausfallen und dabei mit der Entfernung stufenweise absinken. Die Differenz zwischen dem Oberzentrum und den Nachbargemeinden ist dabei in Schweinfurt viel größer. Daraus lässt sich wohl ableiten, dass es Schweinfurt offensichtlich besser gelingt, Gewerbesteuerkraft aus dem direkten Umland zu absorbieren, während Würzburg vermutlich auch aufgrund des erhöhten Hebesatzes Steuersubstrat an Umlandgemeinden wie Rottendorf und Waldbüttelbrunn verliert.

Für die Pro-Kopf-Einnahmen der Grundsteuer A lässt sich genau das Gegenteil feststellen. Der Abbildung 51 kann entnommen werden, dass die Einnahmen ausgehend vom jeweiligen Oberzentrum von Ring zu Ring anwachsen. Dies ist insofern plausibel, da in Ballungsräumen wegen einer begrenzten Flächenverfügbarkeit der Grund und Boden nur selten landwirtschaftlich bewirtschaftet wird, sondern eher einer Nutzung zugeführt wird, die höhere Ertragsaussichten verspricht. In ländlichen Gebieten sind Grundbesitzer jedoch oft froh, wenn freie Flächen zumindest landwirtschaftlich genutzt werden.

Für die kommunale Beteiligung an der Einkommensteuer und der Umsatzsteuer zeigen sich für die beiden mainfränkischen Oberzentren im Vergleich zu ihrem Umland ebenfalls einheitliche Ergebnisse. Es wurde deutlich, dass die Pro-Kopf-Einnahmen aus der Einkommensteuerbeteiligung in den Gemeinden des ersten Rings höher liegen als in dem benachbarten Oberzentrum. In Schweinfurt trifft dies auch für die Gemeinden des zweiten Rings zu. Beide Städte müssen bei der Generierung derartiger Einnahmen im Vergleich zu ihren Nachbarkommunen aufgrund der eigenen Bevölkerungsstruktur offenbar Wettbewerbsnachteile hinnehmen. Besserverdiener siedeln sich demnach lieber in den Vororten an, auch wenn sie ihre Einkünfte größtenteils in dem Oberzentrum erzielen.

Der höhere Gemeindeanteil an der Umsatzsteuer in Würzburg und Schweinfurt hat seinen Ursprung in der Berechnungssystematik dieser Steuereinnahme und ist daher in den erhöhten Gewerbesteuereinnahmen der beiden Oberzentren begründet. Denn neben der Zahl an sozialversicherungspflichtig Beschäftigten bestimmt sich der Grad der kommunalen Umsatzsteuerbeteiligung im Wesentlichen in Abhängigkeit von den kommunalen Ge-

---

[358] Bei gleichen sonstigen Faktoren führt eine Senkung der Steuerbelastung zu steigenden Ansiedlungen. Vgl. hierzu Fuest / Thöne (2008), S. 85 ff. und S. 127 ff.

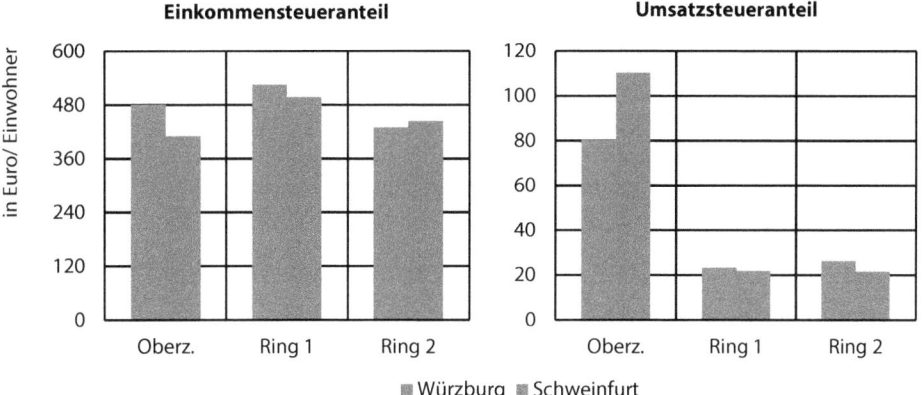

Abbildung 52: Vergleich der Gemeindeanteile an der Einkommen- und der Umsatzsteuer in den beiden Oberzentren mit denen ihrer Nachbargemeinden in 2014.[359]

werbesteuereinnahmen. Demzufolge zeigen sich in den umliegenden Gemeinden der beiden Oberzentren unisono rund 4- bis 5-mal so niedrige Pro-Kopf-Einnahmen aus der Umsatzsteuerbeteiligung (siehe Abbildung 52).

4.3.4 Zusammenfassung

Zusammenfassend lässt sich für das Kapitel 4.3 ausführen, dass Würzburg und Schweinfurt trotz ihrer sehr unterschiedlichen Bevölkerungs- und Wirtschaftsstruktur viele Parallelitäten aufweisen. Während sich die beiden Oberzentren im direkten Vergleich vor allem hinsichtlich der Hebesatzhöhe der Realsteuern sowie der Pro-Kopf-Einnahmen bei der Gewerbesteuer voneinander unterscheiden und Schweinfurt hier wohl eine bessere Wettbewerbsposition innehat, lassen sich bei einer Gegenüberstellung mit den Werten ihrer Umlandgemeinden sehr homogene Ergebnisse erkennen. So fallen die Realsteuerhebesätze in den Nachbargemeinden der Ringe 1 und 2 stufenweise mit der Entfernung zum jeweiligen Oberzentrum. Bei den Steuereinnahmen gilt dies auch für die Gewerbesteuer und die Grundsteuer B, wobei hier eher ein zweistufiges Stadt-Land-Gefälle beobachtet werden kann. Die Differenzen fallen dabei für Schweinfurt wesentlich deutlicher aus. Dies trifft insbesondere für die Gewerbesteuer zu. Die Einnahmen aus der Grundsteuer A steigen hingegen mit der Entfernung zum Oberzentrum. Während in Würzburg und Schweinfurt infolge des hohen Urbanisierungsgrades noch sehr niedrige Pro-Kopf-Einnahmen vorliegen, werden in den ländlichen Gemeinden deutlich höhere Werte erzielt. Auch bei der kommunalen Beteiligung an der Einkommensteuer und der Umsatzsteuer waren die Ergebnisse für die beiden Oberzentren einheitlich. Aufgrund der Berechnungssystematik der kommunalen Beteiligung an der Umsatzsteuer ergeben sich in Würzburg und Schweinfurt deutlich höhere Einnahmen. Beim Gemeindeanteil an der Einkommensteuer ist dies jedoch nicht der Fall, da sich viele Menschen mit höheren Einkommen offenbar lieber in den Vororten der

---

[359]   Quelle: Eigene Darstellung mit Daten der Genesis-Online Datenbank Bayern (2015a).

Oberzentren ansiedeln. Hinsichtlich des Gemeindeanteils an der Einkommensteuer besteht für beide Oberzentren im Vergleich zu ihrem direkten Umland somit sicherlich noch Entwicklungspotential. Insgesamt haben aber beide Städte bei der Generierung von Steuereinnahmen eine sehr gute Wettbewerbsposition inne und grenzen sich damit klar von ihrem Umland ab. Beiden Städten gelingt es, ihre Steuereinnahmemöglichkeiten weitestgehend auszuschöpfen. Würzburg partizipiert dabei durch hohe Einnahmen aus Schlüsselzuweisungen noch umfangreich am kommunalen Finanzausgleich.

4.4 Auswertung von Experteninterviews mit dem Instrument der qualitativen Inhaltsanalyse

Nachdem die kommunale Realsteuerpolitik in Mainfranken zunächst deskriptiv vorgestellt worden ist, soll im folgenden Kapitel nun eine qualitative Untersuchungsmethode zum Einsatz kommen, um die quantitativen Erkenntnisse zu den Determinanten der Realsteuerhebesatzhöhe einer Plausibilitätskontrolle zu unterziehen und weitere Einblicke in die regionale Realsteuerpolitik Mainfrankens zu erhalten.

Wie für einen klassischen wissenschaftlichen Forschungsprozess üblich, gilt es zunächst in einer Vorstudie theoretische Vorüberlegungen anzustellen, eine Forschungsfrage zu formulieren und sich für eine Erklärungsstrategie zu entscheiden. Dies kann an dieser Stelle entfallen, da die theoretischen Vorüberlegungen bereits im dritten Kapitel dieser Arbeit ausführlich angestellt wurden. Die dort getroffenen Annahmen dienen somit als theoretische Grundlage der qualitativen Inhaltsanalyse. Demnach soll nachfolgend vor allem der Frage nachgegangen werden, ob sich der bereits quantitativ nachgewiesene Zusammenhang zwischen lokalen Standortfaktoren und den Realsteuerhebesätzen auch in der Praxis beobachten lässt und welche weiteren Faktoren daneben das kommunale Hebesatzniveau beeinflussen. Ein weiteres wesentliches Motiv für die Durchführung der qualitativen Untersuchung ist, der beschriebenen Endogenitätsproblematik von Regressionsanalysen angemessen zu begegnen und ein größeres Maß an Gewissheit über die wahre Richtung der Kausalbeziehung zwischen den Einflussfaktoren und den Realsteuerhebesätzen zu erlangen.

Wie noch detailliert dargelegt wird, wird als Erklärungsstrategie für das Forschungsprojekt eine Textanalyse von verschrifteten Expertenbefragungen gewählt. Hierdurch sollen „über das Mittel des Textes Aufschlüsse über die ihn umgebende soziale Wirklichkeit gewonnen werden, wobei diese textübergreifenden Schlüsse wissenschaftlich systematisiert sein sollen".[360] Die im Folgenden vorgenommene Untersuchung beruht auf den von Philipp Mayring umfassend beschriebenen Grundprinzipien einer qualitativen Inhaltsanalyse,[361] da diese in der Sozialwissenschaft als probates Mittel zur Auswertung von verschrifteten Expertenbefragungen gilt.[362] Demnach findet die Methode der qualitativen Inhaltsanalyse insbesondere „bei der Bearbeitung von qualitativem Datenmaterial Verwendung, das durch offene, nicht-standardisierte Erhebungsverfahren gewonnen worden ist, zur Auswertung

---

[360]   Vgl. Spöhring (1989), S. 190 und Krippendorf (1980), S. 21.
[361]   Vgl. hierzu im Ganzen Mayring (2015), S. 50 ff.
[362]   Es kann an dieser Stelle keine Methodendiskussion geführt werden. Siehe für einzelne Kritikpunkte an dem Analysemodell Gläser / Laudel (2009), S. 198 und Kühnl (2000), S. 64.

verschrifteter Tonbandaufnahmen bzw. Mitschriften von Gruppendiskussionen, Intensiv-interviews, Leitfadengesprächen, Gesprächsprotokollen (z. B. offener Expertenbefragun-gen) und von Antworten auf offene Interviewfragen".[363]

4.4.1 Die qualitative Inhaltsanalyse nach Philipp Mayring und ihre Anwendungsbereiche

Die qualitative Inhaltsanalyse nach Philipp Mayring wird als Methodik zur systematischen Interpretation von Texten verstanden. Die auszuwertenden Texte werden dabei als Material behandelt, in dem die Daten enthalten sind. Im Zuge der Inhaltsanalyse werden diese Daten dem Text entnommen (extrahiert), aufbereitet und schließlich ausgewertet. Folglich setzt sie an den in jeder Inhaltsanalyse notwendig enthaltenen, qualitativen Bestandteilen an, sys-tematisiert sie durch Analyseschritte und Analyseregeln und macht diese dadurch über-prüfbar.[364]

Das Grundprinzip der qualitativen Inhaltsanalyse kann grafisch wie folgt aufgezeigt werden:

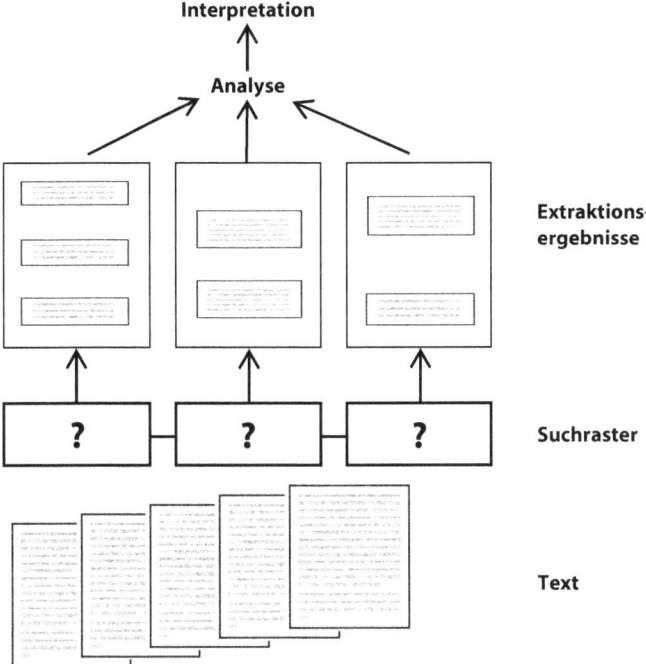

Abbildung 53: Prinzip der qualitativen Inhaltsanalyse.[365]

---

[363] Vgl. Spöhring (1989), S. 190 und für die Auflistung Kromrey (1983), S. 167.
[364] Vgl. Mayring (2015), S. 50 ff. und Gläser / Laudel (2009), S. 199 f.
[365] Quelle: Eigene Darstellung nach Gläser / Laudel (2009), S. 200.

Die qualitative Inhaltsanalyse ist jedoch nicht als Gegenvorschlag zur quantitativen Inhaltsanalyse konzipiert worden, da sich in den Untersuchungsansatz ebenfalls quantitative
Schritte sinnvoll einfügen lassen. Vielmehr ist es ihr grundlegender Ansatz, die Vorzüge der
quantitativen Inhaltsanalyse beizubehalten und auf deren Basis ein Verfahren zur systematischen und qualitativ orientierten Textanalyse zu schaffen.[366] Aufgrund dessen werden im
Folgenden zunächst die Grundgedanken einer inhaltsanalytischen Vorgehensweise ganz
allgemein dargestellt, da diese auch für die Entwicklung einer qualitativen Inhaltsanalyse als
elementar angesehen werden. Erst anschließend wird deren Ablauf detailliert dargestellt,
unterschiedliche Varianten der qualitativen Inhaltsanalyse präsentiert und die Analyse auf
den postulierten Untersuchungsgegenstand angewendet.

4.4.1.1 Grundkonzepte der inhaltsanalytischen Vorgehensweise

Die kommunikationswissenschaftliche Verankerung kann als eines der Grundelemente der
inhaltsanalytischen Vorgehensweise beschrieben werden. Im Vergleich zu anderen
Textanalyseansätzen erfolgt stets eine **Einordnung in ein Kommunikationsmodell**. Daher
wird das Material auch im Hinblick auf seine Entstehung und Wirkung untersucht und der
Text innerhalb seines Kontextes analysiert. Dies hat zur Folge, dass die Erfahrungen, Einstellungen und Gefühle der Textproduzenten sowie deren soziokultureller Hintergrund
umfassend in die Interpretation des Materials mit einbezogen werden.[367]
Der Ablauf der Inhaltsanalyse sollte dabei **systematisch und regelgeleitet** vollzogen
werden. Die Systematik des Untersuchungsansatzes kommt insbesondere durch die „Orientierung an vorab festgelegten Regeln der Textanalyse" zum Ausdruck. Hierzu gehört vor
allem die Definition eines konkreten Ablaufmodells, nach welchem das Material in Analyseeinheiten (Kodiereinheiten, Kontexteinheiten, Auswertungseinheiten) zerlegt und
schrittweise bearbeitet werden soll. Im Gegensatz zu einer freien Interpretation ist jeder
Analyseschritt und jede Entscheidung im Auswertungsprozess auf eine begründete und ge-
testete Regel zurückzuführen. Dies bedeutet aber auch, dass die Inhaltsanalyse nicht als ein
Standardinstrument aufgefasst werden kann, das immer gleich abläuft. Das Gegenteil ist
vielmehr der Fall. Denn sie muss „an den konkreten Gegenstand, das Material angepasst
sein und auf die spezifische Fragestellung hin konstruiert werden".[368]
Als zentrales Instrument von Inhaltsanalysen gilt das **Kategoriensystem**. Demnach werden die Analyseaspekte in Kategorien gefasst, die genau begründet und im Laufe der Auswertung überarbeitet werden (Rückkopplungsschleife). Die Kategorien ermöglichen, dass
die Analyse von anderen nachvollzogen werden kann und gewährleisten so die Intersubjek-
tivität des Vorgehens. Allerdings finden sich in der Literatur nur wenige Hinweise zu einer
zielführenden Konstruktion und Begründung dieser Kategorien. Bei Krippendorff wird dieser Prozess als sehr sensibel dargestellt und sogar als Kunst bezeichnet. Mayring kann hingegen zwei Vorgehensweisen zur Definition der Kategorien aufzeigen. Demnach bestimmt
eine **deduktive Kategoriendefinition** das Auswertungsinstrument durch theoretische
Überlegungen. Die Kategorien werden dabei in einem Operationalisierungsprozess aus

---

[366]   Vgl. Mayring (2015), S. 50 ff.
[367]   Vgl. Mayring (2015), S. 50.
[368]   Vgl. Mayring (2015), S. 50 f.

Voruntersuchungen, aus dem bisherigen Forschungsstand oder aus neu entwickelten Theorien auf das Material hin entwickelt. Als Beispiel wäre hierfür die strukturierende Inhaltsanalyse zu nennen. Das Konzept der **induktiven Kategorienbildung** leitet die Kategorien hingegen in einem Verallgemeinerungsprozess direkt aus dem Material ab, ohne sich auf vorab formulierte Theoriekonzepte zu stützen. Als Ergebnis dieser Generalisierung umfassen diese Kategorien den Gesamtinhalt des Textes, ohne dass dessen Aussage verloren geht.[369]

Auch in der qualitativen Inhaltsanalyse ist die Einschätzung der Ergebnisse nach **Gütekriterien** wie Objektivität, Reliabilität und Validität sehr wichtig, schließlich werden viele der methodischen Standards von quantitativen Inhaltsanalysen nur eingeschränkt angewandt. Somit soll die durchgeführte Analyse prinzipiell nachvollziehbar, vom Interviewer unabhängig und die Ergebnisse mit anderen Studien vergleichbar sein. Der Intercoder-Reliabilität kommt dabei eine besondere Bedeutung zu. Demnach sollten die von unterschiedlichen Inhaltsanalytikern auf Basis desselben Materials durchgeführten Analysen zu den gleichen Ergebnissen führen.[370]

4.4.1.2 Typische Anwendungsbereiche der qualitativen Inhaltsanalyse

Ausgehend von den bisherigen Anwendungsbereichen qualitativer Analysen lassen sich nach Mayring einige hauptsächliche Aufgabenfelder bzw. Schwerpunkte für eine qualitative Inhaltsanalyse beschreiben. Anhand der nachfolgenden Aufzählung soll deutlich gemacht werden, dass sich die qualitative Inhaltsanalyse als Untersuchungsmethode für das eigene Forschungsvorhaben anbietet. Auch wenn nicht alle genannten Anwendungsbereiche hierfür von Relevanz sind, sollen sie dennoch aus dem Aspekt der Vollständigkeit erwähnt und knapp beschrieben werden.

So bezeichnet Mayring die **Hypothesenfindung und Theoriebildung** als ein klassisches Gebiet der qualitativen Forschung, welches in Forscherkreisen unbestritten ist. Ausgehend von dem Bereich der Hypothesenfindung, welcher die „Aufdeckung der für den jeweiligen Gegenstand relevanten Einzelfaktoren" umfasst, können solche qualitativen Analysen durch die „Konstruktion von möglichen Zusammenhängen dieser Faktoren" leicht zur Theoriebildung ausgeweitet werden.[371] Vor dem Hintergrund, dass im dritten Kapitel dieser Arbeit bereits Hypothesen aufgestellt und durch eine quantitative Untersuchung überprüft wurden, kann dieser Anwendungsbereich nicht als Anknüpfungspunkt für das Forschungsprojekt in Mainfranken herangezogen werden.

Als zweiten bedeutenden Bereich für qualitative Analysen nennt Mayring die **Pilotstudien**, die zu Hauptuntersuchungen durchgeführt werden. Dabei wird die Tauglichkeit einer These durch die Anwendung und Erprobung im Kleinen vorab überprüft. Allerdings dürfte der eigene Untersuchungsgegenstand auch nicht zweifelsfrei in diesen Anwendungsbereich fallen. Die Argumentation ist dabei der im vorstehenden Absatz sehr ähnlich. Während Pilotstudien den Gegenstandsbereich ganz offen erkunden und daraus Kategorien und Instrumente für die Erhebung und Auswertung entwickeln, soll das Material im vorliegenden Fall ganz gezielt nach bestehenden Thesen durchsucht werden, schließlich wurde das

---

[369] Vgl. Mayring (2015), S. 51 f. und S. 80 sowie Krippendorff (1980), S. 76.
[370] Vgl. Mayring (2015), S. 53 f.
[371] Vgl. Mayring (2015), S. 22 f.

Hauptkategoriensystem bereits entwickelt. Des Weiteren sollen die in Mainfranken durchgeführten Experteninterviews nicht als eine Voruntersuchung für ein neues Forschungsprojekt herangezogen werden, sondern die bestehende, theoretisch anmutende Forschung überprüfen und ergänzen, um allgemeingültigere Aussagen treffen zu können. Hierfür wurden alle bedeutenden Kommunen in Mainfranken untersucht, anstatt nur einige wenige, vermeintlich repräsentative Stellvertreter zu betrachten, wie dies bei Pilotstudien häufig üblich ist.[372]

An dem postulierten Untersuchungszweck und den nachstehenden Erläuterungen wird vielmehr deutlich, dass sich das eigene Forschungsprojekt in dem dritten großen Aufgabenfeld von qualitativen Inhaltsanalysen einordnen lässt – der **Vertiefung**. Für nähere Ausführungen zu einer Vertiefung bezieht sich Mayring auf eine Untersuchung von Schulz über soziale Kontakte in der Großstadt und zeigt auf, „wie mit qualitativen Methoden bereits abgeschlossene Studien entscheidend weitergeführt, vertieft werden können". Von dem Autor werden als mögliche Beispiele für eine Vertiefung die

- Überprüfung der Plausibilität interpretierter (statistisch gesicherter) Zusammenhänge,
- Ergänzung von zu kurz geratenen Informationen bzw. unklar gebliebenen Themenkreisen,
- Nachexploration und Erhärtung induktiv gefundener statistischer Zusammenhänge,
- Hilfe bei der Interpretation der Richtung von Kausalität und
- Auswahl von Variablen für die Erstellung von Typologien

genannt.[373] An dieser Aufzählung wird ersichtlich, dass die qualitative Inhaltsanalyse ein geeignetes Verfahren für die Durchführung des eigenen Forschungsprojekts und somit zur Beantwortung der Forschungsfrage darstellt. Schließlich sollen die im Rahmen der im dritten Kapitel durchgeführten Regressionsanalyse gewonnen Erkenntnisse weitergeführt und vertieft werden. Hierfür sollen vor allem die Plausibilität der dargestellten statistischen Zusammenhänge überprüft, zu kurz geratene Informationen ergänzt und unklar gebliebene Themenkreise erörtert werden.

Es sei an dieser Stelle noch erwähnt, dass die qualitative Inhaltsanalyse neben den drei genannten Anwendungsgebieten ferner bei Einzelfallstudien, Prozessanalysen und Klassifizierungen eingesetzt wird.[374] Weitere Ausführungen werden hierzu aber nicht vorgenommen.

4.4.1.3 Varianten der qualitativen Inhaltsanalyse

Bevor eine genaue Ablaufbeschreibung einer qualitativen Inhaltsanalyse möglich ist, gilt es zunächst die drei Grundformen qualitativer Inhaltsanalysen differenziert darzustellen, da sich das Ablaufmodell nach der jeweiligen Analysetechnik bestimmt. Diese Verfahren sind dabei voneinander unabhängig und sollen nicht als nacheinander zu durchlaufende Schritte

---

[372]   Vgl. Mayring (2015), S. 23.
[373]   Vgl. Schulz (1977), S. 65 ff. und Mayring (2015), S. 23.
[374]   Vgl. Mayring (2015), S. 23 ff.

verstanden werden. So gilt es in Abhängigkeit von Forschungsfrage und Material die geeignete Analysetechnik auszuwählen. Abgeleitet von den drei Grundformen des Interpretierens unterscheidet Mayring die folgenden Varianten der qualitativen Inhaltsanalyse: Zusammenfassung, Explikation und Strukturierung.[375]

Die **zusammenfassende Inhaltsanalyse** hat es zum Ziel, den Gesamtinhalt des Textes strukturiert zusammenzufassen und die gewichtigen Aspekte zu subsumieren. Dafür wird das vorhandene Material Zeile für Zeile analysiert und werden an geeigneten Stellen möglichst materialnah Kategorien (Paraphrasen) gebildet. Weniger relevante und bedeutungsgleiche Kategorien werden anschließend reduziert und schließlich unter Hauptkategorien zusammengefasst. Durch diesen reduzierenden Textanalyseprozess wird erreicht, dass die wesentlichen Informationen erhalten bleiben und die Ergebnisse ein Abbild des Ausgangsmaterials darstellen. Nach der Zuordnung des relevanten Materials zu den einzelnen Kategorien kann die Interpretation der Ergebnisse erfolgen. Sofern bei einer derartigen Vorgehensweise „nur bestimmte (nach einem Definitionskriterium festzulegende) Bestandteile berücksichtigt werden, so handelt es sich um eine Art induktiver Kategorienbildung".[376]

Die **explikative Inhaltsanalyse** hat genau das Gegenteil zum Ziel. Anstatt sämtliche Informationen dem Ausgangsmaterial zu entnehmen, werden vor dem Hintergrund einzelner unklarer oder fraglicher Textpassagen zusätzliche Quellen an das Material herangetragen, um diese Textteile zu erläutern und zu präzisieren. Dabei kann das Ergänzungsmaterial entweder im direkten Textumfeld (Kontext) oder auch über den Text hinaus zu finden sein. Aus dem gewonnen Kontextmaterial werden erklärende Paraphrasen verfasst, die anstelle der fraglichen Passagen in das Ursprungsmaterial eingefügt werden und somit das Verständnis erweitern und eine Interpretation möglich machen.[377]

Bei der **strukturierenden Inhaltsanalyse** wird das Hauptkategoriensystem bereits vorab festgelegt (deduktive Kategorienanwendung). Nach dessen genauer Definition sind inhaltsanalytische Regeln zu bestimmen, anhand derer die Textbestandteile den Kategorien zugeordnet werden können. In einem Kodierleitfaden werden für jede Kategorie eine Definition, konkrete Textstellen als prototypische Ankerbeispiele und Abgrenzungsregeln für eine eindeutige Zuordnung festgehalten. Unter Anwendung des Kodierleitfadens sollen anschließend bestimmte Aspekte (z. B. inhaltliche, formale, typisierende oder skalierende Aspekte) aus dem Material herausgefiltert oder das Material bestimmten Dimensionen zugeordnet werden. Nach einer Zusammenfassung des Materials kann eine Ergebnisaufbereitung erfolgen.[378]

Gemäß diesen Differenzierungen ergeben sich acht unterschiedliche Analyseformen, die je nach Forschungsfrage für den Zweck einer qualitativ orientierten Textanalyse gewählt werden können.

---

[375] Vgl. Mayring (2015), S. 65 ff.
[376] Vgl. für die vorstehenden Abschnitte Mayring (2015), S. 67 ff.
[377] Vgl. ebenda.
[378] Vgl. ebenda.

Formen qualitativ orientierter Textanalyse		
Zusammenfassung	(1)	Zusammenfassung
	(2)	induktive Kategorienbildung
Explikation	(3)	enge Kontextanalyse
	(4)	weite Kontextanalyse
Strukturierung	(5)	formale Strukturierung
(deduktive Kategorienanwendung)	(6)	inhaltliche Strukturierung
	(7)	typisierende Strukturierung
	(8)	skalierende Strukturierung

Tabelle 22: Formen qualitativ orientierter Textanalyse nach Philipp Mayring.[379]

4.4.1.4 Ablauf einer strukturierenden Inhaltsanalyse mit deduktiver Kategorienanwendung

Wie in diesem Kapitel bereits ausgeführt wurde, sollen die mittels quantitativer Forschung gewonnen Erkenntnisse nun auf qualitative Weise einem Praxistest unterzogen werden, um allgemeingültigere Aussagen über die Realsteuerpolitik deutscher Kommunen treffen zu können. Dies verdeutlicht, dass sich das Forschungsprojekt auf bereits vorab formulierte Theorienkonzepte stützt. Als Analyseform bietet sich folglich vor allem eine Form der Strukturierung an. Während bei der induktiven Kategoriendefinition die Kategorien direkt aus dem Material in einem Verallgemeinerungsprozess abgeleitet werden, stützt sich das **deduktive Vorgehen** dagegen auf vorher determinierte, theoretisch begründete Auswertungsaspekte und trägt diese an das Material heran.[380]

Unter Anwendung eines vorab festgelegten Hauptkategoriensystems kann nach unterschiedlichen Strukturierungsgesichtspunkten (siehe Tabelle 22) eine innere Struktur aus dem Text herausgefiltert werden. Hierfür werden die deduktiv gewonnenen Kategorien zunächst den jeweiligen Textstellen im Material methodisch abgesichert zugeordnet und entsprechend gekennzeichnet. Anschließend werden diese „Fundstellen" je nach Ziel der Strukturierung bearbeitet, aus dem Text herausgeschrieben (extrahiert) und die Ergebnisse gemäß der Forschungsfrage aufbereitet sowie ausgewertet.[381] Das generelle Ablaufmodell einer strukturierenden Inhaltsanalyse zeigt die Abbildung 54.

Zwar ist dieses Ablaufmodell aufgrund der genannten Strukturierungsgesichtspunkte in seiner Gesamtheit noch zu allgemein, eignet sich dennoch gut für einen ersten Überblick. Dies gilt umso mehr, da die mittleren Analyseschritte bei allen vier Formen der Strukturierung gleich bleiben und daher als das Kernstück jeder strukturierenden Inhaltsanalyse angesehen werden können. Indem das Grundmodell im zweiten Schritt (Festlegung der Strukturierungsdimension) und im achten Schritt (Ergebnisaufbereitung) angepasst wird, erfolgt schließlich eine Differenzierung des Modells hinsichtlich der Strukturierungsformen. Bevor

---

[379]   Quelle: Eigene Darstellung nach Mayring (2015), S. 68.
[380]   Vgl. Mayring (2015), S. 68 und S. 97 ff.
[381]   Vgl. ebenda.

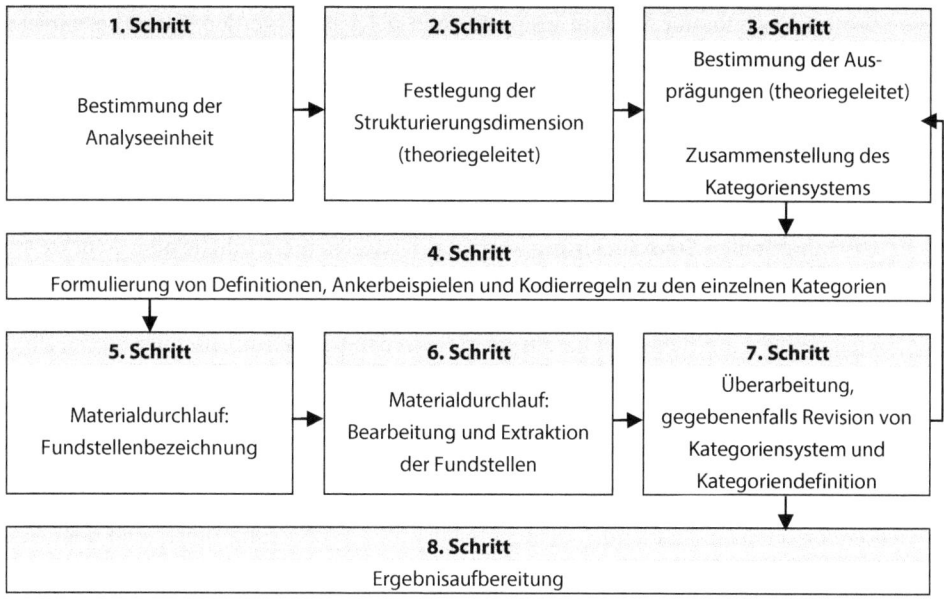

Abbildung 54: Allgemeines Ablaufmodell einer strukturierenden Inhaltsanalyse.[382]

erörtert und festgelegt wird, welche Strukturierungsform für die eigene Untersuchung gewählt wird, werden diese zunächst kurz vorgestellt. Wie bereits in der Tabelle 22 aufgezeigt werden konnte, unterscheidet Mayring diesbezüglich vier unterschiedliche Aspekte.[383]

Formale Strukturierungen sind darauf ausgerichtet, die innere Struktur des Materials herauszuarbeiten. Aufgrund dessen gilt es im zweiten Modellschritt das Kriterium genau festzulegen, nach dem der Text analysiert werden soll. Hierbei zeigt Mayring vier mögliche Strukturierungsgesichtspunkte auf und unterscheidet

- ein **syntaktisches Kriterium**, bei dem die Struktur der sprachlichen Formulierung wie auch Besonderheiten im Satzbau untersucht werden,
- ein **thematisches Kriterium**, welches nach der inhaltlichen Struktur, der Abfolge thematischer Blöcke und der inhaltlichen Gliederung filtert,
- ein **semantisches Kriterium**, bei dem die Beziehung zwischen einzelnen Bedeutungseinheiten beispielsweise durch Netzwerke dargestellt werden soll und
- ein **dialogisches Kriterium**, mittels dem die Abfolge einzelner Gesprächsbeiträge und Konversationsschritte analysiert werden soll.

Nachdem das Kriterium definiert wurde, werden die daran anknüpfenden Schritte gemäß dem allgemeinen Ablaufmodell durchlaufen. So gilt es, die einzelnen Ausprägungen auszuarbeiten und durch Definitionen, Ankerbeispiele und Kodierregeln zu erörtern. Da

---

[382] Quelle: Eigene Darstellung nach Mayring (2015), S. 98.
[383] Vgl. Mayring (2015), S. 99.

diese Schritte jedoch für alle Strukturierungsformen gleich sind, werden sie erst bei der letzten Strukturierungsform genauer vorgestellt. Der achte und letzte Schritt einer formalen
Strukturierung (Ergebnisaufbereitung) unterscheidet sich hingegen dahingehend von den
anderen Strukturierungsformen, dass er üblicherweise in zwei Teilschritte aufgeteilt wird:
Ausgehend von der Feinstruktur, welche ganz eng am Material festgelegt wird, soll daran
anschließend eine übergeordnete, allgemeine Struktur konstruiert werden, die das Material
in einer bestimmten Weise untergliedert und schematisiert.[384]

Bei der **inhaltlichen Strukturierung** werden gewisse Themen, Inhalte oder Aspekte aus
dem Material extrahiert und zusammengefasst. Hierfür ist es wesentlich, zunächst auf the-
oriegeleitete Weise Kategorien und gegebenenfalls Unterkategorien festzulegen, die bestimmen, welche Inhalte aus dem Text herausgefiltert werden sollen. Im Anschluss an die allgemeine Textbearbeitung mittels des Kategoriensystems folgt schließlich die Paraphrasierung
des extrahierten Materials (achter Schritt), welches zuerst unter Kategorien (neunter
Schritt) und dann unter Hauptkategorien (zehnter Schritt) zusammengefasst wird. Hierbei
finden die allgemeinen Regeln der Zusammenfassung ihre Anwendung.[385]

Mittels **typisierender Strukturierungen** sollen Aussagen über das Material getroffen
werden, indem einzelne markante Ausprägungen einer Typisierungsdimension dem Text
entnommen und anschließend genauer beschrieben werden. Hierbei muss es sich nicht immer um Typen von Personen handeln, denn es können auch typische Merkmale Gegenstand der Forschung sein. Aufgrund dessen ist es wichtig, dass in dem zweiten Schritt des
Ablaufmodells die Typisierungsdimension genau beschrieben wird und deren Ausprägungen explizit dargestellt werden. Daran anschließend wird der Text nach diesen Kategorien
durchsucht und die zu den einzelnen Ausprägungen gewonnen Textstellen aus dem Material extrahiert. Wie bei den anderen Strukturierungsformen unterscheidet sich auch die typisierende Strukturierung erst wieder im achten Schritt des Ablaufmodells. In diesem gilt
es dann genau festzulegen, welche der Ausprägungen als besonders ausdrucksvoll und als
typisch bezeichnet werden können. Hierbei kann hinsichtlich dreier Kriterien unterschieden werden:

- Ausprägungen, die besonders extrem sind,
- Ausprägungen, die von großem theoretischen Interesse sind,
- Ausprägungen, die im Material sehr häufig vorliegen.

Nachdem diese typischen Ausprägungen definiert wurden, werden in einem neunten
Schritt einzelne Prototypen ausgewählt. Hierunter werden sehr anschauliche, für die Ausprägung besonders repräsentative Beispiele verstanden, die schließlich in dem zehnten und
letzten Schritt sehr ausführlich beschrieben werden.[386]

Als letzte Form der Strukturierung nennt Mayring die **skalierende Strukturierung**.
Nachdem bei den anderen Strukturierungsformen die mittleren Bearbeitungsschritte nicht
näher erörtert wurden, wird das an dieser Stelle nun für alle einheitlich nachgeholt und deren Ablauf beschrieben. Wie bei den anderen Strukturierungsformen ist der zweite und
achte Schritt natürlich wieder davon gesondert zu betrachten und bedarf einer individuellen

---

[384] Vgl. Mayring (2015), S. 99 ff.
[385] Vgl. Mayring (2015), S. 103.
[386] Vgl. Mayring (2015), S. 104 ff.

Erörterung. Ganz allgemein ausgedrückt, hat es die skalierende Strukturierung zum Ziel, zu einzelnen Dimensionen Ausprägungen in Form von Skalenpunkten zu definieren und das Material darauf hin einzuschätzen. So können beispielsweise Zeitungsartikel abschnittsweise dahingehend analysiert werden, ob sie der Auffassung eines politischen Lagers zuzuordnen sind, um den politischen Trend dieser Zeitung zu messen.

Bei einer skalierenden Strukturierung ist es wichtig, im zweiten Modellschritt die Einschätzungsdimensionen (in den anderen Modellen die Strukturierungsdimensionen) aus der Hauptfragestellung heraus zu entwickeln. Hierbei handelt es sich um Variablen mit Ausprägungen in mindestens ordinal skalierter Form (z. B. schwacher – mittlerer – starker Zusammenhang). Die Ausprägungen (Skalenpunkte) werden im dritten Schritt bestimmt und in einem Kategoriensystem zusammengefasst. Dabei muss besonders die Definition von Restkategorien (weder / noch, mal so / mal so, teils / teils) ernst genommen werden. Im vierten Schritt werden die Ausprägungen mit Definitionen, Ankerbeispielen und Kodierregeln beschrieben und in einem Kodierleitfaden zusammengefasst. Dieser dient als Handlungsanweisung für die im sechsten Schritt vorzunehmenden Einschätzungen (Skalierungen). Zuvor gilt es aber im fünften Schritt, den Materialdurchlauf vorzunehmen und die Fundstellen in Abhängigkeit von der Auswertungseinheit (siehe Schritt 1) mit farblichen Markierungen oder Notizen zu bezeichnen. Erst dann kann eine Bearbeitung dieser Fundstellen (sechster Schritt) erfolgen, indem das Material auf die im Kodierleitfaden dokumentierten Aspekte hin skaliert wird. Genauer gesagt bedeutet dies, dass jede Fundstelle auf einer Skala einzuschätzen ist. Da hierbei häufig neue Erkenntnisse gewonnen werden, gilt es den Kodierleitfaden laufend zu erweitern. So werden sehr anschauliche Zuordnungen als Ankerbeispiele aufgenommen und die Kodierregeln ergänzt, wenn sich Unklarheiten bei der Einschätzung ergeben. Dieses zirkuläre Vorgehen wird durch den siebten Schritt des Ablaufmodells gewährleistet. Im achten Schritt (Ergebnisaufbereitung) werden die vorgenommenen Einschätzungen aggregiert und können schließlich nach Häufigkeiten, Kontingenzen oder Konfigurationen quantitativ analysiert werden. Allerdings können hierzu keine allgemeinen Regeln angegeben werden, da das Vorgehen im achten Schritt in besonderer Weise von der eigentlichen Fragestellung abhängt.[387]

4.4.2 Datenerhebung mittels Experteninterviews in Mainfranken

Experteninterviews sind vor allem in der empirischen Sozialforschung eine weit verbreitete Erhebungsmethode und werden in rekonstruierenden Untersuchungen eingesetzt. Die Einführung dieses Konzepts in die sozialwissenschaftliche Diskussion wird in der Literatur der deutschen Soziologin Christel Hopf zugeschrieben.[388] Demzufolge lässt sich auch in diesem Forschungsgebiet eine brauchbare Bestimmung des Expertenbegriffs finden. Hiernach knüpft die Unterscheidung von Experten und Laien an die Unterscheidung von Allgemeinwissen und spezialisiertem Sonderwissen an. Experten sind somit Personen, die über besonderes, vom alltäglichen weitgehend separiertes Wissen verfügen, welches wir selbst nicht haben, auf das wir aber angewiesen sind. So wird derjenige als Experte interviewt, der sich durch eine „institutionalisierte Kompetenz zur Konstruktion von Wirklichkeit" auszeich-

---

[387] Vgl. Mayring (2015), S. 106 ff.
[388] Vgl. Gläser / Laudel (2009), S. 12 und Hopf (1978), S. 97 ff.

net.[389] Eine Datenerhebung mittels Experteninterviews bietet sich somit immer dann an, wenn spezialisiertes Sonderwissen über einen Sachverhalt benötigt wird, über welches der Forschende bis dato nicht verfügt.[390]

4.4.2.1 Auswahl der Interviewteilnehmer

Die Auswahl der Experten gilt als entscheidender Schritt bei der Durchführung von Experteninterviews, da von deren Kenntnissen und Erfahrungen die Qualität des gewonnenen Materials abhängt. Als Experten für den kommunalen Entscheidungsprozess über die Festsetzung der Realsteuerhebesätze und für die auf diesen Prozess einwirkenden Einflussfaktoren können zweifelsfrei die Bürgermeister, die kommunalen Verwaltungsmitarbeiter in den Kämmereien und die Mitglieder des politischen Gremiums angesehen werden.

Insbesondere den Bürgermeistern wird dabei eine große Bedeutung zuteil, da diese in Bayern direkt gewählt werden und der Verwaltung einer Kommune vorstehen. Des Weiteren haben sie nicht nur den Vorsitz im Gemeinderat inne, sondern verfügen auch über ein Stimmrecht.[391] Die Kombination aus exekutiver Instanz und dem Einfluss auf die politische Tagesordnung in der Legislative begründet deren einflussreiche Position.[392] Auch wenn die Entscheidung über eine Hebesatzanpassung letztendlich durch alle Gemeinderatsmitglieder getroffen wird, sind es doch die Bürgermeister, die im Rahmen der Erstellung eines Haushaltsentwurfs die entscheidenden Impulse für eine Anpassung der Realsteuerhebesätze geben und diese Empfehlung argumentativ untermauern. Ferner verfügen die Bürgermeister über umfangreiche parlamentarische Einflussmöglichkeiten, da sie häufig der Partei angehören, welche im politischen Gremium auch am stärksten vertreten ist. Somit können die Bürgermeister auch einen Einfluss auf das Abstimmverhalten weiterer Ratsmitglieder ausüben.

Demzufolge entschied sich der Autor, im Rahmen der Datenerhebung vornehmlich Interviews mit mainfränkischen (Ober-) Bürgermeistern zu führen, da diese den politischen Entscheidungsprozess vollumfänglich überblicken und in alle Schritte hin zu einer Hebesatzanpassung eingebunden sind.

Eine regionale Eingrenzung wurde deshalb als sinnvoll erachtet, da die Auswahl möglicher Kommunen sonst zu beliebig erschiene. Der Umfang der Stichprobe erfolgte mittels bewusster Auswahl, da nur so gewährleistet werden konnte, dass die Interviewteilnehmer gewonnen werden, die das größte Expertenwissen innehaben. Gerade in kleineren Kommunen liegen häufig nicht solche verwaltungsinternen Strukturen vor, die den Aufbau von Expertenwissen im vorliegenden Forschungsumfeld gewährleisten können. Damit die durchgeführte Untersuchung Mainfranken in seiner Gesamtheit möglichst gut repräsentiert, wurden in einem ersten Schritt zunächst die drei größten Kommunen eines jeden Landkreises ausgewählt (21 Stück), daneben die beiden Oberzentren Würzburg und Schweinfurt und schließlich noch zwölf weitere Fälle mit erhöhtem Erklärungsgehalt. Hierbei handelt es sich beispielsweise um Kommunen, in denen in jüngerer Vergangenheit um-

---

[389]   Vgl. Hitzler / Honer / Maeder (1994), S. 13 ff. sowie Schütz / Lackmann (1979), S. 133 ff.
[390]   Vgl. Gläser / Laudel (2009), S. 11 f., Meuser / Nagel (1991), S. 71 ff. und Bogner / Littig / Menz (2005), S. 7 ff.
[391]   Siehe Art. 17 und 34 der Bayerischen Gemeindeordnung.
[392]   Vgl. Fuchs (2010), S. 40 ff.

Die größten Kommunen der Landkreise - Kriterium 1 -		
Gemeinde	Landkreis	Einwohner
Bad Kissingen	Bad Kissingen	20.802
Hammelburg	Bad Kissingen	11.521
Haßfurt	Haßberge	13.349
Kitzingen	Kitzingen	20.705
Karlstadt	Main-Spessart	14.863
Lohr am Main	Main-Spessart	15.708
Marktheidenfeld	Main-Spessart	10.839
Bad Neustadt / Saale	Rhön-Grabfeld	15.555
Werneck	Schweinfurt	10.376
Ochsenfurt	Würzburg	11.223
Veitshöchheim	Würzburg	9.956

Die beiden kreisfreien Städte - Kriterium 2 -		
Gemeinde	Landkreis	Einwohner
Stadt Würzburg	kreisfrei	133.799
Stadt Schweinfurt	kreisfrei	53.415

Fälle mit erhöhtem Erklärungsgehalt - Kriterium 3 -		
Gemeinde	Landkreis	Einwohner
Aura a. d. Saale	Bad Kissingen	869
Iphofen	Kitzingen	4.403
Grafenrheinfeld	Schweinfurt	3.361
Gerbrunn	Würzburg	6.491
Güntersleben	Würzburg	4.398
Rottendorf	Würzburg	5.259
Waldbüttelbrunn	Würzburg	5.032

Tabelle 23: Teilnehmende Kommunen bei der Expertenbefragung.[393]

fangreiche Hebesatzanpassungen vorgenommen wurden oder die wegen ihres umfangreichen Realsteueraufkommens von großer Bedeutung für die Region sind. Nach einer ersten telefonischen Kontaktaufnahme zu allen 35 Kommunen der Stichprobe wurden diejenigen Kommunen per Email angeschrieben, die sich generell zu einer Teilnahme bereiterklärt hatten. Im Anschluss daran konnten mit 20 Kommunen Interviewtermine vereinbart werden. Deren Zusammensetzung ist vorstehender Tabelle zu entnehmen.

4.4.2.2 Interviewleitfaden

Experteninterviews werden üblicherweise als eine besondere Form des Leitfadeninterviews verstanden, weshalb als Erhebungsinstrument für Expertenbefragungen vielfach ein leitfadengestütztes offenes Interview zur Anwendung kommt.[394] Daher galt es vor einer Wahrnehmung der Interviewtermine zunächst einen geeigneten Interviewleitfaden zu entwickeln.

Während in einem vollständig offenen Interview lediglich Themen vorgegeben werden, arbeitet ein Leitfadeninterview darüber hinaus mit einer ausformulierten Frageliste. Dieser Leitfaden enthält diejenigen Fragen, die in jedem Interview beantwortet werden sollen, um die Forschungsfrage zu beantworten. Durch den Einsatz eines Interviewleitfadens wird die Vergleichbarkeit der Antworten gesteigert, sie erhalten eine Struktur und es wird sichergestellt, dass während des Interviews keine Fragen unbearbeitet bleiben.

---

[393] Quelle: Eigene Erhebung und eigene Darstellung.
[394] Vgl. Mayer (2008), S. 37 f. und Gläser / Laudel (2009), S. 111 ff.

Wichtig ist allerdings, dass der Leitfaden nicht mit einem standardisierten Ablaufschema zum Einsatz kommt. Die Formulierung und die Reihenfolge der Fragen sind nicht verbindlich, vielmehr sollten sie an die Gesprächsentwicklung angepasst werden, um unerwartete Themendimensionierungen durch den Experten nicht zu unterbinden. Damit wird dem Interviewten die Möglichkeit gegeben, frei zu berichten, wie sich Entscheidungen ergeben, diese eigenen Feststellungen mit Beispielen zu erläutern und zu extemporieren. Folglich ergibt sich bei dieser Erhebungsmethode auch häufig der Fall, dass der Experte Fragen bereits vorgreift, obwohl diese noch gar nicht „an der Reihe" waren, worauf durch den Interviewer flexibel zu reagieren ist.[395]

Der für diesen Zweck erstellte Leitfaden kann dem Anhang dieser Arbeit entnommen werden. Er ist in drei Abschnitte untergliedert. Zu Beginn der Interviewgespräche werden zunächst allgemeine Fragen an die Experten gerichtet, um diese auf das Thema einzustimmen. Im Wesentlichen bezogen sich diese auf die haushaltspolitische Bedeutung der Realsteuern, die kommunale Hebesatzentwicklung in der eigenen Gemeinde und den politischen Entscheidungsprozess bei einer Hebesatzanpassung.

Daran anknüpfend wurde das Gespräch auf den eigentlichen Untersuchungsgegenstand gelenkt. Der Hauptteil der Interviewreihe hatte die Überprüfung der Plausibilität von bisher quantitativ gewonnenen Erkenntnissen über den Einfluss von lokalen Standortfaktoren auf das kommunale Realsteuerhebesatzniveau zum Ziel. Mit Fragen und gezielten Denkanstößen sollte erreicht werden, dass die Experten ihre Meinung zu bereits ermittelten Einflussfaktoren wie dem Hebesatzniveau der Nachbargemeinden, der lokalen Ausprägung der Infrastruktur, dem Arbeitsmarktumfeld, der Bevölkerungsstruktur und der Parteienpräferenz äußern, diese bewerten und eine Aussage über die Richtung dieser Kausalbeziehungen treffen.

Im dritten Teil des Interviewleitfadens standen die Erschließung neuer Themenkreise und die Gewinnung von bisher zu kurz geratenen Informationen im Vordergrund. Hierbei wurde auf weitere potentielle Einflussfaktoren wie den kommunalen Finanzausgleich und den Schuldenstand einer Kommune Bezug genommen, die zwar in der quantitativen Untersuchung bislang außen vorgelassen wurden, von denen sich der Autor aber einen zusätzlichen Erklärungsgehalt für die Forschungsfragen erhofft. Am Ende eines jeden Interviews wurde den Gesprächspartnern noch Raum gegeben, auf Aspekte des Themas einzugehen, die nach deren Auffassung im Interview bislang zu kurz gekommen sind.

4.4.2.3 Durchführung der Interviews

Die Durchführung der Interviews erstreckte sich über den Zeitraum von August bis September 2015. Als Gesprächspartner standen bei 15 Terminen (Ober-) Bürgermeister und bei fünf Terminen leitende Verwaltungsmitarbeiter (vorwiegend Kämmerer) zur Verfügung. Neben diesem Personenkreis nahmen häufig noch weitere Verwaltungsmitarbeiter an den Interviews teil. Die häufigste Konstellation waren dabei Bürgermeister plus Kämmerer. Dies erwies sich als günstig, da hierdurch sämtliche steuerpolitischen Aspekte einer Kommune genau erörtert werden konnten. Während die Bürgermeister aufgrund ihres Aufgabengebiets eher einen umfassenden Blick auf die Gemeinde und deren Steuerpolitik

---

[395] Vgl. Gläser / Laudel (2009), S. 38 f. und S. 111 ff.

haben, sind die Kämmerer insbesondere mit den verwaltungsinternen Abläufen der Steu-
ererhebung vertraut. Sämtliche Interviews wurden persönlich und vor Ort im Rathaus der
jeweiligen Gemeinde durchgeführt.[396] Alternativ hierzu hätten Telefoninterviews zwar den
Vorteil einer Zeit- und Kostenersparnis mit sich gebracht, allerdings würden hierbei visu-
elle Informationen des Experten durch den Forscher nicht wahrgenommen. Ferner würde
die Schaffung einer vertrauensvollen Atmosphäre zwischen den Interviewteilnehmern und
dem Forschenden gegebenenfalls beeinträchtigt.[397]

Aufgrund der besseren Auswertbarkeit wurden die Interviews nach Zustimmung der
Gesprächspartner zunächst auf Tonband aufgezeichnet. Die durchschnittliche Dauer eines
Interviews betrug dabei 60 Minuten. Im Anschluss wurden die Tonbandaufnahmen
transkribiert.

4.4.3 Auswertung der Experteninterviews

Wie einleitend bereits erörtert wurde, erfolgt die Auswertung des gewonnenen Textmateri-
als mittels der strukturierenden Inhaltsanalyse nach Philipp Mayring. Als Strukturierungsform wurde dabei die skalierende Strukturierung gewählt, da diese nach Auffassung des
Autors in besonderer Weise für den Untersuchungsgegenstand geeignet ist.

Bekanntermaßen ist es das Ziel der Untersuchung, die im Rahmen der quantitativen
Forschung gewonnen Erkenntnisse durch die Expertenbefragung zu verifizieren. Aufgrund
dessen wurde der Interviewleitfaden derart konzipiert, dass die Interviewteilnehmer (Experten) mit ihren Antworten und Äußerungen unbewusst und somit unbeeinflusst Einschätzungen zu den bisherigen Forschungsergebnissen abgeben. Häufig brachten die Experten dabei zum Ausdruck, dass sie einen Zusammenhang zwischen einer Einflussgröße
und dem jeweiligen Realsteuerhebesatz sehen oder eben nicht. Mittels der skalierenden
Strukturierung können diese Einschätzungen dem Text nun zweckdienlich entnommen
und einer Skala zugeordnet werden. Hierdurch sind schließlich Aussagen möglich, ob sich
ein quantitativ nachgewiesener Zusammenhang auch in der Praxis bestätigen lässt. Durch
die ordinale Skalierung kann ferner angegeben werden, wie stark dieser Zusammenhang ist.
Hingegen könnte eine Strukturierung des Ausgangsmaterials hinsichtlich formaler, inhalt-
licher oder typisierender Aspekte nur einen viel geringeren Erklärungsbeitrag zu dem Untersuchungsgegenstand liefern.

Im Sinne der geforderten Regelgeleitetheit und Systematisierung des Forschungsprozes-
ses erfolgt die nachfolgende Untergliederung des Kapitels in Anlehnung an die von Mayring
definierten Ablaufschritte einer skalierenden Strukturierung.

4.4.3.1 Bestimmung der Analyseeinheiten

Im ersten Schritt dieser Form der Inhaltsanalyse gilt es die Analyseeinheiten festzulegen, da
hierdurch die Präzision der Untersuchung gesteigert wird. Dabei wird generell wie folgt
unterschieden:[398]

---

[396] Eine weitere Möglichkeit ist das Führen des Interviews über Telefonate, E-Mails oder in einem Chatroom.
Vgl. hierzu Gläser / Laudel (2009), S. 154.
[397] Vgl. Gläser / Laudel (2009), S. 153 f.
[398] Vgl. Mayring (2015), S. 61.

- Die **Kodiereinheit** gilt als kleinster Bestandteil eines Textes, der einer Kategorie zugeordnet und ausgewertet werden kann. Somit wird hierunter ein klares bedeutungstragendes Element im Material verstanden. Formal betrachtet kann dies bereits eine Präposition sein.
- Die **Kontexteinheit** definiert hingegen den größten Textbestandteil, der einer Kategorie zugeordnet werden kann.
- Die **Auswertungseinheit** gibt schließlich vor, in welcher Reihenfolge die Materialteile nacheinander ausgewertet werden.

Daher könnte im Rahmen der eigenen Untersuchung beispielsweise ein ganzes Interview als Auswertungseinheit verstanden werden. Diese Einteilung wäre allerdings ziemlich grob, da dabei nur eine gesamte Einschätzung für einen Experten möglich wäre. Hinsichtlich einzelner Einflussfaktoren auf das Realsteuerhebesatzniveau ließe sich dann nicht unterscheiden. Aufgrund dessen wird der Begriff der Auswertungseinheit in dieser Arbeit enger und konkreter gefasst. Immer wenn ein Experte die Ausprägung eines lokalen Standortfaktors mit einem kommunalen Realsteuerhebesatz in Verbindung bringt, gilt dies als Auswertungseinheit. Daran anknüpfend kann die Kodiereinheit als kleinstes Textelement, das unter eine Kategorie fallen kann, bestimmt werden. Sobald innerhalb einer Auswertungseinheit eine Einschätzung über den Einfluss dieses Standortfaktors auf den Realsteuerhebesatz vorgenommen wird, kann dies kodiert werden. Als Kontexteinheit wird in dieser Arbeit schließlich all das Material aufgefasst, das innerhalb eines Interviews durch den Experten zu einem Standortfaktor wiedergegeben wird. Nimmt der Experte nur an einer Stelle innerhalb des Interviews Bezug auf einen Standortfaktor, entspricht die Kontexteinheit der Auswertungseinheit. Bezieht er sich hingegen an unterschiedlichen Stellen im Interview auf einen Standortfaktor, umfasst die Kontexteinheit mehrere Auswertungseinheiten.

4.4.3.2 Festlegung der Einschätzungsdimensionen

Im zweiten Schritt der skalierenden Strukturierung gilt es die Einschätzungsdimensionen festzulegen. Während die Einschätzungsdimensionen im allgemeinen Ablaufmodell der strukturierenden Inhaltsanalyse noch als Strukturierungsdimensionen bezeichnet werden, wird durch diese Begriffsänderung verdeutlicht, dass bei der skalierenden Strukturierung eine Einschätzung der Fundstellen auf einer Skala vorzunehmen ist. So führt Mayring aus, dass es sich bei den Einschätzungsdimensionen um „Variablen mit Ausprägungen in mindestens ordinalskalierter Form (z. B. viel – mittel – wenig)“ handelt.[399] Wichtig ist daher, dass der Text Material zu diesen Ausprägungen liefern kann. Sofern dies nicht gegeben ist, würde sich als Analyseform eher eine inhaltliche Strukturierung anbieten, da diese kein ordinales Verhältnis der Ausprägungen zueinander voraussetzt.[400] Durch die Konzeption der geführten Experteninterviews, die Erfahrungen im Zuge der Interviewführung und bei der anschließenden Verschriftung der Interviews ist bekannt, dass das erhobene Material zahlreiche Einschätzungen über die Ausprägungen der einzelnen Einschätzungsdimensionen (Variablen / Einflussfaktoren) enthält. Die skalierende Strukturierung stellt somit eine geeignete Auswertungsmethode für die in Mainfranken geführten Experteninterviews dar.

---

[399]   Vgl. Mayring (2015), S. 106.
[400]   Vgl. Mayring (2015), S. 108.

Weil die Einschätzungsdimensionen aus der Hauptfragestellung abgeleitet werden müssen,[401] knüpfen die Einschätzungsdimensionen ganz eng an die Forschungsergebnisse der durchgeführten Regressionsanalyse an, um die bisherigen Erkenntnisse durch die qualitative Untersuchung verifizieren zu können. Allerdings stellt nicht jede in das statistische Modell des dritten Kapitels aufgenommene Determinante eine potentielle Einschätzungsdimension dar. Die Überprüfung aller bisher betrachteten Einflussgrößen wäre im Rahmen einer Interviewreihe zu umfangreich gewesen und würde daneben dem Grundkonzept eines Experteninterviews widersprechen. Auch wenn sie meist als leitfadengestützte Interviews verstanden werden, sind Experteninterviews dennoch offen zu führen und sollen keinen festen, standardisierten Fragekatalog abarbeiten. Darüber hinaus war es auch nicht zu erwarten, dass die Interviewteilnehmer so stark in einzelne statistische Kenngrößen differenzieren. Wie sich bereits nach den ersten Interviews bestätigt hat, liegt der Fokus eines Experten vielmehr auf den übergeordneten Kategorien der einzelnen Einflussfaktoren. Dementsprechend orientieren sich die Einschätzungsdimensionen der Inhaltsanalyse an diesen Vorgaben und stellen sich wie folgt dar:

Einschätzungsdimensionen

Realsteuerhebesätze

1. Niveau der weiteren Realsteuerhebesätze
2. Hebesatzniveau in den Nachbarkommunen

Bevölkerungsstruktur

3. Gemeindegröße (Einwohner)
4. Altersstruktur der Bevölkerung

Realsteueraufkommen

5. Höhe der Bemessungsgrundlage

Raumordnung & Infrastruktur

6. Gemeindegröße (Flächen)
7. Infrastrukturelle Anbindung und Einrichtungen

Arbeitsmarkt & Beschäftigung

8. Konstitution des heimischen Arbeitsmarktes
9. Umfang der wirtschaftlichen Betätigung

Parteienpräferenz

10. Präferenz für Linksparteien

Tabelle 24: Einschätzungsdimensionen zur strukturierenden Inhaltsanalyse.[402]

Da die qualitative Inhaltsanalyse nicht nur die Plausibilität der bisher quantitativ ermittelten Zusammenhänge überprüfen, sondern auch zu kurz geratene Informationen ergänzen und unklar gebliebene Themenkreise erörtern soll, darf die in Tabelle 24 vorgestellte Auflistung nicht als abschließend betrachtet werden und kann beim Materialdurchlauf weiter ergänzt werden.

4.4.3.3 Bestimmung der Ausprägungen und Zusammenstellung des Kategoriensystems

In diesem Schritt sind die Ausprägungen als Skalenpunkte pro Variable zu formulieren. Hierbei sind der Differenziertheitsgrad und das Skalenniveau so zu wählen, dass sie sowohl

---

[401] Vgl. ebenda.
[402] Quelle: Eigene Darstellung.

Zusammenstellung der Ausprägungen

Zwischen der jeweiligen Einschätzungsdimension und dem
Realsteuerhebesatz besteht ein…

Ausprägungen	Code
* **stark positiver Zusammenhang**	++
* **schwach positiver Zusammenhang**	+
* **kein Zusammenhang**	0
* **schwach negativer Zusammenhang**	-
* **stark negativer Zusammenhang**	- -

Restkategorien	Code
* **ohne Zuordnung**	oZ
* **ohne Antwort**	oA

Abbildung 55: Ausprägungen zur strukturierenden Inhaltsanalyse.[403]

der Fragestellung als auch dem Material angemessen sind.[404] Vor diesem Hintergrund wird
für den Untersuchungsgegenstand eine einfache, ordinale Skalierung mit fünf Ausprägungen gewählt (siehe Abbildung 55). Zwar ist infolgedessen keine Aussage über die Größe des
Merkmalsunterschieds zwischen den einzelnen Skalenpunkten möglich, jedoch ist dies für
die Beantwortung der Fragestellung auch nicht nötig. Darüber hinaus zeigt sich, dass das
Material keine Zuordnung zu einer Skala mit höherem Skalenniveau oder Differenziertheitsgrad zuließe, da die Experten bei ihren vorgenommenen Einschätzungen über die Einflussfaktoren des Realsteuerhebesatzes nicht derart stark unterscheiden.

Im Sinne einer einheitlichen Struktur und zur Reduktion der Komplexität werden dabei
für alle Einschätzungsdimensionen die gleichen Ausprägungen zugrunde gelegt. Daneben
ist die Definition einer Restkategorie („nicht zuordenbar") wichtig, da nicht immer eine
eindeutige Kodierung des Materials in eine der fünf Ausprägungen möglich ist.[405]

Die genaue Definition der Einschätzungsdimensionen und deren Ausprägungen können dem Kodierleitfaden im Anhang entnommen werden. Um dessen Darstellung übersichtlich zu halten, beschränkt sich dieser auf die Skalenpunkte „stark positiver Einfluss",
„kein Einfluss" und „stark negativer Einfluss". Auf die Darstellung der beiden Zwischen-
größen („schwacher Einfluss") und der Restkategorie wird somit verzichtet.

4.4.3.4 Aufstellung des Kodierleitfadens

Die Aufstellung eines Kodierleitfadens stellt sich dreigliedrig dar. Dabei werden zunächst
Definitionen zu den einzelnen Ausprägungen formuliert, welche die Bedeutung der jeweiligen Ausprägungen für die Einschätzungsdimension genau bezeichnen. Anschließend gilt

---

[403]   Quelle: Eigene Darstellung.
[404]   Vgl. Mayring (2015), S. 106.
[405]   Vgl. Mayring (2015), S. 108.

es für jede dieser Kategorien Ankerbeispiele, die als typische Materialstellen für die Kodierung angesehen werden, aus dem Text zu extrahieren. Im letzten Teil des Kodierleitfadens werden noch Abgrenzungsregeln für eine eindeutige Zuordnung festgehalten. Der ausführliche Kodierleitfaden wird im Anhang unter D.2 präsentiert.

4.4.3.5 Materialdurchlauf

Der Materialdurchlauf gilt als wesentlicher Ablaufschritt der Inhaltsanalyse. Mithilfe des zuvor entwickelten Kodierleitfadens werden hierbei die relevanten Informationen dem Text entnommen. Der Analyseschritt gliedert sich in drei Stufen, die mehrmals durchlaufen werden können.

Im ersten Schritt des Materialdurchlaufs gilt es beim Lesen der transkribierten Interviews die Fundstellen zu bezeichnen. Zu diesem Zweck werden all diejenigen Textpassagen durch farbliche Markierungen, Unterstreichungen oder Randnotizen gekennzeichnet, die Hinweise zu den festgelegten Einschätzungsdimensionen liefern. In Bezug auf den eigenen Untersuchungsgegenstand bedeutet dies, dass eine Markierung immer dann vorgenommen wurde, wenn ein Experte mit seinen Ausführungen einen Zusammenhang zwischen der Ausprägung eines Standortfaktors und der kommunalen Hebesatzhöhe hergestellt hat.

Anschließend werden die ermittelten Fundstellen mithilfe des Kodierleitfadens bearbeitet und dem Text entnommen (extrahiert). Wie für eine skalierende Strukturierung üblich, wird dabei für jede Auswertungseinheit eine Einschätzung hinsichtlich der definierten Ausprägungen vollzogen. Dies bedeutet, dass jede Fundstelle auf einer Skala einzuschätzen ist. Bei besonders eindeutigen Kodierungen ist die Fundstelle als Ankerbeispiel in den Kodierleitfaden übernommen worden. Bei weniger deutlichen Kodierungen wurden die Kodierregeln im Leitfaden präzisiert.

Sofern sich beim Studium des Materials Anhaltspunkte ergeben haben, dass die Ausprägungen möglicherweise nicht richtig gewählt oder definiert worden sind, umfasst der letzte Schritt des Materialdurchlaufs die Überarbeitung des Kategoriensystems und der Katego-

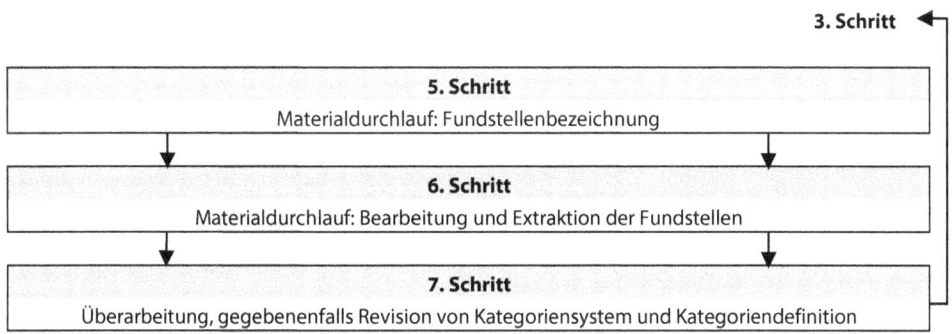

Abbildung 56: Analyseschritte des Materialdurchlaufs bei der strukturierenden Inhaltsanalyse.[406]

---

[406]   Quelle: Eigene Darstellung nach Mayring (2015), S. 98.

riendefinition. Unzutreffende Annahmen gilt es zu revidieren. In einem solchen Fall sind die Ablaufschritte 2 bis 5 noch einmal zu durchlaufen, woran der zirkuläre Charakter des Modells deutlich wird. Erst nach einem erneuten Modelldurchlauf kann schließlich die Ergebnisaufbereitung und -interpretation erfolgen.

4.4.4 Ergebnisaufbereitung und -interpretation

Die Präsentation der Ergebnisse orientiert sich in ihrer Struktur an der Gliederung des angefertigten Interviewleitfadens. Deshalb werden zunächst die Ausführungen zu den einleitenden Fragen wiedergegeben. Dabei handelt es sich um deskriptive Auswertungen zu der haushaltspolitischen Bedeutung der einzelnen Realsteuern und der kommunalen Hebesatzentwicklung. Der politische Entscheidungsprozess hin zu einer Hebesatzanpassung wird in einem Ablaufdiagramm und verbal veranschaulicht. Im Anschluss werden die Resultate der durchgeführten Inhaltsanalyse gezeigt. Hierfür werden die Bewertungen zu den einzelnen Einschätzungsdimensionen ausführlich dargestellt, interpretiert und mit den bisherigen Ergebnissen der quantitativen Untersuchung verglichen. Am Ende des Kapitels sollen die gewonnenen Erkenntnisse zu den bisher zu kurz geratenen Aspekten und unklar gebliebenen Themenkreisen präsentiert und diskutiert werden.

4.4.4.1 Einleitende Einschätzungen der Experten

Einleitend machen die Interviewteilnehmer unisono deutlich, von welch eminenter **haushaltspolitischer Bedeutung** die Realsteuern für die Kommunen sind. Dabei wird ausgeführt, dass die Realsteuern als die zentralen Steuereinnahmen einer Kommune angesehen werden. Ergänzt um die Einkommensteueranteile und die Schlüsselzuweisungen würden diese die Einnahmeseite des Verwaltungshaushalts entscheidend determinieren. Darüber hinaus wären die Realsteuern deshalb auch eine so interessante Einnahmequelle, da sie direkt in der Gemeinde vereinnahmt werden. Dies schaffe einen Anreiz, sich selbst attraktiv darzustellen, damit Bürger und Unternehmen dem Standort treu bleiben. Hierdurch würde sich eine engere Verbindung zwischen Steuerzahler und Kommune ergeben als wenn Steuern erst durch den Bund erhoben und dann über Finanzausgleichsysteme vertikal verteilt werden würden.

Sobald die Interviewteilnehmer jedoch zwischen den einzelnen Realsteuern differenzieren, kann festgestellt werden, dass sich die vorstehenden Ausführungen insbesondere auf die Gewerbesteuer beziehen. Vor allem die Grundsteuer A hat für die meisten Gemeinden eher eine untergeordnete Bedeutung. Eine Kodierung der Antworten in die Kategorien keine / geringe / mittlere / große Bedeutung verdeutlicht dies in Abbildung 57. Jeweils rund drei Viertel der Befragten sind der Meinung, dass die Gewerbesteuer von großer, die Grundsteuer B noch von mittlerer und die Grundsteuer A lediglich von geringer Bedeutung für die eigene Kommune sind. Trotz dieser Feststellung führen einige Oberbürgermeister aber auch aus, dass die Grundsteuern durchaus als politisches Steuerungselement wahrgenommen würden. Während deren Bedeutung aufkommensbezogen häufig begrenzt sei, würde den Grundsteuern zumindest eine symbolische Bedeutung zuteil. So würden diese suggerieren, dass nicht nur Gewerbetreibende, sondern auch Bürger und landwirtschaftliche Betriebe ihren Teil zur Finanzierung der Gemeinde beitragen müssen – was letztendlich den

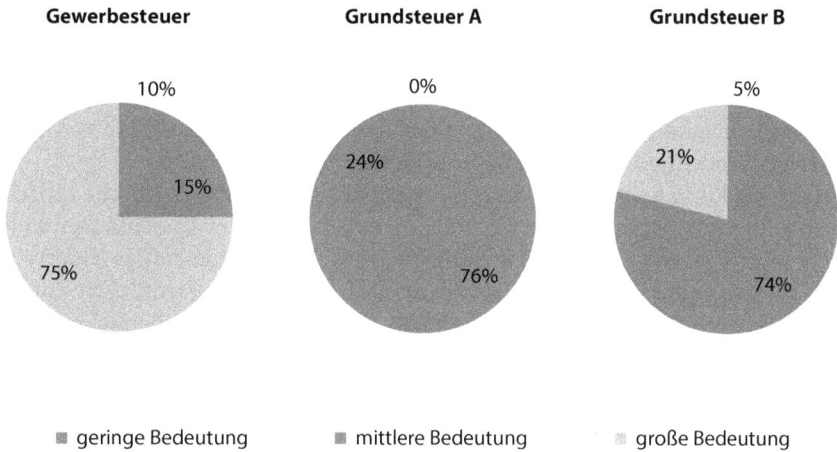

Abbildung 57: Experteninterview: Bedeutung der Realsteuern für die Kommunen.[407]

sozialen Frieden in der Kommune stärken würde. Mit diesen Erläuterungen heben die Experten hervor, wie wichtig es ist, auch die Grundsteuern im Rahmen dieses Themenkomplexes zu betrachten und rechtfertigen somit gleichsam das Forschungsinteresse an allen drei Realsteuern.

Anschließend wurden die Experten zu der **kommunalen Hebesatzentwicklung** ihrer Gemeinde in der letzten Dekade befragt. Auch wenn diese Werte den amtlichen Statistiken

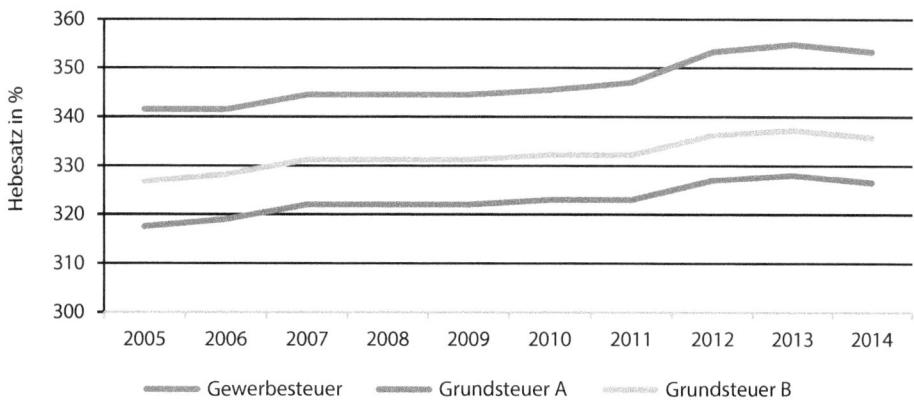

Abbildung 58: Experteninterview: Kommunale Hebesatzentwicklung.[408]

---

[407]   Quelle: Eigene Erhebung und eigene Darstellung.
[408]   Quelle: Eigene Erhebung (verknüpft mit Daten der Genesis-Online Datenbank Bayern (2015a)) und eigene Darstellung.

entnommen werden können, sollten die Interviewteilnehmer hierdurch weiter auf den Untersuchungsgegenstand eingestimmt werden. Insgesamt zeigt sich eine moderate Hebesatzentwicklung. In rund der Hälfte der Gemeinden sind die Hebesätze in den letzten zehn Jahren dabei einmal angepasst worden.

Die untersuchten Gemeinden repräsentieren dabei weitestgehend die Hebesatzentwicklung in Mainfranken und Bayern. Während sich beispielsweise der Gewerbesteuerhebesatz im Betrachtungszeitraum von 2005 bis 2014 in der Stichprobe um 3,4 % erhöht hat, lag dieser Wert in Mainfranken bei 3,6 % und bayernweit bei 3,2 %.[409]

Gemäß der Auskunft beinahe aller Interviewpartner stellt sich der **politische Entscheidungsprozess** für eine Anpassung des Gewerbesteuerhebesatzes im Wesentlichen in drei Schritten dar. Zunächst erörtert die Verwaltung intern, meist auf Initiative des (Ober-) Bürgermeisters und / oder des Kämmerers, das Thema und arbeitet die wesentlichen Vor- und Nachteile einer Hebesatzanpassung heraus. Andere Akteure wie Gemeinderäte, Unternehmer oder auch Stimmen aus der Bevölkerung bringen demnach eine Hebesatzanpassung nur selten ins Gespräch. Daher ergeben sich speziell darauf ausgerichtete Anträge aus dem politischen Gremium auch nur gelegentlich. Erst wenn sich in der Verwaltung eine Entscheidung für eine Hebesatzanpassung abzeichnet, wird der Kontakt zu diesen Akteuren gesucht und ein Dialog begonnen, der schließlich in den Haushaltsberatungen im Haushalts- und Finanzausschuss der Kommune mündet. Koordiniert werden diese Beratungen im Wesentlichen wieder durch den (Ober-) Bürgermeister und / oder den Kämmerer. Im Ergebnis steht meist ein Empfehlungsbeschluss für den Gemeinderat. Neben dem Dialog mit den Gemeinderäten in den Ausschüssen bekommen regelmäßig auch die Steuerpflichtigen eine Möglichkeit, ihre Vorstellungen kundzutun. Insbesondere vor einer Erhöhung der Gewerbesteuer werden meist intensive Gespräche mit der Wirtschaft geführt. Die Experten machen allerdings auch deutlich, dass es dabei nicht darum gehe, sich eine Erlaubnis für eine Steuersatzanpassung einzuholen.

Erst im dritten und letzten Schritt wird der ausgearbeitete Haushaltsentwurf im Gemeinderat vorgestellt und zur Abstimmung gebracht. So entscheiden die Räte im Rahmen

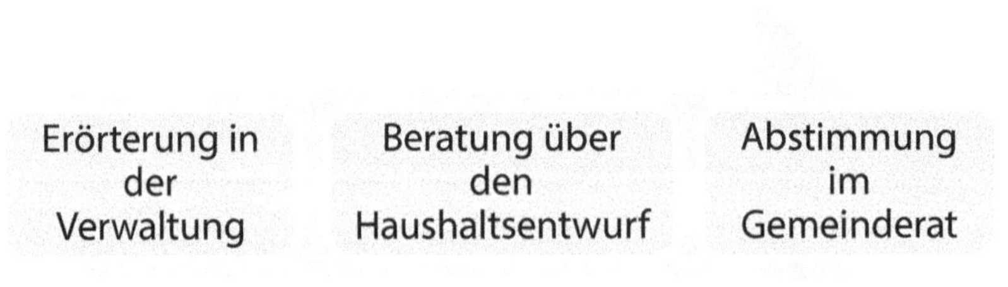

| Erörterung in der Verwaltung | Beratung über den Haushaltsentwurf | Abstimmung im Gemeinderat |

Abbildung 59: Experteninterview: Politischer Entscheidungsprozess.[410]

---

[409]   Vgl. Genesis-Online Datenbank Bayern (2015a). Das Gleiche gilt auch für die beiden Grundsteuern.
[410]   Quelle: Eigene Erhebung und eigene Darstellung.

der Haushaltssatzung zwar faktisch über die Hebesatzanpassung, die ganze inhaltliche Vor-
arbeit und argumentative Untermauerung des Bestrebens erfolgt aber durch die Verwal-
tungsseite. Daran wird auch deutlich, dass die Auswahl der Interviewteilnehmer (siehe
4.4.2.1) zutreffend erfolgt ist.

4.4.4.2 Überprüfung der Plausibilität bisheriger Erkenntnisse

Das zentrale Interesse bei der Auswertung der Experteninterviews besteht in der Überprüfung der bisherigen Forschungsergebnisse im Rahmen einer qualitativen Inhaltsanalyse.
Wie bereits erörtert, kommt als Analysetechnik eine skalierende Strukturierung zur Anwendung. Dabei gilt es, die Ausführungen der Experten zu den einzelnen Einschätzungsdimensionen hinsichtlich der fünf definierten Ausprägungen zu skalieren, die vorgenommenen Einschätzungen zu aggregieren und schließlich nach Häufigkeiten quantitativ zu analysieren.

Wie die Auswertung der Interviews für die Einschätzungsdimension **Niveau der weiteren Realsteuerhebesätze einer Gemeinde** zeigt, besteht nach Meinung der meisten Experten vorwiegend ein stark positiver Zusammenhang zwischen den einzelnen Realsteuerhebesätzen einer Kommune. Demnach bestimmt sich die Höhe eines Realsteuerhebesatzes in
Abhängigkeit von dem Niveau der beiden anderen Hebesätze in der Gemeinde. Liegen beispielsweise höhere Grundsteuerhebesätze vor, fällt auch der Gewerbesteuerhebesatz höher
aus. Lediglich vier Kommunalvertreter sind der Meinung, dass die Hebesatzhöhe einer Realsteuer unabhängig von dem Hebesatzniveau der beiden anderen Realsteuern zu sehen ist.
Einen negativen Zusammenhang zwischen den Hebesätzen erkennt kein Experte. Dies legt
den Schluss nahe, dass kommunale Entscheidungsträger bezüglich der einzelnen Realsteuern grundsätzlich der gleichen steuerpolitischen Strategie folgen. Sofern bei einer Realsteuer
ein höheres Hebesatzniveau präferiert wird, gilt dies auch bei den beiden anderen.[411]

Diese Schlussfolgerung wird auch dadurch unterstützt, dass in den Kommunen meist
zeitgleich mehrere Hebesätze angepasst werden, wie bereits eine deskriptive Auswertung

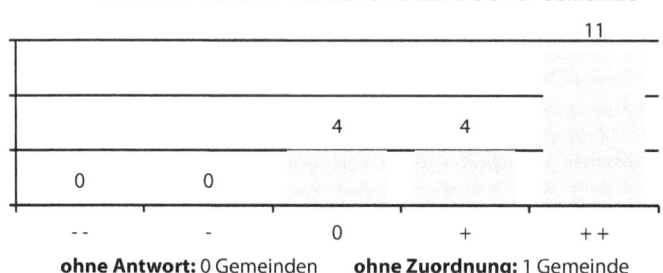

Niveau der weiteren Realsteuerhebesätze einer Gemeinde

ohne Antwort: 0 Gemeinden   ohne Zuordnung: 1 Gemeinde

Abbildung 60: Interviewauswertung zur Einschätzungsdimension: Niveau der weiteren Realsteuerhebesätze
einer Gemeinde.[412]

---

[411]   Das bedeutet aber nicht, dass alle drei Realsteuern grundsätzlich den gleichen Hebesatz haben.
[412]   Quelle: Eigene Erhebung und eigene Darstellung.

über die Hebesatzanpassungen für das Jahr 2011 im dritten Kapitel dieser Arbeit aufgezeigt hat. Demnach haben von den über 4.100 Gemeinden, die eine Hebesatzerhöhung vorgenommen haben, 37 % alle drei Hebesätze, rund 42 % zeitgleich zwei Hebesätze, jedoch 21 % lediglich einen ihrer Hebesätze erhöht.[413]

Des Weiteren bestätigen die Expertenantworten weitestgehend auch die Ergebnisse der Regressionsanalyse, die ebenfalls einen deutlich positiven Zusammenhang zwischen dem Gewerbesteuerhebesatz und dem Grundsteuerhebesatz B sowie zwischen den beiden Grundsteuerhebesätzen aufzeigen. Der durch die Regressionsanalyse ermittelte, leicht negative Zusammenhang zwischen dem Gewerbesteuerhebesatz und dem Grundsteuerhebesatz A wird durch die Expertenbefragung nicht bestätigt. Dies war insofern auch nicht zu erwarten, da bereits bei der Interpretation der Regressionsergebnisse darauf hingewiesen wurde, dass dieser Zusammenhang weder der aufgestellten Hypothese entspricht noch sich plausibel erklären lässt.[414] Dies verdeutlicht gleich zu Beginn der Präsentation der Interviewergebnisse die große Bedeutung von qualitativen Untersuchungen, quantitativ ermittelte Zusammenhänge nicht uneingeschränkt hinzunehmen, sondern kritisch zu hinterfragen. Wie die Ausführungen der Experten belegen, betreiben die meisten Gemeinden eine gleichgerichtete Steuerpolitik, so dass von einem positiven Zusammenhang zwischen den einzelnen Realsteuern ausgegangen werden kann. Dies kommt auch dadurch zum Ausdruck, dass die Befragten in ihren Ausführungen nicht klar zwischen den einzelnen Realsteuern differenzieren, sondern die Hebesatzpolitik ihrer Gemeinde einheitlich beschreiben. Die folgenden exemplarischen Zitate können dies verdeutlichen.

Einschätzungs-dimension	exemplarische Zitate
Niveau der weiteren Hebesätze einer Gemeinde	• „Zwischen den Realsteuern wird nicht differenziert. Es bestehen die gleichen Beweggründe, die zu einer Erhöhung führen."
	• „Über alle Hebesätze wird gleich beraten, um alle gleich zu behandeln: Unternehmen und Bürger!"
	• „Ja, es besteht eine einheitliche steuerpolitische Haltung. Gewerbetreibende und Bürger sollen gleichermaßen belastet werden, daher werden die Steuern einheitlich und auch in gleichen Prozentschritten angepasst."

Tabelle 25: Interviewauszug zur Einschätzungsdimension: Niveau der weiteren Realsteuerhebesätze einer Gemeinde.[415]

---

[413]   Siehe hierzu Tabelle 5 und die sich anschließenden Ausführungen im Text. Vgl. für die Daten die Regionaldatenbank Deutschland (2016c).
[414]   Ziel einer weiteren wissenschaftlichen Forschung könnte es demnach sein, den in der Regressionsanalyse ermittelten negativen Zusammenhang zu ergründen.
[415]   Quelle: Eigene Erhebung und eigene Darstellung.

Hinsichtlich der Einschätzungsdimension **Hebesatzniveau in den Nachbargemeinden** führt die überwiegende Zahl der Experten für die Gewerbesteuer aus, dass sie auch diesbezüglich von einem positiven Zusammenhang ausgehen. Nach den deutlichen Resultaten der quantitativen Untersuchung bestätigen nun auch die Interviewpartner durch ihre Aussagen die einleitend aufgestellte Hypothese, wonach kommunale Entscheidungträger infolge eines gemeindlichen Steuerwettbewerbs ihre Hebesatzentscheidung vor allem auch unter Bezug auf die Hebesatzpolitik der Nachbarkommunen treffen. Wie Abbildung 61 aufzeigt, sind lediglich vier Fachleute der Überzeugung, dass das Hebesatzniveau in den Nachbargemeinden keinen Einfluss auf die eigene Hebesatzpolitik hat. Jedoch lassen sich diese Antworten dadurch relativeren, indem man sie mit derjenigen Kommune in Verbindung setzt, deren (Ober-) Bürgermeister bzw. Kämmerer der antwortende Experte ist. Dabei fällt auf, dass es sich bei den Gemeinden um bedeutende Gewerbe- und Industriestandorte in Mainfranken handelt, die sich aufgrund großer steuerlicher Bemessungsgrundlagen offensichtlich in einer Position befinden, den eigenen Gewerbesteuerhebesatz völlig unabhängig von den Nachbarkommunen gestalten zu können. Die Bedeutung der steuerlichen Bemessungsgrundlage für die Höhe des jeweiligen Hebesatzes wird im weiteren Verlauf der Ergebnisaufbereitung noch separat beschrieben.

Weiterführend wurden die Experten um eine Stellungnahme gebeten, ob das Hebesatzniveau von näher liegenden Gemeinden einen größeren Einfluss auf die eigene Hebesatzentscheidung hat. Schließlich wurden in der Regressionsanalyse bei der Konstruktion der Variable zum nachbarschaftlichen Hebesatz Kommunen mit geringerer Entfernung stärker gewichtet. Da es darüber hinaus denkbar ist, dass womöglich die Größenklasse der Nachbargemeinden indessen der entscheidende Faktor bei der Hebesatzbestimmung ist, wurden die Fachleute auch diesbezüglich befragt. Quantitativ konnte keine stärkere Bezugnahme auf Nachbargemeinden der gleichen Größenklasse nachgewiesen werden, auch wenn sich dies intuitiv vermuten lässt. Zumindest führt eine Einteilung der Gemeinden in gleiche Größenklassen und die Durchführung eigener Regressionen für diese Cluster, wie auch die

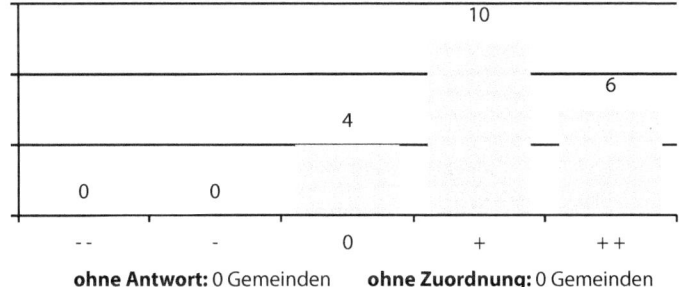

Gewerbesteuer-Hebesatzniveau in den Nachbarkommunen

Abbildung 61: Interviewauswertung zur Einschätzungsdimension: Gewerbesteuerhebesatz der Nachbarkommunen.[416]

---

[416] Quelle: Eigene Erhebung und eigene Darstellung.

stärkere Gewichtung von Nachbarn der gleichen Größenklasse innerhalb einer Regression, zu keinen anderen Ergebnissen, so dass es für die quantitative Untersuchung bei dem Grundmodell belassen wurde. Eine Begründung mag sich darin finden, dass die meisten Gemeinden im Datensatz einer kleineren oder mittleren Größenklasse angehören. Da diese Kommunen stärker regional ausgerichtet sind, ist bei deren Hebesatzbestimmung vielmehr die Nachbarschaft als der Vergleich mit gleich großen Gemeinden entscheidend. Allerdings soll auch betont werden, dass eine zu enge Definition der Nachbarschaft über die reine Entfernung auch in diesen Fällen wohl zu kurz greift.[417]

Im Umkehrschluss ist es aber auch für Großstädte sowie eine Vielzahl der deutschen Ober- und Mittelzentren wahrscheinlich, dass sie sich von dem zum Teil deutlich niedrigeren Hebesatzniveau ihrer direkten Nachbarkommunen nicht ganz frei machen können, auch wenn sie sich erwartungsgemäß vielmehr innerhalb der gleichen Größenklasse vergleichen.[418] Als Beispiele könnte man für München den Vorort Grünwald (Gewerbesteuerhebesatz von 240 %) oder für Frankfurt Eschborn (Gewerbesteuerhebesatz von 330 %) anführen. Es ist denkbar, dass sich auch Großstädte bei steigenden Hebesatzunterschieden zu Umlandgemeinden zu einer entsprechenden Reaktion bewegen lassen.[419]

Anschaulich brachte dies ebenfalls das Interview mit einem Kämmerer einer der größten mainfränkischen Kommunen zum Ausdruck. Dieser beschreibt, dass wegen drohender Standortverlagerungen auch die Hebesatzentwicklungen in den benachbarten kleineren Kommunen genau betrachtet werden, da sich diese in einem Umkreis befänden, innerhalb dessen man von Mitarbeitern noch erwarten könne, dass sie eine mögliche Standortverlagerung mittragen. Als kritische Entfernung nennt er eine Distanz von 10 bis 15 Kilometer. Hiermit macht er deutlich, dass ebenso für große Kommunen, neben dem Faktor der gleichen Größenklasse, auch die Entfernung zu Nachbargemeinden eine Rolle spielt.

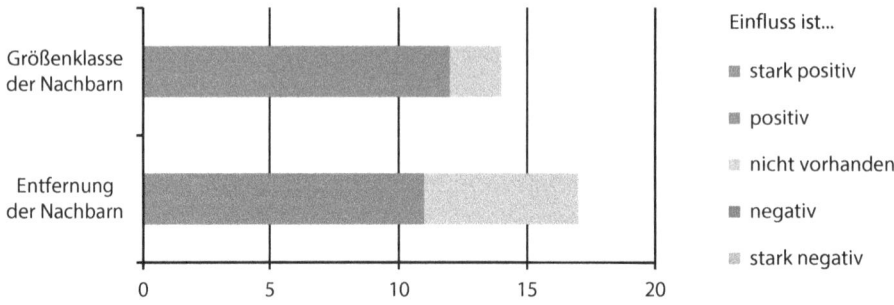

Abbildung 62: Interviewauswertung: Einfluss der Größenklasse und der Entfernung der Nachbarn auf die Würdigung als relevante Gemeinde für einen Hebesatzvergleich.[420]

---

[417]   Hieran wird eine Stärke von qualitativen Untersuchungen deutlich: Die Definition von Nachbarschaft kann weiter gefasst werden, da es im Gegensatz zur quantitativen Untersuchung nicht nötig ist, diese zahlenmäßig zu determinieren und eine exakte Grenze (bei der eigenen Untersuchung: 30 km) festzulegen.

[418]   Siehe hierzu die eigenen Ausführungen für Würzburg und Schweinfurt in Kapitel 4.3.

[419]   Vgl. hierzu für Frankfurt am Main Büttner / Kauder (2009), S. 40.

[420]   Quelle: Eigene Erhebung und eigene Darstellung.

Einschätzungs-dimension	exemplarische Zitate
Gewerbesteuer-hebesatz der Nachbar-kommunen	• *„Wir haben grundsätzlich alle unsere direkten Nachbarn angeschaut und dann vergleichbare Gemeinden unserer Größe. Auch von der Infrastruktur her Gemeinden wie (...), die in unserem nördlichen Landkreis liegen."*
	• *„Jede Kommune macht dies sicherlich. Bei gewissen Erhöhungen (...) zieht man Vergleichswerte her. (...) Also bei der Beratung im Stadtrat waren die Sätze der anderen Gemeinden bekannt (...). Bei den Nachbargemeinden ist es so und so, bei den größeren Gemeinden wie (...) haben wir die Hebesätze und da haben wir gesagt, da bewegen wir uns noch im Rahmen des Vergleichbaren."*
	• *„Wir haben uns natürlich an den Gemeinden gleicher Größe bzw. auch gleicher Größe der Gewerbegebiete gemessen. Dies sind für uns jetzt hier die Gemeinden (...), hinsichtlich der Gemeindegröße die Gemeinden (...)."*

Tabelle 26: Interviewauszug zur Einschätzungsdimension: Gewerbesteuerhebesatz der Nachbarkommunen.[421]

Diese Meinung spiegelt sich auch in den Antworten der weiteren Experten wider. Demnach wird weder die unmittelbare Nähe noch die Größenklasse eines Nachbarn als dominierendes Element beschrieben. Rund die Hälfte der Befragten äußert sich dahingehend, dass beide Faktoren einen (zumindest) positiven Einfluss haben. Jedoch berichten die Kommunalvertreter auch, dass sie diese Faktoren nicht als alleingültige Einflussfaktoren verstanden wissen möchten. Neben dem Zusammenspiel aus räumlicher Nähe und vergleichbarer Größe werden noch weitere Faktoren wie historische Bezüge, die infrastrukturelle Verbindung, topografische Rahmenbedingungen und die wirtschaftliche Leistungsfähigkeit als Maßstab genannt, die einen Nachbar als eine relevante Gemeinde für einen Hebesatzvergleich definieren.

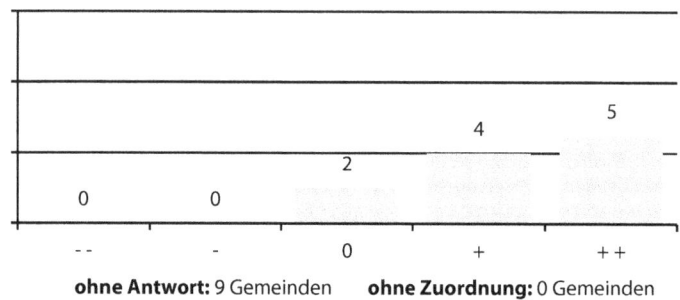

Grundsteuer-Hebesatzniveau in den Nachbarkommunen

ohne Antwort: 9 Gemeinden   **ohne Zuordnung:** 0 Gemeinden

Abbildung 63: Interviewauswertung zur Einschätzungsdimension: Grundsteuerhebesatz der Nachbarkommunen.[422]

---

[421] Quelle: Eigene Erhebung und eigene Darstellung.
[422] Quelle: Eigene Erhebung und eigene Darstellung.

Während diese Ergebnisse für die Gewerbesteuer aufgrund der Erkenntnisse der bisherigen wissenschaftlichen Forschung zu erwarten waren,[423] konnten diese Zusammenhänge nun auch für die Grundsteuern A und B erstmals im Rahmen einer quantitativen Untersuchung nachgewiesen werden. Der vorliegende qualitative Untersuchungsansatz sichert diese Ergebnisse darüber hinaus ab.

Wenngleich die Ergebnisse für die Gewerbesteuer deutlicher sind, kann der vorstehenden Abbildung 63 entnommen werden, dass die bereits beschriebenen Zusammenhänge grundsätzlich auch für die Grundsteuern A und B gelten. Abschließend kann somit festgehalten werden, dass kommunale Entscheidungsträger ihre Hebesatzentscheidung vor dem Hintergrund eines gemeindlichen Steuerwettbewerbs bei allen drei Realsteuern unter Bezug auf die Hebesatzpolitik der Nachbarn treffen. Dies gilt bemerkenswerterweise auch bei den beiden Grundsteuern, obwohl diese ein immobiles Besteuerungsobjekt besitzen. Wie bereits erörtert, lässt sich hierfür die Begründung wohl in dem Umstand finden, dass mit einem attraktiven Hebesatzniveau Ansiedlungs- und Investitionsanreize gesetzt werden sollen. Denn erst durch eine Bebauung kommt es zu einer Aufwertung des Grund und Bodens und somit zu steigenden Steuereinnahmen. Schließlich sind die Einheitswerte von unbebauten Grundstücken generell sehr niedrig.

Einschätzungs-dimension	exemplarische Zitate
Grundsteuer-hebesätze der Nachbar-kommunen	• „Ich denke, weil jeder schon darauf schaut, was sind die Steuern in den einzelnen Gemeinden. Gerade wenn neue Leute hier neu bauen wollen. Das ist für sie schon ein Kriterium. (...) Es ist den Bürgern gegenüber nur gerecht, wenn man sagt, wir schauen, was machen die anderen, was machen wir." • „Auf kleinen Dörfern ist halt der Anschaffungspreis einfach günstiger, also das Grundstück ist einfach günstiger (...), da müssen wir natürlich schon schauen, dass wir bei der Grundsteuer nicht noch teurer sind." • „Wir schauen uns hier vor allem die umliegenden Gebietskörperschaften an und schauen, wie wir uns da einsortieren können. (...) Aber bei den Grundsteuern hat es eher eine Indizwirkung, um die Plausibilität der Hebesatzerhöhung zu überprüfen." • „Unser Gemeinderat will (...) als attraktiven Wohnort halten und weiterentwickeln und da gehört dazu, dass gerade die Grundsteuerhebesätze nicht ins Unermessliche gehen. Es gibt ja durchaus auch im Landkreis Würzburg Grundsteuerhebesätze von 400 %, das käme für unseren Gemeinderat als Ganzheit nie in Betracht."

Tabelle 27: Interviewauszug zur Einschätzungsdimension: Grundsteuerhebesatz der Nachbarkommunen.[424]

Neben dem starken Einfluss der Nachbargemeinden sind die Experten auch bei der Einschätzungsdimension **Gemeindegröße (Einwohner)** der Überzeugung, dass diese einen positiven Einfluss auf den Gewerbesteuerhebesatz besitzt. So lassen sich die Aussagen von 19 der 20 Interviewteilnehmer dahingehend auslegen, dass sie einen positiven Zusammen-

---

[423]   Vgl. u.a. Büttner (2001).
[424]   Quelle: Eigene Erhebung und eigene Darstellung.

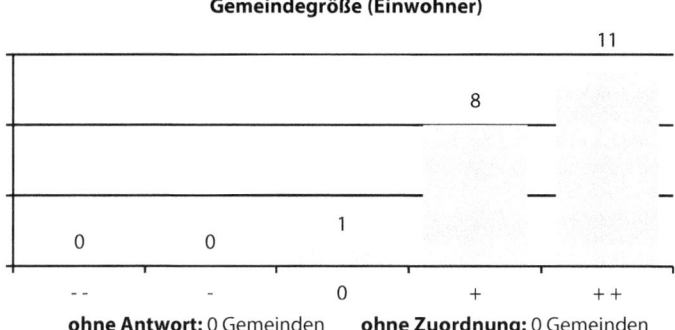

Gemeindegröße (Einwohner)

ohne Antwort: 0 Gemeinden   **ohne Zuordnung:** 0 Gemeinden

Abbildung 64: Interviewauswertung zur Einschätzungsdimension: Gemeindegröße.[425]

hang zwischen der Größe einer Gemeinde und der Höhe ihres Hebesatzes sehen. Elf Fach-leute vertreten sogar die Auffassung, dass der Einfluss stark positiv ist. Nur eine Person führt aus, dass sie diesbezüglich keinen Zusammenhang sieht. Einen negativen Zusammen-hang beobachtet erwartungsgemäß keiner.

Diese Ergebnisse bestätigen die bereits im Rahmen der quantitativen Untersuchung ge-wonnen Erkenntnisse und reihen sich damit auch in den Stand der wissenschaftlichen For-schung ein, wonach sich vor allem in größeren Kommunen höhere Gewerbesteuerhebesätze finden lassen. Trotz eines interkommunalen Steuerwettbewerbs gelingt es größeren Ge-meinden offensichtlich aufgrund ihrer Marktmacht, einen zusätzlichen Steueraufschlag durchzusetzen.[426]

Darüber hinaus konnte dieser Zusammenhang in der quantitativen Untersuchung auch für die Grundsteuer B nachgewiesen werden. Für die Grundsteuer A war das jedoch nicht der Fall. Dies konnte dadurch erklärt werden, dass mit steigender Einwohnerzahl die Urba-nität einer Kommune zunimmt und die landwirtschaftliche Flächennutzung zurückgeht. Hierdurch wird der Grundsteuer A eine geringere Bedeutung für den kommunalen Haus-halt beigemessen, so dass die kommunalen Entscheidungsträger faktisch keinen Anreiz ha-ben, höhere Hebesätze für diese Steuer zu forcieren. Besonders anschaulich beschreibt dies der Bürgermeister eines bedeutenden Wirtschaftsstandorts. Er führt aus, dass er sich lieber eine Diskussion bezüglich der Anhebung der Grundsteuer A erspart, wenn man bei einer Erhöhung um 100 %-Punkte die Steuereinnahmen womöglich nur um 10 Tsd. Euro stei-gern kann. Hingegen zeigt sich in Kapitel 4.2.4 am Beispiel für Mainfranken auch, dass in kleineren Gemeinden mit starker landwirtschaftlicher Prägung die Grundsteuer A von zu-nehmender Bedeutung sein kann. Über diesen Argumentationsstrang wird bereits in der quantitativen Untersuchung der beobachtete negative Zusammenhang zwischen der Ein-wohnerzahl einer Gemeinde und dem Grundsteuerhebesatz A hergeleitet.

Wie eine Analyse der Experteninterviews hinsichtlich der Ursachen des beschriebenen Zusammenhangs zeigt, vertreten viele Interviewteilnehmer die Auffassung, dass sich die

[425] Quelle: Eigene Erhebung und eigene Darstellung.
[426] Vgl. hierzu auch Hoyt (1992) und Büttner (2001), S. 230 ff.

Einschätzungs-dimension	exemplarische Zitate
Gemeindegröße (Einwohner)	• „Die größeren Städte haben einen Standortvorteil gegenüber uns, vor allem in den Ballungszentren. Das Unternehmensmanagement zieht halt gern in die Zentren, um dort ihre Betriebssitze zu haben. Aufgrund dessen können diese ohne großen Aufwand höhere Hebesätze durchsetzen." • „(...), wenn ich Schweinfurt sehe, Würzburg, München, Nürnberg. Ich gehe mal davon aus, je größer die Stadt, desto höher sind auch der Gewerbesteuer- und der Grundsteuerhebesatz. (...) Die können dann mehr oder weniger aus dem Vollen schöpfen." • „Die Aufgaben in den zentralen Orten, also in größeren Kommunen sind deutlich größer und von daher ist es naheliegend, dass die Hebesätze auch höher ausfallen müssen." • „Ich glaube nicht, dass es eine lineare Abhängigkeit der Größe gibt. Eine funktionelle gibt es schon, weil es diese Stadt-Umland-Problematik nicht nur in München und Großstädten gibt, sondern auch in den Mittelzentren."

Tabelle 28: Interviewauszug zur Einschätzungsdimension: Gemeindegröße (Einwohner).[427]

höheren Realsteuerhebesätze in einwohnerstarken Kommunen auf deren Marktmacht zurückführen lassen.[428] Dabei werden immer wieder Städte wie München und Nürnberg genannt, denen es wegen der Attraktivität des Standorts angeblichen gelingen würde, beinahe jeden Hebesatz am Markt durchzusetzen.

Während Büttner seine Begründung vornehmlich auf das Argument der Marktmacht stützt und losgelöst von weiteren Einflussfaktoren wie einer gesteigerten Ausgabenverpflichtung sieht, betrachten die Experten diese beiden Aspekte nicht unabhängig voneinander. Die meisten Interviewteilnehmer führen die höheren Hebesätze nämlich auch auf die umfangreicheren Aufgaben und Ausgaben zurück. So würden größere Kommunen verstärkt öffentliche Einrichtungen wie Theater, Schwimmbäder oder Bibliotheken vorhalten. Darüber hinaus seien die Investitionen in Infrastruktur wie Straßen und Plätze aber auch in die Kanalisation und den öffentlichen Personennahverkehr deutlich umfangreicher.

Stellvertretend drückt dies der Bürgermeister einer Kreisstadt besonders treffend aus. Er vertritt die These, dass zwischen der Größe (Einwohnerzahl) einer Kommune und ihren Hebesätzen wohl keine unmittelbare lineare Abhängigkeit bestehe, es aber eine funktionelle Abhängigkeit gebe. Veranschaulichen lässt sich die Experteneinschätzung, indem das Hebesatzniveau der mainfränkischen Kommunen gemäß deren funktionaler Bedeutung in der Raumordnung deskriptiv dargestellt wird. Die Einteilung der Gemeinden in die vier gezeigten Kategorien folgt dem System der zentralen Orte gemäß der Verordnung über das Landesentwicklungsprogramm Bayern (LEP).[429]

---

[427]   Quelle: Eigene Erhebung und eigene Darstellung.
[428]   Vgl. ebenda.
[429]   Vgl. für die Definition der zentralen Orte die VO über das Landesentwicklungsprogramm Bayern (LEP) vom 22.08.2013, Anlage zu § 1 Tz. 2.1.5. Für eine Darstellung und Diskussion zum System der zentralen Orte Forschungsgruppe Regionalökonomie (2012), S. 1 ff. und für die Einteilung der mainfränkischen Gemeinden in zentrale Orte IHK Würzburg-Schweinfurt (2013b), S. 44 und die eigene Aufstellung im Anhang (C.1).

Gewerbesteuer			Hebesätze (Mittelwerte in %)					Differenz	
Funktion		Anzahl	2010	2011	2012	2013	2014	temporär	funktional
Oberzentrum	(Oz)	2	395,0	395,0	395,0	395,0	395,0	0,0%	+ 17,7%
Mittelzentrum	(Mz)	16	347,5	349,4	355,0	355,6	356,9	+ 2,7%	+ 6,3%
Grundzentrum	(Gz)	17	337,6	338,8	340,9	340,9	340,9	+ 1,0%	+ 1,6%
Gemeinde	(G)	208	331,3	333,0	334,8	335,2	335,6	+ 1,3%	0,0%

Grundsteuer A			Hebesätze (Mittelwerte in %)					Differenz	
Funktion		Anzahl	2010	2011	2012	2013	2014	temporär	funktional
Oberzentrum	(Oz)	2	362,5	362,5	362,5	362,5	362,5	0,0%	+ 6,6%
Mittelzentrum	(Mz)	16	343,8	343,8	346,3	346,3	347,6	+ 1,1%	+ 2,2%
Grundzentrum	(Gz)	17	337,4	337,4	341,5	341,5	341,5	+ 1,2%	+ 0,4%
Gemeinde	(G)	208	334,5	336,2	338,0	339,7	340,0	+ 1,6%	0,0%

Grundsteuer B			Hebesätze (Mittelwerte in %)					Differenz	
Funktion		Anzahl	2010	2011	2012	2013	2014	temporär	funktional
Oberzentrum	(Oz)	2	417,5	417,5	417,5	417,5	417,5	0,0%	+ 26,6%
Mittelzentrum	(Mz)	16	350,9	350,9	353,4	353,4	355,0	+ 1,2%	+ 7,6%
Grundzentrum	(Gz)	17	333,5	333,5	337,6	337,6	337,6	+ 1,2%	+ 2,4%
Gemeinde	(G)	208	325,1	325,9	327,7	329,1	329,8	+ 1,5%	0,0%

Tabelle 29: Intertemporäre und interfunktionale Hebesatzunterschiede der mainfränkischen Kommunen gemäß einer Kategorisierung nach dem bayerischen System der zentralen Orte.[430]

Die Statistik unterstreicht für alle drei Realsteuerarten die Einschätzung der Experten. Mit zunehmender funktionaler Bedeutung einer Gemeindekategorie steigt auch deren durchschnittliches Hebesatzniveau an. Während beispielsweise bei der Gewerbesteuer der durchschnittliche Hebesatz einer Gemeinde ohne zentralörtliche Versorgungsfunktionen (G) im Jahr 2014 bei 335,6 % liegt, fällt dieser in den Grundzentren mit 340,9 % um 1,6 %, in den Mittelzentren mit 356,9 % um 6,3 % und in den Oberzentren mit durchschnittlich 395,0 % um 17,7 % höher aus.[431]

Daneben zeigt sich in dem intertemporären Vergleich, dass Kommunen mit geringerer zentralörtlicher Versorgungsfunktion in den vergangenen Jahren ihre Hebesätze stärker angepasst haben als zentrale Orte mit einer höheren Einstufung. In den Oberzentren Würzburg und Schweinfurt fanden keine Hebesatzanpassungen statt. In Anknüpfung an die

---

[430]   Quelle: Eigene Darstellung mit Daten der Genesis-Online Datenbank Bayern (2015a).

[431]   Die in der vorstehenden Tabelle ausgewiesenen Prozentsätze zur interfunktionalen Differenz errechnen sich aus dem jeweiligen Verhältnis der drei Gemeindekategorien mit zentralörtlicher Funktion zu der Kategorie Gemeinde (G) im Jahr 2014. Die Prozentsätze zur intertemporalen Differenz errechnen sich für jede Gemeindekategorie aus dem Verhältnis des Jahres 2014 zu dem Jahr 2010.

Schilderungen der Interviewteilnehmer kann dieser Umstand wohl als Reaktion auf die steigende Aufgabenbelastung aller Kommunen verstanden werden. Während die kleineren Kommunen ihr Hebesatzniveau aufgrund einer niedrigeren Ausgangsbasis noch stärker anheben können, bleibt diese Möglichkeit größeren Kommunen verwehrt, da deren Spielraum für Hebesatzanpassungen bereits weitestgehend ausgeschöpft ist.

Obwohl sich im Rahmen der Regressionsanalysen für die Variablen zur **Altersstruktur der Bevölkerung** teilweise keine einheitlichen Resultate für alle drei Realsteuern ergeben haben, kann Abbildung 65 dokumentieren, dass die Experten mehrheitlich der Meinung sind, dass sich Kommunen mit einem höheren Anteil von jungen und alten Bürgern dazu veranlasst sehen, höhere Realsteuerhebesätze festzusetzen, um die erhöhten Ausgaben im Sozialbereich auszugleichen. Bekanntermaßen verändert sich die Nachfrage nach öffentlichen Gütern entlang des Lebenszyklus eines Menschen.

Es gilt zu erwähnen, dass sich die Experten bei ihren Ausführungen häufig – wie auch an anderer Stelle – vor allem auf die Gewerbesteuer beziehen, da deren Einnahmen bedeutsamer sind. Insofern sollten die dargestellten Ergebnisse vornehmlich für die Überprüfung des Gewerbesteuermodells herangezogen werden. Dessen Ergebnisse können durch die qualitative Inhaltsanalyse vollumfänglich bestätigt werden. Insgesamt sind 13 Gemeindevertreter der Meinung, dass in Kommunen mit einem höheren Anteil in diesen Altersgruppen höhere Gewerbesteuerhebesätze vorliegen, weil junge Menschen und solche, die sich bereits im Ruhestand befinden, stärker öffentliche Güter konsumieren.

Allerdings ist es nach Meinung des Verfassers vertretbar, die Ausführungen der Experten auch für die beiden Grundsteuern zu interpretieren, da die Interviewten häufig nicht explizit zwischen den einzelnen Realsteuern differenzieren. Hiermit wird für die Grundsteuer A ersichtlich, dass ebenfalls ein Einklang zwischen der qualitativen und der quantitativen Untersuchung besteht. Die quantitativen Ergebnisse zur Grundsteuer B passen jedoch hinsichtlich zweier Altersgruppen nicht zu dem von den Fachleuten vermittelten Bild. Dies ist aber wohl weniger einer unzutreffenden Expertenmeinung, sondern eher dem Um-

Altersstruktur: Hoher Anteil junger und alter Bürger

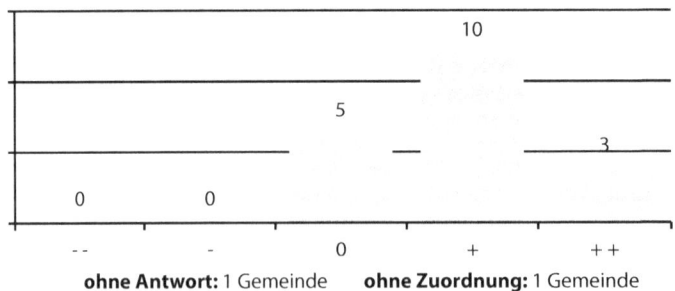

ohne Antwort: 1 Gemeinde   ohne Zuordnung: 1 Gemeinde

Abbildung 65: Interviewauswertung zur Einschätzungsdimension: Altersstruktur der Bevölkerung.[432]

---

[432]   Quelle: Eigene Erhebung und eigene Darstellung.

Einschätzungs-dimension	exemplarische Zitate
Altersstruktur der Bevölkerung	• *„Mit Sicherheit! Bei den jungen Menschen einfach, weil wir die Infrastruktur brauchen: Also die Krippen, die Kindergärten, die Horte und Schulen. (...) Bei den alten Menschen (...) ist es die Frage der Grundsicherung (...) und das ist ein wesentlicher Ausgabenblock, den man im Verwaltungshaushalt sieht, der finanziert werden muss."* • *„Hohe Soziallasten, hohe Grundsicherungslasten insbesondere für ältere Menschen führen mit Sicherheit auch zu einer höheren Notwendigkeit, die Hebesätze anzupassen."*

Tabelle 30: Interviewauszug zur Einschätzungsdimension: Altersstruktur der Bevölkerung.[433]

stand geschuldet, dass das Regressionsmodell zu keinem einheitlich interpretierbaren Ergebnis führt. Die Ausführungen der Experten sind, sofern sie sich auf die Grundsteuer B beziehen, insgesamt relativ klar und nachvollziehbar. Somit kann wohl für die Grundsteuer B geschlussfolgert werden, dass das quantitative Ergebnis allem Anschein nach nicht den wahren Zusammenhang beschreibt, sondern womöglich von anderen Einflussfaktoren determiniert wird. Gleichwohl soll aber auch angemerkt werden, dass personenbezogene Daten für die beiden Grundsteuern sicherlich eine geringere Bedeutung haben als für die Gewerbesteuer.

Die Ausführungen der Kommunalvertreter zu der Einschätzungsdimension **Höhe der Bemessungsgrundlage** belegen, dass zwischen der jeweiligen Bemessungsgrundlage einer Realsteuer und den Realsteuerhebesätzen ein negativer Zusammenhang besteht. Die Befragten schildern, dass sich Kommunen mit steigenden steuerlichen Bemessungsgrundlagen gewöhnlich nicht dazu veranlasst sehen, höhere Steuersätze festzusetzen, da sie bereits mit niedrigeren Hebesätzen ein zufriedenstellendes Steueraufkommen erreichen und mit

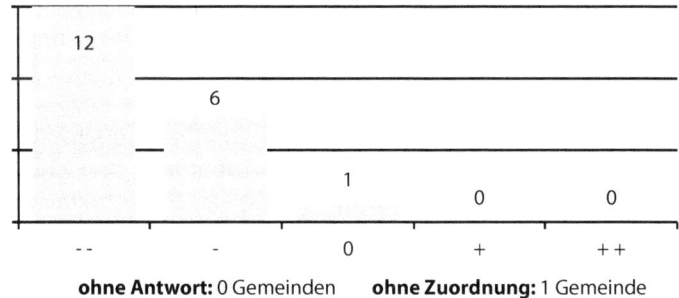

Abbildung 66: Interviewauswertung zur Einschätzungsdimension: Höhe der Bemessungsgrundlage.[434]

---

[433]   Quelle: Eigene Erhebung und eigene Darstellung.
[434]   Quelle: Eigene Erhebung und eigene Darstellung.

Einschätzungs-dimension	exemplarische Zitate
Höhe der Bemessungs-grundlage	• *„Wenn man zum Beispiel von so einem großen Unternehmen abhängig ist und die fallen dann (...) aus, ist die Gemeinde schon bestrebt, an die Einnahmen wieder zu kommen. Dann muss der Hebesatz fast zwangsläufig steigen, obwohl man die anderen dadurch mehr belastet."* • *„Also wenn die Bemessungsgrundlagen eh schon hoch sind, könnte man sich schon einen niedrigeren Hebesatz leisten, aber warum sollte man."* • *„Also klar, mehr Gewerbeflächen führen zu mehr Gewerbebetrieben. Je mehr Gewerbebetriebe ich hab, desto mehr möglichen Gewerbeertrag habe ich, der dann zu besteuern ist (...). Wenn die Fläche aber begrenzt ist (...), dann hat der Hebesatz eine andere Bedeutung."*

Tabelle 31: Interviewauszug zur Einschätzungsdimension: Bemessungsgrundlage.[435]

einer moderaten Hebesatzpolitik weitere Wettbewerbsvorteile gegenüber anderen Kommunen generieren können.

Mit ihren Ausführungen geben die Experten des Weiteren wichtige Einblicke in die Richtung der Kausalbeziehung, die im Rahmen der Regressionsanalysen noch nicht zweifelsfrei determiniert werden konnte. Nach Ansicht der Fachleute beeinflusst vor allem das Steuersubstrat den Realsteuerhebesatz und nicht umgekehrt. Die späteren Ausführungen zu dem Untersuchungsbereich „Arbeitsmarkt und Beschäftigung" werden dies stellvertretend für die Gewerbesteuer noch weiter verdeutlichen. Wirtschaftlicher Erfolg, der Voraussetzung für steigende steuerliche Bemessungsgrundlagen ist, sei demnach nicht das Ergebnis eines niedrigeren Hebesatzes, sondern resultiere vor allem aus dem eigenen unternehmerischen Geschick. Infolge eines profitablen Wirtschaftssektors können es sich Kommunen demnach leisten, moderate Realsteuerhebesätze festzusetzen. Dabei machen die Gemeindevertreter aber auch deutlich, dass die Bereitschaft zu einem gemäßigten Hebesatzniveau nicht so weit führen würde, bestehende Hebesätze abzusenken. Vielmehr würde bei einer erfolgreichen Entwicklung das bisherige Hebesatzniveau beibehalten. Hingegen werden bei sinkenden Bemessungsgrundlagen steigende Hebesätze durchaus in Betracht gezogen. Die Experteninterviews bestätigen somit vollumfänglich die mittels der quantitativen Untersuchung gewonnenen Erkenntnisse.

In einem nächsten Schritt wurden die Interviews hinsichtlich der beiden Einschätzungsdimensionen **Gemeindegröße (Fläche)** und **infrastrukturelle Anbindung und Einrichtungen** analysiert, die beide dem Themenbereich Raumordnung und Infrastruktur zugeordnet sind.

Im Rahmen der Regressionsanalysen zur Gewerbesteuer und der Grundsteuer B konnte bereits die Hypothese bestätigt werden, dass Gemeinden die ortsansässigen Steuerpflichtigen durch höhere Hebesätze an den Kosten für die Bereitstellung einer adäquaten **Infrastruktur** beteiligen. Auch wenn es sich bei Steuern von der Dogmatik her grundsätzlich um eine allgemeine Einnahmequelle handelt, für die der Steuerzahler keine Gegenleistung er-

---

[435]   Quelle: Eigene Erhebung und eigene Darstellung.

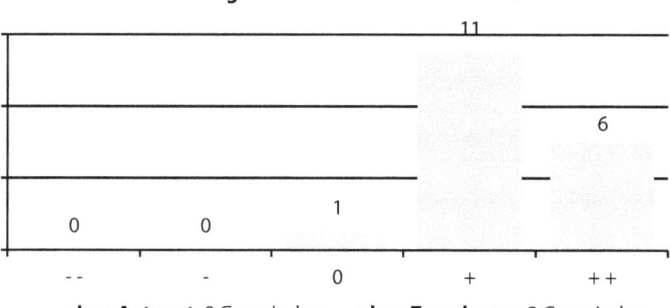

Abbildung 67: Interviewauswertung zur Einschätzungsdimension: Umfangreiche Infrastruktur.[436]

warten darf und die nicht spezifisch zu verwenden ist,[437] wird in der Praxis immer wieder ein Zusammenhang zwischen einer umfangreichen Infrastruktur und der Steuersatzhöhe hergestellt. Zwar kann nicht rechtssicher angeführt werden, dass der Zusatzbetrag aus einer Erhöhung lediglich für Investitionen in die Infrastruktur verwendet wird, als Hilfsargument begegnet man dieser Aussage aber zumindest sehr häufig.

Das offenbart sich auch in den Experteninterviews, die die bisherigen Erkenntnisse vollständig untermauern. Trotz der rechtlichen Restriktion stellt die überwiegende Zahl der Befragten einen direkten Zusammenhang zwischen der kommunalen Infrastruktur und der Steuersatzhöhe her. Einerseits wird dies damit begründet, dass Infrastrukturinvestitionen wegen ihres Volumens oft gar nicht anders finanziert werden könnten, andererseits ließen sich Hebesatzerhöhungen vor diesem Hintergrund auch deshalb leichter den Steuerpflichtigen vermitteln, da sich diese daraus einen direkten Nutzen ableiten. Als aktuelle Beispiele werden neben den laufenden Investitionen in die Verkehrsinfrastruktur insbesondere die digitale Infrastruktur und öffentliche Einrichtungen wie Kindertagesstätten genannt.

Anschaulich kann der dokumentierte Zusammenhang auch am Beispiel der Gemeinde Aura an der Saale dargestellt werden.[438] Dort wurden im Jahr 2007 auf Vorschlag der Bürgerschaft die Realsteuerhebesätze einheitlich von 320 % auf 380 % erhöht, um die drohende Schließung des öffentlichen Schwimmbads abzuwenden und Mittel für die notwendige Investitionsmaßnahme bereitzustellen. Hierzu wurden die steuerlichen Mehreinnahmen auf einem Sonderkonto angespart, bis der benötigte Eigenanteil in Höhe von 160 Tsd. Euro (ca. 1/3 des Investitionsvolumens) erreicht wurde. Nach Durchführung der Maßnahme wurden

---

[436] Quelle: Eigene Erhebung und eigene Darstellung.

[437] Siehe § 3 Abs. 1 AO.

[438] Aura an der Saale liegt im Landkreis Bad Kissingen, hat rund 900 Einwohner und erzielt jährlich Steuereinnahmen zwischen 300 und 550 Tsd. Euro. Für die Anschaulichkeit und die Relevanz des Beispiels ist dies aber kein Hindernis. Im Kleinen gestaltet sich die Kommunikation und Argumentation zwischen der Verwaltung und den Bürgern direkter, so dass sich die untersuchten Zusammenhänge klarer erkennen lassen. Vgl. für die Gemeindedaten die Genesis-Online Datenbank Bayern (2015a) und (2015b).

Einschätzungs-dimension	exemplarische Zitate
Umfangreiche kommunale Infrastruktur	• *„Auch weil die Stadt vor dem Problem stand, erhebliche Investitionen in die Infrastruktur schaffen zu müssen, haben wir gesagt, die kommen im Wesentlichen – die Ausweisung von neuen Gewerbegebieten – auch der Industrie hauptsächlich zu Gute und dann war auch die Hebesatzänderung (eine Erhöhung um 30 %-Punkte, Anm. d. Verf.) fast einstimmig."* • *„Wir haben uns bei der Gewerbesteuer natürlich auch davon leiten lassen, dass wir eigentlich von der Verkehrsanbindung unseres Gewerbegebietes (...) nicht unbedingt autobahngünstig liegen. Das heißt, wir müssen natürlich auch bei der Festlegung der Gewerbesteuer das ein bisschen berücksichtigen und das haben wir in den vergangenen Jahrzehnten auch immer gemacht."*

Tabelle 32: Interviewauszug zur Einschätzungsdimension: Umfangreiche Infrastruktur.[439]

die Realsteuerhebesätze in 2014 wieder wie versprochen abgesenkt und belaufen sich seither auf 350 %.[440]

Hinsichtlich der Variable **Gemeindegröße (Fläche)** konnten die Regressionsmodelle für alle drei Realsteuern einen negativen Zusammenhang nachweisen. Die quantitativen Ergebnisse legen den Schluss nahe, dass in Kommunen mit einem größeren Gemeindegebiet niedrigere Realsteuerhebesätze festgesetzt werden, da mit einer steigenden Gemeindefläche tendenziell auch höhere steuerliche Bemessungsgrundlagen vorliegen, die den kommunalen Entscheidungsträgern einen Spielraum für ein niedrigeres Steuersatzniveau gewähren. Die Auswertung der Experteninterviews scheint diesen plausiblen Kausalzusammenhang zunächst nicht uneingeschränkt zu bestätigen. Lediglich drei Interviewteilnehmer äußern

Gemeindegröße (Fläche)

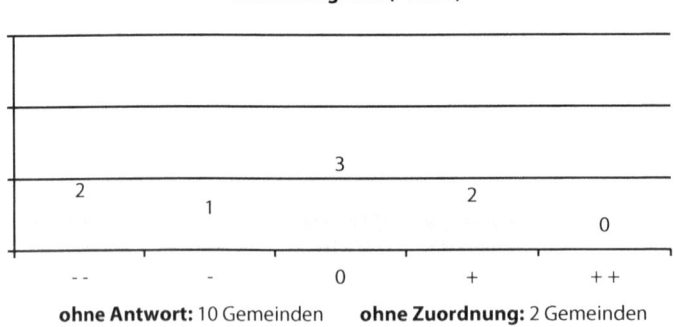

ohne Antwort: 10 Gemeinden   **ohne Zuordnung:** 2 Gemeinden

Abbildung 68: Interviewauswertung zur Einschätzungsdimension: Gemeindegröße (Fläche).[441]

---

[439]   Quelle: Eigene Erhebung und eigene Darstellung.
[440]   Vgl. die Ortszeitschrift „Der Hallas" (2013), S. 2.
[441]   Quelle: Eigene Erhebung und eigene Darstellung.

sich dementsprechend. Allerdings sei auch darauf verwiesen, dass weniger als die Hälfte der Experten überhaupt zu diesem Aspekt Stellung bezogen hat.

Die Meinungen der Fachleute lassen sich dabei im Wesentlichen in zwei Lager aufteilen. Zum einen wird entsprechend der aufgestellten Hypothese argumentiert. Zum anderen wird aber auch erörtert, dass aus einer großen Gemeindefläche nicht zwingend höhere steuerliche Bemessungsgrundlagen resultieren müssen. Dies sei vor allem für die Gewerbesteuer vorstellbar, könne aber genauso für die Grundsteuer B gelten, denn hohe Bemessungsgrundlagen würden sich für diese nur ergeben, wenn auch eine umfangreiche Bebauung des Grund und Bodens vorliegt. Des Weiteren wird betont, dass die Ausgaben für den Straßen-, Wege- und Leitungsbau in Kommunen mit großen Gemeindegebieten deutlich ansteigen können. Aufgrund der zusätzlichen Ausgabenbelastung könnten es sich diese Gemeinden gerade nicht leisten, niedrigere Hebesätze festzusetzen.

Allerdings halten einige Experten diesem Argument wiederum entgegen, dass leitungsgebundene Einrichtungen grundsätzlich nicht über Steuern, sondern gemäß dem Kostendeckungsprinzip über Gebühren und Beiträge zu finanzieren seien und somit diesbezüglich kein Zusammenhang zu den Hebesätzen hergestellt werden könne.

Vermutlich als eine Folge dessen wollen einige Interviewteilnehmer auch einen Ausgleich zwischen den beiden Effekten erkennen. Während größere Ausgaben die Motivation begründen könnten, Hebesätze zu erhöhen, würden größere Einnahmen womöglich einen Spielraum für niedrigere Hebesätze schaffen. Letztlich bleibt festzuhalten, dass die Experten hinsichtlich dieser Einschätzungsdimension sehr uneinig sind. Die Inhaltsanalyse vermag keinen eindeutigen Hinweis geben, welcher der beiden Effekte überwiegt. Wie in Kapitel 1.2 schon angemerkt wurde, haben auch qualitative Analysen ihre Grenzen. Dies wird hier ersichtlich. Aufgrund dessen empfehlen viele Forscher, qualitative und quantitative Untersuchungsmethoden stets ergänzend einzusetzen.[442] Die Ergebnisse der Regressionsanalysen, die in allen Modellen einen klaren Einfluss zeigen und signifikant sind, deuten darauf hin,

Einschätzungs-dimension	exemplarische Zitate
Gemeindegröße (Fläche)	• „Wir sind begrenzt, wir sind eine Einheitsgemeinde ohne Gemeindeteile. Und je größer die Fläche ist, spielt das bei der Grundsteuer A oder auch bei der Grundsteuer B schon eine Rolle."
	• „Je mehr Gewerbe in einer Stadt vorhanden ist, je mehr Flächen vorhanden sind, je mehr Betriebe sich auf diesen Flächen ansiedeln, desto höher ist das Gewerbesteueraufkommen und desto geringer kann vielleicht auch ein Hebesatz sein."
	• „Gemeinden, die sehr große Flächen haben (...), werden dies in die Hebesatzentscheidung rein fließen lassen müssen, weil in ländlich geprägten Gemeinden ne riesen Fläche mit riesigem Verkehrsnetz viel höhere Lasten verursacht."

Tabelle 33: Interviewauszug zur Einschätzungsdimension: Gemeindegröße (Fläche).[443]

---

[442] Vgl. Gläser / Laudel (2009), S. 25.
[443] Quelle: Eigene Erhebung und eigene Darstellung.

dass die quantitative Methode eine treffendere Auskunft über den wahren Zusammenhang geben kann. Somit lässt sich wohl folgern, dass die Einschätzungen einiger Kommunalvertreter nicht ganz zutreffend sind. Offensichtlich ist der Einnahmeeffekt entscheidender. Im Weiteren wird daher der Ansicht gefolgt, dass eine größere Gemeindefläche generell ein niedrigeres Hebesatzniveau bedingt.

Im Gegensatz zu den Ausführungen hinsichtlich des Einflusses der Gemeindegröße zeigt sich für das Forschungsfeld **Arbeitsmarkt und Beschäftigung**, dass die erhaltenen Auskünfte im Einklang mit der bisherigen Forschung stehen. So geben die Experten sowohl für die Einschätzungsdimension **Umfang der wirtschaftlichen Betätigung** als auch die **Konstitution des Arbeitsmarktes** wieder, dass in denjenigen Gemeinden niedrigere Realsteuerhebesätze festgesetzt werden, in denen diese Standortfaktoren umfangreicher ausgeprägt sind. Die Fachleute begründen dies ebenfalls damit, dass diese Kommunen weniger Sozialleistungen zu erbringen haben und sich seltener damit konfrontiert sehen, wirtschaft-

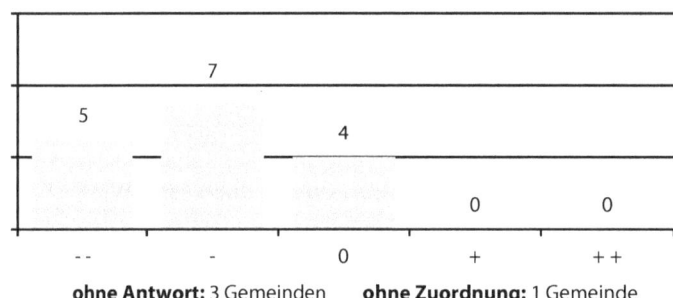

Abbildung 69: Interviewauswertung zur Einschätzungsdimension: Konstitution des Arbeitsmarktes.[444]

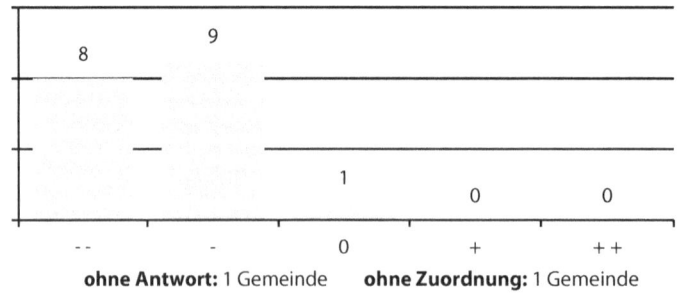

Abbildung 70: Interviewauswertung zur Einschätzungsdimension: Umfang der wirtschaftlichen Betätigung.[445]

---

[444]   Quelle: Eigene Erhebung und eigene Darstellung.
[445]   Quelle: Eigene Erhebung und eigene Darstellung.

liche Struktur- und Förderprogramme bereitstellen zu müssen. Verstärkend wirkt hierbei noch der Umstand, dass an erfolgreichen Unternehmensstandorten meist auch hohe steuerliche Bemessungsgrundlagen erzielt werden. Wie bereits beschrieben, eröffnet dies ebenfalls die Möglichkeit, ein moderates Hebesatzniveau festzulegen.

In diesem Zusammenhang ist es ferner bedeutend, Auskünfte über die Richtung des Kausalzusammenhangs zu erzielen. Daher wurden die Experten weiterführend um eine Einschätzung gebeten, ob unternehmerischer Erfolg das Resultat eines niedrigen Hebesatzniveaus ist oder ob die Gemeinden deshalb niedrigere Hebesätze festsetzen können, da die Wirtschaft am Standort aus eigenem Antrieb heraus schon erfolgreich ist. Die erhaltenen Einschätzungen waren diesbezüglich einheitlich. So urteilen mehr oder weniger alle Experten, dass viele Gemeinden deshalb im Stande seien ein moderates Hebesatzniveau festzusetzen, da ihre Wirtschaft so leistungsfähig ist. Des Weiteren sei die Gewerbesteuer auch nur einer von vielen Faktoren, der über den Erfolg eines Unternehmens mitentscheiden könne. Wirtschaftlicher Erfolg könne sich auch an einem Standort mit hohen Hebesätzen einstellen (Bsp. München), gleichzeitig sei er an einem Standort mit niedrigen Hebesätzen nicht garantiert. Daher könne die Kommune über ihre Hebesatzentscheidung nur einen geringen Beitrag leisten. Demgegenüber sei ein niedriges Hebesatzniveau in einer Kommune nur schwer darstellbar, wenn keine erfolgreiche Unternehmenslandschaft am Standort vorläge. Damit zeigt sich durch die Expertenmeinungen anschaulich, dass die wirtschaftliche Leistungsfähigkeit im Wesentlichen Einfluss auf das Hebesatzniveau ausübt und nicht umgekehrt.

Einschätzungs- dimension	exemplarische Zitate
Arbeitsmarkt und Beschäfti- gung	• „Je besser die Wirtschaft läuft, je mehr Arbeitsplätze da sind, je mehr Gewerbesteuer gezahlt wird, desto leichter könnte ich die Hebesätze halten." • „Sie (die Unternehmen, Anm. d. Verf.) helfen sich praktisch selbst. Es ist einfach so, wenn wir hier weniger Verpflichtungen haben und weniger Ausgaben, dann benötigen wir auch nicht diese Einnahmen und wir können bei den niedrigeren Hebesätzen bleiben." • „Wenn Sie eine hohe Wertschöpfung dadurch haben, dass Sie eine gute Unternehmensstruktur haben, hohe Beschäftigung haben, dann haben Sie sicherlich an so einem Standort auch weniger Probleme. (...) Generell ist es sicherlich so, dass es für die Kommune leichter ist und dass man dann eher die Möglichkeiten hat (...) mit den Hebesätzen." • „Wir müssen gar nicht darüber nachdenken, das (die Hebesätze, Anm. d. Verf.) zu erhöhen. Das Gewerbegebiet ist so kontinuierlich gewachsen. Wir haben kaum Arbeitslosigkeit im Ort."

Tabelle 34: Interviewauszug zur Einschätzungsdimension: Arbeitsmarkt & Beschäftigung.[446]

---

[446] Quelle: Eigene Erhebung und eigene Darstellung.

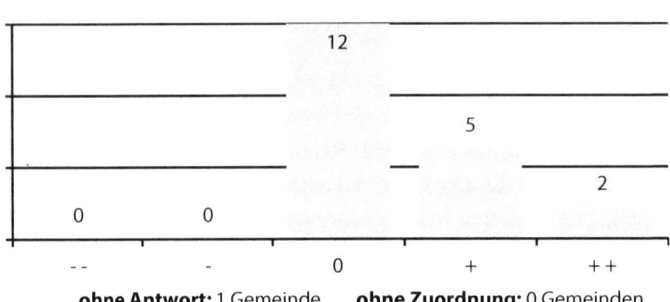

Präferenz für Linksparteien

ohne Antwort: 1 Gemeinde   **ohne Zuordnung:** 0 Gemeinden

Abbildung 71: Interviewauswertung zur Einschätzungsdimension: Parteienpräferenz.[447]

Hinsichtlich der Einschätzungsdimension **Parteienpräferenz** führen die Experten einheitlich aus, dass auf kommunaler Ebene ideologische Aspekte eher in den Hintergrund treten würden und Parteien unbedeutender seien. Daher verweisen die meisten Interviewteilnehmer auch darauf, es lasse sich nicht beobachten, dass in Kommunen, in denen das linke Parteienspektrum bevorzugt werde, generell auch höhere Realsteuerhebesätze vorzufinden seien. Ein Gemeinderat sei kein Stadtparlament, sondern ein Kollegialorgan, in dem das Miteinander mehr zähle als eine parteipolitische Prägung.

Nur sieben Experten bestätigen die aufgestellte These und beschreiben aus ihren Erfahrungen, dass Linksparteien häufiger bereit seien, höhere Steuern in Kauf zu nehmen, um soziale Vorhaben zu realisieren. Die zwei abgedruckten Zitate stellen die beiden konträren Auffassungen exemplarisch dar.

Das Ergebnis der qualitativen Untersuchung fällt somit widersprüchlich zu den Resultaten der drei Regressionsmodelle aus. Unter Verweis auf eine Literaturmeinung könnte der quantitativ aufgezeigte Zusammenhang nämlich auf den Einfluss erklärungskräftiger Struk-

Einschätzungs-dimension	exemplarische Zitate
Parteien-präferenz	• „Also im Kleinen spiegelt es sich schon wider, dass man sagt ‚die Volkspartei sagt, die Wirtschaft muss gestärkt werden, den Hebesatz möglichst belassen' (...), die sozialen Parteien sagen ‚auf keinen Fall Verzicht auf Sozialausgaben' (...)."
	• „Links erhöht und konservativ senkt! Ne, das gibt es bei uns nicht. Wenn die Verwaltung ordentlich argumentiert und die Rechtsgrundlagen darstellt, dann klappt das auch. Das Parteibuch spielt kaum eine Rolle."

Tabelle 35: Interviewauszug zur Einschätzungsdimension: Parteienpräferenz.[448]

---

[447]   Quelle: Eigene Erhebung und eigene Darstellung.
[448]   Quelle: Eigene Erhebung und eigene Darstellung.

turvariablen zurückzuführen sein, die ihrerseits mit den parteipolitischen Mehrheitsverhältnissen korrelieren. Denn Parteien des linken Spektrums würden in Ballungsgebieten und großen Kommunen traditionell höhere Wählerstimmenanteile erzielen.[449] Wie bereits beschrieben wurde, handelt es sich dabei um Gemeinden, die wegen ihrer zentralörtlichen Bedeutung und der damit verbundenen Ausgabenbelastung ohnehin ein relativ hohes Hebesatzniveau erwarten lassen. Unter Abwägung dieser Aspekte wird daher im Folgenden die Auffassung vertreten, dass zwischen parteipolitischen Mehrheitsverhältnissen und der Steuersatzhöhe auf Kommunalebene offenbar kein unmittelbarer Zusammenhang besteht.

4.4.4.3 Neue Erkenntnisse und weitere Einflussfaktoren

Neben der Überprüfung der Plausibilität quantitativer Ergebnisse und der Interpretation der Richtung von Kausalität besteht eine weitere Funktion der Inhaltsanalyse darin, die bisherigen Erkenntnisse um zu kurz geratene Informationen zu ergänzen und neue Hinweise zu Einflussfaktoren zu erhalten.

Im Sinne des zirkulären Ablaufs einer qualitativen Inhaltsanalyse wurde der Kodierleitfaden um die neu ermittelten Aspekte ergänzt und das Material in einem zweiten Durchlauf diesbezüglich ausgewertet. Als Folge dessen wird nachstehend die Bedeutung des kommunalen Finanzausgleichs, des Lobbyismus und des Zeitpunkts einer Hebesatzanpassung gewürdigt.[450] Ferner werden der Schuldenstand und das Wachstum einer Kommune betrachtet sowie in Anlehnung an die Erkenntnisse von Büttner auf den Anteil an Personengesellschaften in einer Gemeinde eingegangen.[451]

weitere Einschätzungsdimensionen	
1. Kommunaler Finanzausgleich	4. Wachstum der Kommune
2. Lobbyismus	5. Zeitpunkt der Hebesatzanpassung
3. Schuldendienst	6. Anteil an Personengesellschaften

Abbildung 72: Weitere Einschätzungsdimensionen zur strukturierenden Inhaltsanalyse.[452]

Dabei gilt es zu berücksichtigen, dass nicht jeder Experte in seinen Ausführungen auf alle genannten Einflussfaktoren eingegangen ist. Daher können die Ergebnisse aufgrund geringer Fallzahlen nicht immer als repräsentativ beurteilt werden. Darüber hinaus ist es nicht für alle Einflussfaktoren möglich, eine Einschätzung auf Grundlage der bisherigen Ausprägungskategorien vorzunehmen. Das gilt insbesondere dann, wenn sich der Einflussfaktor nicht mittels einer Maßeinheit definieren lässt und lediglich ein nominales Skalenniveau besitzt.

Auf den **kommunalen Finanzausgleich** und dessen Einfluss auf die Realsteuerhebesatzhöhe wird durch die Experten nur ganz abstrakt Bezug genommen. Dies ist wohl darin begründet, dass sich die vielschichtigen Mechanismen des Finanzausgleichs nicht durch eine einfache, betragsmäßige Definition beschreiben lassen, wie dies beispielsweise für die Ein-

---

[449]   Vgl. Boettcher (2013b), S. 127 f.
[450]   Vgl. für den Zeitpunkt von Hebesatzanpassung die Erkenntnisse in der Literatur von Foremny / Riedel (2012).
[451]   Vgl. hierzu die Erkenntnisse in der Literatur von Büttner / Scheffler / von Schwerin (2014).
[452]   Quelle: Eigene Erhebung und eigene Darstellung.

Kommunaler Finanzausgleich

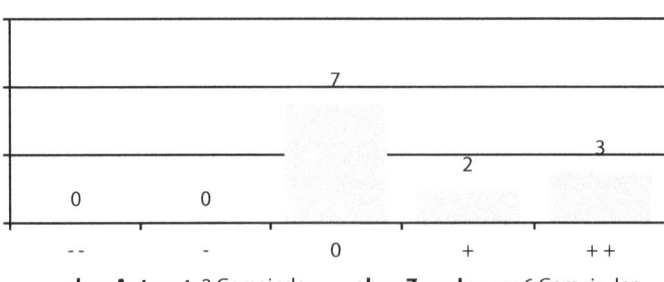

ohne Antwort: 2 Gemeinden   **ohne Zuordnung:** 6 Gemeinden

Abbildung 73: Interviewauswertung zur Einschätzungsdimension: Finanzausgleich.[453]

schätzungsdimension „Einwohnerzahl" der Fall ist.[454] Unter den Fachleuten herrscht dahingehend Einigkeit, dass der Finanzausgleich zwar ein brauchbares Mittel sei, um die unterschiedliche Leistungskraft zwischen Kommunen auszugleichen, er aber auch sehr komplex sei. Die Berechnung der abzuführenden Umlagen (Gewerbesteuer-, Kreis- und Bezirksumlage) und die Ermittlung der erhaltenen Zuweisungen seien von einer Vielzahl unterschiedlicher Faktoren abhängig, die im Vorhinein kaum prognostizierbar seien. Insbesondere die Höhe der Schlüsselzuweisungen sei für eine Gemeinde nur schwer abzuschätzen. Dies liege zum einen daran, dass sie sich aus der Differenz einer fiktiven Aufgabenbelastung und den fiktiven Einnahmemöglichkeiten einer Kommune ergeben, und zum anderen daran, dass die Anzahl der partizipierenden Gemeinden sowie das zu verteilende Volumen völlig unklar seien, da die Schlüsselmasse aus dem allgemeinen Steuerverbund des Freistaates Bayern entnommen werde.[455]

Wegen der Komplexität sehen die meisten Experten nur geringe Möglichkeiten, die Einnahmen aus dem Finanzausgleich durch eigenes Handeln zu steuern und urteilen relativ pauschal, dass wohl kein messbarer Zusammenhang zwischen dem Finanzausgleich und dem Hebesatzniveau bestehe.

Allerdings vertreten einige Experten auch eine andere Auffassung, wonach die derzeitige Ausgestaltung des Finanzausgleichs generell zu höheren Steuersätzen führe. Begründet wird dies wie folgt:

- Kommunen würden durch die Kommunalaufsicht angehalten, zur Verfügung stehende Einnahmequellen auszuschöpfen. Als probates Mittel gelte die Erhöhung der Steuersätze.

---

[453]   Quelle: Eigene Erhebung und eigene Darstellung.
[454]   Als Maßzahlen könnten sich die erhaltenen Zuweisungen (z. B. Schlüsselzuweisungen) oder erbrachten Leistungen (Gewerbesteuerumlage), die Ausgangsmesszahl (fiktive Aufgabenbelastung), die Steuerkraftmesszahl (fiktive Einnahmen) oder Differenzen aus diesen Größen anbieten. Problematisch ist jedoch an diesen Größen, dass sie sich zum einen gegenseitig bedingen und von weiteren, bereits betrachteten Einflussfaktoren wie den Grundbeträgen der Realsteuern nicht unabhängig sind. Daher wird auf die weitere Diskussion bzgl. einer geeigneten Kenngröße verzichtet.
[455]   Vgl. hierzu auch Bayerisches Staatsministerium der Finanzen (2016), S. 36 ff.

- Die im Zuge der Reform des bayerischen FAG steigenden Nivellierungshebesätze würden Gemeinden dazu veranlassen, ihre Steuersätze anzupassen, da sie sich sonst wegen der höheren Anrechnung der Steuerkraft schlechter stellen würden.[456]
- Bei einer Erhöhung der Hebesätze würden die Gemeinden diese stärker nach oben anpassen, um die zusätzlich zu leistenden Umlagen des FAG wieder ausgleichen zu können.

Obwohl die angeführten Argumente nicht mehrheitlich zum Ausdruck gebracht werden, wirken diese äußerst fundiert. Darüber hinaus stehen sie im Einklang mit der von Büttner vertretene Auffassung, wonach der Finanzausgleich die Gemeinden tendenziell dazu veranlasse, höhere Hebesätze zu wählen.[457] Es ist ersichtlich, dass sich diese Interviewteilnehmer offenbar umfassend mit der komplexen Thematik des Finanzausgleichs beschäftigt haben. Dies mag darin begründet sein, dass es sich bei diesen Experten um Gemeindevertreter großer mainfränkischer Kommunen handelt, die über separate Steuerabteilungen mit entsprechenden Kapazitäten verfügen, welche sich daher umfassend mit den Mechanismen des Finanzausgleichs auseinandersetzen können.

Allerdings werden die genannten Wirkungsweisen auch von diesen Fachleuten ohne einen konkreten Bezug zu quantifizierbaren Einflussgrößen beschrieben. Allem Anschein nach lässt sich ein unmittelbarer Einfluss auf die Hebesatzhöhe wegen der vielschichtigen Ausgestaltung des Finanzausgleichs nur schwer messen. Für allgemeingültige Aussagen wiegt ferner der Umstand erschwerend, dass der kommunale Finanzausgleich in Ländergesetzen geregelt ist und sich daher von Bundesland zu Bundesland unterscheidet. Aufgrund dieser Aspekte ist er auch nicht innerhalb des quantitativen Modells berücksichtigt worden. Umso wichtiger sind daher die qualitativen Erkenntnisse. Auch wenn diese nur auf den Aussagen weniger Experten beruhen, wird wegen deren großer Plausibilität geschlussfolgert, dass der Finanzausgleich tendenziell zu höheren Hebesätzen führt. Ein klarerer, messbarer Einfluss bleibt dieser Einflussgröße jedoch wohl deshalb verwehrt, da die meisten Gemeindevertreter die komplexen Mechanismen des Finanzausgleichs nicht in ihre Hebesatzentscheidungen einbeziehen.

Bezüglich der Einschätzungsdimension **Lobbyismus** betonen alle Kommunalvertreter, dass dieser auf kommunaler Ebene faktisch keine Rolle spiele. Zum einen würde in den meisten Gemeinden eine heterogene Struktur an Steuerpflichtigen vorliegen, weswegen sich keine Abhängigkeit von einem großen Unternehmen oder einzelnen Bürgern ergeben könne. Zum anderen bestünde von Seiten der Gemeinde eine große Bereitschaft zu einem engen und frühzeitigen Dialog mit den Steuerpflichtigen, so dass Hebesatzentscheidungen häufig im gegenseitigen Einvernehmen getroffen werden. Der Versuch einer späteren Einflussnahme sei daher nicht mehr nötig, da die Interessen bereits während des Entscheidungsprozesses der Hebesatzanpassung berücksichtigt werden.

---

[456] Im Zuge der Strukturreform des bayerischen FAG ändert sich erstmals für 2016 die Berechnung der Steuerkraft. Die Nivellierungshebesätze der Realsteuern werden auf einheitlich 310 Punkte angehoben und ein Anteil von 10 Prozent der über dem Nivellierungshebesatz liegenden Steuereinnahmen wird eingerechnet. Diese höhere Anrechnung der Steuerkraft hat nicht nur Auswirkungen auf die Schlüsselzuweisungen, sondern auch auf die Belastungen durch Kreis- und Bezirksumlagen. Vgl. hierzu Bayerisches Staatsministerium der Finanzen (2016), S. 6 f.

[457] Vgl. Büttner (2002), S. 3.

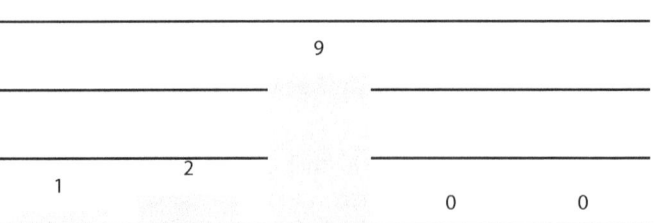

Einflussnahme durch Steuerpflichtige

ohne Antwort: 8 Gemeinden   **ohne Zuordnung:** 0 Gemeinden

Abbildung 74: Interviewauswertung zur Einschätzungsdimension: Lobbyismus.[458]

Lediglich zwei Bürgermeister führen an, dass in ihrer Gemeinde bereits einmal eine Kontaktaufnahme durch Unternehmensvertreter stattgefunden habe. Allerdings habe es sich hierbei eher um ein allgemeines Beklagen als um den Versuch einer direkten Einflussnahme gehandelt. Mit einer Standortverlagerung wurde hierbei ebenfalls nicht gedroht. Bei der einzigen Gemeinde, die sich offenbar mit einer großen Einflussnahme konfrontiert sieht, handelt es sich um einen Standort mit einer gewerblichen Monostruktur. So führt der Bürgermeister dieser Gemeinde aus, dass man wohl recht schnell Besuch im Rathaus hätte, sofern man eine Erhöhung der Hebesätze in Betracht ziehen würde.

Als möglicher weiterer Einflussfaktor wurde noch der **Schuldendienst** einer Kommune in den Kodierleitfaden mit aufgenommen. Wie die Ergebnisse von Büttner für Baden-Württemberg zeigen, führen höhere Zinszahlungen für Kredite in den Kommunen zu höheren Steuersätzen. Nachvollziehbar begründet er dies damit, dass Kommunen mit sehr hohem Schuldenstand häufig von der Kommunalaufsicht angehalten werden, ihre Hebesätze zu erhöhen.[459] Bedauerlicherweise haben nur fünf Experten zu dieser Einschätzungsdimension Stellung bezogen, weshalb die Repräsentativität durchaus begrenzt ist. Dafür ist das Ergebnis umso deutlicher. Die Experten geben einheitlich wieder, dass ein positiver Zusammenhang zwischen der Höhe des Schuldendiensts und der Hebesatzhöhe besteht. Vor diesem Hintergrund wäre es sicherlich lohnenswert, den Schuldendienst näher zu betrachten. Aus den in Kapitel 3.4.3 genannten Gründen wurde dieser Aspekt im Rahmen der quantitativen Studie aber nicht untersucht, so dass auch an dieser Stelle wegen der geringen Zahl an Expertenmeinungen keine weitere Erörterung für diese Einschätzungsdimension vorgenommen wird.

Auch das **Wachstum einer Gemeinde** wurde im Rahmen der quantitativen Modelle nicht untersucht, obwohl die wirtschaftliche und bevölkerungsmäßige Entwicklung einer Kommune sicherlich einen Einfluss auf die Höhe der Realsteuerhebesätze hat. Aufgrund dessen sind die Experten explizit um eine Stellungnahme zu diesem potentiellen Einflussfaktor gebeten worden.

---

[458]   Quelle: Eigene Erhebung und eigene Darstellung.
[459]   Vgl. Büttner (2001), S. 13.

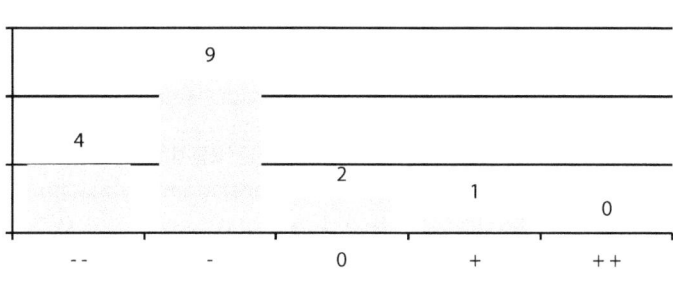

Wachstum der Gemeinde

ohne Antwort: 1 Gemeinde   **ohne Zuordnung:** 3 Gemeinden

Abbildung 75: Interviewauswertung zur Einschätzungsdimension: Wachstum der Gemeinde.[460]

Die Aussagen der Interviewteilnehmer legen den Schluss nahe, dass in florierenden Kommunen tendenziell ein niedrigeres Hebesatzniveau vorliegt. Infolge steigender Bemessungsgrundlagen erzielen diese Gemeinden offenbar schon ein zufriedenstellendes Steueraufkommen, ohne dafür die Hebesätze anpassen zu müssen. Auf qualitative Weise lässt sich die formulierte Hypothese somit bestätigen. Bei dem Studium der Interviews fällt ebenso auf, dass die Experten diesen negativen Zusammenhang nicht per se auch bei schrumpfenden Gemeinden unterstellen oder zumindest nicht für ratsam erachten. Häufig führen sie aus, dass in diesen Fällen Hebesatzerhöhungen eher unterbleiben sollten. Viele Fachleute beschreiben dies mit einer Abwärtsspirale oder einem Teufelskreis. Infolge des demografischen Wandels oder des Wegzugs von Gewerbesteuerzahlern würden die Steuereinnahmen sinken. Da die kommunale Infrastruktur nicht gleichermaßen mitschrumpfen könne,

Einschätzungs-dimension	exemplarische Zitate
Wachstum der Gemeinde	• „Für wachsende Gemeinden würde ich dem so zustimmen, dass man natürlich eher die Hebesätze konstant halten kann oder ggf. sogar Spielraum nach unten hat. (...), wenn Sie ein starkes Bevölkerungsschrumpfen haben und müssen dann Hebesätze immer weiter nachziehen (...), dann verliert Ihr Standort einfach an Attraktivität. Ich glaube, dass das sehr kontraproduktiv sein wird." • „Der Druck (zu Hebesatzerhöhungen, Anm. d. Verf.) könnte schon kommen. Wenn sich nicht grundlegend was verändert, sind wir eine schrumpfende Region. Das heißt, dass die Infrastrukturkosten auf Weniger umgelegt werden müssen. Das geht beim Wasser los und endet bei den Kanälen. (...) Wenn man aber in einer Abwärtsspirale ist, muss man gründlich überlegen, ob man dem nachgibt."

Tabelle 36: Interviewauszug zur Einschätzungsdimension: Wachstum der Kommune.[461]

---

[460]   Quelle: Eigene Erhebung und eigene Darstellung.
[461]   Quelle: Eigene Erhebung und eigene Darstellung.

würde eine Finanzierungslücke entstehen. Diese über höhere Hebesätze zu schließen sei gefährlich, da derartige Maßnahmen nur kurzfristig wirken und den Standort noch unattraktiver machen.

Wie die Autoren Foremny und Riedel empirisch für die Gewerbesteuer nachweisen können, sinkt das Wachstum des Hebesatzes in dem Jahr vor einer Kommunalwahl um 40 %, während es in dem Jahr nach der Wahl wieder um 40 % ansteigt.[462] Es ist nachvollziehbar, dass politische Mandatsträger unpopuläre Entscheidungen wie die Erhöhung eines Steuersatzes lieber an den Beginn einer Legislaturperiode legen, anstatt im Wahlkampf eine unliebsame steuerpolitische Debatte führen zu müssen. Demzufolge beschreibt rund die Hälfte der Interviewteilnehmer, dass ein Zusammenhang zwischen dem **Termin einer Kommunalwahl** und dem Zeitpunkt von Hebesatzanpassungen besteht. Diese Experten sind der Überzeugung, dass Hebesatzerhöhungen gewöhnlicherweise erst nach einem Wahltermin vollzogen werden. Gleichzeitig verweist aber eine große Zahl an Fachleuten darauf, dass ein Wahltermin aus ihrer Sicht keinen Einflussfaktor darstellt. Zwar führen auch diese Experten an, es sei naiv zu glauben, dass man sich davon völlig frei machen könne, dennoch sollten Entscheidungen unabhängig von wahltaktischem Kalkül getroffen werden. Kommunalpolitiker sollten nur dann agieren und eine Hebesatzerhöhung forcieren, wenn gute Gründe hierfür bestünden. Diese seien aber vor einer Wahl wie nach einer Wahl die gleichen.

An den vorstehenden Ausführungen wird aber auch deutlich, dass sich eine derartige Variable nicht ohne Weiteres in den Regressionsmodellen des dritten Kapitels hätte abbilden lassen. Dies ist einerseits darin begründet, dass es sich bei den Modellen um Querschnittsuntersuchungen handelt. Bundesweit unterschiedliche Kommunalwahltermine in einer unabhängigen Variable darzustellen und diese auf eine abhängige Variable mit einem einheitlichen Zeitbezug zu regressieren, wäre nicht konsistent. Eine Analyse mit Paneldaten wäre hierfür zweckmäßiger. Andererseits wirkt noch viel schwerer, dass der beschriebene Kausalzusammenhang nicht zu der Wahl der abhängigen Variablen der Regressionsmodelle passt. Zwar können sich einige Experten vorstellen, dass zwischen dem Wahltermin und dem Zeitpunkt einer Hebesatzanpassung ein Zusammenhang besteht, es wird aber

Termin der Kommunalwahl

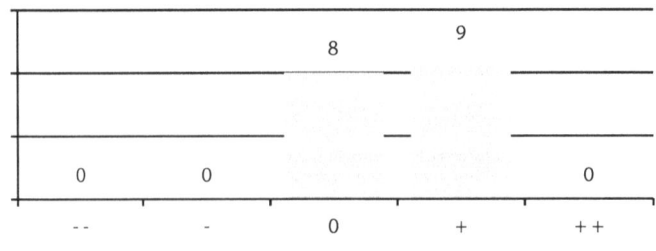

ohne Antwort: 3 Gemeinden   **ohne Zuordnung:** 0 Gemeinden

Abbildung 76: Interviewauswertung zur Einschätzungsdimension: Termin der Kommunalwahl.[463]

[462]   Vgl. für den ganzen Absatz Foremny / Riedel (2012).
[463]   Quelle: Eigene Erhebung und eigene Darstellung.

nicht ausgeführt, dass der Wahltermin einen Einfluss auf die tatsächliche Höhe des Hebesatzes hat. Auch wenn dieser potentielle Einflussfaktor aufgrund der genannten Aspekte und der zweigeteilten Expertenmeinung in dieser Arbeit nicht weiter analysiert wird, kann als Resümee festgehalten werden, dass grundlegende Sachverhalte wie Hebesatzerhöhungen gewöhnlich während der normalen Amtsperiode entschieden werden. Die Nähe zu einem Wahltermin, sei es davor oder danach, wird eher gemieden.

Als letzte Einschätzungsdimension wurde noch der **Anteil von Personengesellschaften** in der qualitativen Studie näher betrachtet. Denn es ist anzunehmen, dass sich Gemeinden mit einem hohen Anteil an Einzelunternehmen und Personengesellschaften wegen der Anrechnung der Gewerbesteuer auf die Einkommensteuer leichter dazu entscheiden, ihre Hebesätze zu erhöhen. Schließlich kann der Hebesatz bis zu der Anrechnungsgrenze von 380 % erhöht werden,[464] ohne einen Anstieg der Steuerlast für den genannten Unternehmerkreis in der Kommune zu bewirken. Wie der Literaturüberblick im dritten Kapitel dieser Arbeit zeigt, konnte über diese Kausalbeziehung bereits ein statistischer Nachweis erbracht werden.[465] Die nachstehende Abbildung kann verdeutlichen, dass die Kommunalvertreter bezüglich dieser Einschätzungsdimension aber durchaus zweigeteilter Meinung sind.

So führen neun Fachleute erwartungsgemäß aus, dass in Gemeinden, in denen der Gewerbesteuerhebesatz noch unter 380 % liegt und in denen der überwiegende Teil der Unternehmen Personenunternehmen sind, die einkommensteuerrechtliche Regelung steuersatzerhöhend wirkt. Bei ihren Einschätzungen beziehen sich diese Experten häufig auf eine Stellungnahme des Bayerischen Gemeindetags, die die Auswirkungen der Unternehmensteuerreform 2008 auf Unternehmen und Kommunen darstellt. Darin wird die Empfehlung für einen Hebesatz von 380 % ausgesprochen, da sich hierdurch das kommunale Steueraufkommen erhöht und die ansässigen Personenunternehmen sogar steuerlich entlastet

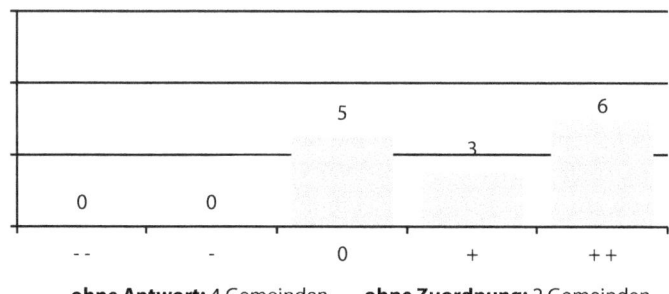

Gewerbesteueranrechnung auf die Einkommensteuer

ohne Antwort: 4 Gemeinden   **ohne Zuordnung:** 2 Gemeinden

Abbildung 77: Interviewauswertung zur Einschätzungsdimension: Gewerbesteueranrechnung auf die Einkommensteuer.[466]

---

[464]   Der Ermäßigungsbetrag beträgt das 3,8-fache des Gewerbesteuermessbetrages. Siehe § 35 EStG.
[465]   Vgl. Büttner et al. (2014).
[466]   Quelle: Eigene Erhebung und eigene Darstellung.

werden. Die steigende Gewerbesteuerbelastung von Kapitalgesellschaften wird durch die Entlastungen bei der Körperschaftsteuer gerechtfertigt.[467] Einige Bürgermeister geben sogar an, dass sie mit diesem Argument eine Hebesatzerhöhung in ihrer Gemeinde begründet haben. Zum Teil wurde der Hebesatz exakt auf die Anrechnungsgrenze von 380 % angepasst. Dabei wird die Auffassung vertreten, dass es sinnvoller sei, die Steuerleistung der Unternehmen direkt an die Gemeinden abzuführen als sie über die Einkommensteuer dem Bund zukommen zu lassen, der diese erst wieder über die Mechanismen des Finanzausgleichs den Gemeinden teilweise zuweist.

Die Abbildung 77 zeigt aber auch, dass fünf Fachleute einer anderen Meinung sind. Zwar widersprechen sie den anderen Experten nicht bezüglich der angeführten Punkte, da sie diese auch für sachlich richtig erachten, allerdings wird ausgeführt, dass in ihren Kommunen andere Aspekte im Vordergrund stehen. Das Hauptargument ist dabei ein hoher Anteil von Kapitalgesellschaften in der Unternehmensstruktur. Zwar sei es richtig, dass sich Kapitalgesellschaften wegen der Körperschaftsteuersatzsenkung von 25 % auf 15 % und der Steuermesszahlsenkung bei der Gewerbesteuer von 5 % auf 3,5 % auch mit einem höheren Gewerbesteuerhebesatz nicht schlechter stellen als in den Jahren vor der Reform. Allerdings sei dieser Aspekt nur wenig hilfreich, wenn das Unternehmen seinen Standort als Reaktion auf eine Steuersatzerhöhung in eine Kommune mit niedrigerem Hebesatz verlagert.

4.4.4.4 Abschließende Einschätzungen der Experten

Am Ende eines jeden Interviews wurde den Experten noch einmal Raum gegeben, auf wichtige Aspekte des Themas einzugehen, die nach ihrer Auffassung im Interview bislang zu kurz gekommen sind. Die überwiegende Anzahl der Interviewteilnehmer urteilt dabei, dass aus ihrer Sicht die wesentlichen Punkte der kommunalen Realsteuerpolitik angesprochen wurden. Dies bestätigt, dass die Zusammenstellung des Interviewleitfadens zutreffend erfolgt ist. Im Folgenden soll eine Auswahl an Punkten genannt werden, die von den Fachleuten abschließend noch angeführt wurden:

- Die Anhebung eines Hebesatzes wird nur als die Ultima Ratio verstanden: Erst wenn alle anderen Mittel ausgeschöpft sind, werde über eine Anhebung der Steuersätze nachgedacht. Dies sei auch darin begründet, dass es in der Kameralistik nicht vorgesehen ist, wie ein Wirtschaftsunternehmen jedes Jahr hohe positive Ergebnisse zu erwirtschaften. In Gemeinden, die bereits über hohe Bemessungsgrundlagen verfügen, sollten sich daher niedrigere Hebesätze finden lassen.
- Das wohl wichtigste Element der kommunalen Einnahmepolitik sei der Gewerbesteuerhebesatz, da er den Gemeinden eine gewisse finanzielle Autonomie ermöglicht. Über Ansiedlungs- und Investitionsentscheidungen von Unternehmen würde er direkt Einfluss auf die wirtschaftliche Entwicklung einer Kommune nehmen.
- Die Gewerbesteuer sei nicht nur wegen ihrer Aufkommenshöhe von großer Bedeutung, sondern auch deshalb so wichtig, da sie die Unternehmen an den Standort bindet. Bei ihrer Abschaffung ginge der Kontakt zur kommunalen Wirtschaft verloren. Folglich bestünden für die Unternehmen keine Anreize mehr, sich vor

---

[467]   Vgl. Raum / Engel (2009), S. 241 ff.

Ort zu engagieren und die Gemeinden hätten geringere Einflussmöglichkeiten auf die heimische Wirtschaft. Die Gewerbesteuer gelte daher als unverzichtbares Band zur örtlichen Unternehmerschaft. Aufgrund dessen würden die Gemeinden seit jeher mit der Gestaltung der Gewerbesteuerhebesätze verantwortungsbewusst umgehen.

- Um den Druck für weitere Steuererhöhungen zu nehmen, plädieren einige Fachleute dafür, die Bemessungsgrundlage auszuweiten. Es wird gefordert, auch Krankenhäuser und Freiberufler in die Steuerpflicht zu überführen, da diese wie Wirtschaftsbetriebe agieren.

- Ferner empfinden einige Kommunalvertreter die Gewerbesteuerzerlegung als willkürlich. Es sei festzustellen, dass vor allem Großunternehmen mit vielen Betriebsstätten die Gewerbesteuerzerlegung als Gestaltungsmöglichkeit ausschöpfen. Demnach werde der Versuch unternommen, die größte Besteuerung dort anfallen zu lassen, wo die Hebesätze niedrig sind. Möglich sei dies, da die Gewerbesteuerzerlegung durch die Finanzämter nicht ausreichend geprüft werde.

- Bei der Grundsteuer wird sich für eine Reform ausgesprochen. Die Werte der Grundstücke und Objekte entsprächen nicht mehr dem tatsächlichen Wert.[468]

---

[468] Hierzu sei angemerkt, dass der Bundesrat inzwischen eine Reform der Grundsteuer beschlossen hat. Der Gesetzentwurf hat zum Ziel, eine „rechtssichere, zeitgemäße und verwaltungs-ökonomische Bemessungsgrundlage" zu schaffen. Vgl. BR-Drucksachen 514/16 und 515/16 vom 04.11.2016.

5 Zusammenführung der empirischen Ergebnisse zur kommunalen Hebesatzpolitik

Unter Anwendung einer zweistufigen empirischen Vorgehensweise sind Informationen zur Klärung der folgenden Forschungsfragen erlangt worden: Lassen sich bisherige Erkenntnisse über die Determinanten der Gewerbesteuerhebesatzhöhe auch in einer Untersuchung auf Basis bundesweiter Gemeindedaten reproduzieren? Wird auch die Hebesatzhöhe der Grundsteuer A und der Grundsteuer B durch die Ausprägung lokaler Standortfaktoren beeinflusst? Beziehen sich kommunale Mandatsträger bei den einzelnen Hebesatzentscheidungen auf dieselben Determinanten, so dass eine einheitliche kommunale Realsteuerpolitik unterstellt werden kann?

In Anlehnung an die bisherige wissenschaftliche Forschung wird der Themenkomplex im dritten Kapitel dieser Arbeit zunächst auf quantitative Weise untersucht. Auf Basis bundesweiter Gemeindedaten werden mittels dreier Regressionsanalysen die wesentlichen Einflussgrößen des kommunalen Realsteuerhebesatzniveaus ermittelt. Während bisherige Studien ausschließlich den Zusammenhang zwischen lokalen Standortfaktoren und dem Gewerbesteuerhebesatz meist auf Ebene einzelner Bundesländer analysieren, wird erstmals auch der Einfluss von lokalen Standortfaktoren auf die Höhe der Grundsteuerhebesätze betrachtet. In diesem Zusammenhang ist insbesondere die Frage interessant gewesen, ob das Hebesatzniveau der Grundsteuern durch dieselben Standortfaktoren beeinflusst wird wie das Hebesatzniveau der Gewerbesteuer.

Mit dem Modell zur Gewerbesteuer können die Resultate anderer Forscher umfassend bestätigt werden. Auch in einer bundesweiten Untersuchung erweisen sich die Hebesatzhöhe der Nachbargemeinden, die Größe der Kommune, die Ausgabenbelastung im Sozial- und Infrastrukturbereich neben den steuerlichen Bemessungsgrundlagen als wesentliche Einflussfaktoren. Die Ergebnisse knüpfen dabei eng an die Erkenntnisse von Büttner und Boettcher an.[469]

Im Sinne der Vergleichbarkeit der einzelnen Regressionsmodelle sind in den beiden Modellen zu den Grundsteuern A und B die selben kommunalen Standortfaktoren betrachtet worden. Als zentraler Befund zeigt sich, dass auch deren Hebesatzhöhe in besonderem Maße durch das Steuersatzniveau der Nachbargemeinden determiniert wird. Dies verdeutlicht, dass kommunale Entscheidungsträger vor dem Hintergrund eines gemeindlichen Steuerwettbewerbs vor allem die Ausprägung des nachbarschaftlichen Hebesatzniveaus in ihre eigene Hebesatzentscheidung mit einbeziehen. Je höher der durchschnittliche Hebesatz in den Nachbargemeinden ausfällt, desto höher ist der betrachtete Steuersatz auch in der eigenen Gemeinde. Diese Kausalbeziehung wird zum ersten Mal für die beiden Grundsteuern nachgewiesen. Das ist deshalb so bemerkenswert, da deren Besteuerungsobjekt, der Grund und Boden nebst aufstehenden Gebäuden, weitestgehend immobil ist.

---

[469] Vgl. Büttner (2001), Boettcher (2013a), S. 104 ff. und Boettcher (2013b), S. 127 ff.

Als weitere bedeutende Einflussfaktoren lassen sich auch bei den beiden Grundsteuern die Ausgabenbelastung im Sozial- und Infrastrukturbereich, das allgemeine Hebesatzniveau einer Gemeinde und die kommunale Bevölkerungsstruktur identifizieren. Bei einer Gegenüberstellung der Ergebnisse kann für viele Determinanten eine Einheitlichkeit hinsichtlich ihrer Einflussrichtung und ihres Signifikanzniveaus beobachtet werden. Neben der Variable zum nachbarschaftlichen Hebesatzniveau ergeben sich auch für die Determinanten Parteienpräferenz, Höhe der jeweiligen Bemessungsgrundlage und Gemeindefläche vollständig einheitliche Ergebnisse. Demzufolge legt bereits die quantitative Untersuchung den Schluss nahe, dass kommunale Mandatsträger bei Hebesatzentscheidungen zumeist den gleichen Entscheidungsmustern folgen und trotz der unterschiedlichen Besteuerungsobjekte eine einheitliche Steuerpolitik präferieren. Diese Erkenntnis wird am Ende des dritten Kapitels sodann als Zwischenfazit festgehalten.

Um tiefergehende Einblicke in die kommunale Steuerpolitik zu erhalten und die quantitativen Befunde zu plausibilisieren, ist in einer zweiten Stufe der empirischen Untersuchung eine qualitative Methode zur Anwendung gekommen. Während sich die durchgeführten Regressionsanalysen auf Sekundärdaten der amtlichen Statistiken stützen, wurden im zweiten Teil der empirischen Untersuchung zunächst Experteninterviews mit (Ober-) Bürgermeistern und Kämmerern geführt. Das gewonnene Datenmaterial wurde anschließend mit der Methodik der qualitativen Inhaltsanalyse ausgewertet. Hierdurch können die quantitativ gewonnenen Erkenntnisse nicht nur überprüft, sondern auch um weitere, bislang zu kurz geratene Aspekte der kommunalen Steuerpolitik ergänzt werden.

Die Auswertung der Interviews kann zuallererst aufzeigen, dass die Kommunalvertreter für die überwiegende Zahl an Einflussfaktoren die gleiche Einschätzung teilt. Insbesondere für die Variablenbereiche nachbarschaftliches Hebesatzniveau, Ausgabenbelastung im Sozial- und Infrastrukturbereich, Höhe der Bemessungsgrundlage, Konstitution des Arbeitsmarktes und Umfang der wirtschaftlichen Betätigung unterstreichen die Fachleute die Plausibilität der bisherigen Untersuchung. Besonders eindeutige Ergebnisse lassen sich dabei für das nachbarschaftliche Hebesatzniveau und die Höhe der Bemessungsgrundlage beobachten. Mit ihren einheitlichen Aussagen bestätigen die Experten, dass sie bezüglich der einzelnen Realsteuerarten grundsätzlich der gleichen steuerpolitischen Strategie folgen. Sofern bei einer Realsteuer ein höherer Hebesatz präferiert wird, gilt dies auch bei den beiden anderen kommunalen Steuerarten.

Folgerichtig präzisieren die Kommunalvertreter auch die Regressionsergebnisse für den Variablenbereich zum Niveau der weiteren Hebesätze einer Gemeinde. Während die quantitative Untersuchung eine negative Korrelation zwischen der Grundsteuer A und der Gewerbesteuer aufzeigt, betonen die meisten Experten, dass sie auch hinsichtlich dieser beiden Realsteuern nicht differenzieren.

Des Weiteren schafft die Inhaltsanalyse größere Klarheit über die Richtung der Kausalbeziehung bei einigen Variablen, welche bislang nicht eindeutig beurteilt werden konnte. Zum Beispiel führen die Fachleute aus, dass das verfügbare Steuersubstrat die Höhe des Realsteuerhebesatzes beeinflusst und nicht umgekehrt. Demnach sei Unternehmenserfolg und somit auch eine umfangreiche steuerliche Bemessungsgrundlage nicht das Ergebnis eines niedrigeren Hebesatzes, sondern das Resultat unternehmerischen Geschicks. Infolge eines florierenden Wirtschaftssektors können es sich Kommunen sodann leisten, moderate Realsteuerhebesätze zu beschließen.

Auch für die Einschätzungsdimension Gemeindegröße (Einwohner) kann die Inhaltsanalyse die Regressionsergebnisse weiter ergänzen. Zunächst beschreiben die Experten erwartungsgemäß, dass die Größe einer Kommune einen positiven Einfluss auf die Hebesatzhöhe besitzt. Jedoch führen die Fachleute diesen Effekt nicht ausschließlich auf das Argument der Marktmacht zurück, sondern schildern im Weiteren detailliert, dass höhere Hebesätze vor allem auch in den umfangreicheren Aufgaben einer Kommune begründet sein können. Demnach würde wohl eher eine funktionelle als eine lineare Abhängigkeit zwischen der Gemeindegröße und ihrem Hebesatzniveau bestehen.

Hinsichtlich der Einflussgröße Gemeindefläche kann die Interviewauswertung verdeutlichen, dass die Experten nicht immer die gleiche Meinung vertreten. Vielmehr herrscht bezüglich dieser Determinante sogar große Uneinigkeit. Obwohl die Regressionsanalysen zu sehr einheitlichen Ergebnissen geführt haben, geben die befragten Fachleute zur Bedeutung der Gemeindefläche ziemlich konträre Einschätzungen ab. Hierbei teilen sich die Expertenmeinungen im Wesentlichen in zwei Lager. Der eine Teil argumentiert entsprechend der aufgestellten Hypothese sehr plausibel, hingegen wird durch den anderen Teil erörtert, dass eine große Gemeindefläche nicht zwingend niedrigere Hebesätze zur Folge haben muss. Im Gegenteil könnten hohe Ausgaben für das Straßen-, Wege- und Leitungsnetz sogar höhere Steuersätze begründen. Dieses Beispiel vermag die Grenzen dieser Analyseform aufzuzeigen. Denn alleine mittels der Inhaltsanalyse wäre für diesen Einflussfaktor keine eindeutige Schlussfolgerung möglich. Auch wegen solcher Fälle wird von vielen Forschern empfohlen, qualitative und quantitative Untersuchungsmethoden nebeneinander einzusetzen. Die deutlichen und signifikanten Ergebnisse der Regressionsanalysen weisen nämlich darauf hin, dass die quantitative Methode offensichtlich eine treffendere Auskunft über den wahren Zusammenhang zwischen der Gemeindefläche und der Hebesatzhöhe geben kann. Demnach überwiegt der steuersatzmindernde Einnahmeeffekt den steuersatzerhöhenden Ausgabeneffekt.

Für die Einschätzungsdimension Parteienpräferenz lässt sich zwischen der quantitativen und der qualitativen Untersuchung ebenfalls kein Gleichklang beobachten. Zwar zeigen die Regressionsanalysen entsprechend der Theorie einen positiven Zusammenhang zwischen der Präferenz für Linksparteien und der Höhe der Realsteuerhebesätze, allerdings führen die Experten diesbezüglich einheitlich aus, dass auf kommunaler Ebene ideologische Aspekte von geringerer Bedeutung sind. Denn ein Gemeinderat sei kein Stadtparlament, sondern ein Kollegialorgan, in dem das Miteinander mehr zähle als das Parteibuch. Auch in der Literatur finden sich Hinweise, dass zwischen parteipolitischen Mehrheitsverhältnissen und der Steuersatzhöhe auf Kommunalebene wohl kein Zusammenhang besteht.[470] Die quantitativ ermittelten Zusammenhänge wären demnach auf den Einfluss weiterer erklärungskräftiger Strukturvariablen zurückzuführen, die ihrerseits mit den parteipolitischen Mehrheitsverhältnissen korreliert sind. Aufgrund dieser Aspekte wird sodann festgehalten, dass die parteipolitische Prägung keinen Einfluss auf das kommunale Hebesatzniveau einer Kommune besitzt.

---

[470] Vgl. Boettcher (2013b), S. 127 f.

Die Gesamtheit der Erkenntnisse aus den beiden empirischen Untersuchungsmethoden wird in den folgenden Tabellen noch einmal zusammengefasst. Die vierte Spalte führt die Ergebnisse zusammen und gibt für jede untersuchte Determinante eine gemeinsame Schlussfolgerung wieder.

Determinanten	Regressionsanalyse (quantitativ)	Inhaltsanalyse (qualitativ)	Schlussfolgerung
Hebesatzniveau der Nachbar-gemeinden	• stark positiver Einfluss in allen drei Modellen nach-gewiesen • signifikante Ergebnisse in allen Modellen • das nachbarschaftliche Hebesatzniveau liefert den größten Beitrag zum Erklärungsgehalt der Modelle	• stark positiver Einfluss des nachbarschaftli-chen Hebesatzniveaus auf die Hebesätze • großer Konsens unter den Experten • sehr große Bedeutung bei der Gewerbe-steuer; ebenfalls von Relevanz bei den Grundsteuern	• Annahme der Hypothese • kommunaler Steuer-wettbewerb bei allen drei Realsteuern: Im-mobilität des Besteu-erungsobjekts ver-hindert diesen nicht • von größter Rele-vanz für Hebesatz-entscheidungen
weitere Realsteu-erhebesätze in der Gemeinde	• generell besteht ein posi-tiver Einfluss, jedoch nicht für die Kausalbeziehung zwi-schen der GewSt und der GrSt A • Hypothese kann daher partiell nicht angenom-men werden • signifikante Ergebnisse in allen Modellen	• stark positiver Zusam-menhang zwischen den Realsteuerhebe-sätzen einer Kom-mune • großer Konsens • Experten präzisieren die quantitativen Er-gebnisse • Zwischen den einzel-nen Steuern wird nicht differenziert	• Annahme der Hypothese • einheitliche kommu-nale Hebesatzpolitik • kommunale Ent-scheidungsträger differenzieren zu-meist nicht zwischen den Realsteuern • große Bedeutung bei der Hebesatzent-scheidung
Gemeindegröße (Einwohnerzahl)	• positiver Einfluss in den Modellen zur GewSt und GrSt B • negativer Einfluss bei der Grundsteuer A infolge zu-nehmender Urbanität • große (partielle) Bedeu-tung nachgewiesen • signifikante Ergebnisse	• Experten führen uni-sono aus, dass in grö-ßeren Kommunen hö-here Hebesätze vorlie-gen • großer Konsens • Experten geben ferner den Hinweis auf das Vorliegen einer funkti-onellen Abhängigkeit	• Annahme der Hypothese • neben der Markt-macht bedingt vor allem die zentralört-liche Funktion das höhere Hebesatzni-veau • große Bedeutung bei der Hebesatzent-scheidung

Tabelle 37: Zusammenfassung der Untersuchungsergebnisse (Teil 1).

Determinanten	Regressionsanalyse (quantitativ)	Inhaltsanalyse (qualitativ)	Schlussfolgerung
Altersstruktur der Bevölkerung	• einheitlicher, positiver Einfluss auf die GewSt und die Grundsteuer A • partiell auch für die GrSt B gegeben • neben der Altersstruktur ist aber wohl auch die Einkommensstruktur der Gemeindebürger von Relevanz • signifikante Ergebnisse in den Modellen	• Experten sehen ebenfalls einen Zusammenhang zwischen der Altersstruktur und der Hebesatzhöhe • ein hoher Anteil junger und alter Bürger erhöht die Hebesätze, da es in der Gemeinde höhere Sozialausgaben zu kompensieren gilt • großer Konsens unter den Experten	• Annahme der Hypothese • hohe Bevölkerungsanteile von Jungen und Alten erhöhen die Hebesätze, da diese Gruppen mehr öffentliche Güter konsumieren • infolge einer erhöhten Ausgabenbelastung von Relevanz bei Hebesatzentscheidungen
Bemessungsgrundlage (Grundbetrag)	• negativer, signifikanter Einfluss nachgewiesen: eine umfangreiche Bemessungsgrundlage senkt das jeweilige Hebesatzniveau • Bemessungsgrundlage der anderen Realsteuerarten beeinflusst das Hebesatzniveau nur bedingt (zum Teil nicht signifikant)	• Kommunen mit großen Bemessungsgrundlagen können niedrigere Steuersätze festsetzen • faires Miteinander: Unternehmen sollen nicht über Gebühr belastet werden, wenn schon hohe Bemessungsgrundlagen vorliegen • großer Konsens • Richtung der Kausalbeziehung geklärt	• Annahme der Hypothese • Kommunen mit großen Bemessungsgrundlagen setzen niedrigere Hebesätze fest • denn ein zufriedenstellendes Steueraufkommen wird auch ohne hohe Hebesätze erzielt • sehr große Bedeutung bei Hebesatzentscheidungen
Gemeindefläche	• einheitlicher, negativer Zusammenhang wird in allen drei Modellen nachgewiesen • signifikante Ergebnisse in allen Modellen • dies führt zu dem Fazit: Kommunen mit großer Gemeindefläche können aufgrund höherer Bemessungsgrundlagen niedrigere Hebesätze festsetzen	• Experten sind uneinig • einerseits: mit der Fläche steigen die Bemessungsgrundlagen und es besteht die Möglichkeit, niedrigere Hebesätze festzusetzen (Einnahmeeffekt) • andererseits: größere Fläche bedingt höhere Ausgaben in das Infrastrukturnetz (Ausgabeneffekt) • Inhaltsanalyse alleine ermöglicht kein Fazit	• Annahme der Hypothese • trotz der konträren Expertenmeinungen wird davon ausgegangen, dass Kommunen mit größerer Fläche tendenziell niedrigere Hebesätze festlegen • demnach überwiegt der Einnahmeeffekt den Ausgabeneffekt • eher geringe Bedeutung bei Hebesatzentscheidungen

Tabelle 38: Zusammenfassung der Untersuchungsergebnisse (Teil 2).

Determinanten	Regressionsanalyse (quantitativ)	Inhaltsanalyse (qualitativ)	Schlussfolgerung
Erreichbarkeit zentraler Infrastruktureinrichtungen	• erwarteter negativer Zusammenhang bei der GewSt und der GrSt B: Mandatsträger beteiligen Steuerpflichtige an den Kosten für eine adäquate Infrastruktur • überwiegend positiver Einfluss auf die GrSt A, da die Steuer in ländlichen, schlecht erreichbaren Gemeinden von großer haushaltspolitischer Bedeutung ist • zum Teil keine signifikanten Ergebnisse	• Befragte sehen direkten Zusammenhang zwischen der Infrastruktur und der Steuersatzhöhe • Infrastrukturinvestitionen seien wegen ihres Volumens häufig nicht anders finanzierbar • Hebesatzerhöhungen lassen sich für diesen Zweck leichter vermitteln, da sich die Steuerpflichtigen aus der Infrastruktur einen direkten Nutzen ableitend	• Annahme der Hypothese • kommunale Entscheidungsträger berücksichtigen die Ausgestaltung der eigenen Infrastruktur und die Anbindung an überregionale Infrastruktureinrichtungen vor allem bei der Hebesatzpolitik der Gewerbesteuer und Grundsteuer B • infolge einer erhöhten Ausgabenbelastung von Relevanz bei Hebesatzentscheidungen
Arbeitsmarkt und Umfang der wirtschaftlichen Betätigung	• Erwartungen werden vor allem für die GewSt und die GrSt A bestätigt • Gemeinden mit hohem Beschäftigtenstand und großer Wirtschaftskraft setzen niedrigere Hebesätze fest • für die Grundsteuern haben wirtschaftliche Faktoren eine geringere Bedeutung	• Experten sehen ebenfalls einen negativen Einfluss des Beschäftigtenstands und der Wirtschaftskraft auf die Hebesatzhöhe • Begründung findet sich in geringeren Ausgaben für Sozialleistungen und Wirtschaftsförderung • großer Konsens	• Annahme der Hypothese • Kommunen mit gesundem Arbeitsmarkt und großer Wirtschaftskraft können niedrigere Hebesätze festlegen, da sie niedrigere Sozialausgaben haben • von Relevanz bei Hebesatzentscheidungen
Präferenz für Linksparteien	• positiver Einfluss zeigt sich in allen Modellen • signifikante Ergebnisse in den Modellen zur GewSt und GrSt B • mit der Präferenz für linksgerichtete Politik steigt das Steuersatzniveau, da diese Parteien auf soziale Umverteilung setzen und hierfür auch höhere Steuersätze in Betracht ziehen	• ideologische Aspekte sind auf kommunaler Ebene unbedeutender • Parteipolitik weniger präsent, da das Miteinander mehr zähle • andererseits: Kommunen, in denen das linke Parteienspektrum bevorzugt wird, haben nicht generell höhere Steuersätze • großer Konsens, dass kein Einfluss besteht	• Ablehnung der Hypothese • Experten beschreiben die Steuerpolitik als unabhängig von der parteipolitischen Prägung • Literatur führt den quantitativ aufgezeigten Zusammenhang auf erklärungskräftige Strukturvariablen zurück, da Linksparteien in großen Kommunen traditionell höhere Wählerstimmenanteile erzielen

Tabelle 39: Zusammenfassung der Untersuchungsergebnisse (Teil 3).

Abschließend kann somit festgehalten werden, dass sich die zweistufige empirische Vorgehensweise als sehr zweckdienlich erwiesen hat. Beide Untersuchungsmethoden ergänzen sich gut.

Mittels der Regressionsanalyse zur Gewerbesteuer konnte aufgezeigt werden, dass sich die bisherigen Erkenntnisse über die Determinanten der Gewerbesteuerhebesatzhöhe auch in einer bundesweiten Untersuchung nachweisen lassen. Daneben konnte das erste Mal auch für die beiden Grundsteuern nachgewiesen werden, dass ein Zusammenhang zwischen der lokalen Ausprägung von Standortfaktoren und dem kommunalen Hebesatzniveau besteht. Als wichtigste Einflussgröße ist in allen Modellen das nachbarschaftliche Hebesatzniveau identifiziert worden. Dies deutet darauf hin, dass sich Gemeinden auch bei den Grundsteuern mit einem kommunalen Steuerwettbewerb konfrontiert sehen.

Die Ergebnisse der anschließend durchgeführten qualitativen Untersuchung können die quantitativen Resultate weitestgehend bestätigen. In Untersuchungsbereichen, in denen die Ergebnisse der Regressionsanalysen nicht aussagekräftig sind und keine Schlussfolgerung zulassen, schaffen die Aussagen der Experten größere Klarheit und präzisieren die Regressionsergebnisse. Für die Variable zur parteipolitischen Präferenz revidiert die Inhaltsanalyse sogar die bis dahin vertretene Auffassung. Jedoch ist die Inhaltsanalyse nicht nur als Plausibilitätskontrolle eingesetzt worden, sondern hat auch Hinweise zu weiteren potentiellen Einflussfaktoren der Hebesatzhöhe geliefert. Gegenstand der zukünftigen Forschung sollte demnach verstärkt der kommunale Finanzausgleich, das Gemeindewachstum und die Anrechnung der Gewerbesteuer auf die Einkommensteuer sein.

Falls der Eindruck entstehen sollte, dass die qualitative Methode als überlegene Forschungsstrategie beurteilt wird, sei dem widersprochen. Wie sich am Beispiel der Variable Gemeindefläche zeigt, sind auch die Expertenmeinungen stets kritisch hinterfragt worden. Denn die beiden Analyseformen gewährleisten eine Plausibilitätskontrolle in beide Richtungen.

Die Zusammenführung der Ergebnisse der beiden Untersuchungsmethoden ermöglicht schließlich eine Auskunft über den letzten Teil der Forschungsfrage und begründet somit das Fazit zum empirischen Teil dieser Arbeit: Kommunale Mandatsträger berücksichtigen in bedeutendem Umfang die Ausprägung lokaler Standortfaktoren bei der Wahl der Realsteuerhebesatzhöhe. Dies gilt nicht nur für die Gewerbesteuer, sondern auch für die beiden Grundsteuern. Für alle drei Realsteuern erwies sich das nachbarschaftliche Hebesatzniveau als bedeutendster Einflussfaktor. Daneben konnte herausgearbeitet werden, dass sich für viele weitere Einflussfaktoren einheitliche Ergebnisse beobachten lassen. Demzufolge kann abschließend postuliert werden, dass kommunale Entscheidungsträger grundsätzlich nicht zwischen den einzelnen Realsteuern differenzieren und in den Kommunen weitestgehend eine einheitliche steuerpolitische Strategie präferiert wird.

6 Die Beitragseinnahmen der Industrie- und Handelskammern – Entwicklung eines Prognosemodells

Neben der Gewerbesteuer knüpft eine weitere öffentlich-rechtliche Abgabe an die gewerbesteuerlichen Bemessungsgrundlagen an. Hierbei handelt es sich um die Beiträge zu den Industrie- und Handelskammern (IHK), welche sich gemäß § 3 Abs. 3 IHKG ebenfalls auf Grundlage des Gewerbeertrags bzw. des Gewinns aus Gewerbebetrieb ermitteln.[471]

Nach § 2 Abs. 1 IHKG gelten alle natürlichen Personen, Handelsgesellschaften, andere Personenmehrheiten und juristische Personen des privaten und öffentlichen Rechts, sofern sie zur Gewerbesteuer veranlagt werden und im Bezirk der Industrie- und Handelskammer eine Betriebsstätte unterhalten, als Kammerzugehörige. Eine Mitgliedschaft ist demzufolge allgemein verpflichtend.[472]

Die Kosten für die Tätigkeit der IHK sind, soweit sie nicht anderweitig gedeckt werden können, durch die Kammerzugehörigen zu tragen. Der hierfür zu entrichtende Beitrag orientiert sich an der Leistungskraft eines Mitglieds und setzt sich aus einem gestaffelten Grundbeitrag und einer ergebnisabhängigen Umlage zusammen.[473] Deren tatsächliche Höhe wird durch die Vollversammlung einer IHK in der Haushalts- bzw. Wirtschaftssatzung festgelegt. Wie die Gemeinden verfügen somit auch die Kammern über eine Rechtsetzungskompetenz.[474] Derzeit bestehen in Deutschland 79 Industrie- und Handelskammern.[475] Für 2014 hatte die IHK Bremerhaven mit 0,39 % den höchsten und die IHK Hannover mit 0,03 % den niedrigsten Umlagehebesatz beschlossen. Die erhobenen Grundbeiträge bewegen sich in Staffeln zwischen 10 und 50.000 Euro. Sofern der Gewerbeertrag von natürlichen Personen und nicht im Handelsregister eingetragenen Personengesellschaften die Freistellungsgrenze von 5.200 Euro nicht überschreitet, sind keine IHK-Beiträge zu leisten.[476] In 2014 konnten sich rund 41 % der Kammerzugehörigen auf diese Befreiungsvorschrift berufen. Der Durchschnittsbeitrag (Grundbeitrag und Umlage) aller zahlenden Mitgliedsunternehmen betrug ca. 313 Euro.[477]

Für die Industrie- und Handelskammern stellen die Beitragseinnahmen die zentrale Einnahmeposition dar. In der Folge sind die Kammern von der Entwicklung der konjunkturabhängigen Gewerbeerträge deutlich stärker abhängig als die Gemeinden. Während der Anteil der Gewerbesteuereinnahmen (netto) an den kommunalen Gesamteinnahmen zu-

---

[471] Vgl. hierzu auch Möllering (2009a), S. 6 f. und Jahn (2009b), S. 258 f.
[472] Vgl. neben der genannten Rechtsquelle auch Jahn (2009a), S. 167.
[473] Siehe § 3 Abs. 2 und 3 IHKG und vgl. Jahn (2009b), S. 259 ff.
[474] Siehe § 4 Nr. 4 IHKG und vgl. Jahn (2009b), S. 251 f. sowie Rickert (2009), S. 316 ff.
[475] Bis zur Fusion der IHK Bremen mit der IHK Bremerhaven in 2016 bestanden 80 Kammern.
[476] Siehe § 3 Abs. 3 S. 3 IHKG und vgl. Jahn (2009b), S. 273.
[477] Eigene Berechnung mit Daten des DIHK (2016).

letzt rund 17 % betragen hat,[478] belaufen sich die Beitragseinnahmen der meisten Kammern gewöhnlich auf über 50 % ihrer Gesamterträge. Selbst Beitragsanteile von bis zu 80 % lassen sich recht häufig beobachten. Beispielsweise betrug der Anteil der Beitragseinnahmen im Jahr 2014 bei der IHK zu Kiel 76,0 %, bei der IHK Arnsberg 79,7 % und bei der IHK Stade 78,9 %.[479]

Die starke Abhängigkeit von einer zeitweise recht volatilen Bemessungsgrundlage stellt die Kammern bei der Aufstellung ihres jährlichen Wirtschaftsplans vor große Herausforderungen. Denn diesen gilt es gemäß § 3 Abs. 2 IHKG „nach den Grundsätzen einer sparsamen und wirtschaftlichen Finanzgebarung" aufzustellen, so dass künftige Aufwendungen und Investitionen wie auch ein möglicher Rückgriff auf Rücklagen stets unter Bezug auf die zu erwartenden Erträge zu planen sind. Planungssicherheit hinsichtlich künftiger Beitragseinnahmen ist somit von größter Bedeutung. In diesem Zusammenhang sei darauf verwiesen, dass zurückgehende Beitragseinnahmen nicht per se als problematisch erachtet werden, sondern vielmehr, wenn über den Rückgang ein Informationsdefizit besteht. Die folgende Darstellung gibt am Beispiel einer IHK stellvertretend wieder, welche Abweichungen sich bei der Beitragsvereinnahmung ergeben können, wenn die tatsächlichen Beitragseinnahmen (Ist-Ergebnis) hinter den Planwerten (Plan-Ergebnis) zurückbleiben.

Die Realisation derartiger Abweichungen ist für die Finanzplanung einer IHK als sehr kritisch zu beurteilen. Verschiebungen bei der Beitragsvereinnahmung beeinflussen die Ertragssituation und damit den Haushalt enorm. Persönliche Gespräche und ein stichproben-

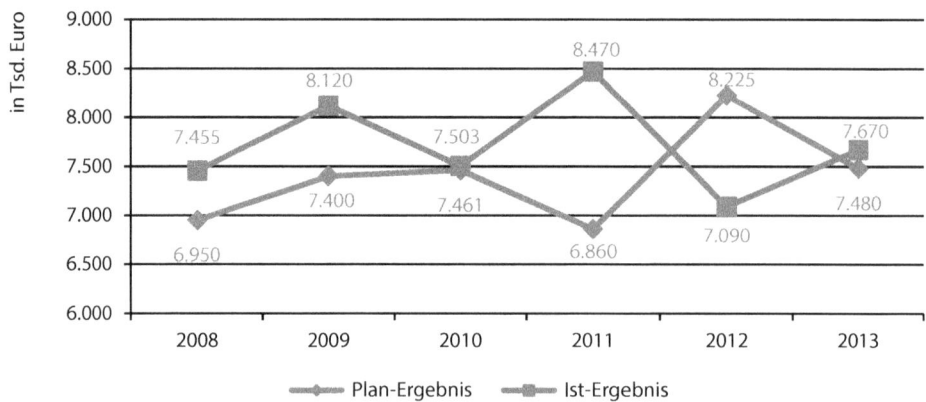

Abbildung 78: Vergleich zwischen den Plan- und Ist-Ergebnissen der IHK-Beitragseinnahmen in den Geschäftsjahren 2008-2013.[480]

---

[478]   Vgl. hierzu die Ausführungen in Kapitel 2.

[479]   Vgl. hierzu die online verfügbaren Haushaltspläne der genannten Industrie-und Handelskammern sowie die Daten des DIHK (2016).

[480]   Quelle: Eigene Darstellung mit Daten einer IHK (auch im Folgenden wird ihr Name aus Datenschutzgründen nicht genannt). Als Basisjahr der gesamten Untersuchung wurde das Jahr 2008 gewählt. Begründet ist dies in dem Unternehmensteuerreformgesetz 2008 und den damit einhergehenden gewerbesteuerrechtlichen Neuregelungen, welche sich auch auf die Erhebung der IHK-Beiträge auswirken.

artiges Studium der Wirtschaftspläne weiterer Industrie- und Handelskammern zeigen, dass sich viele Kammern mit dieser Problematik konfrontiert sehen.

Begründet ist dies vor allem darin, dass die Wirtschaftsplanung für das folgende Geschäftsjahr gewöhnlich bereits Mitte des laufenden Geschäftsjahres beginnt. Zu diesem Zeitpunkt besteht allerdings noch keine Kenntnis über die im nächsten Geschäftsjahr erfolgenden Beitragsabrechnungen, da die Höhe der zukünftig übermittelten Gewerbeerträge der Kammerzugehörigen nicht bekannt ist und auch nur schwer vorhergesagt werden kann. Die Prognose der Beitragseinnahmen stützt sich bei den meisten Kammern daher vor allem auf die persönlichen Einschätzungen von Mitarbeitern, die die Beiträge häufig auf Basis des Vorjahres planen. Als weitere Informationsquellen werden die Steuerschätzungen des Bundesfinanzministeriums, die Wirtschaftsnachrichten aus der Region sowie die Auskünfte von Gemeindekämmerern und bedeutenden Beitragszahlern herangezogen.

Die vorstehende Darstellung zeigt insbesondere für die Jahre 2011 und 2012 anschaulich auf, dass die betreffende IHK trotz umfangreicher Analysen bei der Aufstellung des Wirtschaftsplans in der Vergangenheit zum Teil große Abweichungen zwischen dem Plan- und dem Ist-Ergebnis hinnehmen musste. Vor allem die Abweichungen in diesen Jahren gaben den Anlass, das bisherige Planungssystem kritisch zu hinterfragen. Weiterführende Analysen konnten aber auch verdeutlichen, dass Minder- bzw. Mehrergebnisse nicht nur in den genannten Jahren eingetreten waren. Selbst in den Geschäftjahren 2010 und 2013, welche von einer vermeintlichen Planungsgenauigkeit geprägt waren, haben sich auf Ebene der einzelnen Beitragsarten sehr wohl Abweichungen ergeben. Dass sich auf Gesamtbeitragsebene keine Differenzen gezeigt haben, war nur dem zufälligen Umstand geschuldet, dass sich die einzelnen Mehr- und Minderergebnisse in Summe wieder ausgeglichen haben.

Aufgrund der dargestellten Unzulänglichkeiten ist im Rahmen eines gemeinsamen Projekts der betreffenden IHK und der Universität Würzburg (vertreten durch den Autor dieser Arbeit) ein Prognosemodell entwickelt worden, das das vorliegende Informationsdefizit reduzieren soll. Das folgende Kapitel stellt die Dokumentation dieses Projektes dar. Für die Schaffung einer einheitlichen Informationsgrundlage wird in einem ersten Schritt das Wesen der Industrie- und Handelskammern dargestellt (Kapitel 6.2), deren Beitragsstruktur ausführlich beschrieben und eine detaillierte Analyse der eingetretenen Soll-Ist-Abweichungen vorgenommen (Kapitel 6.3). Nach der Formulierung der Problemstellung in Kapitel 6.4 wird der entwickelte theoretische Ansatz zur gezielten Beitragsprognose vorgestellt (Kapitel 6.4.1). Darauf aufbauend wird in einem nächsten Schritt die benötigte Datengrundlage für eine Anwendung des Modells beschrieben (Kapitel 6.4.2). Die Anwendung des Modells und die Bereitstellung einer umfassenderen Informationsgrundlage zur Beitragsplanung erfolgt schließlich in Kapitel 6.5. Der letzte Teil dieses Kapitels fasst die Ergebnisse des Projekts zusammen und gibt einen Ausblick auf die seither erfolgten weiteren Beitragsplanungen.

6.1 Das Wesen der Industrie- und Handelskammern

Die Industrie- und Handelskammern sind berufsständische Körperschaften des öffentlichen Rechts. Demnach sind sie zwar mitgliedschaftlich verfasst, bestehen aber unabhängig vom Wechsel der Mitglieder. Ihre Rechtssubjektivität leiten sie nicht aus der Privatautonomie, sondern einem Hoheitsakt ab. Es handelt sich um rechtsfähige Organisationen, die aus der staatlichen Verwaltungshierarchie ausgegliedert sind und eigenverantwortlich die ihnen zugewiesenen staatlichen Aufgaben erfüllen.[481]

6.1.1 Zuständigkeitsbereich und Mitgliedschaft

6.1.1.1 Personeller Zuständigkeitsbereich

Mitglieder sind per Gesetz alle Gewerbetreibende und Unternehmen eines IHK-Bezirks, die gewisse Voraussetzungen erfüllen. Maßgebliches Kriterium ist die gewerbliche Prägung der Unternehmung. Zum einen gelten somit alle Unternehmen, die ins Handelsregister eingetragen sind, als IHK-zugehörig, da eine Eintragung ins Handelsregister für alle Kaufleute, deren Gewerbe einen nach Art und Umfang in kaufmännischer Weise eingerichteten Geschäftsbetrieb erfordern, verpflichtend ist. Diese Gruppe an Kammerzugehörigen wird daher auch als Handelsregisterunternehmen (HRU) bezeichnet. Zum anderen fallen jedoch auch sogenannte Kleingewerbetreibende (KGT), die nicht verpflichtet sind, sich ins Handelsregister einzutragen, unter die IHK-Zugehörigkeit. Ferner sind noch Apotheken und freie Berufe in der Rechtsform einer Kapitalgesellschaft von einer Mitgliedschaft eingeschlossen. Neben den genannten Unternehmensformen erstreckt sich die IHK-Zugehörigkeit ebenfalls auf Unternehmungen mit gemischt-gewerblicher Unternehmensstruktur. Diese Gewerbebetriebe besitzen sowohl eine Mitgliedschaft in der IHK als auch in der Handwerkskammer. Keine Mitgliedschaft besteht hingegen für reine Handwerksunternehmen, landwirtschaftliche Betriebe oder Freiberufler, die nicht ins Handelsregister eingetragen sind.[482]

6.1.1.2 Räumlicher Zuständigkeitsbereich

Der räumliche Zuständigkeitsbereich einer Industrie- und Handelskammer beschränkt sich auf ihren Bezirk. Ein Gewerbebetrieb zählt zu derjenigen Kammer zugehörig, in deren Bezirk er seinem Gewerbe nachgeht. Sofern Betriebsstätten in mehreren IHK-Bezirken unterhalten werden, liegt eine Mitgliedschaft in mehreren Kammern vor. In Analogie zur Gewerbesteuer ist der Zerlegungsmaßstab für die Beitragsermittlung die in den einzelnen Betriebsstätten angefallene Lohnsumme.[483]

Bundesweit bestehen derzeit 79 IHK-Bezirke. Die für die Region Mainfranken zuständige Industrie- und Handelskammer ist die IHK Würzburg-Schweinfurt. Wie im vierten Kapitel bereits ausgeführt, umfasst ihr Bezirk damit die kreisfreien Städte Würzburg und

---

[481]   Siehe § 3 Abs. 1 IHKG und für die Definition der Körperschaft des öffentlichen Rechts siehe § 37 LVwG. Vgl. des Weiteren Jahn (2009b), S. 232 ff., Forsthoff (1973), S. 486 f. und Kluth (2010), S. 451 ff.

[482]   Siehe § 2 IHKG und vgl. zum Begriff der Kammerzugehörigkeit ferner Jahn (2009a), S. 166 ff.

[483]   Siehe § 2 Abs. 1 IHKG und vgl. für eine ausführliche Erläuterung auch Jahn (2009a), S. 197 f. und S. 269.

Rang	Industrie- und Handelskammer	Gesamterträge	Mitglieder
1.	IHK für München und Oberbayern	93.379.645 €	407.844
6.	IHK Nürnberg für Mittelfranken	38.418.048 €	141.668
10.	IHK Schwaben - Augsburg und Lindau	23.140.022 €	137.750
13.	IHK für Niederbayern in Passau	21.757.248 €	77.666
23.	IHK Würzburg-Schweinfurt	17.541.645 €	63.510
27.	IHK Regensburg für Oberpfalz / Kelheim	15.528.583 €	80.859
35.	IHK für Oberfranken Bayreuth	14.294.004 €	49.469
75.	IHK Aschaffenburg	5.486.753 €	29.226
77.	IHK Coburg	3.499.635 €	8.452

Tabelle 40: Rangfolge der bayerischen IHKs im bundesweiten Vergleich ihrer Gesamterträge.[484]

Schweinfurt sowie die Landkreise Rhön-Grabfeld, Bad Kissingen, Main-Spessart, Schweinfurt, Haßberge, Kitzingen und Würzburg. Mit rund 63.000 Mitgliedsunternehmen und Gesamterträgen in Höhe von rund 17,5 Mio. Euro zählt sie sowohl auf Landes- als auch auf Bundesebene zu den größeren Kammern.

6.1.1.3 Sachlicher Zuständigkeitsbereich

In sachlicher Hinsicht umfasst der Zuständigkeitsbereich der Industrie- und Handelskammern vor allem die Selbstverwaltung ihres Berufsstandes und die Interessenvertretung ihrer Mitglieder. Dabei werden zum einen hoheitliche Aufgaben wahrgenommen. Diese umfassen vornehmlich die Betreuung und Registrierung von Ausbildungsverhältnissen, die Abnahme von Lehrlings- und Weiterbildungsprüfungen, die Benennung und Vereidigung von Sachverständigen, die Ausstellung und Beglaubigung von Dokumenten sowie die Schlichtung von Wettbewerbsstreitigkeiten.

Zum anderen bieten die IHKs ihren Mitgliedsunternehmen freiwillige Dienstleistungen an. Hierunter fallen insbesondere die Beratung zu Existenzgründungsfragen und Förderprogrammen, Zollauskünfte, Auskünfte zu Wirtschafts- und Strukturdaten und Informationen über Auslandsmärkte. Weiterer Aufgabenschwerpunkt der Industrie- und Handelskammern ist die Interessenvertretung der Mitgliedsunternehmen. Zum Ausdruck kommt diese vor allem durch Stellungnahmen und eine Teilnahme am öffentlichen Dialog zu regionalen und überregionalen Wirtschaftsthemen.[485]

6.1.2 Autonome Normsetzungskompetenz

Im Rahmen ihres Selbstverwaltungsrechts können die Industrie- und Handelskammern Gesetze im materiellen Sinne erlassen. Diese sind jedoch personell auf ihre Mitglieder und sachlich auf ihren Aufgabenkreis beschränkt. So beschließt beispielsweise eine Industrie- und Handelskammer für jedes Geschäftsjahr eine Wirtschaftssatzung, in der unter anderem die Höhe der abzuführenden Mitgliedsbeiträge geregelt wird.[486]

---

[484] Quelle: Eigene Darstellung mit Daten des DIHK (2016).
[485] Siehe hierzu § 1 IHKG, der den Aufgabenkreis der IHK beschreibt. Vgl. auch Möllering (2009b), S. 37 ff.
[486] Siehe § 4 Nr. 4 IHKG und vgl. Jahn (2009b), S. 251 f. sowie Rickert (2009), S. 316 ff.

6.2 Beschreibung und Struktur der Beitragserhebung

6.2.1 Allgemeine Normen der Beitragserhebung

Als Beiträge erheben die Industrie- und Handelskammern den Grundbeitrag und eine Umlage. Gemäß § 6 IHKG stellt der Grundbeitrag für den Beitragspflichtigen einen in der Höhe fixen Jahresbetrag dar, der gestaffelt erhoben werden kann, um Art, Umfang und Leistungskraft eines Gewerbebetriebs zu berücksichtigen. Die Umlage wird nach § 7 IHKG als Prozentsatz des Gewerbeertrags bzw. des Gewinns aus Gewerbebetrieb für das jeweilige Beitragsjahr erhoben. Für natürliche Personen und Personengesellschaften wird bei der Umlageerhebung ein Freibetrag von 15.340 Euro abgezogen.

Gemeinsame Bemessungsgrundlage der IHK-Beiträge ist gemäß § 3 Abs. 3 IHKG der vom Finanzamt festgestellte Gewerbeertrag nach § 7 GewStG. Falls dieser nicht vorliegt, wird hilfsweise der nach dem Einkommensteuergesetz ermittelte Gewinn aus Gewerbebetrieb für die Berechnung herangezogen. Sofern für ein Beitragsjahr keine der beiden Bemessungsgrundlagen festgestellt wurde, wird der Beitrag zunächst auf Basis des letzten vorliegenden Wertes vorläufig veranlagt. Sobald die tatsächliche Bemessungsgrundlage festgestellt wurde, erfolgt die Abrechnung des jeweiligen Beitragsjahres.

Für die Bemessung der Beitragshöhe werden allerdings nur die auf den IHK-Bezirk entfallenden Zerlegungsanteile des Gewerbeertrags herangezogen. Wenn für die Bemessung des Grundbeitrags der Gewinn aus Gewerbebetrieb, die Bilanzsumme, die Arbeitnehmerzahl und der Umsatz berücksichtigt werden, gilt der Zerlegungsansatz entsprechend. Die Zerlegung erfolgt auf Grundlage der von der Finanzverwaltung festgestellten gewerbesteuerlichen Zerlegungsanteile. Sofern diese nicht vorliegen, kann die Zerlegung nach entsprechender Anwendung auch selbst durch die IHK erfolgen.

Eine Beitragsfreistellung kommt nach § 3 Abs. 3 S. 3 bis 5 IHKG für natürliche Personen im Jahr der Betriebseröffnung und für das darauffolgende Jahr von der Umlage und vom Grundbeitrag sowie für das dritte und vierte Jahr von der Umlage in Betracht, wenn ihre Beitragsbemessungsgrundlage den Betrag von 25.000 Euro nicht übersteigt und weitere bestimmte Voraussetzungen erfüllt sind. Eine zeitlich unabhängige Befreiung ist für natürliche Personen, Vereine und Personengesellschaften vorgesehen, die nicht in das Handelsregister eingetragen sind und deren Beitragsbemessungsgrundlage unter 5.200 Euro liegt. Daneben bestehen für gemischtgewerbliche Betriebe besondere Regelungen. So haben diese Unternehmen einen Anspruch auf Beitragsbefreiung, wenn sie entweder nicht in das Handelsregister eingetragen sind oder der weder im handwerklichen noch handwerksähnlichen Betriebsteil erzielte Umsatz unter 130.000 Euro liegt.

Zum Vollzug der Beitragserhebung wird einer zentralen Leitstelle aller Kammern (Arbeitsgemeinschaft Kammerleitstelle für Beitragsbemessungsgrundlagen e.V. / AKB) an vier Terminen im Jahr (Mitte Januar, April, Juli und Oktober) durch die Finanzverwaltung der zuletzt festgesetzte Gewerbeertrag bzw. Gewinn aus Gewerbebetrieb mitgeteilt.[487] Sofern für ein Mitgliedsunternehmen zwischen zwei Übermittlungsterminen kein neuer Steuerbescheid erlassen wurde, erfolgt für das Mitglied auch keine Meldung an den AKB. Nach Sor-

---

[487]   Legitimiert werden diese hierzu durch § 31 Abs. 1 AO.

tierung der Beitragspflichtigen gemäß ihrem Gemeindeschlüssel (AGS) erfolgt eine Meldung mittels elektronischer Datenfernübertragung an die zuständige IHK. Eine Abrechnung der Beitragskonten erfolgt durch die Industrie- und Handelskammern allerdings nicht nach jeder Übermittlung, sondern an einzelnen Stichtagen im Geschäftsjahr. Die eingelesenen Beitragsbemessungsgrundlagen werden dazu verwendet, das betreffende Beitragsjahr abzurechnen und Vorauszahlungen für die folgenden Jahre festzusetzen.

6.2.2 Analyse der Beitragserhebung bei der betreffenden IHK

Neben den allgemeinen gesetzlichen Bestimmungen des IHK-Gesetzes regeln die Beitragsordnungen und die für jedes Geschäftsjahr erlassenen Wirtschaftssatzungen im Speziellen die Ausgestaltung der Beitragserhebung auf Ebene einer Industrie- und Handelskammer. Maßgeblicher Rechtsstand für die folgenden Ausführungen ist das Geschäftsjahr 2013.[488]

Wie bei den meisten Industrie- und Handelskammern nimmt auch § 1 der Beitragsordnung der betreffenden IHK Bezug auf die allgemeinen gesetzlichen Regelungen des IHKG und stellt fest, dass von den IHK-Zugehörigen ein Grundbeitrag und eine Umlage zu erheben sind. Deren tatsächliche Höhe gilt es jährlich durch die Vollversammlung in der Wirtschaftssatzung festzusetzen.

In dieser Wirtschaftssatzung ist ferner geregelt, dass das Bemessungsjahr für die Beitragserhebung dem aktuellen Geschäftsjahr entspricht. Da für das laufende Geschäftsjahr noch keine Beitragsbemessungsgrundlagen durch die Finanzverwaltung festgesetzt wurden, werden von dem IHK-Zugehörigen Beitragsvorauszahlungen auf Grundlage der zuletzt festgesetzten Beitragsbemessungsgrundlage oder – soweit eine solche nicht vorliegt – auf Basis einer Schätzung erhoben.[489]

Nachdem die Festsetzung der Beitragsbemessungsgrundlage für das jeweilige Bemessungsjahr durch die Finanzverwaltung schließlich erfolgt ist, erlässt die IHK einen Bescheid, in dem die Beitragsschuld unter Berücksichtigung der bereits geleisteten Vorauszahlungen festgesetzt wird. Sofern infolge steuerlicher Betriebsprüfungen für bereits veranlagte Beitragsjahre korrigierte Beitragsbemessungsgrundlagen festgesetzt werden, wird für den jeweiligen Bemessungszeitraum ein berichtigender Bescheid erlassen.

Hieraus ergibt sich der Umstand, dass sich die Beitragseinnahmen eines Geschäftsjahres stets aus den laufenden Beitragsvorauszahlungen dieses Jahres (auf Basis der zuletzt festgesetzten Beitragsbemessungsgrundlagen) und den Abrechnungen für vorangegangene Beitragsjahre zusammensetzen. Die folgende Abbildung kann aufzeigen, dass sich ein Großteil der jährlichen Beitragseinnahmen (Grundbeitrag und Umlage) aus den Abrechnungen für vorangegangene Beitragsjahre ergibt. Daneben wird ersichtlich, dass diese Abrechnungen in ihrer Höhe teilweise stark schwanken.

Diese Schwankungen begründen die große Unsicherheit bei der Beitragsplanung. Ein geeignetes Instrument zur Prognose künftiger Beitragsabrechnungen hat bei der betreffenden IHK bislang nicht bestanden.

---

[488] Im Geschäftsjahr 2013 wurde die Beitragsplanung für das Geschäftsjahr 2014 durchgeführt.
[489] Siehe § 15 Abs. 3 BO i.V.m. § 16 BO.

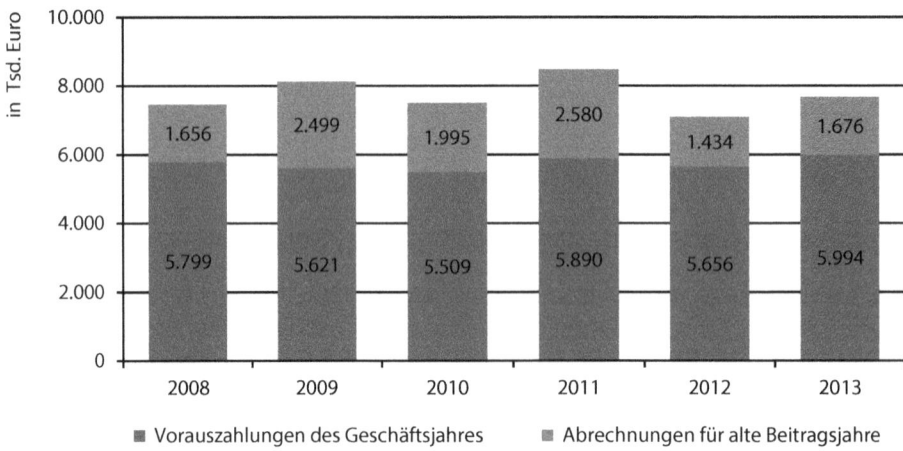

Abbildung 79: Zusammensetzung der Beitragseinnahmen in den Geschäftsjahren 2008-2013.[490]

6.2.2.1 Erhebung des Grundbeitrags

Der Grundbeitrag wird als Jahresbeitrag für jedes Mitgliedsunternehmen festgesetzt. Er ist auch dann in voller Höhe zu entrichten, wenn der gewerbliche Betrieb oder seine Betriebsstätte nicht im ganzen Erhebungszeitraum oder nur mit einem Betriebsteil beitragspflichtig ist. Wenn die Beitragspflicht im Erhebungszeitraum nicht länger als drei Monate bestanden hat, kann auf Antrag von der Erhebung des Grundbeitrags abgesehen werden. Daneben können ins Handelsregister eingetragene Kapitalgesellschaften, deren Tätigkeit sich ausschließlich auf die Komplementärfunktion für eine Personenhandelsgesellschaft erstreckt, eine Ermäßigung des zu veranlagenden Grundbeitrags verlangen.

Unternehmensreform	Kriterien der Staffelung	Grundbeitrag
Kleingewerbetreibende	- Gewerbeertrag bis 5.200 €	0,00 €
	- Gewerbeertrag zwischen 5.200 € und 24.500 €	40,00 €
	- Gewerbeertrag zwischen 24.500 € und 250.000 €	130,00 €
HR-Unternehmen	- Gewerbeertrag bis 250.000 €	130,00 €
alle Unternehmen	- Gewerbeertrag zwischen 250.000 € und 500.000 €	240,00 €
	- Gewerbeertrag über 500.000 €	480,00 €
	- Bilanzsumme größer 8 Mio. €, Umsatz größer 16,5 Mio. € und mehr als 250 Beschäftigte	2.500,00 €
	- Bilanzsumme größer 16 Mio. €, Umsatz größer 33 Mio. € und mehr als 500 Beschäftigte	5.000,00 €

Tabelle 41: Staffelung des Grundbeitrags am Beispiel einer IHK.[491]

---

[491]   Quelle: Eigene Darstellung mit Daten der betreffenden IHK.

Gemäß der Beitragsordnung der betreffenden IHK wird der Grundbeitrag gestaffelt erhoben. In der für das Geschäftsjahr 2013 beschlossenen Wirtschaftssatzung werden als Kriterien zur Staffelung die Höhe des Gewerbeertrags, die Eintragung ins Handelsregister, die
Bilanzsumme, der Umsatz und die Beschäftigtenzahl definiert. Die vorstehende Darstellung
gibt die im Untersuchungszeitraum maßgebliche Staffelung wieder.

Auf Grundlage dieser Staffelung konnte die IHK im Geschäftsjahr 2012 Einnahmen aus
dem Grundbeitrag in Höhe von rund 3,2 Mio. Euro erzielen. Hiervon entfielen 2,9 Mio.
Euro (89,6 %) auf laufende Vorauszahlungen des Geschäftsjahres und 0,3 Mio. Euro
(10,4 %) auf Abrechnungen für vorangegangene Beitragsjahre. Die folgende Darstellung
zeigt auf, wie sich die Grundbeitragseinnahmen in dem Geschäftsjahr auf die einzelnen
Grundbeitragsstaffeln aufteilen.

Die Abbildung lässt eine sozialstaatliche Struktur der Grundbeitragserhebung erkennen. So müssen die Mitgliedergruppen mit größeren Beitragsbemessungsgrundlagen einen
verhältnismäßig größeren Anteil an dem Grundbeitragsvolumen eines Jahres tragen als die
Mitglieder mit geringeren Beitragsbemessungsgrundlagen. Es zeigt sich, dass bei der IHK
rund 45 % der Mitgliedsunternehmen im betrachteten Geschäftsjahr aufgrund von Befreiungsvorschriften gar keinen Grundbeitrag entrichten mussten, wohingegen die Unternehmen mit einem Gewerbeertrag zwischen 24.500 und 250.000 Euro rund 71 % des Grund-
beitragsvolumens getragen haben, obwohl sie nur mit rund 38,5 % unter den Mitgliedern
repräsentiert waren. Deutlicher wird der Vergleich noch bei der Betrachtung der Großbetriebe. Auch wenn deren Anteil an der Mitgliederschaft in 2012 nur bei 0,3 % lag, gingen
auf diese 11,7 % der Grundbeitragseinnahmen zurück.

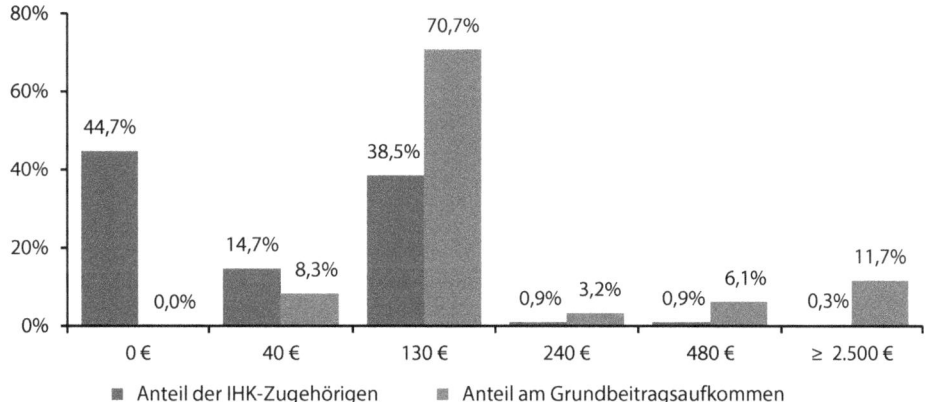

Abbildung 80: Struktur der Grundbeiträge in 2012 nach Staffelklassen.[492]

[491]   Quelle: Eigene Darstellung mit Daten der betreffenden IHK.
[492]   Quelle: Eigene Darstellung mit Daten der betreffenden IHK.

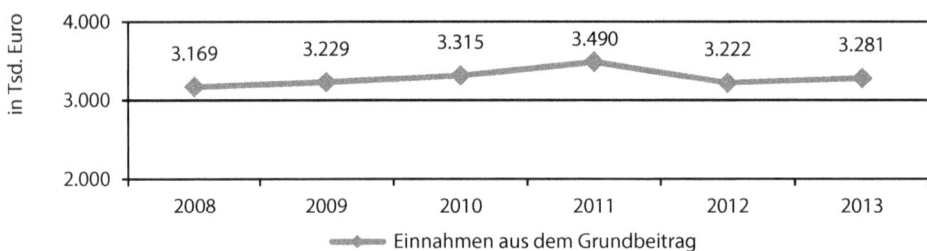

Abbildung 81: Entwicklung der Grundbeiträge in den Geschäftsjahren 2008-2013.[493]

Ein weiterer zentraler Aspekt bei der Analyse des Grundbeitrags ist dessen Entwicklung im Zeitverlauf. Es zeigt sich, dass sich die Einnahmen aus dem Grundbeitrag relativ konstant entwickeln. In den vergangenen sechs Geschäftsjahren haben sich die Einnahmen aus dem Grundbeitrag mit einem Mittelwert von 3,3 Mio. Euro in dem Intervall zwischen 3,2 und 3,5 Mio. Euro bewegt. Die mittlere Abweichung vom Mittelwert hat insgesamt 79 Tsd. Euro betragen, was in Anbetracht der absoluten Höhe dieser Beitragseinnahmen als sehr gering zu bewerten ist.

Noch konkretere Erkenntnisse lassen sich gewinnen, wenn die Grundbeitragseinnahmen eines Geschäftsjahres in die laufenden Vorauszahlungen und die Abrechnungen für vorangegangene Beitragsjahre aufgeteilt werden. Es wird deutlich, dass die marginalen Einnahmeschwankungen im Wesentlichen aus den Abrechnungen für vorangegangene Beitragsjahre resultieren. Während deren mittlere Abweichung vom Mittelwert rund 83 Tsd. Euro beträgt, schwanken die laufenden Vorauszahlungen um ihren Mittelwert durchschnittlich mit nur 32 Tsd. Euro.

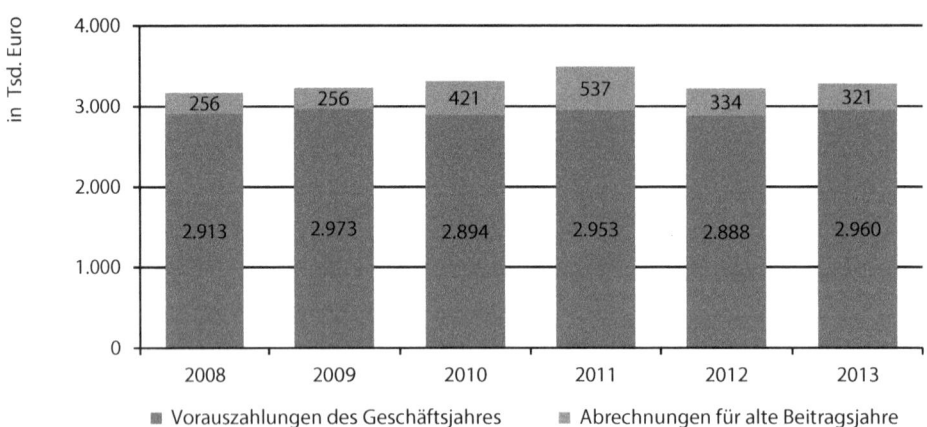

Abbildung 82: Zusammensetzung der Grundbeiträge in den Geschäftsjahren 2008-2013.[494]

---

[493]   Quelle: Eigene Darstellung mit Daten der betreffenden IHK.
[494]   Quelle: Eigene Darstellung mit Daten der betreffenden IHK.

Abschließend lässt sich für die Einnahmen aus dem Grundbeitrag konstatieren, dass diese grundsätzlich ein sehr konstantes Niveau aufweisen. Sich ergebende Abweichungen lassen sich dabei fast vollständig auf die Abrechnungen für alte Beitragsjahre zurückführen. Deshalb kann vorausgesetzt werden, dass die Einnahmen aus dem Grundbeitrag durch die IHK gut zu prognostizieren und mittels einer entsprechenden Festsetzung der Beitragsstaffeln treffsicher zu planen sind.

6.2.2.2 Erhebung der Umlage

Wie bei der Erhebung des Grundbeitrags ist auch für die Festsetzung der Umlage der Gewerbeertrag die vorrangige Bemessungsgrundlage. Bei natürlichen Personen und Personengesellschaften ist diese allerdings um einen Freibetrag in Höhe von 15.340 Euro zu kürzen.[495] Derzeit wird durch die betreffende IHK ein Umlagehebesatz von 0,16 % erhoben. Die folgende Abbildung kann veranschaulichen, dass die Umlageerträge im Vergleich zu den Grundbeitragseinnahmen p.a. durchschnittlich rund 1 Mio. Euro höher ausfallen, im Zeitverlauf aber auch größeren Schwankungen unterliegen.

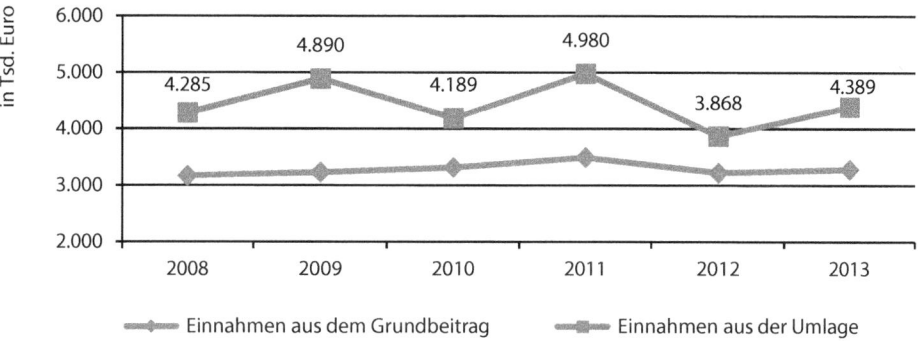

Abbildung 83: Entwicklung der Umlage in den Geschäftsjahren 2008-2013.[496]

Um den Ursprung dieser Schwankungen genauer bestimmen zu können, werden die Umlageerträge eines Geschäftsjahres ebenfalls in die Vorauszahlungen und die Abrechnungen für frühere Beitragsjahre aufgeteilt. Wie bereits bei den Grundbeiträgen lässt sich hiermit aufzeigen, dass das schwankende Einnahmeniveau vor allem in den Beitragsabrechnungen für alte Beitragsjahre begründet ist.

Daneben wird durch die Abbildung 84 ersichtlich, dass die Abrechnungen für frühere Beitragsjahre bei den Umlageerträgen eine wesentlich größere Bedeutung haben als beim Grundbeitrag. Dies kann am Beispiel des Jahres 2013 verdeutlicht werden. Bei annähernd gleichen Vorauszahlungsbeträgen in Höhe von rund 3 Mio. Euro ergaben sich für den Grundbeitrag Abrechnungen von 0,3 Mio. Euro, wohingegen sich diese bei der Umlage auf über 1,3 Mio. Euro beliefen. In 2009 und 2011 haben die Umlageabrechnungen für alte Beitragsjahre sogar zu einem Ergebnis von über 2 Mio. Euro geführt.

---

495 Siehe § 3 Abs. 3 S. 7 IHKG.
496 Quelle: Eigene Darstellung mit Daten der betreffenden IHK.

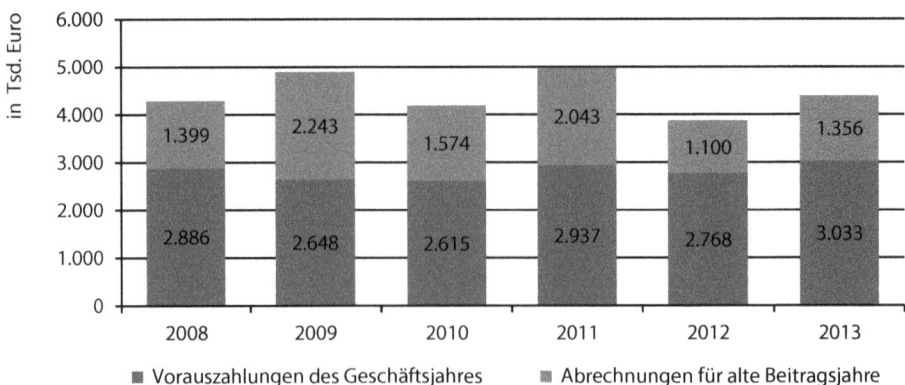

Abbildung 84: Zusammensetzung der Umlageerträge in den Geschäftsjahren 2008-2013.[497]

Deutlicher wird der Vergleich zwischen den beiden Beitragsarten noch bei relativer Betrachtung. Im Durchschnitt der vergangenen Jahre sind ca. 11 % der Grundbeitragseinnahmen auf Vorjahresabrechnungen zurückzuführen gewesen. Bei den Umlageerträgen lag dieser Wert hingegen bei 36 %.

Beitragsart	2008	2009	2010	2011	2012	2013	Mittel
Grundbeitrag	3.169	3.229	3.315	3.490	3.222	3.281	3.285
davon Vorauszahlungen	92%	92%	87%	85%	90%	90%	89%
davon Abrechnungen	8%	8%	13%	15%	10%	10%	11%
Umlage	4.285	4.890	4.189	4.980	3.868	4.389	4.433
davon Vorauszahlungen	67%	54%	62%	59%	72%	69%	64%
davon Abrechnungen	33%	46%	38%	41%	28%	31%	36%

Tabelle 42: Aufteilung der Beitragseinnahmen in Vorauszahlungen und Abrechnungen.[498]

Bezüglich der gezeigten Volatilität der Umlageerträge gewähren die beschriebenen Zusammenhänge jedoch noch keine abschließende Klärung. Vielmehr wird im Zeitverlauf ein sehr heterogenes Bild gezeichnet. Sowohl die laufenden Vorauszahlungen als auch die Abrechnungen sind hinsichtlich ihres Einnahmeniveaus nicht sonderlich konstant. Durch die Gegenüberstellung mit dem eigenen Mittelwert kann die Abbildung 85 veranschaulichen, dass die Abrechnungen verhältnismäßig stärker variieren.

Da sich schwankende Einnahmen naturgemäß schwerer planen lassen als Einnahmen, die in konstanter Höhe anfallen, ist es geboten, das Hauptaugenmerk bei der Entwicklung eines Prognosemodells auf die künftig zu erwartenden Umlageabrechnungen zu legen. Vor diesem Hintergrund ist es unabdingbar, die Beitragsstruktur der Umlageerträge noch genauer zu erörtern und die Abrechnungen für vorausgegangene Beitragsjahre nicht nur in

---

497   Quelle: Eigene Darstellung mit Daten der betreffenden IHK.
498   Quelle: Eigene Darstellung mit Daten der betreffenden IHK.

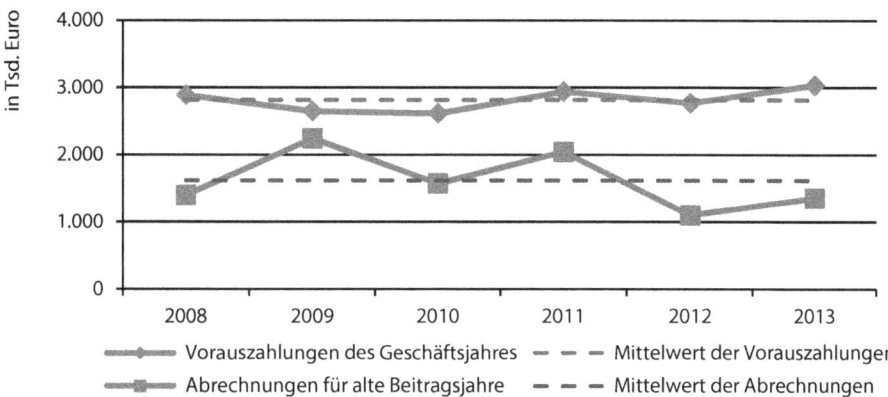

Abbildung 85: Schwankung der Umlageerträge in den Geschäftsjahren 2008-2013.[499]

einer Summe zu betrachten, sondern in die einzelnen Beitragsjahre aufzuteilen, denen sie entspringen. Die in einem Geschäftsjahr zu vollziehenden Vorjahresabrechnungen ergeben sich dabei stets in Abhängigkeit dreier Einflussgrößen. Im Rahmen einer Planungsrechnung gilt es bezüglich dieser Faktoren umfangreiche Einschätzungen vorzunehmen:

- **Höhe der steuerlichen Bemessungsgrundlagen** (Gewerbeerträge) in diesem Beitragsjahr bzw. Veranlagungszeitraum. Neben der allgemeinen konjunkturellen Entwicklung werden diese insbesondere durch die spezifische Unternehmensstruktur im IHK-Bezirk bedingt.
- Höhe der zuvor **geleisteten Vorauszahlungen** für dieses Beitragsjahr
- **Dauer des Besteuerungsverfahrens** für dieses Beitragsjahr. Die Dauer hängt davon ab, wie schnell die Steuerpflichtigen ihre Steuererklärungen beim Finanzamt einreichen und wie schnell diese durch die Finanzverwaltung veranlagt werden.

Die Tabelle 43 stellt die Umlageerträge der IHK in den Geschäftsjahren 2008 bis 2013 dar und untergliedert diese Einnahmen in die einzelnen Beitragsjahre, für die die Abrechnungen vorgenommen wurden. Zum besseren Verständnis sei am Beispiel des Geschäftsjahres 2013 folgendes ausgeführt: Die laufenden Vorauszahlungen für das Beitragsjahr 2013 haben 3,0 Mio. Euro betragen. Gemäß der übermittelten Bemessungsgrundlagen haben sich in dem Geschäftsjahr die Abrechnungen für das Beitragsjahr 2012 auf 86 Tsd. Euro, für das Beitragsjahr 2011 auf 480 Tsd. Euro, für das Beitragsjahr 2010 auf 358 Tsd. Euro und so weiter belaufen.

Wie sich bereits an den absoluten Werten erkennen lässt, beruht der Großteil der Umlageabrechnungen eines Geschäftsjahres auf den Übermittlungen für das zwei bzw. drei Jahre zurückliegende Beitragsjahr. Die in der letzten Tabellenspalte aufgeführten Abrechnungsquoten heben dies hervor. Demnach entfallen im Mittel 47 % der Umlageabrechnungen auf das jeweilige Vorvorjahr. Im Zuge der Beitragsplanung eines künftigen Geschäftsjahres ist es daher besonders wichtig, für diejenigen Beitragsjahre, welche im Wesentlichen

---

[499] Quelle: Eigene Darstellung mit Daten der betreffenden IHK.

Geschäftsjahr	2008	2009	2010	2011	2012	2013	Mittel	Quote
Umlageerträge	**4.285**	**4.890**	**4.189**	**4.980**	**3.868**	**4.389**	**4.433**	**100%**
davon Vorauszahlungen	2.886	2.648	2.615	2.937	2.768	3.033	2.814	63%
davon Abrechnungen	1.399	2.243	1.574	2.043	1.100	1.356	1.619	37%
Abrechnungen für frühere Beitragsjahre	**1.399**	**2.243**	**1.574**	**2.043**	**1.100**	**1.356**	**1.619**	**100%**
davon für Vorjahr 1	151	-86	-98	120	-6	86	28	2%
davon für Vorjahr 2	342	1.059	975	957	711	480	754	47%
davon für Vorjahr 3	495	727	324	609	184	358	449	28%
davon für Vorjahr 4	96	71	113	126	95	117	103	6%
davon für Vorjahr 5	16	45	22	55	37	190	61	4%
davon für Vorjahr 6 & früher	299	427	238	177	79	126	224	14%

Tabelle 43: Aufteilung der Umlageerträge eines Geschäftsjahres (in Tsd. Euro).[500]

das Abrechnungsvolumen des Geschäftsjahres determinieren werden, Kenntnis über die oben beschriebenen Einflussgrößen zu erlangen.

Dieser Zusammenhang kann ebenfalls durch eine prospektive Darstellung ausgedrückt werden. Hierfür gibt die folgende Tabelle wieder, in welchen Geschäftsjahren das Beitragsaufkommen der Beitragsjahre / Veranlagungszeiträume 2008 bis 2013 durch die IHK vereinnahmt wird. Dazu sei stellvertretend auf das Beitragsjahr 2012 Bezug genommen. Nachdem im Geschäftsjahr 2012 Vorauszahlungen in Höhe von 2,77 Mio. Euro geleistet wurden,

Beitragsjahr	2008	2009	2010	2011	2012	2013	Mittel	Quote
Umlageerträge	**4.729**	**4.038**	**4.090**	**4.146**	**4.027**	**3.761**	**4.245**	**100%**
davon Vorauszahlungen	2.886	2.648	2.615	2.937	2.768	3.033	2.814	66%
davon Abrechnungen	1.843	1.390	1.476	1.209	1.259	728	1.431	34%
Abrechnungen in späteren Geschäftsjahren	**1.843**	**1.390**	**1.476**	**1.209**	**1.259**	**728**	**1.431**	**100%**
davon im Folgejahr 1	-86	-98	120	-6	86	68	14	1%
davon im Folgejahr 2	975	957	711	480	651	494	711	50%
davon im Folgejahr 3	609	184	358	400	309	166	338	24%
davon im Folgejahr 4	95	117	210	102	213	n/a	147	10%
davon im Folgejahr 5	190	72	24	234	n/a	n/a	130	9%
davon im Folgejahr 6 & später	60	159	53	n/a	n/a	n/a	90	6%

Tabelle 44: Aufteilung der Umlageerträge eines Beitragsjahres (in Tsd. Euro).[501]

---

[500]   Quelle: Eigene Darstellung mit Daten der betreffenden IHK.
[501]   Quelle: Eigene Darstellung mit Daten der betreffenden IHK.

sind unter deren Berücksichtigung in den folgenden Geschäftsjahren weitere 1,26 Mio. Euro für das Beitragsjahr 2012 abgerechnet worden. Die Abrechnungen ergaben sich in Höhe von 86 Tsd. Euro im Geschäftsjahr 2013, in Höhe von 651 Tsd. Euro im Geschäftsjahr 2014, in Höhe von 309 Tsd. Euro im Geschäftsjahr 2015 und in Höhe von 213 Tsd. Euro im Geschäftsjahr 2016. Weitere Abrechnungen sich noch in 2017 und den folgenden Geschäftsjahren zu erwarten.

Durch diese Betrachtungsweise kann für die Beitragsjahre 2008 bis 2013 gezeigt werden, dass im Mittel 66 % der Umlageerträge über Vorauszahlungen vereinnahmt werden und 34 % auf Abrechnungen in späteren Geschäftsjahren beruhen. Der größte Teil (50 %) der Beitragsabrechnungen erfolgt zwei Geschäftsjahre später. Bei den genannten Prozentsätzen gilt es zu berücksichtigen, dass der Anteil der Vorauszahlungen etwas zu groß dargestellt wird, da insbesondere für die Beitragsjahre 2012 und 2013 noch weitere Abrechnungen erfolgen werden (gekennzeichnet mit „n/a"). Diese Beitragseinnahmen werden den Anteil der Abrechnungen weiter erhöhen.

Somit kann festgestellt werden, dass unabhängig davon, ob die Umlageerträge auf Ebene eines Geschäftsjahres oder Beitragsjahres betrachtet werden, sich annähernd die gleichen Abrechnungsquoten im Zeitverlauf einstellen. Dies ist insofern folgerichtig, da die Abrechnungen lediglich eine gewisse Phasenverschiebung darstellen.

Allerdings zeigen die Tabellen auch, dass es auf Ebene eines einzelnen Geschäftsjahres bzw. Beitragsjahres ungemein wichtig ist, eine Differenzierung in die unterschiedlichen Bezugszeiträume vorzunehmen und diese Erkenntnisse in eine Beitragsplanung einfließen zu lassen. Denn je nachdem, wie sich die drei dargestellten Einflussgrößen für ein Beitragsjahr darstellen, können sich sehr unterschiedliche Beitragsergebnisse in einem Geschäftsjahr ergeben.

6.3 Problemstellung bei der Beitragsplanung

6.3.1 Ausgangssituation

In Kapitel 6.2 wurde veranschaulicht, dass sich die Beitragseinnahmen eines Geschäftsjahres aus den laufenden Vorauszahlungen (auf Basis des zuletzt festgesetzten Bescheids) und den Abrechnungen für vorausgegangene Beitragsjahre zusammensetzen. Dabei zeigte sich für den Grundbeitrag, dass dieser im Zeitverlauf zu relativ konstanten Einnahmen führt. Die geringfügigen Schwankungen zwischen den Geschäftsjahren sind meist auf die Abrechnungen für frühere Beitragsjahre zurückzuführen. Die laufenden Vorauszahlungen verändern sich in ihrer Höhe nur sehr gering.

Die Einnahmen aus der IHK-Umlage schwanken hingegen viel stärker. Dies betrifft sowohl die Vorauszahlungen als auch die Abrechnungen für Vorjahre. Die Abbildung 86 verdeutlicht dies nochmals zusammenfassend für die Geschäftsjahre 2008 bis 2013. Wie die Gegenüberstellung der mittleren Abweichungen der Beitragsarten zeigt, treten die größten Abweichungen bei den Umlageabrechnungen für frühere Beitragsjahre auf. Diese weichen

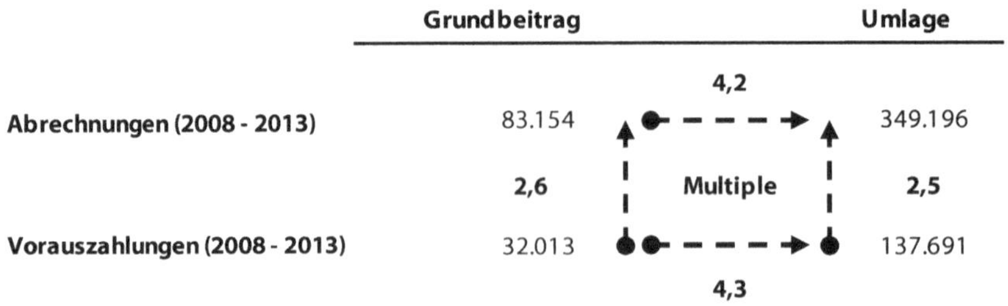

	Grundbeitrag	**Umlage**
Abrechnungen (2008 - 2013)	83.154	349.196
Vorauszahlungen (2008 - 2013)	32.013	137.691

4,2
2,6   Multiple   2,5
4,3

Abbildung 86: Mittlere Abweichung vom Mittelwert der einzelnen Beitragskategorien (in Euro).[502]

von ihrem Mittelwert zweieinhalbmal so stark ab wie die Umlagevorauszahlungen und über viermal so stark wie die Abrechnungen beim Grundbeitrag.[503]

Die deutlichen Unterschiede zwischen dem Grundbeitrag und der Umlage sind in der Konzeption der beiden Beitragsarten begründet. Während eine Veränderung der Bemessungsgrundlage beim Grundbeitrag aufgrund seiner Staffelung in Größenklassen mit zum Teil großen Intervallen nicht sofort zu einem veränderten Beitragsaufkommen führt, resultiert bei den Umlageerträgen stets ein verändertes Beitragsaufkommen, da die Umlage als Prozentsatz von der Bemessungsgrundlage erhoben wird.

Die Unterschiede zwischen den Vorauszahlungen und den Abrechnungen finden ihre Ursachen vornehmlich in zwei Sachverhalten. Zum einen schwanken die Einnahmen aus den Vorauszahlungen über die Geschäftsjahre hinweg weniger, da sich deren Schwankungen nur aus der unterschiedlichen Vorauszahlungshöhe von zwei aufeinanderfolgenden Beitragsjahren ergeben, wohingegen bei den Abrechnungen eine Vielzahl an Beitragsjahren in einem Geschäftsjahr abgerechnet wird, so dass sich die einzelnen Abrechnungen zu größeren Schwankungen kumulieren können.

Zum anderen schwanken die Vorauszahlungen weniger, da diese zum Teil über mehrere Geschäftsjahre hinweg auf Basis derselben Bemessungsgrundlage (zuletzt festgesetzter Bescheid) erhoben werden. Sofern keine neuen Bemessungsgrundlagen übermittelt werden, kommt es nur dann zu einer Anpassung der Vorauszahlungen, wenn hierzu ein expliziter Antrag durch das Mitgliedsunternehmen gestellt wird. Die Abrechnungen beziehen sich hingegen immer auf ein einzelnes Beitragsjahr und verursachen im Jahr der Abrechnung immer eine (positive oder negative) Abweichung. Es sei denn, dass das bisherige Vorauszahlungsniveau genau der abzurechnenden Beitragsschuld entspricht.

6.3.2 Abweichungen bei der IHK-Beitragsplanung

Die aufgezeigten Umstände finden konsequenterweise auch in der Beitragsplanung künftiger Geschäftsjahre ihren Niederschlag. Eine Prognose schwankender Beitragseinnahmen ist sehr diffizil. Demzufolge ist es bei der betreffenden IHK in der Vergangenheit nicht selten zu (teilweise deutlichen) Abweichungen zwischen dem Plan-Ergebnis und dem Ist-Ergebnis eines Geschäftsjahres gekommen.

---

[502]   Quelle: Eigene Darstellung mit Daten der betreffenden IHK.
[503]   Die mittleren Abweichungen werden hierbei bewusst nicht ins Verhältnis zum Mittelwert gesetzt, da für die IHK ja gerade die absolute Abweichung bei der Beitragsplanung von Bedeutung ist.

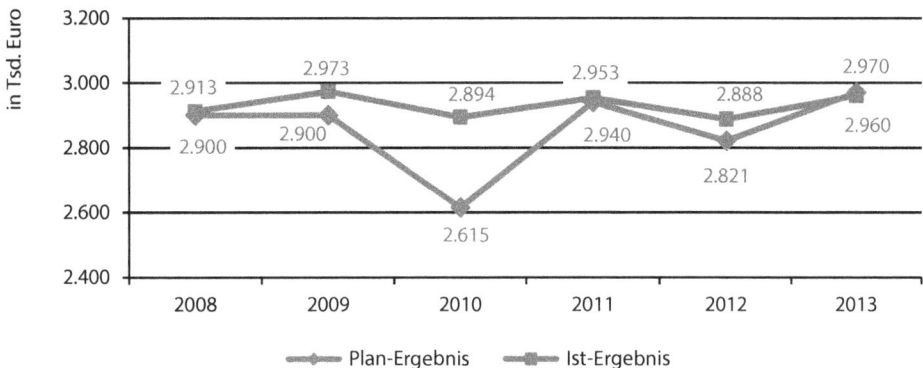

Abbildung 87: Grundbeitrag: Vorauszahlungen in den Geschäftsjahren 2008-2013.[504]

Gemäß den Erwartungen lassen sich bei den **Vorauszahlungen zum Grundbeitrag** nur geringe Abweichungen zu den Planzahlen beobachten. Im Betrachtungszeitraum haben diese im Mittel lediglich rund 75 Tsd. Euro betragen. Die geringen Abweichungen lassen sich vor allem darauf zurückführen, dass die Ist-Ergebnisse in sehr konstanter Höhe anfallen. Die vergleichsweise starke Abweichung des Geschäftsjahres 2010 ist auf einen vorsichtigen Planansatz zurückzuführen, welcher aufgrund der vorausgegangenen Finanzkrise ein sehr niedriges Beitragsaufkommen unterstellt hat. Die Abbildung 87 verdeutlicht, dass die Vorauszahlungen auf den Grundbeitrag beinahe in unveränderter Höhe geplant werden können. Auch in Zukunft kann deshalb wohl auf eine formale Ermittlung des Planwertes verzichtet werden. Ein gleichbleibender Ansatz mit rund 2,95 Mio. Euro erscheint zweckdienlich.

Auch die **Abrechnungen des Grundbeitrags** für frühere Beitragsjahre weichen von den Planzahlen in den wenigsten Fällen umfangreich ab. In den Geschäftsjahren 2008 bis 2013 betrug die Abweichung zwischen dem Plan- und dem Ist-Ergebnis im Durchschnitt lediglich ca. 91 Tsd. Euro.

Unter Berücksichtigung der geringen Höhe der Grundbeitragsabrechnungen (durchschnittlich 354 Tsd. Euro) sind die eingetretenen Abweichungen jedoch bei relativer Betrachtung als recht hoch zu bewerten. Grundsätzlich wäre somit eine genauere Prognose erstrebenswert. Jedoch scheidet eine formale Planung der Grundbeitragsabrechnungen für frühere Beitragsjahre aus, weil mit der bestehenden Datengrundlage der IHK keine EDV-gestützte Unterscheidung in Beitragsjahre möglich ist. Da der Anteil der Grundbeitragsabrechnungen an den gesamten Beitragseinnahmen der IHK in dem dargestellten Zeitraum nur bei knapp 5 % gelegen hat, wird dieser Mangel als vertretbar erachtet, so dass die Werte weiterhin entsprechend der Vorjahre geplant werden.

---

[504]   Quelle: Eigene Darstellung mit Daten der betreffenden IHK.

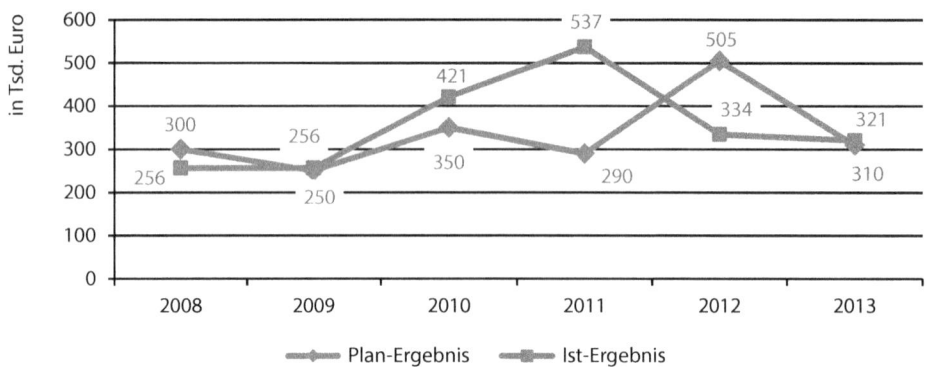

Abbildung 88: Grundbeitrag: Abrechnungen in den Geschäftsjahren 2008-2013.[505]

Für die **Vorauszahlungen zur Umlage** zeigen sich deutlich höhere Abweichungen von den Planzahlen als bei den beiden Beitragskategorien des Grundbeitrags. Im Mittel liegen die Abweichungen bei rund 340 Tsd. Euro. Der Umstand, dass die mittlere Abweichung vom Mittelwert des Ist-Ergebnisses der Umlagevorauszahlungen im gleichen Zeitraum allerdings nur bei rund 140 Tsd. Euro gelegen hat, weist darauf hin, dass der Planansatz für diese Beitragsart in den vergangenen Jahren wohl nur teilweise zutreffend war. Eine Planung in Höhe des langjährigen Mittelwerts hätte bereits zu deutlich besseren Ergebnissen geführt als die angesetzten Werte.

Begründet sind die eingetretenen Abweichungen in der unzureichenden Datengrundlage im Planungszeitpunkt. So werden für den Planansatz die gegenwärtig vorliegenden, zuletzt festgesetzten Bemessungsgrundlagen berücksichtigt. Hingegen fließen in die Vorauszahlungsermittlung auch noch die Bemessungsgrundlagen ein, die zwischen dem Pla-

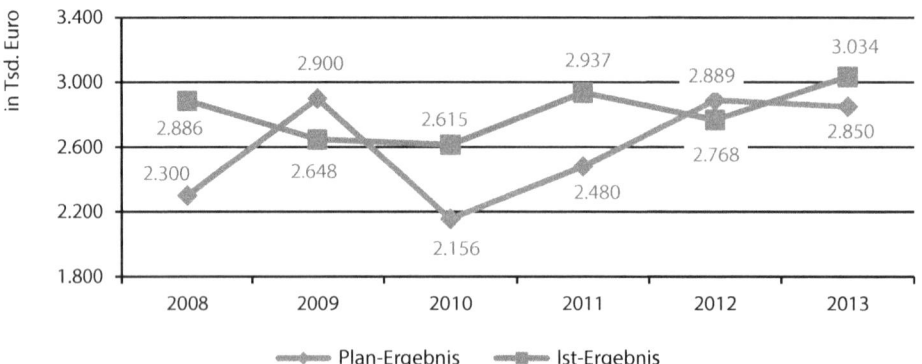

Abbildung 89: Umlage: Vorauszahlungen in den Geschäftsjahren 2008-2013.[506]

---

[505]   Quelle: Eigene Darstellung mit Daten der betreffenden IHK.
[506]   Quelle: Eigene Darstellung mit Daten der betreffenden IHK.

nungszeitpunkt (August) und dem Veranlagungszeitpunkt im Folgejahr (Februar bzw. März) übermittelt werden. Um größere Abweichungen zukünftig vermeiden zu können, ist eine Prognose nötig, welche die zwischen dem Planungs- und dem Abrechnungszeitpunkt festgesetzten Bemessungsgrundlagen vorhersagt.

Neben dieser grundsätzlichen Bewertung sei für die eingetretene Abweichung im Geschäftsjahr 2010 noch ein gesonderter Hinweis gegeben. Wie bei den Vorauszahlungen zum Grundbeitrag dieses Jahres ist auch die Abweichung bei den Umlagevorauszahlungen auf eine pessimistische Einschätzung der Beitragsentwicklung zurückzuführen. Bedingt wurde diese durch die zurückliegende Finanzkrise.

Die mit Abstand größten Abweichungen lassen sich erwartungsgemäß für die **Abrechnungen der Umlageerträge** für frühere Beitragsjahre beobachten. In den Geschäftsjahren 2008 bis 2013 sind diese um durchschnittlich 586 Tsd. Euro von ihrem Planwert abgewichen. Wie die Grafik veranschaulicht, sind die Abweichungen jedoch nicht nur in der Volatilität der Ist-Ergebnisse begründet, sondern auch in einem aktionistischen Ansatz der Plan-Ergebnisse veranlasst. Als besonders problematisch wurden hierbei die Unterschreitungen der Plan-Ergebnisse in den Jahren 2010 und 2012 bewertet.

Der inkonsistent erscheinende Planansatz der Umlageabrechnungen lässt sich darauf zurückführen, dass eine zutreffende Prognose künftiger Beitragseinnahmen mit den bisher angewandten Analysen nur schwer möglich ist. Denn die Beitragsplanungen konzentrierten sich vorrangig auf eine Betrachtung der Beitragshöhe vergangener Geschäftsjahre und setzten diese mit der allgemeinen wirtschaftlichen Entwicklung in Verbindung. Eine detaillierte Analyse, wie hoch die Bemessungsgrundlagen der voraussichtlich abzurechnenden Beitragsjahre ausfallen könnten, erfolgte bislang nicht ausführlich genug. Dabei ist es unerlässlich, die Prognose künftiger Beitragseinnahmen auf Ebene einzelner Beitragsjahre vorzunehmen. Schließlich werden sich die Abrechnungen aus dem Zusammenspiel der geleisteten Vorauszahlungen und den im Planungszeitraum übermittelten Bemessungsgrundlagen ergeben. Da zum Zeitpunkt der Beitragsplanung bereits Kenntnis über die Vorauszahlungs-

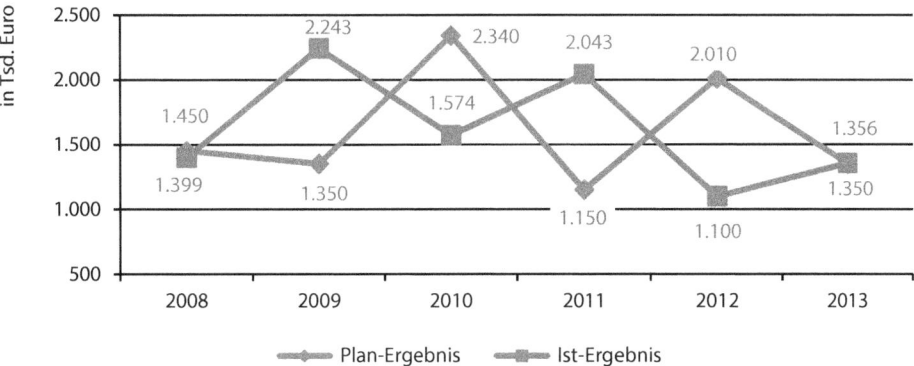

Abbildung 90: Umlage: Abrechnungen in den Geschäftsjahren 2008-2013.[507]

---

[507] Quelle: Eigene Darstellung mit Daten der betreffenden IHK.

höhe zurückliegender Beitragsjahre besteht, ist die Vorhersage der zur Abrechnung zur Verfügung stehenden Bemessungsgrundlagen von zentraler Bedeutung. Wie mit der Tabelle 43 aufgezeigt werden konnte, sollte dabei das Augenmerk auf das zwei Jahre zurückliegende Beitragsjahr gerichtet werden, da dieses im Wesentlichen die Beitragsabrechnungen des zu planenden Geschäftsjahres bestimmen wird.

6.3.3 Analyse von Abweichungen bei den Umlageerträgen

Die vorstehenden Grafiken konnten veranschaulichen, dass sowohl bei den Umlagevorauszahlungen als auch bei den Umlageabrechnungen für vorausgegangene Beitragsjahre die größten Abweichungen zwischen den Plan- und den Ist-Ergebnissen eingetreten sind. Im Folgenden soll für einige ausgewählte Geschäftsjahre analysiert werden, worin diese Abweichungen begründet waren, um diese Erkenntnisse in den zu entwickelnden Planungsansatz einfließen lassen zu können.

6.3.3.1 Umlagevorauszahlungen im Geschäftsjahr 2008

Im Geschäftsjahr 2008 überstiegen die geleisteten Vorauszahlungen zur Umlage den Planansatz von 2,3 Mio. Euro um rund 590 Tsd. Euro. Dies war die größte Abweichung der Beitragsart im Betrachtungszeitraum. Wie bereits beschrieben, können derartige Abweichungen auftreten, wenn zwischen dem Planungszeitpunkt und dem Veranlagungszeitpunkt für eine Vielzahl an Mitgliedsunternehmen neue Bemessungsgrundlagen übermittelt werden, die vom bisherigen Ansatz deutlich abweichen. Die Vorauszahlungen gilt es nämlich stets auf Basis des zuletzt festgesetzten Bescheids zu bemessen.

Über diesen Zusammenhang lassen sich zum Teil auch die Abweichungen des Jahres 2008 erklären. Die zwischen dem Planungszeitpunkt (August 2007) und dem Veranlagungszeitpunkt (Februar / März 2008) neu übermittelten Bemessungsgrundlagen überstiegen die bisher vorliegenden Werte durchschnittlich um rund 10 %. Während im Planungszeitpunkt noch viele der festgesetzten Bescheide den ertragsschwachen Veranlagungszeitraum 2004 betrafen, wurde die tatsächliche Vorauszahlungshöhe im Frühjahr 2008 bereits durch die höheren Bemessungen der Beitragsjahre 2005 und 2006 determiniert. Die folgende Grafik stellt diese Entwicklung dar. Ausgehend vom Beitragsjahr 2004 lässt sich ab dem Beitragsjahr 2005 ein sprunghafter Anstieg der Umlageerträge beobachten.

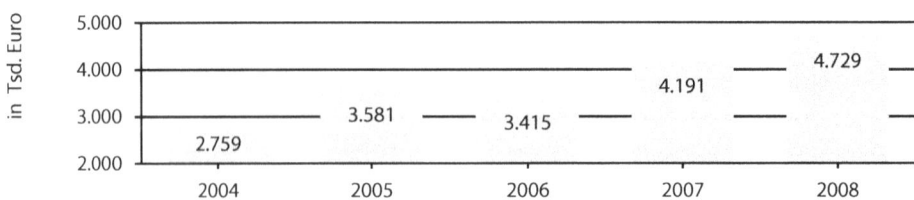

Abbildung 91: Entwicklung des Beitragsvolumens in den Beitragsjahren 2004-2008.[508]

---

508   Quelle: Eigene Darstellung mit Daten der betreffenden IHK.

Allerdings war die Abweichung im Geschäftsjahr 2008 nicht nur in einem höheren Ist-Ergebnis begründet, sondern beruhte auch auf einem vorsichtigen Planansatz des Vorauszahlungssolls. Zwar war bereits im Planungszeitpunkt ein Trend zu einer positiven Entwicklung der Bemessungsgrundlagen zu erkennen, die Bestimmung des Plan-Ergebnisses orientierte sich aber weiterhin stark an dem Vorjahresergebnis der Umlagevorauszahlungen in Höhe von 2,28 Mio. Euro.

6.3.3.2 Umlageabrechnungen im Geschäftsjahr 2009

Für das Geschäftsjahr 2009 ging man im Planungszeitpunkt von einer stabilen gesamtwirtschaftlichen Situation aus und orientierte sich dementsprechend stark an dem Vorjahresniveau des Wertes und legte daher ein Plansoll von 1,35 Mio. Euro fest. Tatsächlich ergaben sich bei den Umlageabrechnungen jedoch Einnahmen in Höhe von 2,24 Mio. Euro. Die im Geschäftsjahr 2009 vorgenommenen Abrechnungen resultierten dabei aus den in Abbildung 92 dargestellten Beitragsjahren.

Begründet ist das Mehrergebnis in Höhe von rund 840 Tsd. Euro vor allem in einer Fehleinschätzung hinsichtlich der Abrechnungsvolumen für die beiden Beitragsjahre 2006 und 2007.

Entgegen der Annahme sind die beiden Jahre wirtschaftlich deutlich besser als die vorausgegangenen Beitragsjahre verlaufen. Die Abbildung 91 kann verdeutlichen, dass das Abrechnungsvolumen des Beitragsjahres 2007 in seiner Höhe nicht konstant war, sondern die Werte der Vorjahre weit übertraf und dadurch alleine im Geschäftsjahr 2009 zu Abrechnungen in Höhe von 1.059 Tsd. Euro geführt hat. Hingegen konnten im vorausgegangenen Geschäftsjahr 2008 für das zwei Jahre zurückliegende Beitragsjahr 2006 nur 342 Tsd. Euro abgerechnet werden.

Neben einer zu niedrigen Prognose der Bemessungsgrundlagen beruhte die Fehleinschätzung für das Beitragsjahr 2006 vor allem darauf, dass nicht berücksichtigt wurde, dass in den Geschäftsjahren 2007 und 2008 erst ca. 25 % des Abrechnungsvolumens des Beitragsjahres 2006 veranlagt werden konnte. Üblicherweise sind für ein Beitragsjahr zu diesem Zeitpunkt allerdings bereits über 50 % des Abrechnungsvolumens festgesetzt.[509] Die

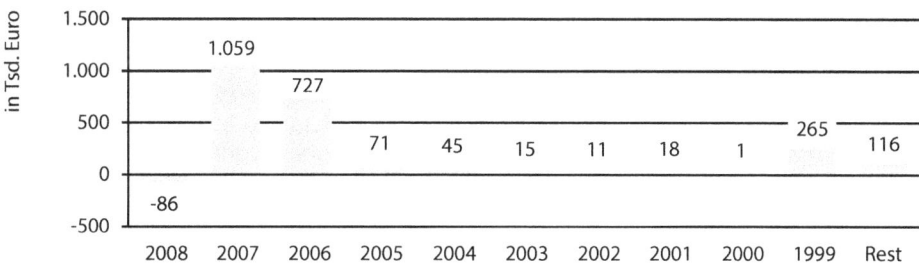

Abbildung 92: Abrechnungen im Geschäftsjahr 2009 für frühere Beitragsjahre.[510]

---

[509] Vgl. hierzu die Tabelle 44. Im langjährigen Mittel werden drei Jahre später gewöhnlich nur noch rund 30 % des jeweiligen Abrechnungsvolumens vereinnahmt.

[510] Quelle: Eigene Darstellung mit Daten der betreffenden IHK.

noch ausstehenden Veranlagungen wurden von der Finanzverwaltung jedoch weitestgehend bis zur Jahresmitte 2009 nachgeholt, so dass bei der IHK für das Beitragsjahr 2006 noch Umlageerträge in Höhe von 727 Tsd. Euro abgerechnet werden konnten.

Des Weiteren war für das große Mehrergebnis des Geschäftsjahres ein Sondereffekt aus dem Veranlagungszeitraum 1999 verantwortlich. Derartige Effekte treten meist infolge steuerlicher Betriebsprüfungen auf, sind daher nicht vorhersehbar und kaum zu planen.

6.3.3.3 Umlageabrechnungen im Geschäftsjahr 2010

Die Umlageabrechnungen im Geschäftsjahr 2010 wurden aufgrund hoher erwarteter Bemessungsgrundlagen für das Beitragsjahr 2008 (gute Konjunktur und Unternehmensteuerreform) ungefähr in Höhe des Ist-Werts des Vorjahres mit 2,34 Mio. Euro geplant. Tatsächlich ergab sich jedoch ein um 766 Tsd. Euro niedrigeres Ergebnis von nur 1,57 Mio. Euro.

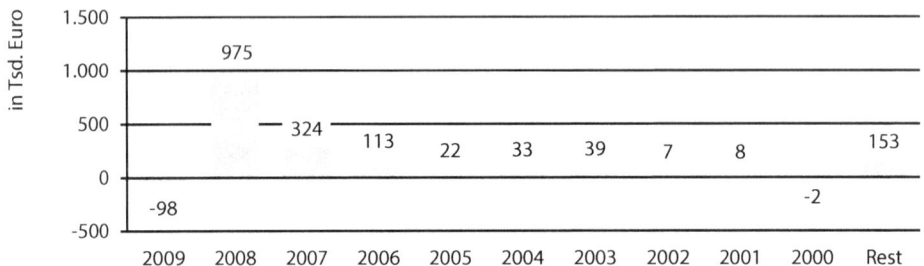

Abbildung 93: Abrechnungen im Geschäftsjahr 2010 für frühere Beitragsjahre.[511]

Zwar sind die Erwartungen bezüglich der hohen Bemessungsgrundlagen für das Beitragsjahr 2008 eingetreten (siehe Abbildung 91), allerdings wurde das verbleibende Abrechnungsvolumen für das Beitragsjahr überschätzt. Da in 2008 bereits sehr hohe Vorauszahlungen (2,89 Mio. Euro) geleistet wurden, konnten im Geschäftsjahr 2010 weniger Umlageerträge für 2008 abgerechnet werden (975 Tsd. Euro) als es die hohen Bemessungsgrundlagen zunächst erwarten ließen. Dies zeigt, wie wichtig es ist, das bereits vereinnahmte Vorauszahlungsniveau eines Beitragsjahres bei der Planung künftiger Beitragsabrechnungen zu berücksichtigen. Ferner wirkte sich im Geschäftsjahr 2010 ergebnismindernd aus, dass für das Beitragsjahr 2007 nur noch relativ geringe Abrechnungen (324 Tsd. Euro) vereinnahmt werden konnten, der Planansatz unter Bezugnahme auf das Vorjahresergebnis hierfür aber einen höheren Wert veranschlagt hatte.

6.3.3.4 Umlageabrechnungen in den Geschäftsjahren 2011 und 2012

Als Folge der geringen Umlageabrechnungen im vorausgegangenen Geschäftsjahr 2010 und unter Erwartung von niedrigeren Bemessungsgrundlagen für das Beitragsjahr 2009 (Finanzkrise) wurde für das Geschäftsjahr 2011 ein vorsichtiger Planansatz von nur 1,15 Mio. Euro festgesetzt. Entgegen der Annahme konnte jedoch ein Ist-Ergebnis von insgesamt 2,04 Mio. Euro verzeichnet werden.

---

[511]   Quelle: Eigene Darstellung mit Daten der betreffenden IHK.

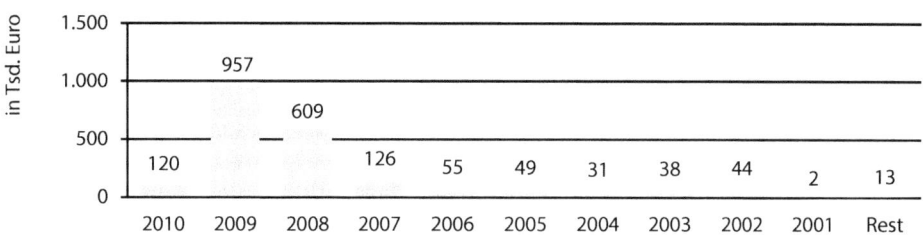

Abbildung 94: Abrechnungen im Geschäftsjahr 2011 für frühere Beitragsjahre.[512]

Tatsächlich reduzierten sich die Bemessungen für das Beitragsjahr 2009 im Vergleich zum Vorjahr um ca. 15 %. Allerdings spiegelte sich dieser Rückgang noch nicht in den vorgenommenen Abrechnungen im Geschäftsjahr 2011 wider. Mit Umlageabrechnungen in Höhe von 957 Tsd. Euro wurde für das Beitragsjahr 2009 ein ähnlicher Wert wie im Vorjahr für das zwei Jahre zurückliegende Beitragsjahr erzielt. Begründet war dies darin, dass die Veranlagung bei der Finanzverwaltung recht zügig für den Veranlagungszeitraum 2009 abgeschlossen war, so dass bereits rund 70 % des Abrechnungsvolumens im Geschäftsjahr 2011 abgerechnet werden konnte.[513]

Diese hohe Abrechnungsquote im Geschäftsjahr 2011 führte schließlich auch dazu, dass im Geschäftsjahr 2012 nur noch ein geringes Abrechnungsvolumen für das Beitragsjahr 2009 zur Verfügung stand. Wie der nachstehenden Grafik zu entnehmen ist, konnten für das Jahr nur noch 184 Tsd. Euro abgerechnet werden. Da sich auch für die übrigen Beitragsjahre lediglich geringe Abrechnungen ergeben haben, wurde der Planansatz in Höhe von 2,01 Mio. Euro deutlich unterschritten.

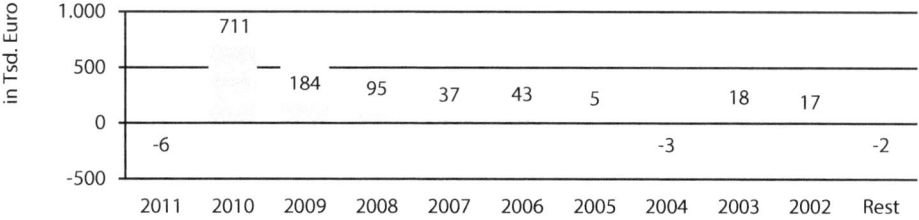

Abbildung 95: Abrechnungen im Geschäftsjahr 2012 für frühere Beitragsjahre.[514]

512 Quelle: Eigene Darstellung mit Daten der betreffenden IHK.
513 Die Abrechnungsquote des zwei Jahre zurückliegenden Beitragsjahres liegt im langjährigen Durchschnitt bei rund 50 %. In den Beitragsjahren 2007 und 2008 lag die Quote bei rund 60 %.
514 Quelle: Eigene Darstellung mit Daten der betreffenden IHK.

6.3.4 Resümee

Die vorangestellten Ausführungen können aufzeigen, dass die betreffende IHK im Betrachtungszeitraum zum Teil deutliche Abweichungen zwischen ihren Planansätzen und den tatsächlich vereinnahmten Mitgliedsbeiträgen hinnehmen musste. Besonders große Differenzen ergaben sich bei den Umlageabrechnungen und Umlagevorauszahlungen, welche sich vor allem auf eine unzureichende Kalkulation der Planzahlen zurückführen lassen. Deren Prognose sollte sich weniger an den Werten vorangegangener Geschäftsjahre orientieren, sondern stärker auf Basis einzelner Beitragsjahre erfolgen. Hierbei gilt es neben dem insgesamt zur Verfügung stehenden Beitragsvolumen, die bereits geleisteten Vorauszahlungen und die Dauer des Besteuerungsverfahrens zu beachten.

Folgende Anforderungen sind an ein Prognosemodell zur Beitragsplanung zu stellen:

Für die Vorhersage der im Geschäftsjahr 2014 zu erwartenden **Umlagevorauszahlungen** bedarf es bereits im Planungszeitpunkt (August 2013) einer Prognose, auf welchen Wert sich die Bemessungsgrundlagen in den Beitragskonten im Veranlagungszeitpunkt (Februar / März 2014) insgesamt belaufen werden. Denn die Vorauszahlungshöhe eines Mitgliedsunternehmens bemisst sich stets anhand seines zuletzt festgesetzten Steuerbescheids.

Die Ermittlung eines Planwerts für die im Geschäftsjahr 2014 vorzunehmenden **Umlageabrechnungen** hat zunächst auf Ebene einzelner Beitragsjahre zu erfolgen. Hierfür gilt es die insgesamt zur Verfügung stehenden Beitragsvolumen der vorausgegangenen Beitragsjahre zu ermitteln. Nach dem Abzug der bereits tatsächlich geleisteten Vorauszahlungen kann das verbleibende Abrechnungsvolumen auf die künftigen Geschäftsjahre aufgeteilt werden. Wie mit Tabelle 43 verdeutlicht werden konnte, ist für das Geschäftsjahr 2014 das Beitragsjahr 2012 von besonderer Bedeutung, da dieses neben dem Beitragsjahr 2011 im Wesentlichen die Umlageabrechnungen in 2014 bestimmen wird. Vor allem die Prognose der Umlageerträge des Beitragsjahres 2012 gestaltet sich jedoch schwierig, da deren steuerliche Bemessungsgrundlagen im Planungszeitpunkt erst in sehr geringem Umfang durch die Finanzverwaltung festgesetzt worden sind. Erschwerend kommt hinzu, dass die IHK auch keine Mitteilungen über die für Vorauszahlungszwecke festgesetzten gewerbesteuerlichen Bemessungsgrundlagen erhält. Denn eine Anpassung der Beitragsvorauszahlungen ist bei der IHK grundsätzlich nicht vorgesehen. Somit besteht auf Seiten der IHK bis zur endgültigen Veranlagung eines Beitragsjahres ein völliges Informationsdefizit über die tatsächliche Höhe der Beitragsbemessungsgrundlagen.

Die Beseitigung dieses Informationsdefizites muss zentraler Gegenstand eines Prognosemodells zur optimierten Beitragsplanung sein. Für die Schaffung einer geeigneten Datengrundlage erwies es sich als problematisch, dass für den IHK-Bezirk keine gesonderten Steuerschätzungen existieren, dass die Region nicht zwingend dem nationalen Trend folgt und dass bereits einzelne große Unternehmen die gesamten Beitragseinnahmen beeinflussen können.

6.4 Lösungsansatz zur Prognose künftiger Beitrags- einnahmen

6.4.1 Konzeption des Prognosemodells

Nachfolgend soll ein Ansatz entwickelt werden, welcher das vorhandene Informationsdefizit hinsichtlich noch nicht festgesetzter Beitragsbemessungsgrundlagen reduziert. Hierbei kann eine Prognose verständlicherweise nicht auf Ebene einzelner Beitragspflichtiger vorgenommen werden, sondern bezieht sich stets auf die Gesamtheit aller IHK-Zugehörigen.

> Die **Grundidee** des im Folgenden vorgestellten Lösungsansatzes ist es, aus der Höhe der im IHK-Bezirk bereits für einen Veranlagungszeitraum geleisteten Gewerbesteuervorauszahlungen das Beitragsaufkommen des zugehörigen Beitragsjahres abzuleiten. Ein unmittelbarer Zusammenhang zwischen den beiden Größen ist deshalb folgerichtig, da beide Abgaben an die gleiche Bemessungsgrundlage (Gewerbeertrag) anknüpfen. Hierbei wird unterstellt, dass die Gemeinden einen Informationsvorsprung im Hinblick auf die tatsächlichen Bemessungsgrundlagen eines Veranlagungszeitraums haben, da sie die Gewerbesteuervorauszahlungen nicht nur unterjährig, sondern auch noch nachträglich anpassen.

Der generelle Zusammenhang zwischen den kommunalen Gewerbesteuereinnahmen im IHK-Bezirk und den IHK-Beiträgen, insbesondere den Umlageerträgen, kann durch die folgende Abbildung belegt werden. Wie sich an den beiden horizontalen Achsen der Darstellung erkennen lässt, entwickeln sich die Umlageerträge eines Geschäftsjahres mit einem

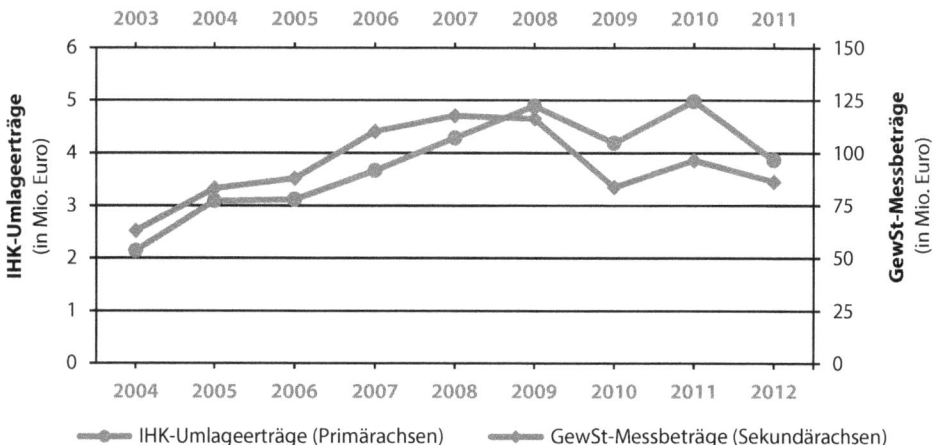

Abbildung 96: Vergleich der Gewerbesteuermessbeträge mit den Umlageerträgen der IHK.[515]

---

[515] Quelle: Eigene Darstellung mit Daten der betreffenden IHK.

Zeitversatz von einem Jahr proportional zu den Gewerbesteuermessbeträgen. Die zeitliche Verschiebung resultiert daraus, dass die Gemeinden bereits direkt nach der Übermittlung der Bemessungsgrundlagen eine Steuerveranlagung durchführen, während die IHK eine Beitragsveranlagung nur an wenigen Stichtagen im Geschäftsjahr vollzieht.

Die in der vorstehenden Abbildung dargestellten Gemeindedaten basieren auf einer bereits seit mehreren Jahren unter mainfränkischen Kommunen durchgeführten Umfrage der betreffenden IHK. Allerdings werden im Rahmen dieser Erhebung lediglich Vergangenheitswerte erfasst und die Gewerbesteuereinnahmen eines Haushaltsjahres nicht in die Veranlagungszeiträume unterschieden, für die eine Veranlagung vorgenommen wurde. Somit stellen diese Daten keine geeignete Informationsgrundlage für das zu entwickelnde Prognosemodell dar. Denn wie die Grundidee proklamiert, werden vor allem Informationen über die Bemessungsgrundlagen einzelner Veranlagungszeiträume benötigt, um hieraus die Umlageerträge der korrespondierenden Beitragsjahre abzuleiten.

Aufgrund dessen war es erforderlich, die benötigte Datengrundlage im Zuge einer eigenständigen Erhebung unter den Gemeinden im IHK-Bezirk zu gewinnen. Bevor diese näher beschrieben wird, soll zunächst in den beiden folgenden Kapiteln das formale Prognosemodell für die Umlagevorauszahlungen und die Umlageabrechnungen vorgestellt werden.

6.4.1.1 Prognosemodell für die Umlageabrechnungen

Um die Abweichungen zwischen den Plan- und den Ist-Werten der Umlageabrechnungen zu minimieren, bedarf es einer Planungsrechnung, welche in einem ersten Schritt das vollständige Beitragsvolumen vorausgegangener Beitragsjahre vorhersagt. Nachdem diesen Werten die bereits geleisteten Vorauszahlungsbeträge gegenübergestellt wurden, kann schließlich prognostiziert werden, mit welchen Abrechnungsquoten die einzelnen Beitragsjahre in das zu planende Geschäftsjahr 2014 einfließen. Die Summe aus den Abrechnungen für die einzelnen Beitragsjahre ergibt sodann das gesamte Beitragsaufkommen aus den Umlageabrechnungen in 2014.

Zunächst gilt es, die **Bemessungsgrundlagen** für die in 2014 zu veranlagenden Beitragsjahre vorherzusagen. Der Grundidee folgend, wird die Höhe der Bemessungsgrundlage eines Beitragsjahres $BMG(U_t)$ aus der Höhe der im IHK-Bezirk bereits für dieses Jahr geleisteten Gewerbesteuervorauszahlungen $GewStVZ_t$ abgeleitet. Hieraus ergibt sich für die Gemeindeumfrage die Maßgabe, die Daten über die Gewerbesteuereinnahmen eines Haushaltsjahres so zu erheben, dass eine Differenzierung in laufende Vorauszahlungen, nachträgliche Anpassungen der Vorauszahlungen und in die Veranlagungen für vorhergehende Veranlagungszeiträume möglich ist. Da die erhobenen Daten jedoch noch von den Gewerbesteuerhebesätzen der einzelnen Gemeinden g beeinflusst sind, gilt es die Daten zunächst in die gewerbesteuerlichen Bemessungsgrundlagen umzurechnen:

$$BMG(GewStVZ_t) = \sum_{g=1}^{n} \frac{GewStVZ_{t,g}}{Hebesatz_{t,g}} \tag{6.1}$$

Als Basisjahr wurde für die Berechnung der Veränderung des Gewerbesteuervorauszahlungsniveaus das Jahr 2008 gewählt. Zum einen ist dies darin begründet, dass dieser Veranlagungszeitraum sowohl bei den Gemeinden als auch bei der IHK bereits fast vollständig abgerechnet ist und somit Kenntnis über die tatsächliche Höhe der Bemessungsgrundlagen dieses Jahres besteht. Zum anderen galten in dem Jahr erstmals die Regelungen des Unternehmensteuerreformgesetzes 2008. Die Bezugnahme auf ein Jahr vor der Reform hätte zu Verzerrungen in der Planungsrechnung führen können, da die Ermittlung der gewerbesteuerlichen Bemessungsgrundlage durch die Reform weitreichend verändert wurde. Demzufolge stellt sich die Veränderung der gewerbesteuerlichen Bemessungsgrundlage eines Veranlagungszeitraums p_t im Vergleich zum Basisjahr 2008 formal wie folgt dar:

$$p_t = \frac{BMG(GewStVZ_t)}{BMG(GewStVZ_{2008})} - 1 \tag{6.2}$$

Die auf Basis der Gemeindeerhebung ermittelte Veränderung der Gewerbesteuervorauszahlungen p_t wird nun als Grundlage für die Entwicklung der Bemessungsgrundlage der IHK-Umlage des entsprechenden Beitragsjahres im Vergleich zum IHK-Beitragsjahr 2008 herangezogen. Somit wird unterstellt, dass sich bei einer Reduktion bzw. einem Anstieg der Gewerbesteuervorauszahlungen die Bemessungsgrundlage der IHK-Umlage für den jeweiligen Bezugszeitraum proportional entwickelt und folgender Zusammenhang besteht:

$$\hat{p}_t = p_t \tag{6.3}$$

Nachdem $\hat{p}_t$ für alle relevanten Beitragsjahre berechnet wurde, kann die Bemessungsgrundlage der IHK-Umlage des Basisjahres $BMG(U_{2008})$ mit diesem Faktor fortentwickelt werden, um die Bemessungsgrundlagen der jeweiligen Beitragsjahre $\widehat{BMG}(U_t)$ zu ermitteln:

$$\widehat{BMG}(U_t) = (1 + \hat{p}_t) \times BMG(U_{2008}) \tag{6.4}$$

Im nächsten Schritt erfolgt sodann die Berechnung der prognostizierten Umlageabrechnungen $\widehat{UA}_t$ für jedes einzelne Beitragsjahr. Hierbei gibt der zweite Term des Produkts darüber Auskunft, wie viel von der prognostizierten Bemessungsgrundlage $\widehat{BMG}(U_t)$ nach Abzug der bereits erhobenen Umlagevorauszahlung $BMG(UVZ_t)$ für die Veranlagung bzw. Abrechnung in den folgenden Geschäftsjahren bei der IHK noch zur Verfügung steht. Durch Multiplikation mit dem per Satzung für das Beitragsjahr festgesetzten Umlagehebesatz h_t ergibt sich die Zielgröße:

$$\widehat{UAV}_t = h_t \times \left(\widehat{BMG}(U_t) - BMG(UVZ_t) \right) \tag{6.5}$$

Nun ist bekannt, wie viel für ein jedes Beitragsjahr t in den folgenden Geschäftsjahren an Umlage insgesamt noch abgerechnet werden kann. Um zu bestimmen, mit welchem Anteil sich das Umlageabrechnungsvolumen eines Beitragsjahres $\widehat{UAV}_t$ auf die folgenden Geschäftsjahre verteilt, gilt es das Abrechnungsvolumen mit der jeweiligen **Abrechnungsquote** zu multiplizieren.

Die Abrechnungsquote sei als $\bar{q}_i$ definiert. Deren Index i beschreibt den zeitlichen Abstand zwischen dem Beitragsjahr t, für das die Abrechnung erfolgt, und dem Geschäftsjahr

s, in dem die Abrechnung schließlich vollzogen wird. Wenn also das Geschäftsjahr, in welchem eine Abrechnung für ein Beitragsjahr t erfolgt, als s definiert wird, dann gilt:

$$i = s - t \tag{6.6}$$

Allerdings ist eine Prognose, wie schnell die Bemessungsgrundlagen eines Beitragsjahres tatsächlich abgerechnet werden können, im Voraus nicht möglich, da die Dauer des Besteuerungsverfahrens davon abhängig ist, wie schnell die Steuerpflichtigen ihre Steuererklärungen einreichen und wie zügig die Finanzverwaltung die Fälle veranlagt. Die für die einzelnen Beitragsjahre zu berücksichtigenden Abrechnungsquoten werden daher auf Grundlage ihres langjährigen Mittelwerts $\bar{q}_i$ geplant, da dieser hierfür als bester Schätzer angesehen wird.

Weil sich die Abrechnungsquoten bei Handelsregisterunternehmen (HRU) und Kleingewerbetreibenden (KGT) in den vergangenen Jahren zum Teil deutlich unterschieden haben, gilt es diese gesondert voneinander zu betrachten. So kann die nachstehende Tabelle verdeutlichen, dass bei den Handelsregisterunternehmen der größte Teil der Umlageabrechnungen eines Beitragsjahres zwei Geschäftsjahre später veranlagt wird (58 %). Bei den Kleingewerbetreibenden erfolgen die Umlageabrechnungen hingegen überwiegend im dritten Folgejahr (71 %). Dies deutet darauf hin, dass kleinere Betriebe ihre Steuererklärungen später abgeben und somit auch später zur Steuer veranlagt werden.

Abrechnungsquoten für die Beitragsjahre	alle IHK-Zugehörige		HR- Unternehmen		KGT- Unternehmen	
	Mittelwert	Quote	Mittelwert	Quote	Mittelwert	Quote
Bemessungsgrundlage eines Beitragsjahres	**2.155**	**100%**	**1.915**	**100%**	**240**	**100%**
davon Vorauszahlungen	1.363	63%	1.205	63%	157	65%
davon Abrechnungen	792	37%	710	37%	83	35%
Abrechnungen in späteren Geschäftsjahren	**792**	**100%**	**710**	**100%**	**83**	**100%**
davon im Folgejahr 1	16	2%	17	2%	-1	-1%
davon im Folgejahr 2	421	53%	410	58%	11	14%
davon im Folgejahr 3	223	28%	164	23%	59	71%
davon im Folgejahr 4	54	7%	46	7%	8	9%
davon im Folgejahr 5	34	4%	31	4%	3	3%
davon im Folgejahr 6 & später	45	6%	42	6%	3	4%

Tabelle 45: Vergleich zwischen den Abrechnungsquoten der HR- und der KGT-Unternehmen für ein Beitragsjahr (langjährige Mittelwerte in Mio. Euro).[516]

---

[516]   Quelle: Eigene Darstellung mit Daten der betreffenden IHK.

pauschale Abrechnungsquoten $\bar{q}_i$ für die Beitragsjahre		alle IHK-Zugehörige	HR-Unternehmen	KGT-Unternehmen
$\bar{q}_1$	(im Folgejahr 1)	2%	2%	-1%
$\bar{q}_2$	(im Folgejahr 2)	53%	58%	14%
$\bar{q}_3$	(im Folgejahr 3)	28%	23%	71%
$\bar{q}_4$	(im Folgejahr 4)	7%	7%	9%
$\bar{q}_5$	(im Folgejahr 5)	4%	4%	3%
$\bar{q}_{rest}$	(im Folgejahr 6 & später)	6%	6%	4%
		100%	100%	100%

Tabelle 46: Pauschale Abrechnungsquoten der Umlageerträge eines Beitragsjahres in folgenden Geschäftsjahren.[517]

Hierauf aufbauend werden die Abrechnungsquoten für die Beitragsplanung gemäß der in Tabelle 46 wiedergegebenen Werte vorerst festgeschrieben. Die Werte sind aber bei jeder folgenden Beitragsplanung neu zu ermitteln und anzupassen, um den aktuellen Entwicklungen bei der Veranlagungsdauer der Beitragsjahre Rechnung zu tragen.

Aus Tabelle 46 kann sodann der zugehörige Wert gemäß dem Zusammenhang $i = s - t$ abgelesen werden. Wird beispielsweise die Abrechnungsquote für das Beitragsjahr 2012 im Geschäftsjahr 2014 gesucht, beträgt $i = 2$, so dass sich der Abrechnungsquotient für die Umlageabrechnungen der Handelsregisterunternehmen auf $\bar{q}_2 = 0,58$ beläuft. Demzufolge ergeben sich die für ein Beitragsjahr t in einem Geschäftsjahr s zu erwartenden Umlageabrechnungen $\widehat{UA}_{t,s}$ durch Multiplikation von $\widehat{UAV}_t$ mit der durchschnittlichen Abrechnungsquote $\bar{q}_i$:

$$\widehat{UA}_{t,s} = \bar{q}_i \times \widehat{UAV}_t \qquad \text{mit } i = s - t \qquad (6.7)$$

Nachdem vorstehend dargestellt wurde, dass für die HR-Unternehmen und die KGT-Unternehmen jeweils eine eigene Abrechnungsquote $\bar{q}_i$ anzusetzen ist, gilt es konsequenterweise auch $\widehat{UAV}_t$ für beide Mitgliedergruppen separat zu ermitteln. Hierfür werden die entsprechenden Variablen mit einem weiteren Index M versehen, um hinsichtlich der Beiträge der Handelsregisterunternehmen ($M = H$) und der Kleingewerbetreibenden ($M = K$) unterscheiden zu können. Zentraler Ausgangspunkt der getrennten Wertermittlung stellt hierbei die Formel (6.4) dar.

Die im Geschäftsjahr s erwarteten Umlageabrechnungen für ein Beitragsjahr t ermitteln sich demnach für die Mitglieder M wie folgt:

$$\widehat{UA}_{t,s}^M = \bar{q}_i^M \times h_t \times \left((1 + \hat{p}_t) \times BMG(U_{2008}^M) - BMG(UVZ_t^M)\right) \text{ mit } i = s - t \qquad (6.8)$$

$$\text{bzw.} \quad \widehat{UA}_{t,s}^M = \bar{q}_i^M \times \widehat{UAV}_t^M \qquad \text{mit } i = s - t \qquad (6.9)$$

---

[517] Quelle: Eigene Darstellung mit Daten der betreffenden IHK.

Somit ergeben sich die in einem Geschäftsjahr s insgesamt vorzunehmenden Abrechnungen für alle früheren Beitragsjahre t folgendermaßen:

$$\widehat{UA}_s^M = \sum_{t=1994}^{s-1}\left(\bar{q}_i^M \times \widehat{UAV}_t^M\right) \qquad \text{mit } i = s - t \text{ und } n \in \mathbb{N} \qquad (6.10)$$

Als Startwert wurde für die Summenbildung das Beitragsjahr 1994 festgelegt, da dieses das erste Jahr seit einer EDV-Umstellung ist, für welches eine EDV-gestützte Auswertung des Beitragsaufkommens vorgenommen werden kann. Den Endwert der Summe bildet schließlich das Beitragsjahr $t = s - 1$, da dieses das erste Jahr ist, das in dem Geschäftsjahr s abgerechnet werden kann.

6.4.1.2 Prognosemodell für die Umlagevorauszahlungen

Um die Abweichungen zwischen den Plan- und den Ist-Ergebnissen der Umlagevorauszahlungen zu minimieren, wird ein Prognoseansatz benötigt, welcher die zum Vorauszahlungszeitpunkt (Februar / März) vorliegenden, zuletzt festgesetzten Bemessungsgrundlagen vorhersagt, da diese die tatsächliche Vorauszahlungshöhe im Geschäftsjahr 2014 determinieren werden. Der Grundidee entsprechend müsste zunächst davon Kenntnis erlangt werden, aus welchen Beitragsjahren sich die vorliegenden Bemessungsgrundlagen in den Beitragskonten der Mitglieder zusammensetzen. In Analogie zur Prognose der Umlageabrechnungen könnte hierauf aufbauend dann das Vorauszahlungsergebnis für diesen Veranlagungstermin prognostiziert werden.

Allerdings ist bei der IHK zu einem bestimmten Termin keine Aufteilung der vorliegenden Bemessungsgrundlagen in einzelne Beitragsjahre möglich. Denn zu einem Stichtag lassen sich die Bemessungsgrundlagen der Umlage $BMG\ (U_s)$ lediglich als ein Wert aus der EDV abfragen. Eine Aufteilung in einzelne Beitragsjahre ist immer nur auf Ebene eines ganzen Geschäftsjahres möglich.

Für die Planung des Beitragsaufkommens der Umlagevorauszahlungen $\widehat{UVZ}_s$ im Geschäftsjahr s (hier: 2014) ist es daher erforderlich, auf die im Planungszeitpunkt (August 2013) tatsächlich vorliegenden Bemessungsgrundlagen der Umlage $BMG\ (U_{s-1})$ zurückzugreifen und diese mit einer zu prognostizierenden Veränderung $\hat{v}_s$ in das zu planende Geschäftsjahr s fortzuentwickeln. Dabei beschreibt $BMG\ (U_{s-1})$ den aktuellen Stand der Beitragsbemessungsgrundlage in allen Beitragskonten der Mitglieder und ist in seiner Höhe somit bereits bekannt. Der Wert wird mittels einer EDV-Auswertung der betreffenden IHK im Planungszeitpunkt als Summe aus allen Beitragskonten ausgelesen.

Der Faktor $\hat{v}_s$ spiegelt wider, in welchem Umfang sich diese Bemessungsgrundlagen zwischen dem Planungszeitpunkt und dem tatsächlichen Veranlagungszeitpunkt im Februar / März 2014 verändern wird. Die nachfolgenden Gleichungen werden wieder mit dem Index M versehen, um die Wertermittlung für die HRU ($M = H$) und KGT ($M = K$) getrennt vornehmen zu können.

Das zu planende Beitragsaufkommen der Umlagevorauszahlungen $\widehat{UVZ}_s^M$ im Geschäftsjahr s ergibt sich sodann durch Multiplikation der vorliegenden Bemessungsgrundlagen $BMG\ (U_{s-1})$ mit dem gültigen Umlagehebesatz h_s und dem Veränderungsfaktor $\hat{v}_s$:

$$\widehat{UVZ}_s^M = h_s \times \hat{v}_s^M \times BMG\ (U_{s-1}^M) \qquad (6.11)$$

Als einzige Variable dieser Gleichung ist die Veränderung $\hat{v}_s^M$ im Planungszeitpunkt noch nicht bekannt. Allerdings lässt sich der Faktor aus den Prognosewerten für die im Geschäftsjahr 2014 (hier: s) und im Geschäftsjahr 2013 (hier: $s-1$) vorliegenden Bemessungsgrundlagen näherungsweise errechnen. Hierbei gilt:

$$\hat{v}_s^M = \left(\widehat{BMG}(U_s^M) / \widehat{BMG}(U_{s-1}^M) \right) \tag{6.12}$$

Die zugrunde gelegten Prognosewerte für die Bemessungsgrundlagen der Umlage $\widehat{BMG}(U_s^M)$ und $\widehat{BMG}(U_{s-1}^M)$ können in Analogie zu dem im vorigen Kapitel vorgestellten Lösungsweg aus den Bemessungsgrundlagen der einzelnen Beitragsjahre $\widehat{BMG}(U_t^M)$ und einer für dieses Beitragsjahr gültigen Abrechnungsquote $\bar{q}_j^M$ ermittelt werden. Hierfür gilt:

$$\widehat{BMG}(U_s^M) = \sum_{t=s-1}^{s-n} \left(\bar{q}_j^M \times \widehat{BMG}(U_t^M) \right) \qquad \text{mit } j = t - s \tag{6.13}$$

und $\quad \widehat{BMG}(U_{s-1}^M) = \sum_{t=s-2}^{s-n} \left(\bar{q}_j^M \times \widehat{BMG}(U_t^M) \right) \qquad \text{mit } j = t - s \tag{6.14}$

Bevor also $\widehat{BMG}(U_s^M)$ und $\widehat{BMG}(U_{s-1}^M)$ berechnet werden können, gilt es auch an dieser Stelle zuerst die Bemessungsgrundlagen auf Ebene einzelner Beitragsjahre $\widehat{BMG}(U_t^M)$ zu bestimmen. Unter Verweis auf Formel 6.4 können diese wie folgt ermittelt werden: $\widehat{BMG}(U_t^H) = (1 + \hat{p}_t) \times BMG(U_{2008}^H)$.

Nachdem $\widehat{BMG}(U_t^M)$ für alle wesentlichen Beitragsjahre bestimmt worden ist, gilt es für jedes einzelne Beitragsjahr zu prognostizieren, mit welchem Anteil dieses Beitragsjahr in der Bemessungsgrundlage der Geschäftsjahre s und $s-1$ enthalten ist. Im Vergleich zur Prognose der Umlageabrechnungen, bei der berechnet wurde, in welchen Geschäftsjahren das Beitragsaufkommen eines Beitragsjahres abgerechnet wird (prospektive Betrachtung), gilt es nun zu ermitteln, aus welchen früheren Beitragsjahren die Bemessungsgrundlagen in den Beitragskonten stammen. Dies wird durch die Abrechnungsquote q_j^M zum Ausdruck gebracht. Deren Index j beschreibt den zeitlichen Abstand zwischen einem Geschäftsjahr s, in dem die Bemessungsgrundlage übermittelt wird, und einem vorausgegangenen Beitragsjahr t, für das die Abrechnung erfolgt. Somit soll gelten: $j = t - s$. $\tag{6.15}$

Im Gegensatz zur Bedingung 6.6, die ausgehend von einem Beitragsjahr beschrieben hatte, in welchem Folgejahr eine Abrechnung erfolgt, gibt 6.15 für ein Geschäftsjahr an, aus welchem früheren Beitragsjahr die Abrechnung herrührt. Entsprechend den Ausführungen im vorangegangenen Kapitel werden auch die Abrechnungsquoten der einzelnen Beitragsjahre q_j^M auf Grundlage ihres langjährigen Mittelwerts $\bar{q}_j^M$ geplant und für die Beitragsplanung der Umlagevorauszahlungen festgeschrieben.

Abrechnungsquoten in den Geschäftsjahren	alle IHK-Zugehörige		HR- Unternehmen		KGT- Unternehmen	
	Mittelwert	Quote	Mittelwert	Quote	Mittelwert	Quote
Bemessungsgrundlage eines Geschäftsjahres	**2.309**	**100%**	**2.059**	**100%**	**249**	**100%**
davon Vorauszahlungen	1.363	59%	1.205	59%	157	63%
davon Abrechnungen	946	41%	854	41%	92	37%
Abrechnungen für frühere Beitragsjahre	**946**	**100%**	**854**	**100%**	**92**	**100%**
davon für Vorjahr 1	16	2%	20	2%	-4	-4%
davon für Vorjahr 2	443	47%	431	50%	13	14%
davon für Vorjahr 3	261	28%	193	23%	68	74%
davon für Vorjahr 4	61	6%	52	6%	9	10%
davon für Vorjahr 5	37	4%	34	4%	3	3%
davon für Vorjahr 6 & früher	128	13%	124	15%	3	4%

Tabelle 47: Vergleich zwischen den Abrechnungsquoten der HR- und der KGT-Unternehmen in einem Geschäftsjahr (langjährige Mittelwerte in Mio. Euro).[518]

Unter Bezugnahme auf die vorstehende Aufstellung sind in Tabelle 48 die festgeschriebenen Abrechnungsquoten $\bar{q}_j^M$ getrennt für die HR- und KGT-Unternehmen aufgeführt. Wird beispielsweise im Geschäftsjahr 2014 die Abrechnungsquote für das Beitragsjahr 2011 gesucht, kann der zugehörige Wert gemäß dem Zusammenhang $j = t - s$ abgelesen werden. In diesem Fall beträgt $j = -3$, so dass sich der Abrechnungsquotient für die Umlage-

pauschale Abrechnungsquoten $\bar{q}_j$ in den Geschäftsjahren		alle IHK-Zugehörige	HR- Unternehmen	KGT- Unternehmen
$\bar{q}_{-1}$	(aus Vorjahr 1)	2%	2%	-4%
$\bar{q}_{-2}$	(aus Vorjahr 2)	47%	50%	14%
$\bar{q}_{-3}$	(aus Vorjahr 3)	28%	23%	74%
$\bar{q}_{-4}$	(aus Vorjahr 4)	6%	6%	10%
$\bar{q}_{-5}$	(aus Vorjahr 5)	4%	4%	3%
$\bar{q}_{rest}$	(aus Vorjahr 6 & früher)	13%	15%	4%
		100%	100%	100%

Tabelle 48: Pauschale Abrechnungsquoten der Umlageerträge in einem Geschäftsjahr für frühere Beitragsjahre.[519]

---

[518]   Quelle: Eigene Darstellung mit Daten der betreffenden IHK.
[519]   Quelle: Eigene Darstellung mit Daten der betreffenden IHK.

abrechnungen der Kleingewerbetreibenden auf $\bar{q}_{-3}^K = 0,74$ und für die Handelsregisterunternehmen auf $\bar{q}_{-3}^H = 0,23$ beläuft.

Nachdem nun alle benötigten Werte vorliegen, können die in den Beitragskonten befindlichen Bemessungsgrundlagen der Umlage für das Geschäftsjahr $\widehat{BMG}(U_s^M)$ und das vorausgegangene Geschäftsjahr $\widehat{BMG}(U_{s-1}^M)$ entsprechend der Gleichungen 6.13 und 6.14 prognostiziert werden. Durch Einsetzen dieser beiden Werte in die Gleichung 6.12 erhält man schließlich die prognostizierte Entwicklung der Umlage-Bemessungsgrundlage $\hat{v}_s^M$ zwischen dem Planungszeitpunkt (hier: August 2013) und dem Veranlagungszeitpunkt (hier: Februar / März 2014).

Wie die Gleichung 6.11 ganz zu Beginn dieses Abschnitts aufgezeigt hat, erhält man den gesuchten Planwert der Umlagevorauszahlungen im Geschäftsjahr $\widehat{UVZ}_s^M$ schließlich durch Multiplikation des Faktors $\hat{v}_s^M$ mit den im Planungszeitpunkt gemäß EDV-Auswertung tatsächlich vorliegenden Bemessungsgrundlagen $BMG(U_{s-1}^M)$ und dem im Geschäftsjahr s geltenden Umlagehebesatz h_s.

6.4.2 Umfrage unter den Gemeinden im IHK-Bezirk

Für die Schaffung einer Datengrundlage wurde eine Umfrage unter den Gemeinden im IHK-Bezirk durchgeführt. Im Rahmen der Erhebung sollten vor allem Daten zu den Gewerbesteuermessbeträgen der einzelnen Veranlagungszeiträume gewonnen werden, um eine geeignete Datengrundlage für die in Gleichung 6.1 zu ermittelnde Bemessungsgrundlage der Gewerbesteuervorauszahlungen $BMG(GewStVZ_t)$ zu schaffen.

6.4.2.1 Datenerhebung

Die Stichprobe wurde mittels bewusster Auswahl aus bedeutsamen Gemeinden im IHK-Bezirk zusammengestellt. Als Kriterien dienten die Einwohnerzahl und die lokale Unternehmensstruktur der Gemeinden. Von den im IHK-Bezirk liegenden Kommunen wurden 61 Gemeinden ausgewählt und telefonisch über den Untersuchungsgegenstand vorab informiert. Die Telefonate erwiesen sich zwar als zeitaufwendig, waren im Sinne einer zufriedenstellenden Rücklaufquote aber notwendig. Alle angefragten Gemeinden bekundeten eine Bereitschaft zur Teilnahme, so dass im Juni 2013 mit dem Versenden der Umfrageunterlagen begonnen werden konnte.[520]

Abgefragt wurden die Gewerbesteuereinnahmen und Gewerbesteuermessbeträge für die Haushaltsjahre 2008 bis 2012. Weiterführend waren diese Beträge in die zugrunde liegenden Veranlagungszeiträume aufzuteilen. Als Kategorien waren hierbei die laufenden Vorauszahlungen, die nachträglichen Vorauszahlungen und die Abrechnungen für frühere Veranlagungszeiträume vorgegeben.

Positive Antworten erfolgten von 47 Gemeinden, wobei 20 Datensätze nicht weiter auswertbar waren, da die Angaben zu den Steuereinnahmen zu rudimentär vorlagen. Die zum Teil nicht zufriedenstellende Qualität des Rücklaufs war jedoch weniger auf eine mangelnde Bereitschaft der Teilnehmer als auf den Umstand zurückzuführen, dass bei einigen kom-

---

[520] Das Anschreiben und ein Muster des verschickten Erfassungsbogens kann dem Anhang unter E.1 und E.2 entnommen werden.

munalen Finanzverwaltungsprogrammen keine Aufteilung des Gewerbesteueraufkommens in Veranlagungszeiträume vorgenommen werden kann. Die Daten von 27 Gemeinden konnten schließlich für Auswertungszwecke verarbeitet werden.

6.4.2.2 Umfrageergebnisse

Wie dargestellt wurde, sind die Gemeindedaten auf Ebene einzelner Haushaltsjahre erhoben worden. Hierbei sollten insbesondere Angaben dazu gemacht werden, für welche Veranlagungszeiträume die Gewerbesteuer vereinnahmt wurde. Sofern die Gemeinden keine Gewerbesteuermessbeträge, sondern lediglich die Gewerbesteuerzahlungen gemeldet haben, wurden die Daten durch Division mit dem für den jeweiligen Veranlagungszeitraum gültigen Gewerbesteuerhebesatz in die steuerliche Bemessungsgrundlage umgerechnet. Anschließend wurden die Daten aller Gemeinden aufsummiert und den entsprechenden Veranlagungszeiträumen zugeordnet. Die folgende Tabelle zeigt die Umfrageergebnisse für die Haushaltsjahre 2008 bis 2012.

Um zunächst die Qualität der erhobenen Daten zu prüfen, wurden diese mit der bereits vorliegenden IHK-Gewerbesteuerstatistik verglichen. Zwar unterscheidet diese nicht in einzelne Veranlagungszeiträume, was aber für einen Vergleich auf Ebene eines ganzen Geschäftsjahres entbehrlich ist. Die Abbildung 97 zeigt, dass die Stichprobe die Grundgesamtheit aller Gemeinden im IHK-Bezirk angemessen repräsentiert. Zum einen decken die Umfragewerte rund 50 % des kompletten Volumens der gewerbesteuerlichen Bemessungsgrundlage im IHK-Bezirk ab, zum anderen entwickeln sich die Umfragewerte im Zeitver-

Haushaltsjahre	2008	2009	2010	2011	2012
Vorauszahlungen					
für den Veranlagungszeitr. (laufend)	42.720.113	27.371.978	34.421.422	34.859.534	38.993.761
aus dem Vorjahr 1 (nachträglich)	1.286.134	2.491.682	2.904.281	7.400.150	1.899.706
	44.006.246	**29.863.660**	**37.325.703**	**42.259.684**	**40.893.466**
Abrechnungen aus früheren Veranlagungszeiträumen					
aus dem Vorjahr 1	1.287.241	-269.633	969.941	-1.853.423	-601.900
aus dem Vorjahr 2	3.197.371	6.644.385	3.455.809	5.953.671	4.728.147
aus dem Vorjahr 3	306.402	758.586	1.452.327	220.881	132.201
aus dem Vorjahr 4	-55.169	434.270	706.830	183.869	835.277
aus dem Vorjahr 5	25.661	289.456	902.169	261.992	670.551
aus dem Vorjahr 6 & früher	400.716	885.699	3.032.015	1.856.601	834.421
	5.162.221	**8.742.763**	**10.519.089**	**6.623.591**	**6.598.696**
Summe der veranlagten Gewerbesteuermessbeträge	**49.168.467**	**38.606.424**	**47.844.792**	**48.883.275**	**47.492.163**

Für diese Zeiträume wurden von zwei Gemeinden keine Werte übermittelt.

Tabelle 49: Umfrageergebnisse: Gewerbesteuermessbeträge der einzelnen Haushaltsjahre.[521]

---

[521]   Quelle: Eigene Darstellung mit Daten der betreffenden IHK.

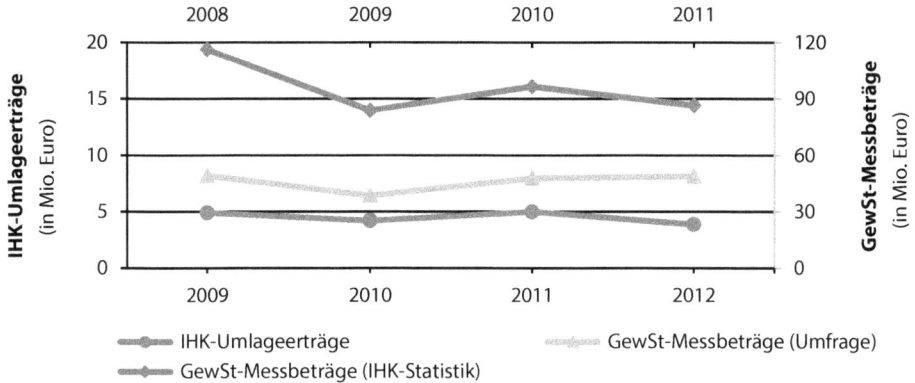

Abbildung 97: Entwicklung der IHK-Beitragseinnahmen und Gewerbesteuermessbeträge.[522]

lauf analog. Ferner kann ein Zusammenhang zu den IHK-Umlageerträgen belegt werden. Hinsichtlich der Grafik sei darauf verwiesen, dass die Primärachsen die Anzeigeeinheiten der Umlageerträge und die Sekundärachsen die Skala der Gewerbesteuermessbeträge wiedergeben.

Für den Untersuchungsgegenstand sind die Daten jedoch nicht auf Ebene der Haushaltsjahre, sondern auf Ebene der einzelnen Veranlagungszeiträume zu betrachten. Hierzu werden die in Tabelle 49 dargestellten Werte nun wie folgt gegliedert:

Veranlagungszeiträume	2008	2009	2010	2011	2012
Vorauszahlungen					
für den Veranlagungszeitr. (laufend)	42.720.113	27.371.978	34.421.422	34.859.534	38.993.761
im Folgejahr 1 (nachträglich)	2.491.682	2.904.281	7.400.150	1.899.706	2.034.406
	45.211.795	**30.276.259**	**41.821.572**	**36.759.239**	**41.028.167**
Abrechnungen in späteren Haushaltsjahren					
im Folgejahr 1	-269.633	969.941	-1.853.423	-601.900	n/a
im Folgejahr 2	3.455.809	5.953.671	4.728.147	n/a	n/a
im Folgejahr 3	220.881	132.201	n/a	n/a	n/a
im Folgejahr 4	835.277	n/a	n/a	n/a	n/a
im Folgejahr 5	n/a	n/a	n/a	n/a	n/a
	4.242.334	**7.055.812**	**2.874.723**	**-601.900**	**0**
Summe der veranlagten Gewerbesteuermessbeträge	**49.454.129**	**37.332.071**	**44.696.295**	**36.157.339**	**41.028.167**

Tabelle 50: Umfrageergebnisse: Gewerbesteuermessbeträge der einzelnen Veranlagungszeiträume.[523]

---

522   Quelle: Eigene Darstellung mit Daten der betreffenden IHK.
523   Quelle: Eigene Darstellung mit Daten der betreffenden IHK.

Veranlagungszeiträume	2008	2009	2010	2011	2012
Vorauszahlungsniveau					
für den Veranlagungszeitr. (laufend)	42.720.113	27.371.978	34.421.422	34.859.534	38.993.761
im Folgejahr 1 (nachträglich)	2.491.682	2.904.281	7.400.150	1.899.706	2.034.406
	45.211.795	**30.276.259**	**41.821.572**	**36.759.239**	**41.028.167**
Veränderung des Vorauszahlungsniveaus					
p_t ➢ **tatsächlicher Wert**	- - -	-33,0%	-7,5%	-18,7%	-9,3%
➢ **angepasster Wert**	- - -	-20,0%	-7,5%	-15,0%	-7,5%

Tabelle 51: Prozentuale Veränderung der Vorauszahlungen gegenüber dem Basisjahr 2008.[524]

Im Zentrum des Interesses steht dabei die Entwicklung der Gewerbesteuervorauszahlungen seit dem Basisjahr 2008. Wie das aufgestellte Prognosemodell im vorigen Kapitel definiert, soll von der relativen Veränderung der Gewerbesteuervorauszahlungen auf das Beitragsaufkommen der IHK des zugehörigen Beitragsjahres geschlossen werden. Zwar wäre es zielführender, nicht nur die Vorauszahlungshöhe, sondern das gesamte Steuersubstrat eines Veranlagungszeitraums zu betrachten, jedoch können im Planungszeitpunkt naturgemäß noch keine Daten zu den Abrechnungen vorliegen.

Der vorstehenden Tabelle können die Werte für die Veränderung der gewerbesteuerlichen Bemessungsgrundlage p_t seit dem Veranlagungszeitraum 2008 entnommen werden. Für alle Folgejahre haben sich seither Minderergebnisse eingestellt. Vor allem das Ergebnis des Jahres 2009 fällt besonders niedrig aus. Ursächlich hierfür sind vornehmlich die Verwerfungen der Wirtschaftskrise.

Wie bei einer näheren Analyse der zugrunde liegenden Daten für das Krisenjahr 2009 festgestellt wurde, war die gewerbesteuerliche Vorauszahlungshöhe in den bedeutenden Industriestandorten des IHK-Bezirks besonders drastisch gesunken. Dies ist darin begründet, dass die dort ansässigen Großbetriebe eine große Abhängigkeit von der Entwicklung der internationalen Märkte aufweisen und infolge sinkender Ertragsaussichten ihre Gewerbesteuervorauszahlungen beinahe vollständig auf null herabgesetzt haben. Wie sich im Nachhinein allerdings gezeigt hat, waren die Einschätzungen der Unternehmen deutlich zu pessimistisch. Dieser Umstand lässt sich aus eigener Erfahrung häufig beobachten: Während bei einem positiven Geschäftsverlauf das Vorauszahlungsniveau nur zögerlich nach oben angepasst wird, werden bei negativen Ertragsaussichten die Vorauszahlungen schneller und umfangreicher gesenkt.

Da das Ergebnis jedoch durch diese Ausreißer extrem negativ beeinflusst worden wäre, wurde es als nötig erachtet, einen Abschlag auf die prozentualen Veränderungen vorzunehmen. Der angepasste Wert für p_t stellt das zentrale Ergebnis der Gemeindeumfrage dar und wird, der Grundidee entsprechend, innerhalb des entwickelten Prognosemodells dazu verwendet, das Beitragsvolumen der IHK-Umlage für die einzelnen Beitragsjahre zu ermitteln. Demnach wird erwartet, dass die Umlageerträge im Beitragsjahr 2009 um ca. 20 %, die Er-

---

[524]   Quelle: Eigene Darstellung mit Daten der betreffenden IHK.

träge der Beitragsjahre 2010 und 2012 um rund 7,5 % und die Erträge des Jahres 2011 um ca.15 % niedriger ausfallen werden als im Vergleichsjahr 2008.

6.4.3 Kritische Würdigung des Prognosemodells

Bevor die ermittelten Werte im Prognosemodell zur Vorhersage des Beitragsaufkommens der IHK zum Einsatz kommen, soll das Modell einer kritischen Würdigung unterzogen werden. Als potentielle Schwachstellen konnten dabei vor allem folgende Aspekte herausgearbeitet werden:

Zunächst sei darauf hingewiesen, dass die geleisteten Gewerbesteuervorauszahlungen nicht immer die tatsächliche wirtschaftliche Entwicklung eines Veranlagungszeitraums widerspiegeln müssen. Gerade in sich abzeichnenden Krisenzeiten setzen Unternehmen ihr Vorauszahlungsniveau häufig stärker herab als es nötig ist. In diesen Fällen haben die Gewerbesteuervorauszahlungen eine geminderte Aussagekraft für das tatsächliche Steueraufkommen eines Veranlagungszeitraums, so dass sich die Rückschlussmöglichkeiten auf die Umlageabrechnungen des entsprechenden IHK-Beitragsjahres reduzieren. Um diesem Umstand Rechnung zu tragen, wurden die relativen Veränderungen der gewerbesteuerlichen Bemessungsgrundlage p_t für Krisenzeiträume entsprechend angepasst. Wie sich aus heutiger Sicht sagen lässt, ist diese Maßnahme zielführend, da das damalige Vorauszahlungsniveau deutlich niedriger war als es geboten gewesen wäre.

Die Anpassung der Werte ist aufgrund eines weiteren Aspekts sinnvoll. Denn die Grundform des vorgestellten Prognosemodells berücksichtigt bei der Ermittlung von p_t die bereits tatsächlich erfolgten Abrechnungen älterer Veranlagungszeiträume zunächst nicht und prognostiziert das Steueraufkommen ausschließlich anhand der Vorauszahlungshöhe. Wie Tabelle 50 aber zeigt, sind für die Veranlagungszeiträume bis 2011 bereits Abrechnungen in den folgenden Haushaltsjahren vorgenommen worden. Bei der vollzogenen Einschätzung hinsichtlich des Ausmaßes der Anpassung von p_t kann die tatsächliche Entwicklung der gewerbesteuerlichen Veranlagungen sodann beachtet werden.

Hieran anknüpfend sei auch genannt, dass sich p_t aus der Veränderung der Vorauszahlungshöhe aller Steuerpflichtigen gleichermaßen ermittelt. Allerdings schwanken die Bemessungsgrundlagen kleinerer und mittlerer Unternehmen im Zeitverlauf weniger als bei konjunkturabhängigeren Großbetrieben. Dies zeigt sich vor allem in wirtschaftlichen Krisenzeiten, denn kleinere Unternehmen sind von der gesamtwirtschaftlichen Entwicklung deutlich weniger abhängig. Vor diesem Hintergrund wäre es erstrebenswert, den Wert p_t bei den Gemeinden für die beiden Mitgliedergruppen der IHK (KGT und HRU) gesondert zu erheben. Weil bei den Kommunen jedoch keine getrennten Statistiken geführt werden, kann in das Prognosemodell nur ein einheitlicher Wert für beide Mitgliedergruppen einfließen.

Des Weiteren ist festzustellen, dass die Wertermittlung der Umlageabrechnungen für vorausgegangene Veranlagungszeiträume auf die durchschnittlichen Abrechnungsquoten $\bar{q}_i$ der letzten Jahre Bezug nimmt. Allerdings können die Abrechnungsquoten zwischen einzelnen Beitragsjahren durchaus schwanken. Eine Prognose, wie schnell die Bemessungsgrundlagen eines Beitragsjahres tatsächlich bei der Finanzverwaltung erklärt und veranlagt werden, ist ex ante aber nicht möglich. Die durchschnittlichen Abrechnungsquoten sind daher als beste Schätzer für den wahren Wert q_i zu bewerten.

Ferner ist zu beachten, dass sich die erhobenen Daten auf alle gewerbesteuerpflichtigen Unternehmen im IHK-Bezirk beziehen. Allerdings sind diese nicht alle zwingend auch IHK-zugehörig. So entfällt ein Teil des kommunalen Gewerbesteuerergebnisses auch auf Unternehmen, die eine Mitgliedschaft bei der Handwerkskammer besitzen. Daneben existieren Fälle, in denen eine Doppelmitgliedschaft mit individuellen Aufteilungsquoten der Bemessungsgrundlage zwischen der IHK und der Handwerkskammer vorliegt. Allerdings ist dieser Umstand solange nicht als sonderlich gewichtig zu beurteilen, wie der Anteil dieser Unternehmen im Zeitverlauf annähernd konstant bleibt. Schließlich rechnet das Modell nicht die absolute Höhe des Gewerbesteueraufkommens in die Bemessungsgrundlage der IHK-Umlage um, sondern wendet die relative Veränderung der Vorauszahlungshöhe auf das Beitragsvolumen der IHK an.

Aus dem gleichen Grund kann es auch vernachlässigt werden, dass bei der Ermittlung der gewerbesteuerlichen Bemessungsgrundlage für natürliche Personen und Personengesellschaften ein Freibetrag in Höhe von 24.500 Euro berücksichtigt wird, während die IHK diese Mitglieder nur mit einem Freibetrag in Höhe von 15.340 Euro entlastet.

6.5 Prognose des Beitragsaufkommens im Geschäftsjahr 2014

6.5.1 Beitragsvorauszahlungen im Geschäftsjahr 2014

6.5.1.1 Vorauszahlungen auf den Grundbeitrag

Die Vorauszahlungen auf den Grundbeitrag weisen im Zeitverlauf nur geringe Schwankungen auf. Demzufolge sind bisher nur sehr geringe Abweichungen zwischen den Plan- und den Ist-Ergebnissen eingetreten. Somit bedarf es keinem formalen Planansatz, so dass die Planwerte für 2014 wie bisher auf Basis einer EDV-Auswertung im August 2013 ermittelt werden können.

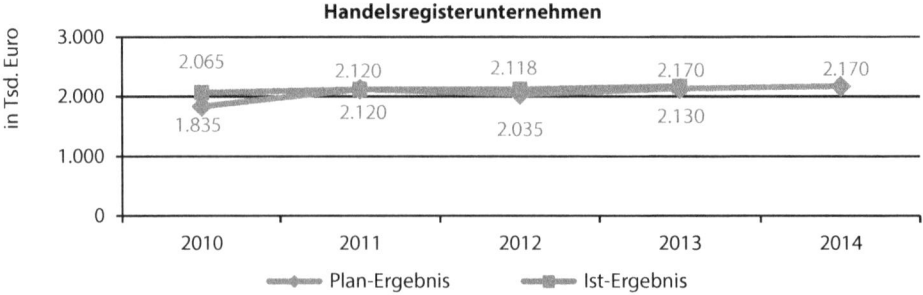

Abbildung 98: Beitragsplanung 2014: Vorauszahlungen auf den Grundbeitrag (HRU).[525]

---

[525]   Quelle: Eigene Darstellung mit Daten der betreffenden IHK.

Für die **Handelsregisterunternehmen** führt die Auswertung aller IHK-Beitragskonten bezüglich der Bemessungsgrundlagen der zuletzt festgesetzten Bescheide zu einem Plan-Ergebnis für die Grundbeiträge in Höhe von 2,17 Mio. Euro. Dies entspricht genau dem Ist-Ergebnis des Vorjahres. Aufgrund dessen wurde die Entscheidung getroffen, den Planwert wieder auf diesen Betrag festzulegen.

Der Vorauszahlungsbetrag der **Kleingewerbetreibenden** wird ebenfalls in Übereinstimmung mit den in der EDV hinterlegten Werten der zuletzt festgesetzten Bescheide geplant. Diese belaufen sich insgesamt auf 820 Tsd. Euro und werden daher auch in dieser Höhe für 2014 prognostiziert. Damit liegt der Wert wieder auf dem üblichen Niveau der Vorjahre.

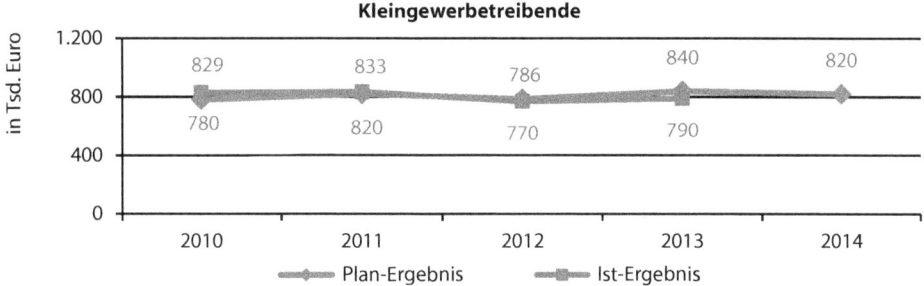

Abbildung 99: Beitragsplanung 2014: Vorauszahlungen auf den Grundbeitrag (KGT).[526]

6.5.1.2 Vorauszahlungen auf die Umlage (Handelsregisterunternehmen)

Für die Planung des Beitragsaufkommens aus den Umlagevorauszahlungen wird das in Kapitel 6.4.1.2 vorgestellte Prognosemodell eingesetzt. Wie dort ausgeführt, werden die im Planungszeitpunkt vorliegenden Bemessungsgrundlagen der Umlage $BMG\ (U_{s-1})$ herangezogen, um diese mit einer zu prognostizierenden Veränderung $\hat{v}_s$ in das zu planende Geschäftsjahr 2014 ($s = 2014$) fortzuentwickeln. Zunächst gilt es also die Bemessungsgrundlagen der Umlage im August 2013 $BMG\ (U_{2013})$ zu bestimmen. Gemäß der EDV-gestützten Auswertung der Beitragskonten sind für die Handelsregisterunternehmen im Planungszeitpunkt Bemessungsgrundlagen in Höhe von 1,84 Mrd. Euro veranlagt.

Der Faktor $\hat{v}_{2014}^H$ wird gemäß der Gleichung 6.12 durch das Verhältnis der Prognosewerte für die im Geschäftsjahr 2013 und im Geschäftsjahr 2014 vorliegenden Bemessungsgrundlagen $\widehat{BMG}(U_{2013}^H)$ und $\widehat{BMG}(U_{2014}^H)$ beschrieben. Da diese Werte entsprechend den Gleichungen 6.13 und 6.14 durch die Bemessungsgrundlagen der einzelnen Beitragsjahre $\widehat{BMG}(U_t^H)$ und einer für dieses Beitragsjahr gültigen Abrechnungsquote $\bar{q}_j^H$ ermittelt werden, gilt es diese Werte vorab zu prognostizieren.

Hierfür wird auf die Gleichung 6.4 Bezug genommen: $\widehat{BMG}(U_t^H) = (1 + \hat{p}_t) \times BMG(U_{2008}^H)$. Ausgehend von der tatsächlichen Beitragsbemessungsgrundlage $BMG\ (U_{2008}^H)$ in Höhe von 2,38 Mrd. Euro wird mittels des Faktors $\hat{p}_t$ das Beitragsaufkommen der folgenden Beitragsjahre 2009 bis 2012 prognostiziert, da diese in den Geschäfts-

---

526   Quelle: Eigene Darstellung mit Daten der betreffenden IHK.

Beitragsjahre (t)			2009	2010	2011	2012
Veränderung im Vergleich zu 2008	$\hat{p}_t$	=	-20,0%	-7,5%	-15,0%	-7,5%
Beitragsbemessungs-grundlage der Umlage	$\widehat{BMG}(U_t^H)$	=	1.905.147	2.202.826	2.024.219	2.202.826

Der Ausgangswert der Berechnung ist $BMG\ (U_{2008}^H)$ = 2.381.434 Tsd. Euro

Tabelle 52: Prognostizierte Bemessungsgrundlagen der IHK-Umlage für die Beitragsjahre 2009-2012 der HRU (in Tsd. Euro).[527]

jahren 2013 und 2014 im Wesentlichen die vorliegenden Bemessungsgrundlagen in den Beitragskonten determinieren werden.

Nachdem die gesamten Beitragsbemessungsgrundlagen der Beitragsjahre 2008 (tatsächlicher Wert) und der folgenden Beitragsjahre 2009 bis 2012 (prognostizierte Werte) nun ermittelt wurden, können die Werte gemäß der individuellen Abrechnungsquote $\bar{q}_j^H$ den beiden Geschäftsjahren 2013 und 2014 zugeordnet werden. Wie beschrieben, erfolgt dies durch die beiden Gleichungen 6.13 und 6.14. Wenn zum Beispiel für das Geschäftsjahr 2013 der Teil der vorliegenden Bemessungsgrundlage gesucht wird, der dem Beitragsjahr 2011 zuzurechnen ist, so ermittelt sich dieser Anteil folgendermaßen: $\widehat{BMG}(U_{s-1,t}^H) = \bar{q}_j^H \times \widehat{BMG}(U_t^H)$ mit $j = t - s$. Nach Einsetzen der Werte führt die Gleichung demnach zu folgendem Ergebnis: $\widehat{BMG}(U_{2013,2011}^H) = \bar{q}_{-2}^H \times \widehat{BMG}(U_{2011}^H) = 50,4\ \% \times 2.024.219 = $ 1.020.206.

Sofern für einen Veranlagungszeitraum noch keine oder keine eindeutig ermittelbare Bemessungsgrundlage vorgelegen hat, konnte keine Berechnung gemäß der Gleichungen

pauschale Abrechnungsquoten $\bar{q}_j$ der Handelsregisterunternehmen			Bemessungsgrundlage im Geschäftsjahr	
			$\widehat{BMG}(U_{s-1}^H)$	$\widehat{BMG}(U_s^H)$
			=2013	=2014
$\bar{q}_{-1}$	(aus Vorjahr 1)	2,3%	50.665	19.989 *
$\bar{q}_{-2}$	(aus Vorjahr 2)	50,4%	1.020.206	1.110.224
$\bar{q}_{-3}$	(aus Vorjahr 3)	22,6%	497.839	457.473
$\bar{q}_{-4}$	(aus Vorjahr 4)	6,1%	116.214	134.372
$\bar{q}_{-5}$	(aus Vorjahr 5)	4,0%	95.257	76.206
$\bar{q}_{rest}$	(aus Vorjahr 6 & früher)	14,6%	124.340 *	124.340 *
		100,0%	1.904.521	1.922.605

$\hat{v}_{2014}^H$ = 100,9%

*Hierbei handelt es sich um keine Rechengröße, sondern um den langjährigen Mittelwert.

Tabelle 53: Prognostizierte Bemessungsgrundlagen in den Beitragskonten der Geschäftsjahre 2013 und 2014 der HRU (in Tsd. Euro).[528]

---

[527] Quelle: Eigene Darstellung mit Daten der betreffenden IHK.
[528] Quelle: Eigene Darstellung mit Daten der betreffenden IHK.

6.13 und 6.14 erfolgen. Für diese Beitragsjahre wurde der langjährige Mittelwert des jeweiligen Zeitraums herangezogen.

Wie der vorstehenden Tabelle zu entnehmen ist, kann $\hat{v}^H_{2014}$ sodann entsprechend der Gleichung 6.12 durch Division von $\widehat{BMG}(U^H_s)$ durch $\widehat{BMG}(U^H_{s-1})$ ermittelt werden und beträgt 100,9 %. Dies bedeutet, dass zwischen dem Planungszeitpunkt (August 2013) und dem Vorauszahlungszeitpunkt im Frühjahr 2014 mit einem geringen Anstieg der Bemessungsgrundlagen von nur 0,9 % gerechnet wird.

Da nun alle relevanten Werte vorliegen, kann mit der Gleichung 6.11 die Höhe der Umlagevorauszahlungen $\widehat{UVZ}^H_s$ im Geschäftsjahr 2014 bestimmt werden: $\widehat{UVZ}^H_s = h_s \times \hat{v}^H_s \times BMG(U^H_{s-1})$. Durch Multiplikation der vorliegenden Bemessungsgrundlagen $BMG(U^H_{2013}) = 1.843.750\ T€$ mit dem gültigen Umlagehebesatz $h_{2014} = 0,16\ \%$ und dem Veränderungsfaktor $\hat{v}^H_{2014} = 1,009$ erhält man:

$$\widehat{UVZ}^H_{2014} = h_{2014} \times \hat{v}^H_{2014} \times BMG(U^H_{2013}) = 0,16\ \% \times 1,009 \times$$
$$1.843.750\ T€ = 2.976,9\ T€.$$

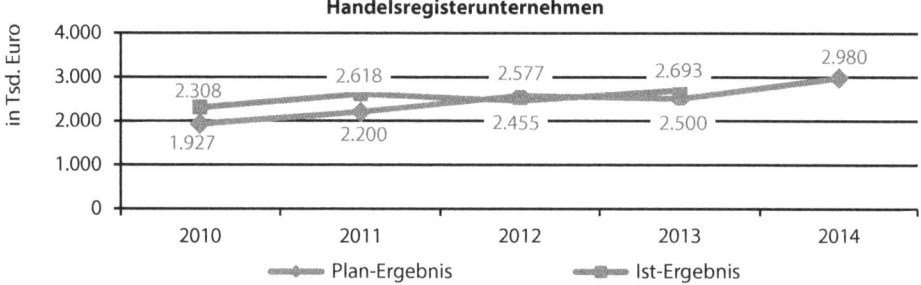

Abbildung 100: Beitragsplanung 2014: Vorauszahlungen auf die Umlageerträge (HRU).[529]

6.5.1.3 Vorauszahlungen auf die Umlage (Kleingewerbetreibende)

Die Ermittlung der Umlagevorauszahlungen für die Kleingewerbetreibenden folgt der gleichen Systematik wie die Ermittlung für die Handelsregisterunternehmen. Wieder gilt es,

Beitragsjahre (t)			2009	2010	2011	2012
Veränderung im Vergleich zu 2008	$\hat{p}_t$	=	-20,0%	-7,5%	-15,0%	-7,5%
Beitragsbemessungs-grundlage der Umlage	$\widehat{BMG}(U^K_t)$	=	206.261	238.489	219.152	238.489

Der Ausgangswert der Berechnung ist $BMG(U^K_{2008}) = 257.826$ Tsd. Euro

Tabelle 54: Prognostizierte Bemessungsgrundlagen der IHK-Umlage für die Beitragsjahre 2009-2012 der KGT (in Tsd. Euro).[530]

---

[529] Quelle: Eigene Darstellung mit Daten der betreffenden IHK.
[530] Quelle: Eigene Darstellung mit Daten der betreffenden IHK.

ausgehend von der tatsächlichen Beitragsmessungsgrundlage BMG (U_{2008}^K) in Höhe von 0,26 Mrd. Euro, mittels der Faktoren $\hat{p}_t$ zunächst das Beitragsaufkommen der Beitragsjahre 2009 bis 2012 zu prognostizieren.

Anschließend werden die Werte der Beitragsjahre entsprechend den individuellen Abrechnungsquoten $\bar{q}_j^K$ den Geschäftsjahren 2013 und 2014 zugeordnet. Mittels der Gleichungen 6.13 und 6.14 lassen sich für die beiden Geschäftsjahre die Bemessungsgrundlagen in den Beitragskonten $\widehat{BMG}(U_{s-1}^K)$ und $\widehat{BMG}(U_s^K)$ vorhersagen und der gesuchte Änderungsfaktor $\hat{v}_{2014}^K$ errechnen.

pauschale Abrechnungsquoten $\bar{q}_j$ der Kleingewerbetreibenden			Bemessungsgrundlage im Geschäftsjahr	
			$\widehat{BMG}(U_{s-1}^K)$	$\widehat{BMG}(U_s^K)$
			=2013	=2014
$\bar{q}_{.1}$	(aus Vorjahr 1)	-4,1%	-9.778	-3.755 *
$\bar{q}_{.2}$	(aus Vorjahr 2)	13,6%	29.805	32.434
$\bar{q}_{.3}$	(aus Vorjahr 3)	74,2%	176.959	162.611
$\bar{q}_{.4}$	(aus Vorjahr 4)	9,5%	19.595	22.656
$\bar{q}_{.5}$	(aus Vorjahr 5)	3,1%	7.993	6.394
$\bar{q}_{rest}$	(aus Vorjahr 6 & früher)	3,7%	3.341 *	3.341 *
		100,0%	227.914	223.682

Hierbei handelt es sich um keine Rechengröße, sondern um den langjährigen Mittelwert.

$$\hat{v}_{2014}^K = 98,1\%$$

Tabelle 55: Prognostizierte Bemessungsgrundlagen in den Beitragskonten der Geschäftsjahre 2013 und 2014 der KGT (in Tsd. Euro).[531]

Entgegen der Prognose für die Handelsregisterunternehmen zeigt sich für die Kleingewerbetreibenden, dass bei diesen mit einem Rückgang der Beitragsmessungsgrundlagen bis zum Vorauszahlungstermin in Höhe von 1,9 % zu rechnen ist.

Analog zu dem Vorgehen bei den Handelsregisterunternehmen lässt sich mit der Gleichung 6.11 die Höhe der Umlagevorauszahlungen $\widehat{UVZ}_s^K$ im Geschäftsjahr 2014 bestimmen. Durch Multiplikation der vorliegenden Bemessungsgrundlagen BMG $(U_{2013}^K) = 231.250\ T€$ mit dem gültigen Umlagehebesatz $h_{2014} = 0{,}16\ \%$ und dem Veränderungsfaktor $\hat{v}_{2014}^K = 0{,}981$ erhält man:

$$\widehat{UVZ}_{2014}^K = h_{2014} \times \hat{v}_{2014}^K \times BMG\ (U_{2013}^K) = 0{,}16\ \% \ \times 0{,}981 \times 231.250\ T€ = 363{,}1\ T€.$$

---

531 Quelle: Eigene Darstellung mit Daten der betreffenden IHK.

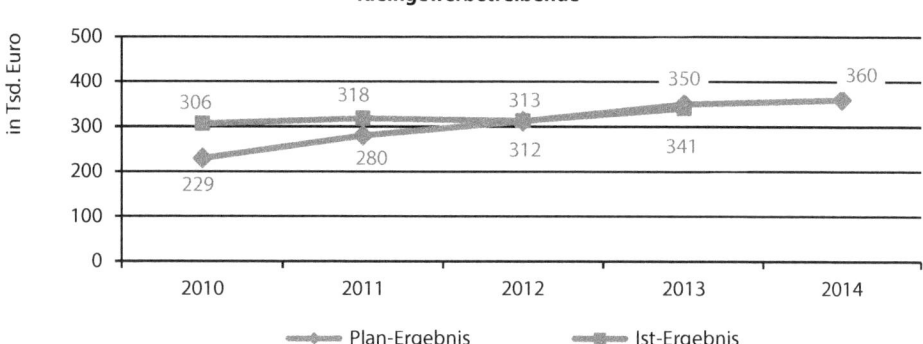

Abbildung 101: Beitragsplanung 2014: Vorauszahlungen auf die Umlageerträge (KGT).[532]

6.5.2 Beitragsabrechnungen für frühere Beitragsjahre

6.5.2.1 Abrechnungen für den Grundbeitrag

Für die Abrechnungen der Grundbeiträge für vorangegangene Beitragsjahre fand, wie bereits für die Planung der Vorauszahlungen auf den Grundbeitrag, keine modellgestützte Prognose statt. Die im Geschäftsjahr 2014 erfolgenden Abrechnungen sind wegen der bestehenden Datengrundlage bei der IHK nicht prognostizierbar. Für die Grundbeitragsabrechnungen ist keine EDV-gestützte Unterscheidung in einzelne Beitragsjahre möglich. Dies wäre jedoch für eine Verwendung des entwickelten Modells die Grundvoraussetzung. Der Verzicht auf einen formalen Planungsansatz wird vor allem deshalb als vertretbar erachtet, da in den letzten Geschäftsjahren lediglich rund 5 % der gesamten Beitragseinnahmen auf die Abrechnungen der Grundbeiträge entfallen sind.

Für die **Handelsregisterunternehmen** werden in Analogie zu den vorherigen Geschäftsjahren Grundbeitragsabrechnungen in Höhe von 110 Tsd. Euro unterstellt.

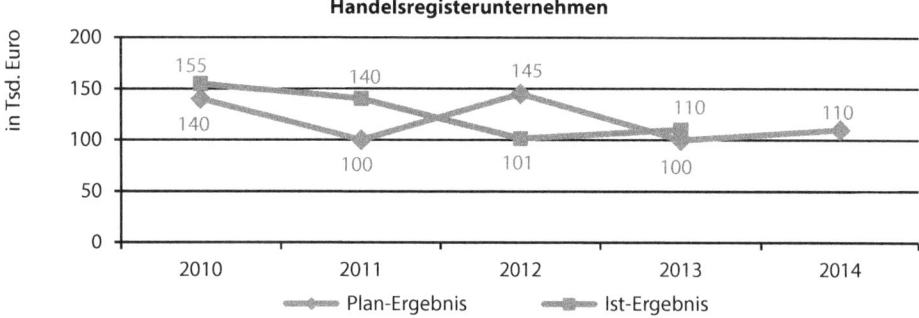

Abbildung 102: Beitragsplanung 2014: Abrechnungen für den Grundbeitrag (HRU).[533]

---

[533]   Quelle: Eigene Darstellung mit Daten der betreffenden IHK.

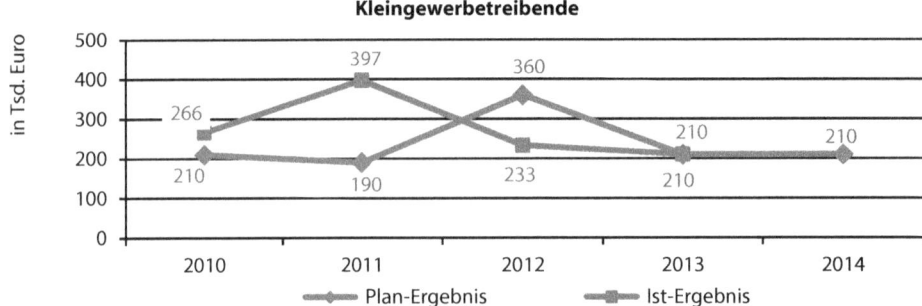

Abbildung 103: Beitragsplanung 2014: Abrechnungen für den Grundbeitrag (KGT).[534]

Für die **Kleingewerbetreibenden** ergibt sich ein Planansatz in Höhe von 210 Tsd. Euro. Auch dieser Wert wurde auf Basis der Vorjahresergebnisse festgesetzt.

6.5.2.2 Abrechnungen für die Umlage (Handelsregisterunternehmen)

Für die Planung des Beitragsaufkommens aus den Umlageabrechnungen wird das in Kapitel 6.4.1.1 entwickelte Prognosemodell angewendet. Wie durch die Gleichungen 6.1 bis 6.4 zum Ausdruck gebracht wird, gilt es auch für die Umlageabrechnungen im Geschäftsjahr 2014 zunächst das Beitragsaufkommen der Beitragsjahre zu prognostizieren, mit deren Veranlagung in 2014 gerechnet wird. Hierzu wird die Bemessungsgrundlage der IHK-Umlage des Beitragsjahres 2008 mit der Veränderung der gewerbesteuerlichen Bemessungsgrundlage p_t des korrespondierenden Veranlagungszeitraums fortentwickelt. Bis zu diesem Schritt unterscheidet sich das Prognosemodell der Umlageabrechnungen nicht von dem Prognosemodell der Umlagevorauszahlungen. Folglich gelten auch für die Ermittlung der Umlageabrechnungen der Handelsregisterunternehmen die in Tabelle 52 dargestellten Werte.

Anders als bei den Umlagevorauszahlungen gilt es dann aber nicht die in den Geschäftsjahren 2013 und 2014 vorhandenen Bemessungsgrundlagen zu bestimmen, sondern das verbleibende Abrechnungsvolumen eines einzelnen Beitragsjahres $\widehat{UAV}_t^H$ zu ermitteln, indem der prognostizierten Bemessungsgrundlage eines Beitragsjahres $\widehat{BMG}(U_t^H)$ die Bemessungsgrundlage der bereits erhobenen Umlagevorauszahlungen $BMG(UVZ_t^H)$ gegenübergestellt wird. Durch Multiplikation mit dem Umlagehebesatz des Beitragsjahres h_t ergibt sich die Zielgröße: $\widehat{UAV}_t^H = h_t \times \left(\widehat{BMG}(U_t^H) - BMG(UVZ_t^H) \right)$. Für die Handelsregisterunternehmen stellt sich dies wie folgt dar:

---

533   Quelle: Eigene Darstellung mit Daten der betreffenden IHK.
534   Quelle: Eigene Darstellung mit Daten der betreffenden IHK.

Beitragsjahre (t)			2009	2010	2011	2012
Beitragsbemessungs- grundlage der Umlage	$\widehat{BMG}(U_t^H)$	=	1.905.147	2.202.826	2.024.219	2.202.826
Beitragsbemessungs- ./. grundlage der Umlage-VZ	$BMG(UVZ_t^H)$	=	1.304.545	1.357.907	1.540.207	1.534.450
verbleibendes Abrechnungs- volumen der BMG der Umlage	$BMG(UAV_t^H)$	=	600.602	844.920	484.012	668.376
x Umlagehebesatz in t	h_t	=	0,18%	0,17%	0,17%	0,16%
verbleibendes Abrechnungs- volumen der IHK-Umlage	$\widehat{UAV}_t^H$	=	**1.081**	**1.436**	**823**	**1.069**

Tabelle 56: Prognostiziertes Abrechnungsvolumen der IHK-Umlage für die Beitragsjahre 2009-2012 der HRU (in Tsd. Euro).[535]

Nachdem das verbliebene Umlageabrechnungsvolumen $\widehat{UAV}_t^H$ für die relevanten Beitragsjahre 2009 bis 2012 berechnet wurde, gilt es dieses auf diejenigen Geschäftsjahre zu verteilen, in denen mit einer Abrechnung gerechnet wird. Da ex ante jedoch keine Aussage möglich ist, wie schnell die Bemessungsgrundlagen tatsächlich veranlagt werden, werden die Abrechnungsquoten näherungsweise auf Grundlage ihres langjährigen Mittelwerts $\bar{q}_i^H$ geplant. Für die Beitragsplanung 2014 wurden die Quoten der jeweiligen Abrechnungszeiträume in Tabelle 46 festgeschrieben. Die Tabelle kann für die Handelsregisterunternehmen zeigen, dass deren Umlageabrechnungen im Geschäftsjahr 2014 vor allem durch die Abrechnungen des Beitragsjahres 2012 determiniert werden. Gemäß der Gleichung 6.7 lassen sich diese wie folgt ermitteln: $\widehat{UA}_{2012,2014}^H = \bar{q}_2^H \times \widehat{UAV}_{2012}^H = 0{,}58 \times 1.069\ T\text{€} = 617{,}2\ T\text{€}$.

Beitragsjahre (t) Aufteilung von $\widehat{UAV}_t^H$ mittels der pauschalen Abrechnungsquoten $\bar{q}_i^H$			2009	2010	2011	2012
$\bar{q}_1$	(im Folgejahr 1)	2,3%	25,2	33,5	19,2	25,0
$\bar{q}_2$	(im Folgejahr 2)	57,7%	623,9	829,0	474,9	**617,2**
$\bar{q}_3$	(im Folgejahr 3)	23,1%	249,3	331,2	**189,7**	246,6
$\bar{q}_4$	(im Folgejahr 4)	6,5%	70,6	**93,8**	53,8	69,9
$\bar{q}_5$	(im Folgejahr 5)	4,4%	**47,5**	63,0	36,1	46,9
$\bar{q}_{rest}$	(im Folgejahr 6 & später)	6,0%	64,5	85,7	49,1	63,8
		100,0%	1.081,1	1.436,4	822,8	1.069,4

prognostizierte Abrechnungen im Geschäftsjahr 2014

Tabelle 57: Aufteilung der prognostizierten Abrechnungsvolumen der IHK-Umlage auf folgende Geschäftsjahre der HRU (in Tsd. Euro).[536]

---

535   Quelle: Eigene Darstellung mit Daten der betreffenden IHK.
536   Quelle: Eigene Darstellung mit Daten der betreffenden IHK.

Im Anschluss an die Ermittlung der prognostizierten Umlageabrechnungen $\widehat{UA}_{t,2014}^{H}$ für die Beitragsjahre 2009 bis 2012 kann der Gesamtbetrag der Umlageabrechnungen durch eine einfache Summenbildung ermittelt werden. Für das Geschäftsjahr 2014 stellt sich dies formal zunächst wie folgt dar: $\widehat{UA}_{2014}^{H} = \sum_{t=2009}^{2012} \widehat{UA}_{t,2014}^{H}$. In der oben stehenden Tabelle sind die entsprechenden Werte grau hinterlegt. Demzufolge würden sich bei einer ausschließlichen Berücksichtigung dieser Beitragsjahre Umlageabrechnungen für die Handelsregisterunternehmen in Höhe von $\widehat{UA}_{2014}^{H} = 948,2\,T€$ ergeben. Unter Verweis auf die Gleichung 6.10 wird an der Definition der Laufvariable aber ersichtlich, dass es noch weitere Beitragsjahre zu berücksichtigen gilt. Für das Geschäftsjahr 2014 handelt es sich hierbei um die Beitragsjahre 1994 bis 2008 und das Beitragsjahr 2013.

Allerdings kann mit dem formalen Prognosemodell die Bemessungsgrundlage für das Beitragsjahr 2013 $\widehat{BMG}(U_{t=2013}^{H})$ nicht prognostiziert werden, da im Planungszeitpunkt (August 2013) erst eine eingeschränkte Aussage über die Entwicklung der Gewerbesteuervorauszahlungen in 2013 möglich ist. Denn bei dem Beitragsjahr 2013 handelt es sich um den laufenden Veranlagungszeitraum der Kommunen, für den zu diesem Zeitpunkt noch keine aussagekräftigen Kassenstatistiken vorliegen. Demzufolge kann $\hat{p}_{2013}$ nicht hergeleitet werden, so dass in der Folge auch eine Prognose von $\widehat{BMG}(U_{t=2013}^{H})$ ausscheidet. Um dennoch einen Wert für das Beitragsjahr 2013 berücksichtigen zu können, wird der langjährige Mittelwert der Bemessungsgrundlagen des Beitragsjahres $t = s - 1$ als Schätzung herangezogen und dieser mit dem Umlagehebesatz h_t multipliziert. Ein direkter Rückgriff auf die in Tabelle 57 dargestellten Umlageerträge wäre ungenau, da diese durch die unterschiedlichen Umlagehebesätze der jeweiligen Beitragsjahre beeinflusst werden. Gemäß der Beitragsstatistik der IHK sind für die letzten zehn Beitragsjahre im unmittelbar folgenden Geschäftsjahr Bemessungsgrundlagen in Höhe von durchschnittlich 16.573,8 Tsd. Euro zur Umlage veranlagt worden. Unter Bezugnahme auf diesen Durchschnittswert werden für das Beitragsjahr 2013 im Geschäftsjahr 2014 Umlageabrechnungen in Höhe von $\widehat{UA}_{2013,2014}^{H} = 0,16\,\% \times 16.573,8\,T€ = 26,5\,T€$ vorhergesagt.

Für die Beitragsjahre 1994 bis 2008 wird entsprechend verfahren. Auch deren Umlageabrechnungen werden auf Basis des langjährigen Mittelwerts der Beitragsbemessungsgrundlagen geplant. Da für diese Zeiträume gewöhnlich nur noch sehr geringe Bemessungsgrundlagen veranlagt werden, wird es nicht als nötig erachtet, jedes Beitragsjahr einzeln zu betrachten. Somit erfolgt die Ermittlung der relevanten Bemessungsgrundlagen aus der IHK-Statistik für alle Beitragsjahre en bloc. Als Umlagehebesatz wird der Wert des jüngsten Beitragsjahres herangezogen: $h_{2008} = 0,18\,\%$. Entsprechend der IHK-Statistik werden für Beitragsjahre, die bereits mehr als 5 Jahre zurückliegen, insgesamt nur noch Bemessungsgrundlagen von durchschnittlich 42.358,9 Tsd. Euro zur Umlage veranlagt. Demzufolge lassen sich im Geschäftsjahr 2014 die Umlageabrechnungen der Beitragsjahre 1994 bis 2008 in Höhe von $\widehat{UA}_{1994-2008,2014}^{H} = 0,18\,\% \times 42.358,9\,T€ = 76,2\,T€$ prognostizieren. Alles in allem lassen sich daher folgende Umlageabrechnungen im Geschäftsjahr 2014 erwarten.

Abrechnungen für frühere Beitragsjahre	Geschäftsjahr 2014 (Plan-Ergebnis)		Geschäftsjahr 2013 (Ist-Ergebnis)	
	relevantes Beitragsjahr	Umlage-abrechnungen	relevantes Beitragsjahr	Umlage-abrechnungen
davon für Vorjahr 1	= 2013	**26.518**	= 2012	**89.033**
davon für Vorjahr 2	= 2012	**617.173**	= 2011	**446.929**
davon für Vorjahr 3	= 2011	**189.748**	= 2010	**261.768**
davon für Vorjahr 4	= 2010	**93.848**	= 2009	**107.586**
davon für Vorjahr 5	= 2009	**47.451**	= 2008	**183.815**
davon für Vorjahr 6 & früher	≤ 2008	**76.246**	≤ 2007	**117.913**
		1.050.984		**1.207.045**

Tabelle 58: Umlageabrechnungen im Geschäftsjahr 2014 für frühere Beitragsjahre der HRU. [537]

Wie der vorstehenden Tabelle entnommen werden kann, ergibt sich für die Umlageabrechnungen der Handelsregisterunternehmen ein Planansatz in Höhe von insgesamt $\widehat{UA}^H_{2014} = 1.050{,}9\ T€$. Die ebenfalls dargestellten Ist-Werte des Geschäftsjahres 2013 werden für Vergleichszwecke angegeben. Demnach wird im Geschäftsjahr 2014 mit niedrigeren Umlageabrechnungen als im Vorjahr gerechnet. Im Kontext der weiteren Vorjahre stellt sich das Plan-Ergebnis des Geschäftsjahres 2014 wie folgt dar.

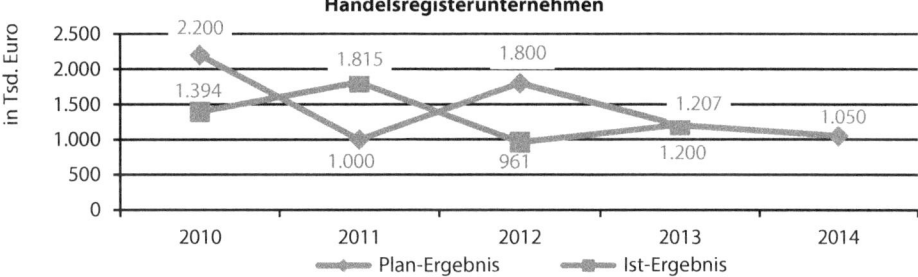

Abbildung 104: Beitragsplanung 2014: Abrechnungen für die Umlage (HRU).[538]

6.5.2.3 Abrechnungen für die Umlage (Kleingewerbetreibende)

Die Prognose der Umlageabrechnungen ist für die Kleingewerbetreibenden durch die gleiche Vorgehensweise geprägt. Unter Bezugnahme auf das in Kapitel 6.4.1.1 entwickelte Prognosemodell sind zunächst die gesamten Bemessungsgrundlagen der Beitragsjahre 2009 bis 2012 zu prognostizieren, da vor allem diese Jahre im Geschäftsjahr 2014 veranlagt werden. Die Ermittlung dieser Werte wurde bereits in Kapitel 6.5.1.3 vollzogen. Die prognostizierten Bemessungsgrundlagen der Beitragsjahre 2009 bis 2012 werden dort in Tabelle 54 dargestellt. Im nächsten Schritt gilt es, aus diesen Werten das verbleibende Abrechnungsvolumen eines einzelnen Beitragsjahres $\widehat{UAV}^K_t$ zu ermitteln. Hierfür wird wieder die prognostizierte Bemessungsgrundlage $\widehat{BMG}(U^K_t)$ der Bemessungsgrundlage der bereits erhobe-

---

[537] Quelle: Eigene Darstellung mit Daten der betreffenden IHK.
[538] Quelle: Eigene Darstellung mit Daten der betreffenden IHK.

Beitragsjahre (t)			2009	2010	2011	2012
Beitragsbemessungs-grundlage der Umlage	$\widehat{BMG}(U_t^K)$	=	206.261	238.489	219.152	238.489
Beitragsbemessungs-./. grundlage der Umlage-VZ	$BMG(UVZ_t^K)$	=	166.306	180.142	187.230	195.542
verbleibendes Abrechnungs-volumen der BMG der Umlage	$BMG(UAV_t^K)$	=	39.955	58.347	31.922	42.947
x Umlagehebesatz in t	h_t	=	0,18%	0,17%	0,17%	0,16%
verbleibendes Abrechnungs-volumen der IHK-Umlage	$\widehat{UAV}_t^K$	=	**72**	**99**	**54**	**69**

Tabelle 59: Prognostizierte Abrechnungsvolumen der IHK-Umlage für die Beitragsjahre 2009-2012 der KGT (in Tsd. Euro).[539]

nen Umlagevorauszahlungen $BMG(UVZ_t^K)$ gegenübergestellt und die Restgröße danach mit dem Umlagehebesatz h_t multipliziert. Für die Kleingewerbetreibenden können die Ergebnisse der Tabelle 59 entnommen werden.

Das verbliebene Umlageabrechnungsvolumen $\widehat{UAV}_t^K$ ist sodann wieder auf diejenigen Geschäftsjahre zu verteilen, in denen mit einer Veranlagung gerechnet werden kann. Wie bei den Handelsregisterunternehmen werden als Abrechnungsquoten die langjährigen Mittelwerte $\bar{q}_i^K$ herangezogen, da über die tatsächliche Veranlagungsdauer noch keine Daten vorliegen. Für die Kleingewerbetreibenden sind die anzuwendenden Abrechnungsquoten ebenfalls in Tabelle 46 niedergeschrieben. Allerdings unterscheiden sie sich deutlich von den Werten der Handelsregisterunternehmen. Während deren Umlageabrechnungen im Geschäftsjahr 2014 besonders durch die Abrechnungen des Beitragsjahres 2012 bestimmt

Beitragsjahre (t) Aufteilung von $\widehat{UAV}_t^K$ mittels der pauschalen Abrechnungsquoten $\bar{q}_i^K$		2009	2010	2011	2012
$\bar{q}_1$	(im Folgejahr 1)	-1,2%	-0,9	-1,2	-0,7	-0,8
$\bar{q}_2$	(im Folgejahr 2)	13,6%	9,8	13,5	7,4	**9,4**
$\bar{q}_3$	(im Folgejahr 3)	71,5%	51,4	70,9	**38,8**	49,1
$\bar{q}_4$	(im Folgejahr 4)	9,4%	6,7	**9,3**	5,1	6,4
$\bar{q}_5$	(im Folgejahr 5)	3,2%	**2,3**	3,2	1,7	2,2
$\bar{q}_{rest}$	(im Folgejahr 6 & später)	3,5%	2,5	3,5	1,9	2,4
		100,0%	71,9	99,2	54,3	68,7

prognostizierte Abrechnungen im Geschäftsjahr 2014

Tabelle 60: Aufteilung der prognostizierten Abrechnungsvolumen der IHK-Umlage auf folgende Geschäftsjahre der KGT (in Tsd. Euro).[540]

---

[539]   Quelle: Eigene Darstellung mit Daten der betreffenden IHK.
[540]   Quelle: Eigene Darstellung mit Daten der betreffenden IHK.

werden, ist bei den Kleingewerbetreibenden vor allem das Beitragsjahr 2011 maßgeblich. Für dieses Beitragsjahr lassen sich die erwarteten Umlageabrechnungen mit der Gleichung 6.7 folgendermaßen errechnen: $\widehat{UA}^K_{2011,2014} = \bar{q}^H_3 \times \widehat{UAV}^H_{2011} = 0{,}715 \times 54{,}3\ T\text{€} = 38{,}8\ T\text{€}$.

Nachdem die Umlageabrechnungen $\widehat{UA}^H_{t,2014}$ für die Beitragsjahre 2009 bis 2012 bestimmt wurden, wird der Gesamtbetrag der Umlageabrechnungen wieder durch eine einfache Summenbildung gemäß der Gleichung 6.10 ermittelt: $\widehat{UA}^K_{2014} = \sum_{t=1994}^{2013}(\bar{q}^K_i \times \widehat{UAV}^K_t)$. Wie bei den Handelsregisterunternehmen werden für die Umlageabrechnungen der Beitragsjahre 1994 bis 2008 und des Beitragsjahres 2013 die langjährigen Mittelwerte der Bemessungsgrundlagen der jeweiligen Abrechnungszeiträume als Schätzungen herangezogen und mit dem jeweils gültigen Umlagehebesatz h_t multipliziert.

Für das Beitragsjahr 2013 wird auf den Durchschnittswert der letzten zehn Jahre zurückgegriffen. Entsprechend der IHK-Beitragsstatistik sind für die Beitragsjahre 2003 bis 2012 im unmittelbar folgenden Geschäftsjahr Bemessungsgrundlagen in Höhe von durchschnittlich -1.008,3 Tsd. Euro zur Umlage veranlagt worden. Demzufolge werden im Geschäftsjahr 2014 Umlageabrechnungen in Höhe von $\widehat{UA}^K_{2013,2014} = 0{,}16\ \% \times -1.008{,}3\ T\text{€} = -1{,}6\ T\text{€}$ für das Beitragsjahr 2013 unterstellt.

Für die Beitragsjahre 1994 bis 2008 wird die Ermittlung der relevanten Bemessungsgrundlagen für alle Beitragsjahre zusammengefasst. Als Umlagehebesatz wird ebenfalls $h_{2008} = 0{,}18\ \%$ angenommen, da aus dem Beitragsjahr 2008 noch die größten Abrechnungen zu erwarten sind. Gemäß der IHK-Statistik werden für Beitragsjahre, die bereits mehr als 5 Jahre zurückliegen, insgesamt nur noch Bemessungsgrundlagen von durchschnittlich 2.933,8 Tsd. Euro zur Veranlagung herangezogen. Daher lassen sich im Geschäftsjahr 2014 Umlageabrechnungen für die Beitragsjahre 1994 bis 2008 in Höhe von insgesamt $\widehat{UA}^K_{1994-2008,2014} = 0{,}18\ \% \times 2.933{,}8\ T\text{€} = 5{,}3\ T\text{€}$ erwarten.

Abrechnungen für frühere Beitragsjahre	Geschäftsjahr 2014 (Plan-Ergebnis)		Geschäftsjahr 2013 (Ist-Ergebnis)	
	relevantes Beitragsjahr	Umlage-abrechnungen	relevantes Beitragsjahr	Umlage-abrechnungen
davon für Vorjahr 1	= 2013	**-1.613**	= 2012	**-3.136**
davon für Vorjahr 2	= 2012	**9.377**	= 2011	**32.643**
davon für Vorjahr 3	= 2011	**38.774**	= 2010	**95.936**
davon für Vorjahr 4	= 2010	**9.301**	= 2009	**9.320**
davon für Vorjahr 5	= 2009	**2.301**	= 2008	**5.907**
davon für Vorjahr 6 & früher	≤ 2008	**5.281**	≤ 2007	**7.986**
		63.421		**148.656**

Tabelle 61: Umlageabrechnungen im Geschäftsjahr 2014 für frühere Beitragsjahre der KGT.[541]

---

[541] Quelle: Eigene Darstellung mit Daten der betreffenden IHK.

Somit ergeben sich im Geschäftsjahr 2014 für alle zurückliegenden Beitragsjahre (1994 bis 2013) in der Summe Umlageabrechnungen in Höhe von $\widehat{UA}^K_{2014} = 63,4\ T\text{€}$. Die einzelnen Abrechnungsbeträge können der Tabelle 61 entnommen werden.

Nicht nur im Vergleich zu den Ist-Ergebnissen des Geschäftsjahres 2013, sondern auch im Kontext zu weiter zurückliegenden Geschäftsjahren erscheinen die errechneten Umlageabrechnungen recht niedrig. Hierfür sind vor allem die geringen Prognosewerte der Beitragsjahre 2012 und 2013 ursächlich. Dies unterstreicht die in Kapitel 6.4.3 formulierte Vermutung, dass die im Rahmen der Gemeindeumfrage gewonnenen Werte p_t nur bedingt für die Planung der Abrechnungen der Kleingewerbetreibenden herangezogen werden können, da diese insbesondere durch die Vorauszahlungsentwicklungen der größeren Unternehmen geprägt sein dürften. Präziser wäre es daher, keine einheitlichen Veränderungssätze für die Kleingewerbetreibenden und die Handelsregisterunternehmen zu unterstellen. Aufgrund der geringeren Konjunkturabhängigkeit kleinerer Betriebe dürfte der gezeigte Rückgang von p_t für die Kleingewerbetreibenden tendenziell niedriger ausfallen, so dass sich in der Konsequenz höhere prognostizierte Bemessungsgrundlagen $\widehat{BMG}(U^K_t)$ und in der Folge auch höhere Umlageabrechnungen $\widehat{UA}^K_{t,2014}$ ergeben würden. Da die Kommunen keine getrennten Statistiken für kleine und große Gewerbebetriebe führen, kann im Rahmen des formalen Schätzansatzes allerdings nur ein einheitlicher Wert p_t berücksichtigt werden. In Anbetracht dessen und unter der Maßgabe einer gleichmäßigen Planung wird der gewonnene Prognosewert daher großzügig auf 100 Tsd. Euro aufgerundet.

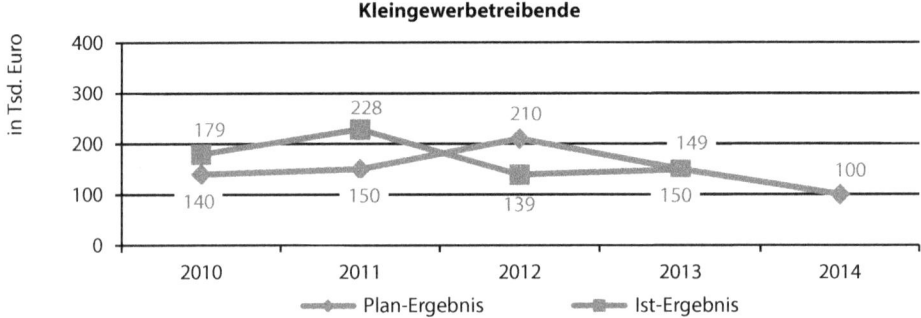

Abbildung 105: Beitragsplanung 2014: Abrechnungen für die Umlage (KGT).[542]

6.6 Zusammenfassung der Beitragsplanung 2014

Zwar sind bei der Beitragsplanung der betreffenden IHK auch bisher umfangreiche Analysen unternommen worden, jedoch haben sich die Prognosen meist auf Einschätzungen hinsichtlich der allgemeinen wirtschaftlichen Entwicklung beschränkt. Eine gezielte Planung auf Ebene einzelner Beitragsjahre hat bislang nicht stattgefunden. Die erzielten Ergebnisse waren daher nicht immer zufriedenstellend. Vor allem in den Geschäftsjahren 2011 und 2012 ergaben sich starke Abweichungen von den Planwerten. Aufgrund dessen sollte im

---

[542]   Quelle: Eigene Darstellung mit Daten der betreffenden IHK.

Rahmen eines gemeinsamen Forschungsprojektes mit der Universität Würzburg ein Ansatz entwickelt werden, der eine fundierte Vorhersage künftiger Beitragseinnahmen ermöglicht.

Hierfür wurde zunächst die Beitragsstruktur einer ausführlichen Analyse unterzogen. Dabei zeigte sich, dass der Grundbeitrag im Zeitverlauf zu relativ konstanten Einnahmen führt. Dessen Abrechnungen für vorangegangene Beitragsjahre schwanken im Zeitverlauf lediglich mit einer mittleren Abweichung von rund 83 Tsd. Euro um den Mittelwert. Bei den laufenden Vorauszahlungen auf den Grundbeitrag beträgt die mittlere Abweichung sogar nur ca. 32 Tsd. Euro.

Hingegen schwanken die Einnahmen aus der IHK-Umlage deutlich stärker. Dies betrifft sowohl die laufenden Vorauszahlungen (mittlere Abweichung von 138 Tsd. Euro) als auch die Abrechnungen für Vorjahre (mittlere Abweichung von 349 Tsd. Euro). In der Folge waren bei den Umlageerträgen auch regelmäßig größere Abweichungen vom Plansatz zu beobachten. Im Geschäftsjahr 2011 fiel das Ist-Ergebnis der Umlagevorauszahlungen um 457 Tsd. Euro höher aus. Bei den Umlageabrechnungen betrug die Differenz zum ursprünglichen Plansatz sogar 893 Tsd. Euro und im Jahr 2012 910 Tsd. Euro. Für die Entwicklung eines Modells zur Beitragsprognose war es somit geboten, den Fokus vor allem auf die Vorhersage der Umlageerträge zu legen. Eine formale Ermittlung von Planwerten für den Grundbeitrag wurde hingegen nicht als nötig erachtet. Da sich die Beitragsermittlung der Umlagevorauszahlungen wesentlich von der Beitragsermittlung der Umlageabrechnungen unterscheidet, musste für beide Beitragskategorien ein eigenes Prognosemodell entwickelt werden.

Bei den Umlagevorauszahlungen waren die im Vorauszahlungszeitpunkt (Februar / März 2014) vorliegenden, zuletzt festgesetzten Bemessungsgrundlagen zu prognostizieren, da diese die tatsächliche Vorauszahlungshöhe im Geschäftsjahr 2014 determinieren werden. Die Prognose knüpft an die im Planungszeitpunkt (August 2013) tatsächlich vorliegenden Bemessungsgrundlagen an und entwickelt diese mit einer vorherzusagenden Veränderung bis in den Vorauszahlungszeitpunkt fort. Die Veränderungsrate ist dabei durch das Verhältnis der prognostizierten Bemessungsgrundlagen der Geschäftsjahre 2013 und 2014 zum Ausdruck gebracht worden.

Um die Abweichungen zwischen den Plan- und Ist-Ergebnissen der Umlageabrechnungen zu minimieren, bedurfte es indessen eines Verfahrens, welches die übermittelten Bemessungsgrundlagen für vorangegangene Beitragsjahre im Geschäftsjahr 2014 vorhersagt, diese Werte den bereits geleisteten Vorauszahlungen gegenüberstellt und hieraus die jeweiligen Beitragsabrechnungen ermittelt.

In beiden Fällen bestand die zentrale Anforderung somit darin, bereits im Planungszeitpunkt eine Aussage über Beitragsbemessungsgrundlagen zu treffen, welche erst zukünftig durch die Finanzverwaltung festgesetzt werden. Der Grundidee folgend soll das bestehende Informationsdefizit durch einen Rückgriff auf die Entwicklung der Gewerbesteuervorauszahlungen behoben werden. Hierbei wurde die Annahme zugrunde gelegt, dass die Gemeinden bereits frühzeitig Kenntnis von den tatsächlichen Bemessungsgrundlagen eines Veranlagungszeitraums besitzen, da sie durch laufende und nachträgliche Anpassungen das Vorauszahlungsniveau stetig an die sich später ergebende Gewerbesteuerschuld anpassen. Da bislang keine Steuerstatistiken mit geeigneter Datengrundlage vorhanden waren, ist eine eigene Umfrage unter den Gemeinden im IHK-Bezirk durchgeführt worden. Aus der ermittelten Höhe der Gewerbesteuervorauszahlungen eines Veranlagungszeitraums konnte sodann das Beitragsaufkommen eines zugehörigen IHK-Beitragsjahres abgeleitet und mittels der Abrechnungsquoten den entsprechenden Geschäftsjahren der IHK zugeordnet werden.

Für das Geschäftsjahr 2014 sagen die Prognosemodelle Umlagevorauszahlungen in Höhe von 3.340 Tsd. Euro und Umlageabrechnungen für frühere Beitragsjahre in Höhe von 1.150 Tsd. Euro voraus. Die Grundbeiträge wurden weitestgehend auf Basis der Vorjahreswerte geplant. Demnach lassen sich für den Grundbeitrag Vorauszahlungen in Höhe von 2.990 Tsd. Euro und Abrechnungen in Höhe von 320 Tsd. Euro erwarten. Somit werden sich die Beitragseinnahmen auf ein Volumen von insgesamt 7.800 Tsd. Euro belaufen. Hiermit würde das Einnahmeniveau der beiden Vorjahre übertroffen. Zu diesem Ergebnis trägt vor allem das inzwischen recht hohe Vorauszahlungsniveau bei.

Geschäftsjahre	2010	2011	2012	2013	Plan 2014
Vorauszahlungen					
a) Grundbeitrag					
Anteil HR	2.065.230	2.120.450	2.118.040	2.170.290	2.170.000
Anteil KGT	828.815	832.675	769.640	790.190	820.000
	2.894.045	2.953.125	2.887.680	2.960.480	2.990.000
b) Umlageerträge					
Anteil HR	2.308.442	2.618.352	2.455.120	2.692.818	2.980.000
Anteil KGT	306.241	318.292	312.867	340.689	360.000
	2.614.682	2.936.644	2.767.987	3.033.507	3.340.000
	5.508.727	**5.889.769**	**5.655.667**	**5.993.987**	**6.330.000**
Abrechnungen für frühere Beitragsjahre					
a) Grundbeitrag					
Anteil HR	154.918	140.159	101.447	110.159	110.000
Anteil KGT	265.870	397.029	232.986	210.430	210.000
	420.788	537.189	334.432	320.588	320.000
b) Umlageerträge					
Anteil HR	1.394.377	1.814.665	960.831	1.207.045	1.050.000
Anteil KGT	179.457	228.371	139.140	148.656	100.000
	1.573.834	2.043.036	1.099.970	1.355.701	1.150.000
	1.994.622	**2.580.225**	**1.434.403**	**1.676.289**	**1.470.000**
Gesamtbeitrag	**7.503.349**	**8.469.993**	**7.090.070**	**7.670.276**	**7.800.000**

Tabelle 62: Gegenüberstellung der Beitragsplanung mit den Ist-Ergebnissen der Vorjahre.[543]

---

[543]   Quelle: Eigene Darstellung mit Daten der betreffenden IHK.

6.7 Erfolgskontrolle zur Beitragsplanung 2014 und Ausblick auf die Geschäftsjahre 2015 und 2016

Auch die Beitragseinnahmen der Geschäftsjahre 2015 und 2016 sind mit dem entwickelten Prognosemodell geplant worden. Somit kann bereits ein Resümee hinsichtlich der Planungsgenauigkeit gezogen werden. Hierfür wird in den folgenden Abbildungen aufgezeigt, wie sich die Beitragseinnahmen seither entwickelt haben und inwieweit hierbei Planabweichungen zu verzeichnen waren.

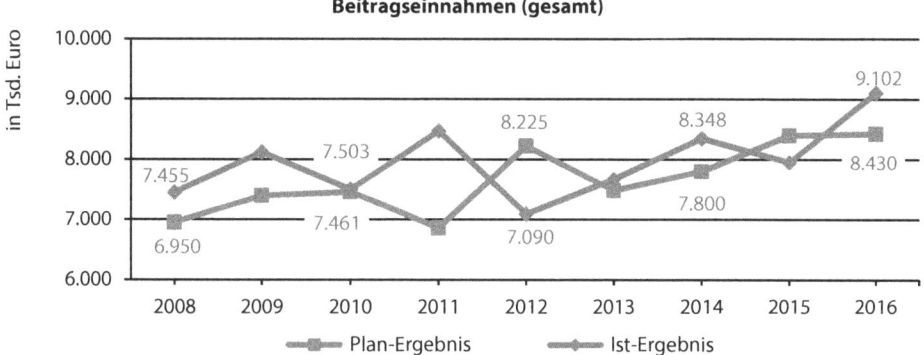

Abbildung 106: Gesamtbeitrag: Entwicklung in den Geschäftsjahren 2008-2016.[544]

Auf Ebene der gesamten Beitragseinnahmen wird deutlich, dass die Abweichungen zwischen den Plan- und den Ist-Ergebnissen seit der Umstellung der Beitragsplanung zurückgegangen sind. Insgesamt zeigt sich ein relativ gleichmäßiger Verlauf. Dennoch kann auch mit dem neuen Prognosemodell keine absolute Planungsgenauigkeit erreicht werden. In den Geschäftsjahren 2014 und 2016 wurden die errechneten Planwerte jeweils um rund 500 Tsd. Euro überschritten. Um die Planungsgenauigkeit des Modells besser beurteilen zu können, werden die Ergebnisse der einzelnen Beitragskategorien im Weiteren gesondert dargestellt. Die bloße Betrachtung von aggregierten Daten auf Gesamtbeitragsebene könnte zu einer unzutreffenden Bewertung führen, da sich realisierte Mehr- und Minderergebnisse zwischen den Beitragsarten ausgleichen oder aufsummieren können. Auf eine Unterscheidung in die beiden Mitgliedergruppen wird indes verzichtet, um die Ausführungen übersichtlich zu halten.

Erwartungsgemäß zeigt sich für die **Vorauszahlungen auf den Grundbeitrag**, dass sich deren Einnahmeniveau weiterhin gut prognostizieren lässt. Für das Geschäftsjahr 2014 hat der Planansatz dieser Beitragskategorie fast vollständig dem späteren Ist-Ergebnis von 3,0 Mio. Euro entsprochen. In Relation zur Höhe der Beitragseinnahmen fielen auch die Abweichungen in den Geschäftsjahren 2015 und 2016 recht moderat aus. Demzufolge kann die eingesetzte EDV-Auswertung als geeignetes Instrument zur Prognose künftiger Grund-

---

[544]   Quelle: Eigene Darstellung mit Daten der betreffenden IHK.

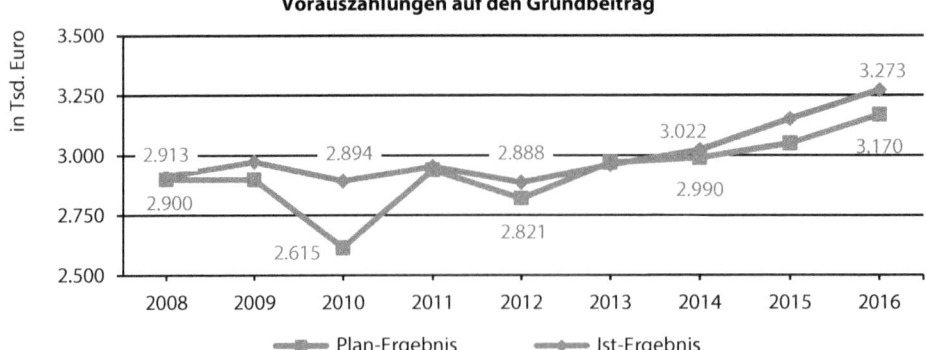

Abbildung 107: Grundbeitrag: Vorauszahlungen in den Geschäftsjahren 2008-2016.[545]

beitragsvorauszahlungen bewertet werden. Dies gilt insbesondere deshalb, weil es mittels der Auswertung gelungen ist, den konstanten Anstieg des Vorauszahlungsniveaus seit dem Geschäftsjahr 2012 weitestgehend vorherzusagen.

Die für die Grundbeitragsvorauszahlungen getroffenen Ausführungen gelten beinahe sinngleich für die **Vorauszahlungen auf die Umlage**. Auch deren Einnahmeniveau hat sich in den vergangenen Jahren kontinuierlich erhöht. Im Geschäftsjahr 2016 betrugen die Umlagevorauszahlungen insgesamt ca. 3,8 Mio. Euro und fielen damit rund 1,0 Mio. Euro höher aus als im Jahr 2012. Trotz des starken Einnahmeanstiegs haben sich seit der Anwendung des neuen Prognosemodells keine nennenswerten Plan-Abweichungen mehr ergeben. Dies unterstreicht die Angemessenheit des entwickelten Modells. Demzufolge gelingt es, die im Planungszeitpunkt vorliegenden Bemessungsgrundlagen der IHK-Umlage mit einem aus den Gewerbesteuervorauszahlungen abgeleiteten Veränderungsfaktor zutreffend in das zu planende Geschäftsjahr fortzuentwickeln. Wie Abbildung 108 verdeutlichen kann,

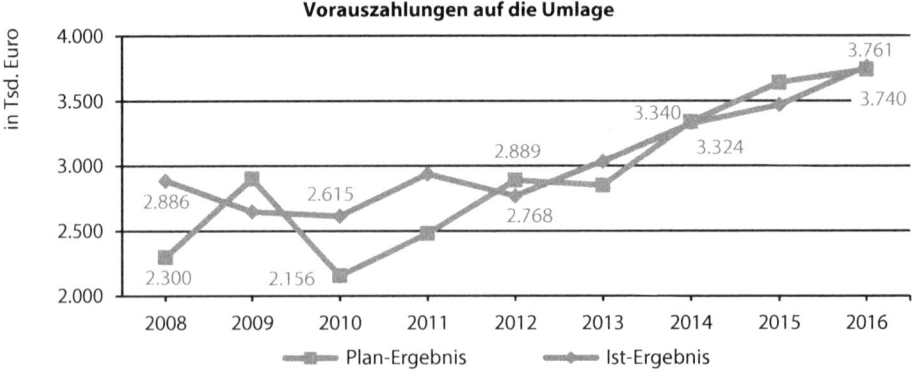

Abbildung 108: Umlage: Vorauszahlungen in den Geschäftsjahren 2008-2016.[546]

---

[545]   Quelle: Eigene Darstellung mit Daten der betreffenden IHK.
[546]   Quelle: Eigene Darstellung mit Daten der betreffenden IHK.

bilden die errechneten Planwerte den tatsächlichen Verlauf der Beitragsvereinnahmung sehr genau ab. In den Geschäftsjahren 2014 und 2016 waren die geplanten Werte nahezu deckungsgleich mit den tatsächlichen Werten. Allerdings sei auch erwähnt, dass die eingetretene Planungsgenauigkeit durch den beständigen Konjunkturverlauf der vergangenen Jahre begünstigt wurde.

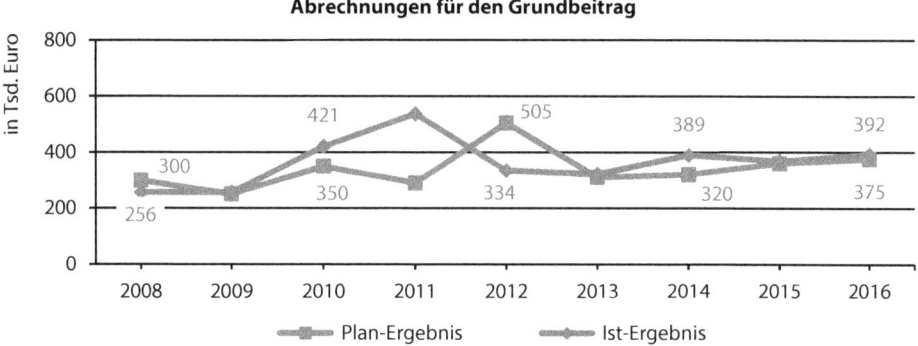

Abbildung 109: Grundbeitrag: Abrechnungen in den Geschäftsjahren 2008-2016.[547]

Aufgrund der bestehenden Datengrundlage bei der IHK konnte die Prognose der **Abrechnungen für den Grundbeitrag** nicht modellgestützt vollzogen werden. Die Einnahmen der Beitragskategorie werden daher vornehmlich unter kritischer Würdigung der erzielten Vorjahresergebnisse und der allgemeinen konjunkturellen Entwicklung der vergangenen Beitragsjahre geplant. Dass dies keinen Makel darstellt, hat sich in den vergangenen Geschäftsjahren bewahrheitet. Sowohl im Geschäftsjahr 2014 als auch in den beiden folgenden Geschäftsjahren haben sich nur sehr geringe Abweichungen zwischen den Plan- und den Ist-Ergebnissen gezeigt.

Die Beitragsplanung der **Abrechnungen für die Umlage** stützt sich seit dem Geschäftsjahr 2014 auf das in Kapitel 6.4.1.1 entwickelte Prognosemodell. Ausgehend von einer Ge-

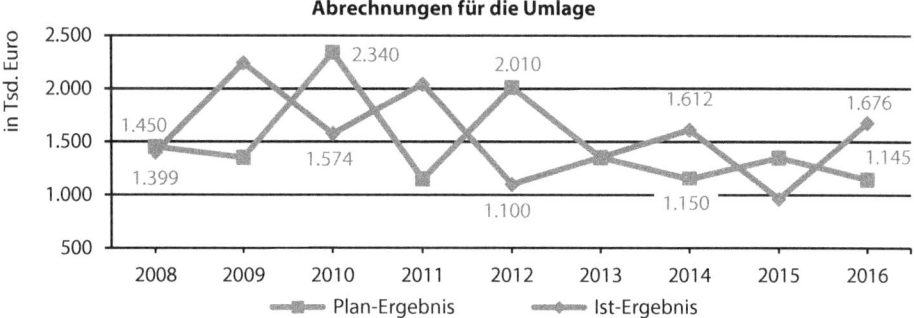

Abbildung 110: Umlage: Abrechnungen in den Geschäftsjahren 2008-2016.[548]

---

547   Quelle: Eigene Darstellung mit Daten der betreffenden IHK.
548   Quelle: Eigene Darstellung mit Daten der betreffenden IHK.

meindeumfrage wird von der Entwicklung des Gewerbesteuervorauszahlungsniveaus auf die Höhe der erzielbaren Umlageerträge eines Beitragsjahres geschlossen. Nach Abzug der bereits geleisteten Vorauszahlungen wird das verbliebene Abrechnungsvolumen mittels festgelegter Abrechnungsquoten auf künftige Geschäftsjahre verteilt. Hiermit soll eine größere Planungssicherheit hinsichtlich der Umlageabrechnungen erreicht werden. Denn bislang wurden diese Zusammenhänge nur unzureichend berücksichtigt.

Wie der vorstehenden Abbildung zu entnehmen ist, gelingt es dem neu entwickelten Prognosemodell jedoch noch nicht, die Abweichungen zwischen den Plan- und den Ist-Ergebnissen vollständig zu beseitigen. Nach wie vor lässt sich eine gewisse Unschärfe in den Prognosewerten beobachten. In dem zuerst geplanten Geschäftsjahr 2014 wurde der Planansatz um 462 Tsd. Euro übertroffen. Auch in den beiden folgenden Jahren haben sich ähnlich hohe Abweichungen eingestellt.

Eine größere Planungsgenauigkeit bleibt dem Modell wohl deshalb verwehrt, da sich das tatsächliche Beitragsaufkommen der Beitragsjahre noch nicht exakt genug aus der Entwicklung der kommunalen Gewerbesteuervorauszahlungen ableiten lässt. Immer wieder kann vor allem bei großen Unternehmen beobachtet werden, dass diese Informationen hinsichtlich der Geschäftsentwicklung gegenüber den Steuerbehörden lange zurückhalten. In diesen Fällen kann das Vorauszahlungsniveau nur einen gewissen Teil der steuerlichen Bemessungsgrundlage repräsentieren, da die tatsächliche Einkunftshöhe erst im Rahmen der Jahressteuererklärung einer Besteuerung zugeführt wird.

Ferner zeigt sich, dass die Umlageabrechnungen für vorangegangene Beitragsjahre in ihrer Höhe oftmals durch Sondereffekte einzelner Mitgliedsunternehmen bestimmt werden. Sofern diese Unternehmen eine gewisse kritische Größe aufweisen, kann die nachträgliche Veranlagung eines alten Beitragsjahres durchaus einen relevanten Einfluss auf die gesamten Umlageabrechnungen der IHK haben. Häufig sind diese Sondereffekte in betrieblichen Außenprüfungen, Unternehmensveräußerungen oder Umstrukturierungen begründet. Von der realisierten Planabweichung im Geschäftsjahr 2014 entfiel rund die Hälfte des Mehrergebnisses auf Sondereffekte zweier Großunternehmen in den Beitragsjahren 2005 und 2010. Derartige Vorgänge können jedoch nicht vorab determiniert werden.

Trotz dieser Unwägbarkeiten kann letztlich festgehalten werden, dass die Planungsgenauigkeit seit der Umstellung der Beitragsplanung insgesamt zugenommen hat. Während die Abweichungen in den Geschäftsjahren 2009 bis 2013 jährlich noch rund 700 Tsd. Euro betragen haben, liegt dieser Wert seit dem Jahr 2014 nur noch bei rund 460 Tsd. Euro.

Als besonders positiv ist dabei zu bewerten, dass so große Abweichungen wie in den Jahren 2009, 2011 und 2012 (jeweils rund 900 Tsd. Euro) nicht mehr zu verzeichnen waren. Denn Differenzen in dieser Größenordnung besitzen einen merklichen Einfluss auf den Gesamthaushalt der IHK.

Die Zunahme der Planungsgenauigkeit lässt sich vor allem auf den Umstand zurückführen, dass das Zusammenspiel zwischen den tatsächlichen Beitragsvolumen der Beitragsjahre, den hierauf geleisteten Vorauszahlungen und den sich ergebenden Abrechnungen durch die Systematik des Prognosemodells besser beherrschbar geworden ist. Bei der Bestimmung der tatsächlichen Beitragsvolumen der Beitragsjahre ist die Bezugnahme auf die Entwicklung der Gewerbesteuervorauszahlungen sicherlich als brauchbarer Ansatz zu bewerten, der die Planungssicherheit erhöht und konjunkturelle Trends frühzeitig erkennen lässt. Die exakte Höhe des Beitragsaufkommens lässt sich durch die Gewerbesteuervorauszahlungen aber weiterhin nicht vollständig bestimmen. Dem sei jedoch entgegengehalten, dass im Zeitpunkt der Beitragsplanung hierfür kein besserer Vorhersagewert vorliegt. Abschließend soll deshalb darauf verwiesen werden, dass jeder Zukunftsprognose ein gewisser Grad an Ungenauigkeit inhärent ist.

7 Schlussbetrachtung

Der erste Teil dieser Arbeit hat sich mit der Hebesatzpolitik der Gemeinden befasst. Hierzu wurde einleitend dargestellt, dass sich kommunale Mandatsträger bei der Festlegung der Realsteuerhebesätze aufgrund der entgegengesetzten Wirkungsweise von Steuerwettbewerb und zunehmender Ausgabenbelastung in einem Entscheidungsdilemma befinden. Während der Steuerwettbewerb einen Anreiz für ein niedrigeres Hebesatzniveau bietet, stellen steigende Ausgaben einen Anreiz für ein höheres Hebesatzniveau dar. Vor diesem Hintergrund haben sich die Fragen ergeben, welche weiteren Faktoren die Hebesatzhöhe der Realsteuern in einer Kommune bedingen, inwiefern bei der Gewerbesteuer und den beiden Grundsteuern dieselben Faktoren eine Rolle spielen und ob kommunale Entscheidungsträger eine einheitliche steuerpolitische Strategie in den Kommunen präferieren.

Um für die weiterführenden Forschungsfragen eine geeignete theoretische Grundlage zu schaffen, wurde in Anlehnung an die wissenschaftliche Forschung das Hebesatzniveau der Gewerbesteuer zuerst mit einer quantitativen Methode analysiert. Hierbei ist es gelungen, die bisherigen Erkenntnisse auch mit einer Untersuchung auf Basis bundesweiter Gemeindedaten zu reproduzieren. Übereinstimmend zeigen auch die eigenen Ergebnisse, dass die lokale Ausprägung von Standortfaktoren das Gewerbesteuerhebesatzniveau beeinflusst. Demnach steigt der Gewerbesteuerhebesatz einer Kommune mit der Einwohnerzahl, dem Hebesatzniveau der Grundsteuer B, den Ausgaben im Infrastruktur- oder Sozialbereich und der Hebesatzhöhe in den Nachbargemeinden. Hingegen ergeben sich niedrigere Gewerbesteuerhebesätze, wenn in einer Kommune ein günstiges Arbeitsmarkt- und Beschäftigungsumfeld besteht und bereits hohe steuerliche Bemessungsgrundlagen am Standort vorliegen. Für die erste Forschungsfrage kann daher folgendes Resümee postuliert werden.

> **Resümee zur Forschungsfrage 1:**
> Die Erkenntnisse der bisherigen wissenschaftlichen Forschung zu den Determinanten der Gewerbesteuerhebesatzhöhe lassen sich auch mit einer Untersuchung auf Basis bundesweiter Gemeindedaten reproduzieren. Hierbei erweisen sich vor allem das nachbarschaftliche Hebesatzniveau, die steuerliche Bemessungsgrundlage, die Ausgabenbelastung und der Hebesatz der Grundsteuer B als bedeutende Einflussfaktoren.

Neben der Gewerbesteuer sind aber auch die beiden Grundsteuern von großer haushaltspolitischer Relevanz. Ihre Bedeutung ist nicht nur in der Höhe des Steueraufkommens begründet, sondern beruht ebenso auf der kommunalen Hebesatzautonomie. Diese ermöglicht es den Gemeinden, steuerpolitisch tätig zu werden und die Höhe ihres Steueraufkommens selbst zu beeinflussen. Aufgrund dessen hat sich diese Arbeit nicht nur auf die wertmäßig bedeutendere Gewerbesteuer beschränkt, sondern auch die beiden Grundsteuern A und B analysiert.

In diesem Untersuchungsansatz besteht ein wesentlicher Wertbeitrag dieser Arbeit. Während die wissenschaftliche Literatur bislang nur die Gewerbesteuer untersucht hat, analysiert diese Arbeit auch die beiden Grundsteuern A und B. Die kommunale Hebesatz-politik wird somit ganzheitlich erforscht.

Hierfür ist zunächst mit einer quantitativen Untersuchungsmethode die Höhe der Grundsteuerhebesätze A und B auf die gleiche Auswahl an Determinanten wie der Gewer-besteuerhebesatz regressiert worden. Durch die gleiche Struktur im Aufbau des Untersu-chungsdesigns kann eine Vergleichbarkeit der Ergebnisse gewährleistet werden. Mit den Regressionsmodellen kann nachgewiesen werden, dass auch das Hebesatzniveau der beiden Grundsteuern in bedeutendem Umfang auf die Ausprägung lokaler Standortfaktoren zu-rückzuführen ist. Dabei können für viele Einflussfaktoren die aufgestellten Hypothesen be-stätigt werden.

Die Ganzheitlichkeit der Untersuchung wird ferner dadurch zum Ausdruck gebracht, dass die Arbeit eine zweistufige empirische Vorgehensweise wählt, um die kommunale Re-alsteuerpolitik zu erforschen. So beschränkt sich die Arbeit nicht nur auf eine quantitative Untersuchungsmethode (Regressionsanalyse), sondern untersucht die Hebesatzhöhe der Realsteuern auch mit einem qualitativen Forschungsansatz (qualitative Inhaltsanalyse). Durch diesen Untersuchungsablauf gelingt es, die im Rahmen der Regressionsanalyse ge-wonnenen Erkenntnisse einer Plausibilitätskontrolle zu unterziehen, unklar gebliebene Themenbereiche zu präzisieren und bislang unberücksichtigte Aspekte in die Arbeit ein-fließen zu lassen. Daran wird deutlich, dass sich qualitative und quantitative Untersu-chungsmethoden keinesfalls gegenseitig ausschließen. Vielmehr ergänzen sich die beiden Forschungsansätze gut. Wie sich gezeigt hat, gewährleisten die Experteninterviews einen tiefergehenden Erkenntnisgewinn über die kommunale Realsteuerpolitik.

Zusammenfassend kann dargestellt werden, dass nicht nur der Gewerbesteuerhebesatz, sondern auch die Hebesätze der Grundsteuern A und B im Wesentlichen durch das jewei-lige Hebesatzniveau der Nachbargemeinden bedingt werden. Es wird herausgearbeitet, dass sich Kommunen trotz einer Immobilität des Besteuerungsobjekts auch bei den Grundsteu-ern mit einem umfassenden Steuerwettbewerb konfrontiert sehen und ihre eigenen Hebe-sätze stets in Relation zu den Nachbargemeinden festlegen, um mit einem attraktiven He-besatzniveau Ansiedlungs- und Investitionsanreize zu setzen. Zwar mag der Steuerwettbe-werb infolge einer zunehmenden Ausgabenbelastung nur noch selten zu direkten Hebesatz-senkungen führen, als Korrektiv für übermäßige Steuersatzerhöhungen wirkt er aber wei-terhin. Hierdurch wird letztlich das Funktionieren der kommunalen Realsteuerpolitik ga-rantiert.

Resümee zur Forschungsfrage 2:
Neben dem Gewerbesteuerhebesatz werden auch die Hebesätze der Grund-steuern A und B durch die Ausprägung lokaler Einflussfaktoren bestimmt. Als wesentlicher Einflussfaktor kann für alle drei Realsteuern die jeweilige Hebesatzhöhe in den Nachbargemeinden ermittelt werden. Demnach wirkt der Steuerwettbewerb auch bei den Grundsteuern übermäßigen Hebesatzer-höhungen entgegen, was letztlich das Funktionieren der kommunalen Real-steuerpolitik garantiert.

Da die Beschlüsse über die Höhe der Realsteuerhebesätze von denselben kommunalen Entscheidungsträgern gefasst werden, ist weiterführend untersucht worden, ob sich dieser Personenkreis bei den einzelnen Realsteuerarten an denselben Einflussfaktoren orientiert oder ob bei den Grundsteuern andere Faktoren im Vordergrund stehen, um den unterschiedlichen Bemessungsgrundlagen dieser Steuern Rechnung zu tragen. Somit erforscht diese Arbeit zum einen, welche Standortfaktoren das Hebesatzniveau einer Gemeinde beeinflussen, und darüber hinaus, inwiefern kommunale Entscheidungsträger auf gegebene oder sich wandelnde Einflussfaktoren steuerpolitisch einheitlich reagieren.

Eine Gegenüberstellung der Ergebnisse legt bereits im Rahmen der quantitativen Untersuchung den Schluss nahe, dass sich Kommunalpolitiker bei ihren Hebesatzentscheidungen offenbar in gleicher Weise an der Ausprägung lokaler Standortfaktoren orientieren. Die drei Regressionsmodelle zeigen für viele Determinanten eine Einheitlichkeit hinsichtlich der Einflussrichtung und des Signifikanzniveaus. Völlig kongruente Resultate können jedoch nicht immer beobachtet werden.

Infolgedessen hätte an dieser Stelle noch nicht mit hinreichender Sicherheit über die dritte Forschungsfrage entschieden werden können. Vor allem deshalb erwies sich die Wahl eines zweistufigen empirischen Forschungsansatzes zielführend. Denn durch die Auswertung der Experteninterviews sind weitere Aspekte in die Diskussion eingeflossen, was für einige Faktoren erst eine Aussage über die tatsächliche Kausalitätsbeziehung ermöglicht hat. In einem Fall haben die qualitativen Ergebnisse einen vermuteten Wirkungszusammenhang widerlegt. So hat die Interviewauswertung gezeigt, dass der parteipolitischen Präferenz auf lokaler Ebene eine deutlich geringere Bedeutung zuteilwird als es die quantitativen Ergebnisse hätten erahnen lassen.

Dies verdeutlicht, dass die qualitative Inhaltsanalyse eine umfangreiche Überprüfung der quantitativen Forschungsergebnisse gestattet. Für die überwiegende Zahl an Einflussfaktoren untermauern die Expertenmeinungen die bisher gewonnenen Einschätzungen. Mit ihren Ausführungen beschreiben die Kommunalvertreter nicht nur, welche Faktoren bei Hebesatzentscheidungen von Bedeutung sind, sondern belegen auch, dass es sich bei den drei Realsteuern weitestgehend um dieselben Einflussfaktoren handelt. Viele der interviewten Gemeindevertreter sprechen direkt aus, dass sie zwischen der Gewerbesteuer und den beiden Grundsteuern nicht differenzieren. Demnach würden bei den einzelnen Realsteuern die gleichen Beweggründe bestehen, die eine Anpassung des Hebesatzes nach sich ziehen. Deshalb werde auch über alle drei Hebesätze gleich beraten. Das solle letztlich sicherstellen, dass alle Steuerpflichtigen – Unternehmen und Bürger – in einer Gemeinde gleich behandelt werden.

Aufgrund dessen ist im Rahmen der Zusammenführung der quantitativen und qualitativen Forschungsresultate abschließend das Fazit formuliert worden, dass kommunale Mandatsträger bei den Hebesatzanpassungen der drei Realsteuern grundsätzlich dieselben Entscheidungskriterien heranziehen. Demzufolge wird auf kommunaler Ebene eine einheitliche Hebesatzpolitik bevorzugt.

Resümee zur Forschungsfrage 3:
Kommunale Mandatsträger beziehen sich bei ihren Hebesatzentscheidungen weitestgehend auf dieselben lokalen Standortfaktoren. Neben den im Rahmen der quantitativen Untersuchung gewonnenen Erkenntnissen belegt dies insbesondere die Auswertung der Experteninterviews. Demnach präferieren kommunale Entscheidungsträger eine einheitliche steuerpolitische Strategie.

Im zweiten Teil dieser Arbeit sind die Beitragseinnahmen der Industrie- und Handelskammern untersucht worden. Bei dem IHK-Beitrag handelt es sich ebenfalls um eine öffentlich-rechtliche Abgabe, die auf lokaler Ebene erhoben wird. Folglich sind sowohl die Mitgliedschaft als auch die Entrichtung des Beitrags für alle Unternehmen im IHK-Bezirk mit gewerblicher Prägung verpflichtend. Wie die Gewerbesteuer bemisst sich auch der IHK-Beitrag vor allem nach dem Gewerbeertrag eines Unternehmens.

Für die meisten Kammern stellen die Beitragseinnahmen die zentrale Einnahmeposition dar. Dabei zeigt sich, dass die Industrie- und Handelskammern von der Entwicklung der Gewerbeerträge sogar deutlich stärker abhängig sind als die Gemeinden. Die starke Abhängigkeit von einer zeitweise recht volatilen Bemessungsgrundlage stellt die Kammern bei der Aufstellung ihres jährlichen Wirtschaftsplans vor große Herausforderungen. Im Sinne einer sparsamen und wirtschaftlichen Finanzgebarung ist ihr jährlicher Wirtschaftsplan stets unter Bezug auf die zu erwartenden Erträge aufzustellen. Daher gilt es, künftige Beitragseinnahmen möglichst genau zu prognostizieren. Wie eine Analyse der Beitragsstruktur zeigt, wird dieses Ziel durch die Industrie- und Handelskammern oftmals nicht erreicht.

Aufgrund dessen ist im Rahmen eines gemeinsamen Forschungsprojekts der Universität Würzburg und einer Industrie- und Handelskammer der Frage nachgegangen worden, ob sich eine Kenngröße bestimmen lässt, die einen präzisen Rückschluss auf künftige Beitragseinnahmen zulässt. Als wertbegründende Faktoren des künftigen Beitragsaufkommens sind hierbei neben der Höhe der Bemessungsgrundlagen eines Beitragsjahres die bereits erhobenen Beitragsvorauszahlungen und die Dauer des Besteuerungsverfahrens identifiziert worden.

Unter Bezugnahme auf diese Parameter ist durch den Autor ein modellgestützten Verfahren entwickelt worden, welches auf Grundlage der Entwicklung der Gewerbesteuervorauszahlungen im Kammerbezirk zunächst die Höhe der Beitragsvolumen der relevanten Beitragsjahre näherungsweise prognostiziert und die ermittelten Beträge anschließend anteilig den nachfolgenden Geschäftsjahren zuweist. Das Prognosemodell nutzt dabei den Informationsvorsprung der Gemeinden hinsichtlich der tatsächlichen Höhe der gewerbesteuerlichen Bemessungsgrundlagen eines Veranlagungszeitraums aus. Dabei beruht der kommunale Informationsvorsprung darauf, dass die Gemeinden die Vorauszahlungshöhe der Gewerbesteuer fortlaufend anpassen, wohingegen es die Industrie- und Handelskammern bei dem einst festgesetzten Vorauszahlungsniveau bis zur finalen Beitragsveranlagung belassen.

Resümee zur Forschungsfrage 4:

Die Höhe künftiger IHK-Beitragseinnahmen lässt sich für einen Veranlagungszeitraum näherungsweise aus der Entwicklung der Gewerbesteuervorauszahlungen im Kammerbezirk ableiten. Dem entwickelten Prognosemodell gelingt es, die Planungssicherheit zu erhöhen.

Anhang

A   Tabellen zur Regressionsanalyse

Ab A.3 werden die Ergebnisse der drei Regressionsanalysen zusammengefasst. Folgende Hinweise sollen dem Leser die Interpretation der dargestellten Ergebnisse erleichtern:

- Die **erste Spalte** gibt die in das Regressionsmodell aufgenommenen unabhängigen Variablen wieder. Vor dem Hintergrund der Vergleichbarkeit wurden in allen drei Modellen dieselben Variablen berücksichtigt. Lediglich im Bereich der Realsteuerhebesätze ist jeweils der Hebesatz weggelassen, der die abhängige Variable darstellt. Der durchschnittliche Hebesatz der Nachbargemeinden bezieht sich jeweils auf die abhängige Variable des Modells.
- Die geschätzten, nicht-standardisierten Koeffizienten der Regressionsgleichung werden in der **zweiten Spalte** aufgeführt. Je höher der Wert betragsmäßig ist, umso mehr Einfluss besitzt diese Variable. Das Vorzeichen gibt dabei Auskunft über die Richtung des Einflusses.
- Die **dritte Spalte** weist den Standardfehler dieses geschätzten Koeffizienten aus. Je kleiner dieser ist, desto genauer bildet er den wahren Wert des Koeffizienten ab.
- Da sich die Größe der Regressionskoeffizienten aufgrund unterschiedlicher Maßeinheiten der unabhängigen Variablen nicht uneingeschränkt vergleichen lässt, werden in der **vierten Spalte** deren standardisierte Koeffizienten (Beta-Koeffizienten) angegeben, die den Einfluss unterschiedlicher Maßeinheiten ausgleichen. Sie ergeben sich aus den ursprünglichen unstandardisierten Regressionskoeffizienten, indem diese mit deren Standardabweichung multipliziert und durch die Standardabweichung der abhängigen Variablen dividiert werden. Infolge der Standardisierung liegen diese in einem Wertebereich zwischen -1 und +1 und sind somit unabhängig von dem bei der Messung der Variablen gewählten Einheiten miteinander vergleichbar.
- Die **fünfte Spalte** gibt den T-Wert, die **sechste Spalte** das aus dem T-Wert berechnete Signifikanzniveau (p-Wert) an. Der p-Wert sagt aus, ob sich der Koeffizient signifikant von Null unterscheidet, ob der Einfluss des Regressionskoeffizienten also signifikant ist. Je kleiner er ist, desto mehr spricht das Ergebnis gegen die Nullhypothese (kein Zusammenhang zwischen der unabhängigen und der abhängigen Variable). So besagt das in der Wissenschaft übliche Signifikanzniveau von 0,05, dass mit 95-prozentiger Wahrscheinlichkeit eine richtige Nullhypothese aufgrund des Tests nicht abgelehnt wird.
- Das in der **siebten und achten Spalte** dargestellte Konfidenzintervall zeigt die Präzision des geschätzten Regressionskoeffizienten auf. Mit einer Wahrscheinlichkeit von 95 % deckt dieses Intervall den wahren Wert des Regressionskoeffizienten ab.

- In den **letzten beiden Spalten** ist die Kollinearitatsstatistik aufgeführt, die für jede Variable den Toleranzwert und VIF (Variance inflation factor) angibt. Damit keine Multikollinearität (Korrelation zwischen den unabhängigen Variablen) vorliegt, sollten die Toleranzwerte über 0,2 und der VIF-Wert unter 10 liegen.

A.1   Deskriptive Statistik

Variablen	Einheit	Zeit-bezug	N	Min.	Mittel-wert	Max.	Standard-abweich.
Realsteuerhebesätze							
Grundsteuerhebesatz A	Prozent	2011	11.215	0,00	304,31	640,00	54,45
Grundsteuerhebesatz B	Prozent	2011	11.215	100,00	339,29	600,00	47,90
Gewerbesteuerhebesatz	Prozent	2011	11.215	200,00	343,83	515,00	34,74
GewSt-Hebesatz (Nachbar)	Prozent	2010	11.215	283,53	337,55	455,92	24,75
GrSt-Hebesatz A (Nachbar)	Prozent	2010	11.215	0,00	296,89	545,54	42,01
GrSt-Hebesatz B (Nachbar)	Prozent	2010	11.215	248,47	327,86	472,27	30,78
Bevölkerungsstruktur							
Einwohner	Tausend	2010	11.215	0,01	6,44	1.007,12	24,59
Einwohner unter 18	Prozent	2010	11.215	8,00	16,95	26,50	2,59
Einwohner 18 bis unter 30	Prozent	2010	11.215	7,30	12,80	25,50	1,42
Einwohner 30 bis unter 50	Prozent	2010	11.215	18,20	28,37	49,80	1,82
Einwohner 50 bis unter 65	Prozent	2010	11.215	13,00	21,29	31,30	2,01
Einwohner 65 und älter	Prozent	2010	11.215	9,10	20,59	38,70	3,03
Lohn- u. Einkommensteuer	Euro / EW	2010	11.215	0,00	2.106,15	21.450,00	1.030,24
Realsteueraufkommen							
Grundsteuer A (Grundbetrag)	Euro / EW	2010	11.215	-3,31	4,82	111,11	5,53
Grundsteuer B (Grundbetrag)	Euro / EW	2010	11.215	0,00	26,58	377,36	10,96
Gewerbesteuer (Grundbetrag)	Euro / EW	2010	11.215	-424,60	65,03	5.842,52	140,92
Raumordnung & Infrastruktur							
Gemeindefläche	km²	2010	11.215	0,39	30,63	530,42	36,73
Erreichbarkeit Bundesautobahn	Minuten	2010	11.215	0,00	17,16	139,20	12,79
Erreichbarkeit IC-Bahnhof	Minuten	2010	11.215	0,00	27,72	170,70	13,68
Erreichbarkeit Flughafen	Minuten	2010	11.215	2,90	60,82	223,90	25,80
Erreichbarkeit Mittelzentren	Minuten	2010	11.215	0,00	13,24	138,00	8,28
Arbeitsmarkt & Beschäftigung							
Beschäftigtenquote	Prozent	2010	11.215	0,00	53,68	102,00	5,16
Beschäftigte primärer Sektor	Prozent	2010	11.215	0,00	3,85	54,78	5,39
Beschäftigte sekundärer Sektor	Prozent	2010	11.215	0,00	38,86	94,10	15,00
Beschäftigte tertiärer Sektor	Prozent	2010	11.215	0,00	57,27	100,00	14,86
Pendlersaldo	je 100 SVB	2010	11.215	-960,80	-106,62	76,00	111,54
Patentanmeldungen	je 1.000 EW	2005	11.215	0,02	0,40	3,09	0,36
Parteienpräferenz							
Präferenz für Linksparteien	Prozent	2009	11.215	0,00	41,16	81,58	10,87

A.2 Korrelationen nach Pearson

A.2.1 Regressionsmodell zum Gewerbesteuerhebesatz

Korrelation nach Pearson		Realsteuerhebesätze				Bevölkerungsstruktur					Realsteueraufkommen			Raumordnung & Infrastruktur					Arbeitsmarkt & Beschäftigung				Partei
		#1	#2	#3	#4	#5	#6	#7	#8	#9	#10	#11	#12	#13	#14	#15	#16	#17	#18	#19	#20	#21	#22
Realsteuerhebesätze																							
GewSt-Hebesatz	#1	1,000	,678	,154	,538	,300	,002	,148	,136	,039	-,060	-,225	,042	,114	-,079	-,036	-,214	-,318	-,128	-,251	,134	,038	,063
GewSt-Hebesatz (Nachbar)	#2	,678	1,000	,147	,411	,301	,191	,119	,067	,190	,016	-,253	,101	,067	-,110	,006	-,306	-,288	-,160	-,347	,121	,141	-,058
Grundsteuerhebesatz A (iv)	#3	,154	,147	1,000	,386	,127	,324	,143	-,110	,145	-,026	-,045	,031	,133	,089	,063	,114	,046	-,107	-,231	,005	,210	-,251
Grundsteuerhebesatz B (iv)	#4	,538	,411	,386	1,000	,324	-,185	,113	,151	-,132	-,059	-,156	-,056	,312	,030	,000	-,024	-,226	,022	-,045	,135	-,061	,077
Bevölkerungsstruktur																							
Einwohner (ln)	#5	,300	,301	,127	,324	1,000	,029	,211	-,013	,313	,161	-,466	,306	,735	-,284	-,295	-,244	-,534	,017	-,260	,262	,360	,016
Einwohner unter 18	#6	,002	,191	,324	-,185	,029	1,000	,234	-,649	,471	,051	,048	,124	-,071	-,116	-,056	-,113	,046	-,188	-,283	-,088	,394	-,450
Einwohner 18 bis 30	#7	,148	,119	,143	,113	,211	,234	1,000	-,437	,045	,069	-,169	-,055	,113	-,049	-,073	-,039	-,245	,049	-,283	,172	,220	-,288
Einwohner über 65	#8	,136	,067	-,110	,151	-,013	-,649	-,437	1,000	-,310	-,037	-,031	,043	,012	,201	,080	,141	-,066	-,115	,006	,225	-,296	,314
Lohn- u. Einkommensteuer (ln)	#9	,039	,190	,145	-,132	,313	,471	,045	-,310	1,000	,187	-,191	,392	-,009	-,322	-,253	-,334	-,200	,012	-,327	,031	,589	-,242
Realsteueraufkommen																							
Gewerbesteuer (Grundbetrag)	#10	-,060	,016	-,026	-,059	,161	,051	,069	-,037	,187	1,000	-,043	,334	,098	-,055	-,069	-,055	-,096	,021	-,085	,173	,125	-,074
Grundsteuer A (Grundbetrag)	#11	-,225	-,253	-,045	-,156	-,466	,048	-,169	-,031	-,191	-,043	1,000	-,171	-,057	,165	,093	,200	,293	-,118	,368	-,104	-,258	-,070
Grundsteuer B (Grundbetrag)	#12	,042	,101	,031	-,056	,306	,124	-,055	,043	,392	,334	-,171	1,000	,122	-,091	-,188	-,115	-,152	-,082	-,179	,240	,219	-,028
Raumordnung & Infrastruktur																							
Gemeindefläche (ln)	#13	,114	,067	,133	,312	,735	-,071	,113	,012	-,009	,098	-,057	,122	1,000	-,055	-,087	,027	-,262	,023	,028	,188	,065	,000
Erreichbarkeit Autobahn (ln)	#14	-,079	-,110	,089	,030	-,284	-,116	-,049	,201	-,322	-,055	,165	-,091	-,055	1,000	,351	,429	,277	-,066	,136	-,044	-,250	,027
Erreichbarkeit IC-Bahnhof (ln)	#15	-,036	,006	,063	,000	-,295	-,056	-,073	,080	-,253	-,069	,093	-,188	-,087	,351	1,000	,213	,281	,054	,070	-,097	-,178	-,040
Erreichbarkeit Flughafen (ln)	#16	-,214	-,306	,114	-,024	-,244	-,113	-,039	,141	-,334	-,055	,200	-,115	,027	,429	,213	1,000	,268	-,073	,138	-,018	-,339	-,064
Erreichbarkeit Mittelzentren (ln)	#17	-,318	-,288	,046	-,226	-,534	,046	-,245	-,066	-,200	-,096	,293	-,152	-,262	,277	,281	,268	1,000	,081	,246	-,265	-,187	-,074
Arbeitsmarkt & Beschäftigung																							
Beschäftigtenquote	#18	-,128	-,160	-,107	,022	,017	-,188	,049	-,115	,012	,021	-,118	-,082	,023	-,066	,054	-,073	,081	1,000	,120	-,135	,107	-,010
Beschäftigte primärer Sektor	#19	-,251	-,347	-,231	-,045	-,260	-,283	-,283	,006	-,327	-,085	,368	-,179	,028	,136	,070	,138	,246	,120	1,000	-,337	-,319	,221
Pendlersaldo	#20	,134	,121	,005	,135	,262	-,088	,172	,225	,031	,173	-,104	,240	,188	-,044	-,097	-,018	-,265	-,135	-,337	1,000	-,002	-,030
Patentanmeldungen (ln)	#21	,038	,141	,210	-,061	,360	,394	,220	-,296	,589	,125	-,258	,219	,065	-,250	-,178	-,339	-,187	,107	-,319	-,002	1,000	-,327
Parteienpräferenz																							
Präferenz für Linksparteien	#22	,063	-,058	-,251	,077	,016	-,450	-,288	,314	-,242	-,074	-,070	-,028	,000	,027	-,040	-,064	-,074	-,010	,221	-,030	-,327	1,000

A.2.2 Regressionsmodell zum Grundsteuerhebesatz A

Korrelation nach Pearson		Realsteuerhebesätze				Bevölkerungsstruktur					Realsteueraufkommen			Raumordnung & Infrastruktur					Arbeitsmarkt & Beschäftigung				Partei
		#1	#2	#3	#4	#5	#6	#7	#8	#9	#10	#11	#12	#13	#14	#15	#16	#17	#18	#19	#20	#21	#22
Realsteuerhebesätze																							
GrSt-Hebesatz	#1	1,000	,718	,234	,459	,078	,292	,154	-,099	,103	-,049	-,052	-,004	,082	,095	,086	,118	,059	-,107	-,218	-,011	,172	-,229
GrSt-Hebesatz A (Nachbar)	#2	,718	1,000	,134	,260	,146	,433	,199	-,192	,231	,042	-,042	,085	,150	,078	,072	,108	,051	-,085	-,273	,021	,314	-,343
Gewerbesteuerhebesatz (iv)	#3	,234	,134	1,000	,596	,352	,084	,152	,113	,114	-,038	-,236	,092	,150	-,086	-,073	-,223	-,338	-,167	-,309	,162	,096	,019
Grundsteuerhebesatz B (iv)	#4	,459	,260	,596	1,000	,326	-,132	,127	,130	-,103	-,060	-,157	-,047	,310	,037	,007	-,014	-,213	,004	-,077	,131	-,029	,042
Bevölkerungsstruktur																							
Einwohner (ln)	#5	,078	,146	,352	,326	1,000	,029	,211	-,013	,313	,161	-,466	,306	,735	-,284	-,295	-,244	-,534	,017	-,260	,262	,360	,016
Einwohner unter 18	#6	,292	,433	,084	-,132	,029	1,000	,234	-,649	,471	,051	,048	,124	-,071	-,116	-,056	-,113	,046	-,188	-,283	-,088	,394	-,450
Einwohner 18 bis 30	#7	,154	,199	,152	,127	,211	,234	1,000	-,437	,045	,069	-,169	-,055	,113	-,049	-,073	-,039	-,245	,049	-,283	,172	,220	-,288
Einwohner über 65	#8	-,099	-,192	,113	,130	-,013	-,649	-,437	1,000	-,310	-,037	-,031	,043	,012	,201	,080	,141	-,066	-,115	,006	,225	-,296	,314
Lohn- u. Einkommensteuer (ln)	#9	,103	,231	,114	-,103	,313	,471	,045	-,310	1,000	,187	-,191	,392	-,009	-,322	-,253	-,334	-,200	,012	-,327	,031	,589	-,242
Realsteueraufkommen																							
Gewerbesteuer (Grundbetrag)	#10	-,049	,042	-,038	-,060	,161	,051	,069	-,037	,187	1,000	-,043	,334	,098	-,078	-,069	-,055	-,096	,021	-,085	,173	,125	-,074
Grundsteuer A (Grundbetrag)	#11	-,052	-,042	-,236	-,157	-,466	,048	-,169	-,031	-,191	-,043	1,000	-,171	-,057	,165	,093	,200	,293	-,118	,368	-,104	-,258	-,070
Grundsteuer B (Grundbetrag)	#12	-,004	,085	,092	-,047	,306	,124	-,055	,043	,392	,334	-,171	1,000	,122	-,091	-,188	-,115	-,152	-,082	-,179	,240	,219	-,028
Raumordnung & Infrastruktur																							
Gemeindefläche (ln)	#13	,082	,150	,150	,310	,735	-,071	,113	,012	-,009	,098	-,057	,122	1,000	-,055	-,087	,027	-,262	,023	,028	,188	,065	,000
Erreichbarkeit Autobahn (ln)	#14	,095	,078	-,086	,037	-,284	-,116	-,049	,201	-,322	-,078	,165	-,091	-,055	1,000	,351	,429	,277	-,066	,136	-,044	-,250	,027
Erreichbarkeit IC-Bahnhof (ln)	#15	,086	,072	-,073	,007	-,295	-,056	-,073	,080	-,253	-,069	,093	-,188	-,087	,351	1,000	,213	,281	,054	,070	-,097	-,178	-,040
Erreichbarkeit Flughafen (ln)	#16	,118	,108	-,223	-,014	-,244	-,113	-,039	,141	-,334	-,055	,200	-,115	,027	,429	,213	1,000	,268	-,073	,138	-,018	-,339	-,064
Erreichbarkeit Mittelzentren (ln)	#17	,059	,051	-,338	-,213	-,534	,046	-,245	-,066	-,200	-,096	,293	-,152	-,262	,277	,281	,268	1,000	,081	,246	-,265	-,187	-,074
Arbeitsmarkt & Beschäftigung																							
Beschäftigtenquote	#18	-,107	-,085	-,167	,004	,017	-,188	,049	-,115	,012	,021	-,118	-,082	,023	-,055	,054	-,073	,081	1,000	,120	-,135	,107	-,010
Beschäftigte primärer Sektor	#19	-,218	-,273	-,309	-,077	-,260	-,283	-,283	,006	-,327	-,085	,368	-,179	,028	,136	,070	,138	,246	,120	1,000	-,337	-,319	,221
Pendlersaldo	#20	-,011	,021	,162	,131	,262	-,088	,172	,225	,031	,173	-,104	,240	,188	-,044	-,097	-,018	-,265	-,135	-,337	1,000	-,002	-,030
Patentanmeldungen (ln)	#21	,172	,314	,096	-,029	,360	,394	,220	-,296	,589	,125	-,258	,219	,065	-,250	-,178	-,339	-,187	,107	-,319	-,002	1,000	-,327
Parteienpräferenz																							
Präferenz für Linksparteien	#22	-,229	-,343	,019	,042	,016	-,450	-,288	,314	-,242	-,074	-,070	-,028	,000	,027	-,040	-,064	-,074	-,010	,221	-,030	-,327	1,000

A.2.3 Regressionsmodell zum Grundsteuerhebesatz B

Korrelation nach Pearson

		Realsteuerhebesätze				Bevölkerungsstruktur					Realsteueraufkommen			Raumordnung & Infrastruktur					Arbeitsmarkt & Beschäftigung				Partei
		#1	#2	#3	#4	#5	#6	#7	#8	#9	#10	#11	#12	#13	#14	#15	#16	#17	#18	#19	#20	#21	#22
Realsteuerhebesätze																							
GrSt-Hebesatz	#1	1,000	,635	,495	,339	,243	-,198	,127	,155	-,161	-,090	-,166	-,097	,216	,036	,035	-,028	-,197	,018	-,045	,106	-,088	,093
GrSt-Hebesatz B (Nachbar)	#2	,635	1,000	,423	,289	,304	-,128	,089	,092	-,112	,009	-,141	-,070	,324	,028	,104	-,045	-,157	,091	,048	,122	-,013	-,001
Gewerbesteuerhebesatz (iv)	#3	,495	,423	1,000	,159	,345	,065	,141	,121	,111	-,035	-,236	,096	,134	-,099	-,082	-,241	-,348	-,165	-,299	,163	,084	,040
Grundsteuerhebesatz A (iv)	#4	,339	,289	,159	1,000	,121	,326	,142	-,113	,146	-,026	-,042	,031	,129	,090	,064	,117	,052	-,106	-,229	,002	,211	-,253
Bevölkerungsstruktur																							
Einwohner (ln)	#5	,243	,304	,345	,121	1,000	,029	,211	-,013	,313	,161	-,466	,306	,735	-,284	-,295	-,244	-,534	,017	-,260	,262	,360	,016
Einwohner unter 18	#6	-,198	-,128	,065	,326	,029	1,000	,234	-,649	,471	,051	,048	,124	-,071	-,116	-,056	-,113	,046	-,188	-,283	-,088	,394	-,450
Einwohner 18 bis 30	#7	,127	,089	,141	,142	,211	,234	1,000	-,437	,045	,069	-,169	-,055	,113	-,049	-,073	-,039	-,245	,049	-,283	,172	,220	-,288
Einwohner über 65	#8	,155	,092	,121	-,113	-,013	-,649	-,437	1,000	-,310	-,037	-,031	,043	,012	,201	,080	,141	-,066	-,115	,006	,225	-,296	,314
Lohn- u. Einkommensteuer (ln)	#9	-,161	-,112	,111	,146	,313	,471	,045	-,310	1,000	,187	-,191	,392	,187	-,191	-,253	-,334	-,200	,012	-,327	,031	,589	-,242
Realsteueraufkommen																							
Gewerbesteuer (Grundbetrag)	#10	-,090	,009	-,035	-,026	,161	,051	,069	-,037	,187	1,000	-,043	,334	,098	-,078	-,069	-,055	-,096	,021	-,085	,173	,125	-,074
Grundsteuer A (Grundbetrag)	#11	-,166	-,141	-,236	-,042	-,466	,048	-,169	-,031	-,191	-,043	1,000	-,171	-,057	,165	,093	,200	,293	,118	,368	-,104	-,258	-,070
Grundsteuer B (Grundbetrag)	#12	-,097	-,070	,096	,031	,306	,124	-,055	,043	,392	,334	-,171	1,000	,122	-,091	-,188	-,115	-,152	-,082	,179	,240	,219	-,028
Raumordnung & Infrastruktur																							
Gemeindefläche (ln)	#13	,216	,324	,134	,129	,735	-,071	,113	,012	-,009	,098	-,057	,122	1,000	-,055	-,087	,027	-,262	,023	,028	,188	,065	,000
Erreichbarkeit Autobahn (ln)	#14	,036	,028	-,099	,090	-,284	-,116	-,049	,201	-,191	-,078	,165	-,091	-,055	1,000	,351	,429	,277	-,066	,136	-,044	-,250	,027
Erreichbarkeit IC-Bahnhof (ln)	#15	,035	,104	-,082	,064	-,295	-,056	-,073	,080	-,253	-,069	,093	-,188	-,087	,351	1,000	,213	,281	,054	,070	-,097	-,178	-,040
Erreichbarkeit Flughafen (ln)	#16	-,028	-,045	-,241	,117	-,244	-,113	-,039	,141	-,334	-,055	,200	-,115	,027	,429	,213	1,000	,268	-,073	,138	-,018	-,339	-,064
Erreichbarkeit Mittelzentren (ln)	#17	-,197	-,157	-,348	,052	-,534	,046	-,245	-,066	-,200	-,096	,293	-,152	-,262	,277	,281	,268	1,000	,081	,246	-,265	-,187	-,074
Arbeitsmarkt & Beschäftigung																							
Beschäftigtenquote	#18	,018	,091	-,165	-,106	,017	-,188	,049	-,115	,012	,021	,118	-,082	,023	-,066	,054	-,073	,081	1,000	,120	-,135	,107	-,010
Beschäftigte primärer Sektor	#19	-,045	,048	-,299	-,229	-,260	-,283	-,283	,006	-,327	-,085	,368	,179	,028	,136	,070	,138	,246	,120	1,000	-,337	-,319	,221
Pendlersaldo	#20	,106	,122	,163	,002	,262	-,088	,172	,225	,031	,173	-,104	,240	,188	-,044	-,097	-,018	-,265	-,135	-,337	1,000	-,002	-,030
Patentanmeldungen (ln)	#21	-,088	-,013	,084	,211	,360	,394	,220	-,296	,589	,125	-,258	,219	,065	-,250	-,178	-,339	-,187	,107	-,319	-,002	1,000	-,327
Parteienpräferenz																							
Präferenz für Linksparteien	#22	,093	-,001	,040	-,253	,016	-,450	-,288	,314	-,242	-,074	-,070	-,028	,000	,027	-,040	-,064	-,074	-,010	,221	-,030	-,327	1,000

A.3   Koeffizienten

A.3.1   Regressionsmodell zum Gewerbesteuerhebesatz

Regressionsmodell zum **Gewerbesteuerhebesatz** >> korr. R² = 57,0% >> N = 11.215	nicht standardisierte Koeffizienten		stan-dard. Koeffiz.	T	Sig.	95,0% Konfidenzintervalle für B		Kollinearitätsstatistik	
	Regress.-koeffizient B	Standardfehler	Beta	T	Sig.	Unter-grenze	Ober-grenze	Tole-ranz	VIF
(Konstante)	26,840	10,244		2,620	,009	6,760	46,921		
Realsteuerhebesätze									
GewSt-Hebesatz (Nachbar)	,679	,012	,483	56,479	,000	,655	,702	,523	1,911
Grundsteuerhebesatz A (iv)	-,024	,006	-,035	-4,293	,000	-,035	-,013	,569	1,757
Grundsteuerhebesatz B (iv)	,252	,007	,315	35,194	,000	,238	,267	,480	2,085
Bevölkerungsstruktur									
Einwohner (ln)	2,251	,380	,097	5,926	,000	1,506	2,996	,143	6,982
Einwohner unter 18	,306	,156	,023	1,962	,050	,000	,612	,285	3,512
Einwohner 18 bis 30	2,234	,207	,092	10,807	,000	1,829	2,639	,534	1,872
Einwohner über 65	,928	,126	,081	7,348	,000	,680	1,175	,316	3,161
Lohn- u. Einkommensteuer (ln)	-2,272	,767	-,028	-2,961	,003	-3,777	-,768	,426	2,347
Realsteueraufkommen									
Gewerbesteuer (Grundbetrag)	-,014	,002	-,058	-8,655	,000	-,018	-,011	,855	1,169
Grundsteuer A (Grundbetrag)	,155	,054	,025	2,877	,004	,049	,260	,521	1,918
Grundsteuer B (Grundbetrag)	,057	,024	,018	2,406	,016	,011	,104	,677	1,476
Raumordnung & Infrastruktur									
Gemeindefläche (ln)	-2,995	,412	-,091	-7,270	,000	-3,803	-2,188	,244	4,102
Erreichbarkeit Autobahn (ln)	-,629	,379	-,013	-1,658	,097	-1,373	,115	,670	1,493
Erreichbarkeit IC-Bahnhof (ln)	-,014	,419	,000	-,034	,973	-,835	,806	,750	1,333
Erreichbarkeit Flughafen (ln)	-2,628	,595	-,034	-4,418	,000	-3,794	-1,462	,630	1,587
Erreichbarkeit Mittelzentren (ln)	-2,107	,350	-,049	-6,018	,000	-2,793	-1,421	,576	1,737
Arbeitsmarkt & Beschäftigung									
Beschäftigtenquote	-,270	,047	-,040	-5,710	,000	-,363	-,177	,779	1,284
Beschäftigte primärer Sektor	-,291	,054	-,045	-5,366	,000	-,398	-,185	,541	1,850
Pendlersaldo	-,010	,002	-,031	-4,146	,000	-,014	-,005	,689	1,451
Patentanmeldungen (ln)	-4,610	1,404	-,029	-3,284	,001	-7,362	-1,859	,488	2,047
Parteienpräferenz									
Präferenz für Linksparteien	,165	,024	,052	6,800	,000	,118	,213	,663	1,509

A.3.2 Regressionsmodell zum Grundsteuerhebesatz A

Regressionsmodell zum **Grundsteuerhebesatz A** >> korr. R² = 62,6% >> N = 11.215	nicht standardisierte Koeffizienten		stand. Koeffiz.			95,0% Konfidenzintervalle für B		Kollinearitätsstatistik	
	Regress.-koeffizient B	Standardfehler	Beta	T	Sig.	Untergrenze	Obergrenze	Toleranz	VIF
(Konstante)	-89,324	14,665		-6,091	,000	-118,069	-60,578		
Realsteuerhebesätze									
GrSt-Hebesatz A (Nachbar)	,747	,010	,576	75,377	,000	,727	,766	,571	1,752
Gewerbesteuerhebesatz (iv)	-,117	,015	-,067	-7,885	,000	-,146	-,088	,458	2,184
Grundsteuerhebesatz B (iv)	,504	,011	,398	47,100	,000	,483	,525	,467	2,142
Bevölkerungsstruktur									
Einwohner (ln)	-2,459	,554	-,068	-4,438	,000	-3,545	-1,373	,144	6,955
Einwohner unter 18	1,913	,224	,091	8,523	,000	1,473	2,353	,293	3,408
Einwohner 18 bis 30	,992	,304	,026	3,264	,001	,396	1,587	,528	1,894
Einwohner über 65	,856	,183	,048	4,676	,000	,497	1,214	,321	3,111
Lohn- u. Einkommensteuer (ln)	1,976	1,120	,016	1,764	,078	-,219	4,172	,427	2,342
Realsteueraufkommen									
Gewerbesteuer (Grundbetrag)	-,013	,002	-,032	-5,196	,000	-,017	-,008	,852	1,174
Grundsteuer A (Grundbetrag)	-,246	,079	-,025	-3,127	,002	-,400	-,092	,522	1,917
Grundsteuer B (Grundbetrag)	-,025	,035	-,005	-,720	,472	-,093	,043	,677	1,478
Raumordnung & Infrastruktur									
Gemeindefläche (ln)	-1,991	,603	-,039	-3,299	,001	-3,174	-,808	,243	4,122
Erreichbarkeit Autobahn (ln)	-1,086	,555	-,014	-1,957	,050	-2,173	,002	,669	1,495
Erreichbarkeit IC-Bahnhof (ln)	,461	,605	,005	,762	,446	-,725	1,647	,767	1,304
Erreichbarkeit Flughafen (ln)	4,722	,853	,040	5,536	,000	3,050	6,394	,654	1,528
Erreichbarkeit Mittelzentren	3,707	,511	,055	7,251	,000	2,705	4,709	,576	1,736
Arbeitsmarkt & Beschäftigung									
Beschäftigtenquote	-,581	,069	-,055	-8,408	,000	-,716	-,445	,779	1,283
Beschäftigte primärer Sektor	-,511	,079	-,051	-6,449	,000	-,666	-,356	,543	1,843
Pendlersaldo	-,025	,003	-,052	-7,442	,000	-,032	-,019	,695	1,439
Patentanmeldungen (ln)	2,818	2,059	,011	1,369	,171	-1,218	6,853	,485	2,062
Parteienpräferenz									
Präferenz für Linksparteien	,037	,036	,007	1,035	,301	-,033	,107	,661	1,513

A.3.3 Regressionsmodell zum Grundsteuerhebesatz B

Regressionsmodell zum **Grundsteuerhebesatz B** >> korr. R^2 = 56,7% >> N = 11.215	nicht standardi- sierte Koeffizien- ten		stan- dard. Koef- fiz.			95,0% Konfidenz- intervalle für B		Kollineari- tätsstatistik	
	Re- gress.- koeffi- zient B	Stan- dard- fehler	Beta	T	Sig.	Unter- grenze	Ober- grenze	Tole- ranz	VIF
(Konstante)	41,782	14,228		2,937	,003	13,893	69,671		
Realsteuerhebesätze									
GrSt-Hebesatz B (Nachbar)	,590	,012	,379	47,196	,000	,565	,614	,599	1,671
Gewerbesteuerhebesatz (iv)	,451	,012	,296	36,482	,000	,427	,476	,587	1,705
Grundsteuerhebesatz A (iv)	,271	,007	,289	38,505	,000	,257	,285	,683	1,464
Bevölkerungsstruktur									
Einwohner (ln)	1,222	,525	,038	2,329	,020	,194	2,251	,144	6,962
Einwohner unter 18	-3,898	,206	-,210	-18,902	,000	-4,303	-3,494	,312	3,210
Einwohner 18 bis 30	2,134	,287	,063	7,427	,000	1,571	2,697	,529	1,889
Einwohner über 65	-,661	,173	-,042	-3,828	,000	-,999	-,322	,324	3,087
Lohn- u. Einkommensteuer (ln)	-5,427	1,061	-,049	-5,112	,000	-7,507	-3,346	,426	2,346
Realsteueraufkommen									
Gewerbesteuer (Grundbetrag)	-,015	,002	-,044	-6,513	,000	-,019	-,010	,848	1,180
Grundsteuer A (Grundbetrag)	-,327	,075	-,038	-4,393	,000	-,473	-,181	,521	1,918
Grundsteuer B (Grundbetrag)	-,175	,033	-,040	-5,281	,000	-,240	-,110	,673	1,485
Raumordnung & Infrastruktur									
Gemeindefläche (ln)	-1,815	,570	-,040	-3,181	,001	-2,933	-,696	,243	4,109
Erreichbarkeit Autobahn (ln)	,270	,525	,004	,514	,607	-,759	1,299	,670	1,492
Erreichbarkeit IC-Bahnhof (ln)	-1,344	,577	-,017	-2,332	,020	-2,475	-,214	,757	1,321
Erreichbarkeit Flughafen (ln)	-1,191	,809	-,011	-1,472	,141	-2,778	,395	,652	1,535
Erreichbarkeit Mittelzentren (ln)	-2,727	,484	-,046	-5,628	,000	-3,676	-1,777	,575	1,738
Arbeitsmarkt & Beschäftigung									
Beschäftigtenquote	,144	,066	,015	2,184	,029	,015	,273	,769	1,300
Beschäftigte primärer Sektor	,643	,075	,072	8,614	,000	,497	,790	,547	1,827
Pendlersaldo	,007	,003	,016	2,164	,031	,001	,013	,692	1,445
Patentanmeldungen (ln)	-16,208	1,933	-,074	-8,385	,000	-19,996	-12,419	,493	2,028
Parteienpräferenz									
Präferenz für Linksparteien	,123	,034	,028	3,657	,000	,057	,189	,659	1,517

A.4   Vergleich der Regressionsmodelle

Vergleich der **Regressionsmodelle** >> N = 11.215	Gewerbesteuer- hebesatz korr. R^2 = 57,0%		Grundsteuer- hebesatz A korr. R^2 = 62,6%		Grundsteuer- hebesatz B korr. R^2 = 56,7%	
	Beta	Sig.	Beta	Sig.	Beta	Sig.
Realsteuerhebesätze						
Hebesatz (Nachbar)	,483	,000	,576	,000	,379	,000
Gewerbesteuerhebesatz (iv)	- - -	- - -	-,067	,000	,296	,000
Grundsteuerhebesatz A (iv)	-,035	,000	- - -	- - -	,289	,000
Grundsteuerhebesatz B (iv)	,315	,000	,398	,000	- - -	- - -
Bevölkerungsstruktur						
Einwohner (ln)	,097	,000	-,068	,000	,038	,020
Einwohner unter 18	,023	,050	,091	,000	-,210	,000
Einwohner 18 bis 30	,092	,000	,026	,001	,063	,000
Einwohner über 65	,081	,000	,048	,000	-,042	,000
Lohn- u. Einkommensteuer (ln)	-,028	,003	,016	,078	-,049	,000
Realsteueraufkommen						
Gewerbesteuer (Grundbetrag)	-,058	,000	-,032	,000	-,044	,000
Grundsteuer A (Grundbetrag)	,025	,004	-,025	,002	-,038	,000
Grundsteuer B (Grundbetrag)	,018	,016	-,005	,472	-,040	,000
Raumordnung & Infrastruktur						
Gemeindefläche (ln)	-,091	,000	-,039	,001	-,040	,001
Erreichbarkeit Autobahn (ln)	-,013	,097	-,014	,050	,004	,607
Erreichbarkeit IC-Bahnhof (ln)	,000	,973	,005	,446	-,017	,020
Erreichbarkeit Flughafen (ln)	-,034	,000	,040	,000	-,011	,141
Erreichbarkeit Mittelzentren (ln)	-,049	,000	,055	,000	-,046	,000
Arbeitsmarkt & Beschäftigung						
Beschäftigtenquote	-,040	,000	-,055	,000	,015	,029
Beschäftigte Primärer Sektor	-,045	,000	-,051	,000	,072	,000
Pendlersaldo	-,031	,000	-,052	,000	,016	,031
Patentanmeldungen (ln)	-,029	,001	,011	,171	-,074	,000
Parteienpräferenz						
Präferenz für Linksparteien	,052	,000	,007	,301	,028	,000

B   Datengrundlage und Definitionen der Regressions-analyse

B.1   Übersicht

Variablen	Langname, Beschreibung	Quelle	Berechnungsgrundlage
Realsteuerhebesätze			
Realsteuer-Hebesatz (Nachbar)	Höhe des GewSt- / GrSt A / GrSt B Hebesatzes der Nachbarn in %	Eigene Berechnung (Daten aus dem Realsteuervergleich)	Ø-Hebesatz der Nachbargem. <2010>, gewichtet mit der Entfernung in km
Gewerbesteuerhebesatz	Höhe des Gewerbesteuerhebesatzes 2011 in %	Stat. Bundesamt, Realsteuervergleich - Fachs. 14 Reihe 10.1 - 2011	ohne, siehe für die Berechnung der jeweiligen Instrumentenschätzer B.2.1
Grundsteuerhebesatz A	Höhe des Grundsteuerhebesatzes A 2011 in %	Stat. Bundesamt, Realsteuervergleich - Fachs. 14 Reihe 10.1 - 2011	ohne, siehe für die Berechnung der jeweiligen Instrumentenschätzer B.2.1
Grundsteuerhebesatz B	Höhe des Grundsteuerhebesatzes B 2011 in %	Stat. Bundesamt, Realsteuervergleich - Fachs. 14 Reihe 10.1 - 2011	ohne, siehe für die Berechnung der jeweiligen Instrumentenschätzer B.2.1
Bevölkerungsstruktur			
Einwohner (ln)	Anzahl der Einwohner der Gemeinde	Stat. Bundesamt, Gemeindeverzeichnis	ln (Einwohner <2010>)
Einwohner U18	Anteil der Einwohner unter 18 Jahre an den Einwohnern in %	Fortschreibung des Bevölkerungsstandes des Bundes u. d. Länder	E <18 Jahre <2010> / E <2010> x 100
Einwohner 18 bis U30	Anteil der Einwohner von 18 bis unter 30 Jahre an den Einwohnern in %	Fortschreibung des Bevölkerungsstandes des Bundes u. d. Länder	E 18<30 Jahre <2010> / E <2010> x 100
Einwohner 30 bis U50	Anteil der Einwohner von 30 bis unter 50 Jahre an den Einwohnern in %	Fortschreibung des Bevölkerungsstandes des Bundes u. d. Länder	E 30<50 Jahre <2010> / E <2010> x 100
Einwohner 50 bis U65	Anteil der Einwohner von 50 bis unter 65 Jahre an den Einwohnern in %	Fortschreibung des Bevölkerungsstandes des Bundes u. d. Länder	E 50<65 Jahre <2010> / E <2010> x 100
Einwohner 65 und älter	Anteil der Einwohner 65 Jahre und älter an den Einwohnern in %	Fortschreibung des Bevölkerungsstandes des Bundes u. d. Länder	E 65 Jahre und älter <2010> / E <2010> x 100
Lohn- und Einkommensteuer (ln)	Lohn- und Einkommensteuer in € je Einwohner	Lohn- und ESt-Stat. der Stat. Ämter des Bundes u. der Länder	ln (Lohn- und Einkommensteuer <2010> / E <2010>)
Raumordnung & Infrastruktur			
Gemeindefläche (ln)	Fläche der Gemeinde in km2	Stat. Bundesamt, Gemeindeverzeichnis	ln (Fläche in km2 <2010>)
Erreichbarkeit Autobahn (ln)	Ø Pkw-Fahrzeit zur nächsten BAB-Anschlussstelle in Minuten	Erreichbarkeitsmodell des BBSR	ln (Pkw-Fahrzeit zum nächsten BAB-Anschlussstelle in Minuten <2010>)
Erreichbarkeit IC-Bahnhof (ln)	Ø Pkw-Fahrzeit zum nächsten IC/ICE-Bahnhof in Minuten	Erreichbarkeitsmodell des BBSR	ln (Pkw-Fahrzeit zum nächsten IC/ICE-Bahnhof in Minuten <2010>)
Erreichbarkeit Flughafen (ln)	Ø Pkw-Fahrzeit zum nächsten internat. Flughafen in Deutschland in Min.	Erreichbarkeitsmodell des BBSR	ln (Pkw-Fahrzeit zum nächsten internationalen Flughafen in Minuten <2010>)
Erreichbarkeit Mittelzentren (ln)	Ø Pkw-Fahrzeit zum nächsten Mittel- oder Oberzentrum in Min.	Erreichbarkeitsmodell des BBSR	ln (Pkw-Fahrzeit zum nächsten Mittelzentr. oder Oberzentr. in Minuten <2010>)
Arbeitsmarkt & Beschäftigung			
Beschäftigtenquote	SV Beschäftigte am Wohnort je 100 Einwohner im erwerbsfähigen Alter	Beschäftigtenstatistik der Bundesagentur für Arbeit	SV Beschäftigte am Wohnort <2010> / E 15 - < 65 Jahre <2010> x 100"
Beschäftigte primärer Sektor	Anteil der SV Beschäftigten im prim. Sektor an den SV Beschäftigten in %	Beschäftigtenstatistik der Bundesagentur für Arbeit	SV Beschäftigte im primären Sektor <2010> / SV Beschäftigte <2010> x 100
Beschäftigte sekundärer Sektor	Anteil der SV Beschäftigten im sek. Sektor an den SV Beschäftigten in %	Beschäftigtenstatistik der Bundesagentur für Arbeit	SV Beschäftigte im sekundären Sektor <2010> / SV Beschäftigte <2010> x 100
Beschäftigte tertiärer Sektor	Anteil der SV Beschäftigten im tert. Sektor an den SV Beschäftigten in %	Beschäftigtenstatistik der Bundesagentur für Arbeit	SV Beschäftigte im tertiären Sektor <2010> / SV Beschäftigte <2010> x 100
Pendlersaldo	Pendlersaldo je 100 SV Beschäftigte am Arbeitsort	Pendlermatrizen des Instituts für Arbeitsmarkt- & Berufsforschung	(Einpendler - Auspendler <2010>) / SV Beschäftigte am Arbeitsort <2010> x 100
Patentanmeldungen (ln)	Patentanmeldungen Ø 2000 - 2005 (Kreisebene) je 1.000 Einwohner	Patentatlas 2006, Deutsches Marken- und Patentamt München	ln (Patentanmeldungen Ø 2000 - 2005 (Kreisebene) / E <2005> x 1.000)
Realsteueraufkommen			
Gewerbesteuer (Grundbetrag)	Grundbetrag der Gewerbesteuer in € je Einwohner	Realsteuervergleich des Bundes und der Länder	Istaufkommen GewSt <2010> / Hebesatz GewSt <2010> / E <2010>
Grundsteuer A (Grundbetrag)	Grundbetrag der Grundsteuer A in € je Einwohner	Realsteuervergleich des Bundes und der Länder	Istaufkommen GrSt A <2010> / Hebesatz GrSt A <2010> / E <2010>
Grundsteuer B (Grundbetrag)	Grundbetrag der Grundsteuer B in € je Einwohner	Realsteuervergleich des Bundes und der Länder	Istaufkommen GrSt B <2010> / Hebesatz GrSt B <2010> / E <2010>
Parteienpräferenz			
Präferenz für Linksparteien	Kum. BT-Wahlerg. der Parteien SPD, Die Linke und Grünen/B 90 in %	Endgültige Wahlstatistik zur Bundestagswahl 2009	(Wahlergebnis SPD in % + Die Linke in % + Die Grünen/B 90 in %)

B.2 Erläuterungen zur Konstruktion einzelner Variablen

B.2.1 Korrespondierende Realsteuerhebesätze der gleichen Kommune

Im Regressionsmodell zur Gewerbesteuer werden die beiden korrespondierenden Realsteuerhebesätze „Grundsteuerhebesatz A" und „Grundsteuerhebesatz B" durch die Instrumentenschätzer $\widehat{GrSt}\,A\,(2011)_{1,i}$ und $\widehat{GrSt}\,B\,(2011)_{2,i}$ ersetzt, um die beschriebene Endogenitätsproblematik zu vermeiden. Dabei gibt das Dach über der Variable wieder, dass es sich um einen geschätzten Wert handelt. Der Index 1 bzw. 2 gibt darüber Auskunft, dass es sich um die Hilfsregression für den Grundsteuerhebesatz A (1) bzw. Grundsteuerhebesatz B (2) handelt. Der weitere Index i kennzeichnet zusammengehörige Beobachtungen. Die Berechnung der Instrumentenschätzer $\widehat{GrSt}\,A\,(2011)_{1,i}$ und $\widehat{GrSt}\,B\,(2011)_{2,i}$ ergibt sich für eine Gemeinde i folgendermaßen:

$$\widehat{GrSt}\,A\,(2011)_{1,i} = \hat{\beta}_{GrSt\,A\,(2010),1} \times GrSt\,A\,(2010)_i + \hat{\beta}_{GrSt\,A\,(2009),1} \times GrSt\,A\,(2009)_i + \hat{\beta}_{GrSt\,B\,(2010),1} \times GrSt\,B\,(2010)_i + \hat{\beta}_{GrSt\,B\,(2009),1} \times GrSt\,B\,(2009)_i$$

$$\widehat{GrSt}\,B\,(2011)_{2,i} = \hat{\beta}_{GrSt\,A\,(2010),2} \times GrSt\,A\,(2010)_i + \hat{\beta}_{GrSt\,A\,(2009),2} \times GrSt\,A\,(2009)_i + \hat{\beta}_{GrSt\,B\,(2010),2} \times GrSt\,B\,(2010)_i + \hat{\beta}_{GrSt\,B\,(2009),2} \times GrSt\,B\,(2009)_i$$

An den Formeln für das Gewerbesteuermodell wird deutlich, dass sich der geschätzte Wert der Grundsteuerhebesätze für eine Gemeinde i aus der Linearkombination der Werte der Grundsteuerhebesätze A und B im Zeitpunkt t-1 und t-2 dieser Gemeinde ergibt. Die zugehörigen Beta-Koeffizienten wurden dabei mittels zweier Hilfsregressionen zuvor ermittelt, in welchen eben diese Grundsteuerhebesätze die unabhängigen Variablen waren und der Grundsteuerhebesatz A bzw. B des Jahres 2011 jeweils die abhängige Variable darstellte.

In das Modell zur Grundsteuer A wurden die beiden Instrumentenschätzer $\widehat{GewSt}\,(2011)_{3,i}$ und $\widehat{GrSt}\,B\,(2011)_{4,i}$ eingesetzt. Diese wurden nach der gleichen Systematik wie im Modell zur Gewerbesteuer wie folgt ermittelt:

$$\widehat{GewSt}\,(2011)_{3,i} = \hat{\beta}_{GewSt\,(2010),3} \times GewSt\,(2010)_i + \hat{\beta}_{GewSt\,(2009),3} \times GewSt\,(2009)_i + \hat{\beta}_{GrSt\,B\,(2010),3} \times GrSt\,B\,(2010)_i + \hat{\beta}_{GrSt\,B\,(2009),3} \times GrSt\,B\,(2009)_i$$

$$\widehat{GrSt}\,B\,(2011)_{4,i} = \hat{\beta}_{GewSt\,(2010),4} \times GewSt\,(2010)_i + \hat{\beta}_{GewSt\,(2009),4} \times GewSt\,(2009)_i + \hat{\beta}_{GrSt\,B\,(2010),4} \times GrSt\,B\,(2010)_i + \hat{\beta}_{GrSt\,B\,(2009),4} \times GrSt\,B\,(2009)_i$$

Für das Modell zur Grundsteuer B wurden die beiden Instrumentenschätzer $\widehat{GewSt}$ $(2011)_{5,i}$ und $\widehat{GrSt\,A}$ $(2011)_{6,i}$ mit den nachstehenden Formeln berechnet:

$$\boldsymbol{\widehat{GewSt}\,(2011)_{5,i}} = \hat{\beta}_{GewSt\,(2010),5} \times GewSt\,(2010)_i + \hat{\beta}_{GewSt\,(2009),5} \times GewSt\,(2009)_i + \hat{\beta}_{GrSt\,A\,(2010),5} \times GrSt\,A\,(2010)_i + \hat{\beta}_{GrSt\,A\,(2009),5} \times GrSt\,A\,(2009)_i$$

$$\boldsymbol{\widehat{GrSt\,A}\,(2011)_{6,i}} = \hat{\beta}_{GewSt\,(2010),6} \times GewSt\,(2010)_i + \hat{\beta}_{GewSt\,(2009),6} \times GewSt\,(2009)_i + \hat{\beta}_{GrSt\,A\,(2010),6} \times GrSt\,A\,(2010)_i + \hat{\beta}_{GrSt\,A\,(2009),6} \times GrSt\,A\,(2009)_i$$

Folgende Werte wurden für die Beta-Koeffizienten mittels der sechs Hilfsregressionen ermittelt:

Modell zum GewSt-Hebesatz	$\hat{\beta}_{GrSt\,A\,(2010)}$	$\hat{\beta}_{GrSt\,A\,(2009)}$	$\hat{\beta}_{GrSt\,B\,(2010)}$	$\hat{\beta}_{GrSt\,B\,(2009)}$	$\hat{\beta}_{GewSt\,(2010)}$	$\hat{\beta}_{GewSt\,(2009)}$
$\widehat{GrSt\,A}$ $(2011)_1$	0,778	0,127	0,019	-0,009	- - -	- - -
$\widehat{GrSt\,B}$ $(2011)_2$	-0,068	-0,032	0,836	0,170	- - -	- - -

Modell zum GrSt-Hebesatz A	$\hat{\beta}_{GrSt\,A\,(2010)}$	$\hat{\beta}_{GrSt\,A\,(2009)}$	$\hat{\beta}_{GrSt\,B\,(2010)}$	$\hat{\beta}_{GrSt\,B\,(2009)}$	$\hat{\beta}_{GewSt\,(2010)}$	$\hat{\beta}_{GewSt\,(2009)}$
$\widehat{GewSt}$ $(2011)_3$	- - -	- - -	-0,010	0,036	0,859	0,025
$\widehat{GrSt\,B}$ $(2011)_4$	- - -	- - -	0,796	0,139	-0,023	0,047

Modell zum GrSt-Hebesatz B	$\hat{\beta}_{GrSt\,A\,(2010)}$	$\hat{\beta}_{GrSt\,A\,(2009)}$	$\hat{\beta}_{GrSt\,B\,(2010)}$	$\hat{\beta}_{GrSt\,B\,(2009)}$	$\hat{\beta}_{GewSt\,(2010)}$	$\hat{\beta}_{GewSt\,(2009)}$
$\widehat{GewSt}$ $(2011)_5$	-0,038	-0,008	- - -	- - -	0,881	0,040
$\widehat{GrSt\,A}$ $(2011)_6$	0,785	0,126	- - -	- - -	0,007	-0,020

B.2.2   Realsteuerhebesätze der Nachbargemeinden

Die Konstruktion der drei unabhängigen Variablen zum Gewerbesteuerhebesatz der Nachbargemeinden, dem Grundsteuerhebesatz A der Nachbargemeinden und dem Grundsteuerhebesatz B der Nachbargemeinden wurde in folgenden Schritten systematisch durchgeführt:

(1)   In Anlehnung an Heidenreich (1988) wurde zwischen Gemeinden ein Nachbarschaftsverhältnis unterstellt, wenn deren Entfernung zueinander (Luftlinie) weniger als 30 km beträgt. Hierfür wurde zunächst der Abstand zwischen den geografischen Mittelpunkten (Längengraden, Breitengraden) aller Gemeinden berechnet. Hierfür wurden zunächst die dezimalen Längen- und Breitengrade in Bogenmaße umgerechnet, welche dann in folgende Gleichung eingesetzt wurden. Als Ergebnis erhält man die Entfernung (E) zweier Kommunen in Kilometer:

$$E_{1,2} = \quad \arccos\left(\sin(B_1) \times \sin(B_2) + \cos(B_1) \times \cos(B_2) \times \right.$$
$$\left. \cos(L_2 - L_1)\right) \times 6.378{,}137$$

Dabei steht B für den Breitengrad und L für den Längengrad. Der Index 1 bzw. 2 definiert die beiden betrachteten Kommunen.

(2)   Um die Entfernung dieser Kommunen zueinander zu gewichten, wurde das multiplikative Inverse (Kehrwert K) der Entfernung gebildet, da zu erwarten ist, dass die Intensität des interkommunalen Wettbewerbs mit der Entfernung zweier Gemeinden abnimmt: $K_{1,2} = \frac{1}{E_{1,2}}$

(3)   Anschließend wurde in einem ersten Schritt für jede Gemeinde (hier am Beispiel der Gemeinde 1) die Summe der Entfernungskehrwerte aller benachbarten Kommunen $(K_{1,2},...,K_{1,n})$ gebildet: $\sum_{i=2}^{n} K_{1,i}$. In einem zweiten Schritt wurde dann der Anteil einer jeden Nachbargemeinde an dieser Summe ermittelt: $\frac{K_{1,i}}{\sum_{i=2}^{n} K_{1,i}}$

(4)   Für die Beispielkommune 1 ergibt sich der durchschnittliche Hebesatz der Nachbargemeinden (HSN$_1$) schließlich als Summe aus den Produkten der anteiligen Kehrwerte und dem jeweiligen Hebesatz der benachbarten Kommune: $HSN_1 = \sum_{i=2}^{n} \frac{K_{1,i}}{\sum_{i=2}^{n} K_{1,i}} \times HS_i$

C Tabellen zu den mainfränkischen Kommunen

C.1 Zuordnung der mainfränkischen Kommunen in die Kategorien des Systems der zentralen Orte gemäß der Verordnung über das Landesentwicklungsprogramm Bayern (LEP)

Grundzentren (Gz)	Mittelzentreren (Mz)	Oberzentren (Oz)
Arnstein	Bad Brückenau	Schweinfurt
Bischofsheim	Bad Kissingen	Würzburg
Burgsinn	Bad Königshofen	
Dettelbach	Bad Neustadt	
Eltmann	Ebern	
Frammersbach	Gemünden	
Höchberg	Gerolzhofen	
Hofheim	Hammelburg	
Iphofen	Haßfurt	
Marktbreit	Karlstadt	
Münnerstadt	Kitzingen	
Ostheim v.d. Rhön	Lohr am Main	
Veitshöchheim	Marktheidenfeld	
Werneck	Mellrichstadt	
Wiesentheid	Ochsenfurt	
Zeil am Main	Volkach	
Zellingen		
17 Stück	**16 Stück**	**2 Stück**

Nach der Verordnung über das Landesentwicklungsprogramm Bayern (LEP) vom 22. August 2013 sollen zentrale Orte überörtliche Versorgungsfunktionen für sich und andere Gemeinden wahrnehmen. In ihnen sollen überörtliche Einrichtungen der Daseinsvorsorge gebündelt werden. Dabei werden zentrale Orte folgender Stufen definiert: Grundzentren, Mittelzentren und Oberzentren.

Demnach ist eine Gemeinde dann als Grundzentrum festzulegen, wenn sie zentralörtliche Versorgungsfunktionen für mindestens eine andere Gemeinde wahrnimmt und einen tragfähigen Nahbereich aufweist. Mittel- und Oberzentren sollen zentralörtliche Einrichtungen des gehobenen Bedarfs vorhalten. Oberzentren sollen zentralörtliche Einrichtungen des spezialisierten höheren Bedarfs vorhalten.

Außer den genannten mainfränkischen Kommunen wird keiner weiteren Kommune eine zentralörtliche Funktion zugesprochen. So werden diese weder im Anhang 1 der Verordnung über das Landesentwicklungsprogramm Bayern (LEP) vom 22. August 2013 genannt noch in dem entsprechenden Regionalplan als Grundzentrum festgelegt. Diese Kommunen bilden die Auffangkategorie „Gemeinde (G)". Sie umfasst in Mainfranken 208 Kommunen.

C.2 Zuordnung der Würzburger Umlandgemeinden in zwei Ringe

Kommune	Entfer-nung in km	Ein-wohner	Hebesätze in %			Steuereinnahmen (EUR / Kopf)				
			Gew St	GrSt A	GrSt B	ESt-Anteil	USt-Anteil	GrSt A*	GrSt B*	Gew St*
Oberzentrum										
Würzburg	0	124.219	420	340	450	480,47	80,29	0,22	38,80	136,61
Ring 1										
Höchberg	3,72	9.335	350	300	300	589,18	31,60	0,21	35,03	46,17
Gerbrunn	4,09	6.239	350	340	340	555,86	12,18	0,32	28,05	40,71
Zell am Main	4,84	4.247	350	300	280	527,90	12,95	0,47	25,43	31,32
Randersacker	5,22	3.366	330	430	360	529,11	9,51	2,97	27,63	32,68
Veitshöchheim	6,08	9.695	315	300	300	519,96	25,89	0,41	35,48	145,54
Waldbüttelbrunn	6,42	4.871	320	300	300	506,67	25,87	1,85	32,64	227,06
Estenfeld	6,67	4.915	330	330	330	522,08	15,06	2,24	29,50	140,18
Margetshöchheim	6,74	3.123	400	300	300	604,23	14,41	0,32	27,54	22,41
Rottendorf	6,87	5.288	320	260	275	487,33	95,31	1,70	40,28	765,51
Reichenberg	6,98	4.060	380	300	300	496,80	17,24	5,17	25,86	95,57
Rimpar	7,29	7.548	370	340	340	487,28	24,77	1,59	26,89	74,72
Eisingen	8,22	3.390	320	290	300	506,49	19,76	0,59	24,78	88,20
Hettstadt	8,32	3.637	320	290	290	521,03	7,15	2,20	23,10	31,62
Theilheim	8,41	2.296	330	300	300	508,71	7,84	3,05	23,52	18,73
Güntersleben	8,65	4.349	380	330	330	466,54	7,13	1,38	24,14	24,37
Kist	8,69	2.495	330	290	290	532,67	13,23	0,40	26,45	22,44
Eibelstadt	9,16	2.855	350	350	350	574,78	30,47	1,40	34,33	175,13
Erlabrunn	9,77	1.726	400	350	330	478,56	5,21	1,16	24,33	17,38
Kürnach	9,81	4.730	320	300	310	510,99	13,74	1,48	32,56	68,08
Ring 2										
Waldbrunn	10,18	2.673	320	275	275	488,96	16,84	0,75	24,69	85,30
Winterhausen	11,29	1.449	340	360	360	481,02	7,59	2,07	23,46	64,87
Biebelried	11,35	1.233	300	320	320	457,42	8,92	15,41	21,90	22,71
Thüngersheim	11,43	2.657	380	600	350	450,88	13,17	1,88	24,46	45,16
Unterpleichfeld	11,67	2.853	310	512	300	435,33	8,76	6,31	23,13	71,50
Sommerhausen	11,91	1.760	350	320	320	532,95	10,80	3,41	31,82	59,66
Leinach	12,06	3.087	320	330	300	448,66	5,51	3,24	25,27	27,86
Greußenheim	12,10	1.587	320	310	320	415,88	30,25	5,04	33,40	123,50
Kleinrinderfeld	12,20	2.087	340	340	340	398,18	19,65	1,92	25,87	108,77
Geroldshausen	12,38	1.289	330	320	320	404,97	8,53	4,65	27,15	42,67
Retzstadt	13,52	1.543	360	340	340	445,88	5,18	4,54	17,50	27,87

Zellingen	14,31	6.332	380	330	305	472,84	16,90	1,74	24,16	52,75
Uettingen	14,46	1.879	340	320	330	395,42	15,97	2,66	27,67	67,59
Oberpleichfeld	14,50	1.081	300	300	300	403,33	9,25	6,48	21,28	32,38
Buchbrunn	15,17	1.113	320	330	300	484,28	5,39	3,59	20,66	65,59
Altertheim	15,20	1.970	320	300	250	349,24	5,08	6,09	21,83	20,81
Bergtheim	15,26	3.578	330	320	300	467,58	12,30	5,59	23,20	36,05
Giebelstadt	15,66	5.269	320	320	320	389,07	45,55	7,21	36,25	44,79
Mainstockheim	16,06	1.935	320	290	290	420,67	8,79	2,58	18,60	35,66
Prosselsheim	16,18	1.183	300	350	330	465,77	5,07	14,37	20,29	42,27
Kirchheim	16,20	2.145	340	350	350	504,90	16,78	4,20	26,57	79,25
Hausen b. Würzb.	16,47	2.393	360	330	315	475,55	11,70	5,43	21,31	69,37
Helmstadt	16,47	2.569	320	320	300	469,83	29,97	3,89	29,58	113,27
Dettelbach	16,51	6.949	380	340	330	419,77	24,90	5,90	33,10	110,09
Albertshofen	16,59	2.211	310	325	275	441,43	10,85	4,07	20,35	68,29
Remlingen	17,02	1.484	320	300	300	402,96	11,46	6,06	25,61	67,39
Ochsenfurt	17,06	11.095	350	350	330	440,29	46,06	3,42	38,76	198,74
Sulzfeld am Main	17,23	1.336	320	320	320	448,35	8,98	3,74	26,20	41,17
Thüngen	17,29	1.334	350	300	300	446,78	30,73	3,75	23,24	79,46
Himmelstadt	17,34	1.597	350	335	310	476,52	13,15	1,88	21,92	47,59
Kitzingen	17,72	20.474	360	315	315	379,41	54,61	1,07	36,34	134,02
Frickenhausen	17,97	1.241	350	360	350	436,74	14,50	4,03	32,23	27,40
Holzkirchen	18,04	984	310	290	290	397,36	4,07	3,05	23,37	34,55
Marktsteft	18,22	1.924	320	320	300	380,98	30,67	2,08	23,39	83,16
Birkenfeld	18,45	2.132	320	300	300	520,64	9,85	6,57	22,05	52,06
Gaukönigshofen	18,56	2.485	320	380	360	467,61	10,87	13,28	21,33	83,70
Nordheim am Main	19,38	994	380	350	350	342,05	11,07	16,10	24,14	36,22
Eisenheim	19,83	1.316	330	310	310	365,50	9,88	6,84	22,80	34,19
Neubrunn	19,91	2.261	300	300	300	412,21	11,50	3,10	24,77	49,98

*hierbei handelt es sich um die Grundbeträge der jeweiligen Realsteuer

C.3 Zuordnung der Schweinfurter Umlandgemeinden in zwei Ringe

Kommune	Entfernung in km	Einwohner	Hebesätze in %			Steuereinnahmen (EUR / Kopf)				
			Gew St	GrSt A	GrSt B	Est-Anteil	USt-Anteil	GrSt A*	GrSt B*	Gew St*
Oberzentrum										
Schweinfurt	0	51.610	370	385	385	410,08	110,27	0,14	55,14	361,91
Ring 1										
Sennfeld	1,73	4.356	370	350	300	435,26	60,38	0,69	41,78	295,22
Dittelbrunn	3,35	7.212	380	320	320	534,39	6,10	1,39	32,58	18,58
Gochsheim	4,60	6.182	350	300	300	473,47	43,84	1,13	47,07	118,89
Niederwerrn	4,71	7.814	300	300	250	468,01	4,99	0,77	26,49	13,57
Schonungen	5,05	7.663	380	360	360	533,34	7,96	2,48	28,32	27,01
Grafenrheinfeld	5,49	3.421	380	270	270	545,45	128,91	1,17	40,63	144,69
Geldersheim	5,68	2.720	380	330	330	435,29	9,19	2,94	27,57	34,19
Üchtelhausen	5,69	3.878	360	360	360	490,72	3,35	3,35	23,72	9,54
Bergrheinfeld	5,87	5.223	360	300	320	516,18	13,02	1,91	30,44	42,31
Schwebheim	6,39	4.080	380	310	310	531,37	25,49	0,74	43,63	87,01
Röthlein	6,88	4.545	380	310	310	519,03	14,96	1,54	33,66	54,13
Euerbach	7,70	3.038	330	300	300	524,03	6,58	1,97	27,98	31,27
Gädheim	8,23	1.267	350	350	350	483,03	4,74	3,16	14,21	7,89
Poppenhausen	8,70	4.314	350	300	320	461,52	11,36	3,25	25,27	31,99
Grettstadt	8,94	4.186	360	320	320	463,21	12,18	2,87	26,28	53,75
Ring 2										
Werneck	11,95	10.222	350	330	330	481,71	19,66	4,11	26,22	48,42
Waigolshausen	12,33	2.775	360	370	350	486,13	5,41	6,49	21,26	15,50
Oerlenbach	12,95	5.017	330	300	300	442,69	22,12	2,19	26,51	33,88
Rannungen	13,47	1.140	360	370	370	465,79	14,91	4,39	25,44	34,21
Sulzheim	13,51	2.045	350	326	297	459,17	8,31	6,85	20,05	49,88
Kolitzheim	14,14	5.429	300	300	300	474,30	13,08	8,66	23,39	96,70
Theres	14,40	2.699	300	300	300	477,95	12,60	2,96	17,04	23,71
Wipfeld	14,52	1.085	330	330	320	444,24	21,20	3,69	24,88	25,81
Schwanfeld	15,53	1.807	350	350	350	510,79	11,62	3,32	28,78	22,14
Wasserlosen	15,54	3.375	300	280	280	421,33	5,63	6,52	20,15	26,67
Maßbach	15,62	4.455	350	340	330	434,12	11,00	3,59	23,12	38,16
Ramsthal	15,63	1.095	340	360	340	375,34	6,39	2,74	21,92	22,83
Donnersdorf	15,69	1.966	305	320	310	445,07	19,84	6,61	46,80	277,21
Riedbach	16,51	1.756	300	300	300	400,34	3,99	4,56	11,39	14,24
Sulzthal	17,10	872	380	320	320	473,62	8,03	5,73	19,50	22,94
Wonfurt	17,10	1.910	300	300	300	432,46	10,99	3,14	19,90	45,55
Stadtlauringen	18,07	4.015	300	300	300	405,23	16,94	4,98	23,16	73,72
Thundorf in Ufr.	18,13	1.047	360	400	400	391,60	14,33	4,78	21,97	26,74

Eisenheim	18,26	1.316	330	310	310	365,50	9,88	6,84	22,80	34,19
Gerolzhofen	18,37	6.788	320	331	325	430,17	40,07	1,47	36,54	142,90
Frankenwinheim	18,68	987	305	310	300	467,07	10,13	11,14	24,32	129,69
Aidhausen	18,80	1.770	300	300	300	374,01	6,21	9,04	15,25	30,51
Euerdorf	19,00	1.541	300	300	250	365,35	43,48	2,60	34,39	323,82
Dingolshausen	19,12	1.318	330	360	340	411,23	9,86	5,31	25,04	51,59
Haßfurt	19,59	13.121	320	300	300	439,37	46,11	1,22	32,16	163,17
Hausen b. Würzb.	19,84	2.393	360	330	315	475,55	11,70	5,43	21,31	69,37

* hierbei handelt es sich um die Grundbeträge der jeweiligen Realsteuer

D   Tabellen zur Inhaltsanalyse

D.1   Interviewleitfaden

Interviewleitfaden

A.   Begrüßung des Interviewpartners und Danksagung für Teilnahme

B.   Auskunft zur eigenen Person

- Kilian Beck, wohnhaft in Wertheim und Würzburg
- Studium der Betriebswirtschaftslehre, Abschluss als Diplom-Kaufmann in 2010
- seither angestellt in einer mittelständischen Kanzlei für Wirtschaftsprüfung und Steuerberatung
- daneben Promotionsstudium am Lehrstuhl von Prof. Dr. Kiesewetter für BWL und Betriebswirtschaftliche Steuerlehre an der Universität Würzburg
- aktueller Stand der Forschung

C.   Einleitende Worte zu dem Forschungsprojekt

- <u>Bisherige Untersuchung:</u> Im Zuge einer statistischen Untersuchung (Regressionsanalyse) auf Basis bundesweiter Gemeindedaten wurde untersucht, ob sich ein Zusammenhang zwischen der lokalen Ausprägung von Standortfaktoren und dem kommunalen Gewerbesteuerhebesatzniveau herstellen lässt. Hierbei wurde unter anderem das Verhältnis zu Nachbargemeinden, die lokale Ausprägung der Infrastruktur, das Arbeitsmarktumfeld, die Bevölkerungsstruktur und die Parteienpräferenz in der Kommune untersucht. Um einen tiefergehenden Erkenntnisgewinn über die Gemeindesteuern zu erhalten, wurde das Untersuchungsmodell zur Gewerbesteuer anschließend auf die beiden Grundsteuern A und B übertragen. Hierbei sollte ermittelt werden, ob sich die kommunalen Entscheidungsträger auch bei der Wahl der Grundsteuerhebesätze auf die Ausprägung von (ggf. dieselben) lokalen Standortfaktoren beziehen, um daraus möglicherweise den Schluss ziehen zu können, dass kommunale Entscheidungsträger bei der Festlegung der Realsteuerhebesätze den gleichen Entscheidungsmustern folgen, obwohl die Steuern eigentlich ganz unterschiedliche Besteuerungsobjekte zum Ziel haben.

- <u>Ziel der jetzigen Untersuchung:</u> Die in der Theorie gewonnenen Erkenntnisse möchte ich in der Praxis rekonstruieren, um allgemeingültigere Aussagen treffen zu können. Damit dies wissenschaftlich sauber möglich ist, werde ich meine Fragen weitestgehend offen stellen und kann Ihnen meine bisherigen Erkenntnisse leider noch nicht vorab mitteilen, da Sie sonst hierdurch beeinflusst werden könnten. Während ich die Daten für meine erste Untersuchung vor allem aus bestehenden Statistiken des Statistischen Bundesamts und des Bundesinstitut für Bau-, Stadt- und Raumforschung (BBSR) entnommen habe, möchte ich die Datengrundlage für das aktuelle Forschungsprojekt selbst erheben. Als Untersuchungs-methode habe ich mich für Experteninterviews entschieden.

Seite 1

- Rolle des Interviewten: Durch die Antworten der Interviewpartner soll eine Datengrundlage geschaffen werden, welche anschließend mit einem wissenschaftlichen Modell (qualitative Inhaltsanalyse) ausgewertet werden kann, um die Plausibilität der bisherigen Erkenntnisse zu überprüfen und um die in der bisherigen Forschung zu kurz geratenen Informationen bzw. unklar gebliebenen Themenkreise zu ergänzen. Als Interviewpartner / Experten wurden vornehmlich (Ober-) Bürgermeister bzw. Kämmerer mainfränkischer Kommunen ausgewählt. Eine regionale Eingrenzung wurde als sinnvoll erachtet, da die Auswahl möglicher Kommunen sonst zu beliebig erschien. Daneben fiel die Wahl auf den genannten Personenkreis, da sie den ganzen Prozess vollständig und längerfristig überblicken, federführend auf diesen mit einwirken (können) und die nötigen Fachkenntnisse haben. Bei den Gemeinden wurden typische Fälle ausgewählt, also Fälle, die das Untersuchungsfeld besonders gut repräsentieren.

- Weitere Hinweise: Falls gewünscht, können die Ergebnisse anonymisiert werden. Besteht Einverständnis mit einer Tonbandaufzeichnung?

D.   Interview

Hinführung, einleitende Fragen

1. Welche Bedeutung haben die Gewerbesteuer sowie die Grundsteuern A und B für Ihre Kommune?
2. Wie entwickelte sich der Gewerbesteuerhebesatz Ihrer Gemeinde in der letzten Dekade?
   - Worin war dieser allgemeine Trend Ihrer Meinung nach begründet?
3. Haben die Grundsteuern dabei die gleiche oder eine andere Entwicklung genommen?
   - Wie erklären Sie sich dies?
4. Wie gestaltet sich der politische Entscheidungsprozess hin zu einer Erhöhung oder Absenkung des Gewerbesteuerhebesatzes?
   - Wer sind dabei die Hauptakteure?
   - Welche Rolle nehmen Sie als Bürgermeister / Kämmerer bei der kommunalen Entscheidungsfindung ein?
   - In welchem zeitlichen Abstand erfolgen derartige Initiativen?
5. Wirken bei den beiden Grundsteuern die gleichen Mechanismen und Akteure auf den Prozess ein?

Überprüfung der Plausibilität bisheriger Erkenntnisse

a) Realsteuerhebesätze

6. Besteht in Ihrer Kommune eine einheitliche steuerpolitische Haltung bzgl. der einzelnen Realsteuern oder differenzieren Sie zwischen diesen bei einer Hebesatzentscheidung?
   - Worin ist diese (Un-) Gleichbehandlung Ihrer Meinung nach begründet?
   - Wie häufig steht eine Veränderung der Realsteuerhebesätze zur Debatte?
   - Umfasst eine Änderung dabei nur einen der Realsteuerhebesätze oder werden zeitgleich mehr als ein Hebesatz angepasst?
   - Lässt sich beobachten, dass die Befürworter von Steuersatzerhöhung / -senkung diese bei den drei unterschiedlichen Realsteuerarten mit den gleichen Argumenten rechtfertigen?
   - Was spricht für eine gleichzeitige Erhöhung der Realsteuerhebesätze?

Seite 2

7. Inwieweit wird bei der Entscheidungsfindung für einen neuen oder für den Fortbestand des bisherigen Gewerbesteuerhebesatzes das Hebesatzniveau der Nachbarkommunen berücksichtigt?
   - Wird dabei allen benachbarten Kommunen der gleiche Einfluss zuteil? Gehen Sie dabei bspw. auf Merkmale wie Größe und Entfernung ein?
   - Was sind Ihrer Meinung nach die Gründe, die eine Berücksichtigung der Nachbarkommunen unabdingbar machen?
   - Gilt diese Einschätzung nur für die Gewerbesteuer oder auch für die beiden Grundsteuern?
   - Hat Ihre Kommune bereits einmal auf eine Veränderung des Hebesatzniveaus in einer der Nachbarkommunen reagiert?

8. Die von Ihnen getroffenen Ausführungen interpretiere ich dahingehend, dass zwischen den Kommunen ein Steuerwettbewerb existiert. Ein Indiz hierfür wäre auch der gesetzlich festgeschriebene Mindesthebesatz von 200 %. Wie können Sie sich vor diesem Hintergrund erklären, dass der durchschnittliche Gewerbesteuerhebesatz zwischen 2003 und 2013 um 19 %-Punkte angestiegen ist?
   - Welche Kräfte oder Regelungen wirken Ihrer Meinung nach einem ruinösen Steuerwettbewerb entgegen?
   - Welche Rolle spielt hierbei…
     - ➢ der Finanzausgleich?
     - ➢ die gewerbesteuerliche Anrechnungsgrenze bei der Einkommensteuer?
     - ➢ die Ausgabenbelastung der Kommunen?
   - Treten Kommunen auch mit Ihren Grundsteuerhebesätzen in einen Wettbewerb, obwohl das Besteuerungsobjekt „Grundstück" ja immobil ist?

b) Bevölkerungsstruktur

9. Bitte bewerten Sie die Höhe der kommunalen Realsteuerhebesätze vor dem Hintergrund der Gemeindegröße (gemessen an ihrer Einwohnerzahl). Lässt sich hierbei ein Zusammenhang beobachten und wie ist dieser ausgeprägt?

10. Bekanntermaßen variiert die Nachfrage nach öffentlichen Gütern entlang des Lebenszyklus eines Menschen. Gerade junge Menschen und solche, die sich bereits im Ruhestand befinden, sind stärker auf öffentliche Einrichtungen und Dienstleistungen angewiesen als Menschen im Erwerbsalter und verursachen deshalb höhere Kosten. Bitte beschreiben Sie daher, ob Kommunen ihrer Altersstruktur dahingehend Rechnung tragen, dass sie deren Ausprägung in die Entscheidung über die Realsteuerhebesatzhöhe mit einbeziehen.

11. Bitte beschreiben Sie, ob und auf welche Weise die wirtschaftliche und bevölkerungsmäßige Entwicklung einer Kommune (Kategorien: stark schrumpfend, schrumpfend, stabil, wachsend und stark wachsend) einen Einfluss auf die Realsteuerhebesätze ausübt.

c) Raumordnung & Infrastruktur

12. Bitte schätzen Sie ein, ob die flächenmäßige Größe einer Gemeinde einen Einfluss auf deren Realsteuerhebesätze hat?
    - Wie wirkt dieser Einfluss?
    - Gilt dies für alle drei Realsteuerarten gleichermaßen?

Seite 3

13. Neben den Sozialausgaben sind die Investitionen in den weiteren Ausbau und den Erhalt der örtlichen Infrastruktur Ausgabenschwerpunkte vieler Kommunen. Eine gute Infrastruktur kommt in besonderem Maße nicht nur den Bürgern, sondern auch den ortsansässigen Unternehmen zugute. Halten Sie es für wahrscheinlich, dass Gemeinden die Steuerpflichtigen an den Kosten für die Bereitstellung einer adäquaten Infrastruktur beteiligen?

14. Gehen Sie bei Ihrer Einschätzung über den Zusammenhang zwischen Infrastruktur und Hebesatzniveau auch auf die unterschiedlichen Infrastruktureinrichtungen wie Autobahnanschluss, Bahnhof, Flughafen und Entfernung zu einem zentralen Ort (z. B. Mittelzentrum) ein.

d) Arbeitsmarkt & Beschäftigung

15. Bitte nehmen Sie zu folgender Aussage Stellung: "Je vorteilhafter die Unternehmenslandschaft (z. B. hohe Produktivität) und die Arbeitsmarktbedingungen (z. B. hohe Beschäftigtenquote) an einem Standort ausgeprägt sind, desto weniger Sozialleistungen oder wirtschaftliche Strukturprogramme muss eine Kommune bereitstellen und kann es sich in der Folge finanziell leisten, auch einen niedrigen Realsteuerhebesatz festzusetzen." Widersprechen Sie dieser Aussage oder können Sie diese mit Argumenten untermauern?

16. Wie schätzen Sie dabei die Richtung des Einflusses ein: Floriert die heimische Wirtschaft aufgrund eines niedrigeren Hebesatzes oder kann sich die Gemeinde einen niedrigen Hebesatz „leisten", da ihre heimische Wirtschaft ohnehin schon so erfolgreich ist und eine umfangreiche steuerliche Bemessungsgrundlage generiert?

17. Zwischen vielen Kommunen gibt es hinsichtlich des Mix an Wirtschaftssektoren große Unterschiede. Während in manch ländlichen Gegenden noch der primäre Sektor (Rohstoffgewinnung) überwiegt, sind in vielen Kommunen vornehmlich Unternehmen des sekundären Sektors (Rohstoffverarbeitung) und in den Ballungsgebieten des tertiären Sektors (Dienstleistung) angesiedelt. Können Sie sich vorstellen, dass der Sektorenmix einen Einfluss auf die Hebesatzhöhe hat?

e) Realsteueraufkommen

18. Das Realsteueraufkommen einer Kommune bestimmt sich nicht nur durch die Höhe des Hebesatzes, sondern vor allem auch durch die verfügbare Bemessungsgrundlage der jeweiligen Realsteuer. Glauben Sie, dass das in einer Kommune vorliegende Steuersubstrat einen Einfluss auf die Höhe des Hebesatzes hat?

   - Welche Richtung hat dieser Einfluss?
   - Wie schnell reagieren Kommunen bei einer Veränderung der Bemessungsgrundlage und passen das Hebesatzniveau an, um ihre Einnahmen konstant zu halten?
   - Wird diese Anpassung in beide Richtungen gleichermaßen vorgenommen?
   - Was spricht Ihrer Meinung nach auch für ein Absenken der Hebesätze bei einem Anstieg der Bemessungsgrundlage?

19. Ist dies auch bei der Grundsteuer denkbar, schließlich schwanken hier die steuerlichen Bemessungsgrundlagen faktisch nicht?

Seite 4

f) Parteienpräferenz

20. Parteien wie die SPD, BÜNDNIS 90 / DIE GRÜNEN und DIE LINKE stehen gemäß ihrer Ideologie eher für eine Politik, die auf soziale Umverteilung setzt und hierfür generell auch höhere Steuersätze in Betracht zieht. Lässt sich Ihrer Auffassung nach beobachten, dass sich in Gemeinden mit einer Präferenz der Bürgerschaft für diese Parteien dieser Umstand in der kommunalen Hebesatzpolitik widerspiegelt?

21. Zeigt sich im politischen Diskurs über eine Veränderung des Hebesatzniveaus, dass die Mandatsträger der genannten Parteien eher für höhere Realsteuerhebesätze plädieren?

Erschließung neuer Themenkreise und bisher zu kurz geratener Informationen

22. Im Gegensatz zu dem häufig beschriebenen Steuerwettbewerb unter Kommunen kann in jüngerer Vergangenheit immer öfter beobachtet werden, dass für viele Kommunen das Anheben von Steuersätzen längst kein Tabu mehr ist. Worin könnte dies begründet sein?
    - Welche Rolle spielt hierbei die finanzielle Ausstattung der Kommune (Ausgabenbelastung, Schuldenstand)?
    - Welche Rolle spielen dabei die Mechanismen des kommunalen Finanzausgleichs Ihrer Meinung nach?

23. Spielt für die Bestimmung des Hebesatzniveaus die Ausgestaltung der heimischen Unternehmenslandschaft eine Rolle?
    - Nehmen Sie hierbei auf die Wirtschaftskraft, Branche und Größe der Unternehmen Bezug.
    - Lässt sich eine Lobbyarbeit der heimischen Unternehmer beobachten?

24. Bei Personengesellschaften und Einzelunternehmern wird die Gewerbesteuer bekanntermaßen auf die Einkommensteuer der Unternehmer angerechnet.
    - Laufen steuerpolitische Anreize daher möglicherweise ins Leere, da die Gewerbesteuer bei diesen Unternehmen ohnehin auf die Einkommensteuer angerechnet wird?
    - Wurde der Mix an Unternehmensformen in Ihrem Gemeindegebiet bereits einmal in Ihr Entscheidungskalkül mit einbezogen?
    - Beeinflusst das Verhältnis von Anrechnungsgrenze (3,8-fache des GewSt-Messbetrags) zu dem eigenen Gewerbesteuerhebesatz Ihre Entscheidung?

25. Wird der Zeitpunkt für eine Hebesatzanpassung bewusst gewählt und somit im Vornherein geplant oder findet dieser turnusmäßig statt? Nehmen Sie hierbei bitte besonders auf die Legislaturperiode Bezug?

26. Möchten Sie aus Ihrer Sicht noch wichtige Aspekte des Themas nennen, die im Interview zu kurz gekommen sind?

E.   Schlusswort

Seite 5

D.2 Kodierleitfaden

Determinante	Ein-fluss	Definition	Ankerbeispiel	Kodierregel
Hebesatzniveau der Nachbargemeinden	+	• Kommunen stellen einen Hebesatzvergleich mit den Nachbarkommunen an • Anpassung an allgemeines Hebesatzniveau	• „Wir haben grundsätzlich alle unseren direkten Nachbarn angeschaut (...) und unsere Hebesätze in diesem Rahmen festgelegt."	• die Definition muss vollständig erfüllt sein • es wird ein klarer Bezug zu den Nachbargemeinden hergestellt
	0	• eigene Hebesatzpolitik wird völlig losgelöst von den Steuersätzen der Nachbarn bewertet • Blick auf sich selbst	• „Seit Amtsantritt (...) kein Vergleich angestrengt. Blick ist auf sich selbst gerichtet, da das Gewerbegebiet so gut funktioniert."	• Experte muss sich klar von den anderen Gemeinden abgrenzen und seine Hebesatzpolitik als unabhängig beschreiben
	-	• nachbarschaftliche Hebesätze veranlassen die Gemeinden zu einer gegensätzlichen Hebesatzpolitik	• kein prototypisches Ankerbeispiel im Material enthalten	• die Definition muss erfüllt sein; Experten müssen bewusst ein gegensätzliches Hebesatzniveau präferieren
weitere Realsteuerhebesätze in der Gemeinde	+	• Kommunalvertreter differenzieren nicht zwischen den einzelnen Realsteuerarten • Realsteuerpolitik ist hinsichtlich der einzelnen Steuerarten einheitlich	• „Ja, es besteht eine einheitliche steuerpolitische Haltung. Gewerbetreibende und Bürger sollen gleichermaßen belastet werden, daher werden die Steuern einheitlich und auch in gleichen Prozentschritten angepasst."	• der Experte verweist klar darauf, dass er eine einheitliche Steuerpolitik präferiert • es wird beschrieben, dass zwischen den einzelnen Hebesätzen nicht differenziert wird
	0	• Experten betrachten Realsteuer separat, da sie ungleiche Besteuerungsobjekte haben • kein Zusammenhang zwischen den jeweiligen Hebesätzen	• „Von Seiten der Kämmerei kann es möglich sein, dass unterschiedliche Hebesätze vorgeschlagen werden."	• alle Aspekte der Definition müssen erfüllt sein • separate Betrachtung, keine Schwankungen in den Ausführungen
	-	• Kommunalvertreter bewerten die Realsteuern als Substitute • Hebesätze werden gegensätzlich festgelegt, um eine Präferenz zum Ausdruck zu bringen	• kein prototypisches Ankerbeispiel im Material enthalten	• alle Aspekte der Definition müssen erfüllt sein • Betrachtung der Steuerarten in der Kommune als Substitute • keine Schwankungen in den Ausführungen

Determinante	Ein-fluss	Definition	Ankerbeispiel	Kodierregel
Gemeinde-größe (Einwohner)	+	• in größeren Ge-meinden werden höhere Hebesätze festgelegt • verantwortlich hier-für sind die Markt-macht und umfang-reichere Aufgaben (Funktionen)	• *„Die Aufgaben in den zentralen Orten, also in größeren Kommu-nen sind deutlich größer und von da-her ist es nahelie-gend, dass die He-besätze auch höher ausfallen müssen."*	• Experten stellen ei-nen klaren Zusam-menhang zwischen der Größe und ei-nem hohen Hebe-satzniveau her
	0	• die Gemeindegröße hat keinen Einfluss • andere Faktoren sind relevant	• *„Größe ist nicht der entscheidende Fak-tor für die Höhe des Hebesatzes."*	• die Aussage gibt klar an, dass die Größe keinen Ein-flussfaktor darstellt
	-	• in größeren Ge-meinden werden niedrigere Hebe-sätze festgelegt	• *kein prototypisches Ankerbeispiel im Ma-terial enthalten*	• deutlicher Hinweis, dass die Definition erfüllt wird
Altersstruktur der Bevölkerung	+	• ein hoher Anteil junger und alter Bürger führt zu hö-heren Hebesätzen, da dieser Personen-kreis mehr öffentli-che Güter konsu-miert • Kompensation der erhöhten Sozialaus-gaben durch den Beschluss höherer Hebesätze	• *„Hohe Soziallasten, hohe Grundsiche-rungslasten insbe-sondere für ältere Menschen führen mit Sicherheit auch zu ei-ner höheren Notwen-digkeit, die Hebe-sätze anzupassen."*	• Experte erfüllt mit seinen Ausführun-gen alle Aspekte der Definition • ein Argumentati-onsstrang über die höheren Sozialaus-gaben wird im bes-ten Fall aufgezeigt (optional)
	0	• Altersstruktur hat keinen Einfluss • unabhängig davon, ob gewisse Alters-gruppen höhere So-zialausgaben verur-sachen	• *„Ich glaube nicht, dass das speziell ein Grund wäre."*	• es wird eindeutig darauf verwiesen, dass Kommunen ihre Hebesätze un-abhängig von den Sozialausgaben pla-nen
	-	• ein hoher Anteil junger und alter Bürger führt zu niedrigeren Hebe-sätzen	• *kein prototypisches Ankerbeispiel im Material enthalten*	• klare Aussage ent-sprechend der Defi-nition • eine plausible Be-gründung wird ge-geben

Determinante	Ein-fluss	Definition	Ankerbeispiel	Kodierregel
Höhe der Be-messungs-grundlage	+	• steigende steuerli-che Bemessungs-grundlagen führen zu höheren Hebe-sätzen	• *kein prototypisches Ankerbeispiel im Material enthalten*	• Definition muss er-füllt sein: Bestreben das vorhandene Be-steuerungspotential voll abzuschöpfen
	0	• Kommunen setzen die Hebesätze un-abhängig von der Bemessungsgrund-lage fest • Gemeinden neh-men schwankendes Steueraufkommen in Kauf	• *„Auf die Verände-rung der BMG wurde bisher nicht reagiert, auch nicht während der Wirtschaftskrise. Unternehmen in der Krise sollen nicht stärker belastet wer-den."*	• die Experten be-schreiben, dass die Bemessungsgrund-lage keinen Einfluss hat • Hebesatz ist unab-hängig von der Be-messungsgrund-lage
	-	• steigende steuerli-che Bemessungs-grundlagen führen zu niedrigeren He-besätzen	• *„Also wenn die Be-messungsgrundlage ohnehin schon hoch ist, könnte man sich schon einen niedri-geren Hebesatz leis-ten, (...)."*	• Definition wird er-füllt • Begründung: niedri-gere Hebesätze füh-ren bereits zu genü-gend Steuerauf-kommen
Gemeindeflä-che	+	• in Kommunen mit größerer Gemeinde-fläche werden hö-here Hebesätze fest-gesetzt • Kommunen sind be-strebt, das vorhan-dene Besteuerungs-potential abzu-schöpfen, da eine größere Fläche hö-here Kosten verur-sacht	• *„Gemeinden, die sehr große Flächen haben (...) werden dies in die Hebesatzentschei-dung einfließen las-sen müssen, weil in ländlich geprägten Gemeinden ne riesen Fläche mit riesigem Verkehrsnetz viel hö-here Lasten bewirkt."*	• Experte muss zu-mindest eine ten-denzielle Einschät-zung abgeben • größere Ausgabe-verpflichtung führt zu höheren Steuer-sätzen • die vorstehende Be-gründung ist nicht vollständig zu nen-nen
	0	• die Gemeindefläche hat keinen Einfluss auf die Höhe des Hebesatzes • höhere Ausgabever-pflichtungen glei-chen höhere Ein-nahmemöglichkei-ten aus	• *„(...), da mit der Größe der Gemeinde auch der Aufwand steigt, auch wenn die Einnahmemöglich-keiten steigen, dürfte sich der Effekt aus-gleichen."*	• Definition wird er-füllt: die Fläche be-dingt die Hebesatz-höhe nicht • im besten Fall sollte eine Begründung gegeben werden
	-	• in Kommunen mit größerer Gemeinde-fläche werden nied-rigere Hebesätze festgesetzt • vor allem für die Grundsteuer stehen mehr Besteuerungs-objekte zur Verfü-gung	• *„Je mehr Flächen vorhanden sind, je mehr Betriebe sich auf diesen Flächen ansiedeln, desto hö-her ist das Gewerbe-steueraufkommen und desto geringer kann auch ein Hebe-satz sein."*	• erster Aspekt der Definition muss klar wiedergegeben werden • Experte begründet seine Auffassung beispielsweise über die höhere Bemes-sungsgrundlage

Determinante	Einfluss	Definition	Ankerbeispiel	Kodierregel
infrastrukturelle Anbindung und Einrichtungen	+	• Investitionen in die Infrastruktur gehören zu den kommunalen Hauptaufgaben • Steuerpflichtige profitieren von einer adäquaten Infrastruktur und werden über höhere Hebesätze an den Kosten beteiligt	• *„Auch weil die Stadt vor dem Problem stand, erhebliche Investitionen in die Infrastruktur schaffen zu müssen, haben wir gesagt, die kommen im Wesentlichen (...) auch der Industrie zu Gute und dann war auch die Hebesatzänderung fast einstimmig."*	• Experten beschreiben einen Zusammenhang zwischen hohen Infrastrukturausgaben und höheren Hebesätzen • der aufgezeigte Kausalzusammenhang wird beschrieben oder eine alternative Begründung gegeben
	0	• Infrastruktur hat keinen Einfluss auf die Hebesätze, da sie zur kommunalen Grundversorgung gehört	• *„Ich würde sagen, das hat auf die Hebesätze keinen Einfluss. Die Refinanzierung der Straßen über höhere Hebesätze ist schwierig."*	• klare Aussage entsprechend der Definition • eine plausible Begründung wird gegeben (optional)
	-	• eine umfangreiche Infrastruktur führt zu niedrigeren Hebesätzen	• *kein prototypisches Ankerbeispiel im Material enthalten*	• Definition wird erfüllt • Beschreibung des Kausalzusammenhangs
Konstitution des heimischen Arbeitsmarkts	+	• Kommunen mit einem hohen Beschäftigungsstand setzen höhere Hebesätze fest	• *kein prototypisches Ankerbeispiel im Material enthalten*	• Definition wird erfüllt • eine Begründung sollte gegeben werden
	0	• Kommunalvertreter berücksichtigen den regionalen Arbeitsmarkt nicht bei Hebesatzentscheidungen	• *„Je höher die Produktivität, die Beschäftigtenzahl, desto höher ist der Gewerbeertrag und sind die Steuereinnahmen. Gleichzeitig sind dann auch die Sozialausgaben niedriger. Zu einer Senkung wird dies aber auch nicht führen."*	• Experte gibt die Definition wieder • Beschreibung des Kausalzusammenhangs und der Wirkung auf den Hebesatz • Schwankungen in den Ausführungen möglich
	-	• aus einem hohen Beschäftigungsstand folgen geringere Sozialleistungen • dies ermöglicht es der Kommune, niedrigere Hebesätze festzusetzen	• *„Je besser die Wirtschaft läuft, je mehr Arbeitsplätze da sind, je mehr Gewerbesteuer gezahlt wird, desto leichter könnte ich die Hebesätze halten."*	• Zusammenhang wird gemäß der Definition beschrieben • Hinweise auf die Richtung der Kausalitätsbeziehung werden gegeben (optional)

Determinante	Ein-fluss	Definition	Ankerbeispiel	Kodierregel
Umfang der wirtschaft-lichen Betätigung	**+**	• an erfolgreichen und großen Wirtschafts-standorten werden höhere Steuersätze festgesetzt, um die Einnahmemöglichkei-ten abzuschöpfen	• *kein prototypisches Ankerbeispiel im Material enthalten*	• Experten beschrei-ben den definierten Einfluss • mögliche Begrün-dung: höhere Be-messungsgrundla-gen sollen abge-schöpft werden
	0	• die Ausprägung der Unternehmensland-schaft einer Kommune beeinflusst nicht deren Hebesatzhöhe	• *„Die Wirtschaft hat mit der Gewerbe-steuer eher weniger zu tun. Wenn die Wirtschaft floriert, ist das nicht von der Steuer abhängig."*	• Definition wird wie-dergegeben • im besten Fall wird auch eine Begrün-dung angeführt
	–	• an erfolgreichen und großen Wirtschafts-standorten können niedrigere Steuersätze festgesetzt werden • denn: weniger Ausga-ben für wirtschaftliche Struktur- und Förder-programme • denn: höhere Wirt-schaftskraft führt zu höheren Bemessungs-grundlagen	• *„Sie (die Unterneh-men, Anm. d. Verf.) helfen sich praktisch selbst. Es ist einfach so, wenn wir hier weniger Verpflich-tungen haben und weniger Ausgaben, dann benötigen wir auch nicht diese Ein-nahmen und wir können bei den niedrigeren Hebe-sätzen bleiben!"*	• Experten beschrei-ben den definierten Einfluss und stellen klar die Richtung des Kausalzusammen-hangs dar • als mögliche Gründe werden die definier-ten Aspekte ge-nannt: weniger Kos-ten und mehr Ein-nahmen führen zu niedrigeren Hebe-sätzen in der Ge-meinde
Präferenz für Links-parteien	**+**	• Parteien des linken Spektrums setzen ver-stärkt auf eine Politik, die umfangreiche Sozi-alstandards in der Ge-meinde gewährleistet • höhere Steuern wer-den hierfür akzeptiert Kommunen sind be-strebt, das vorhandene Besteuerungspotential abzuschöpfen, da eine größere Fläche höhere Kosten verursacht	• *„(...), dass man sagt ,die Volkspartei sagt, die Wirtschaft muss gestärkt werden, den Hebesatz mög-lichst belassen' (...), die sozialen Parteien sagen ,auf keinen Fall Verzicht auf So-zialausgaben' (...)."*	• Experte arbeitet die parteipolitische Ideo-logie der Linkspar-teien heraus • der definierte Kausal-zusammenhang wird beschrieben
	0	• die Parteienpräferenz bedingt nicht die Steu-ersätze, da Parteipoli-tik auf kommunaler Ebene unbedeutender ist	• *„Links erhöht und konservativ senkt! Ne, das gibt es bei uns nicht. (...) Das Parteibuch spielt kaum eine Rolle."*	• Experte gibt die As-pekte der Definition wieder und erörtert, warum dies auf kom-munaler Ebene so ist
	–	• Präferenz für Linkspar-teien senkt die kom-munalen Hebesätze	• *kein prototypisches Ankerbeispiel im Material enthalten*	• Zusammenhang wird beschrieben und auch begründet

E   Tabellen zur Beitragsprognose bei der IHK

E.1   Anschreiben

Erika Mustermann
Innere Verwaltung/Beitrag

IHK

IHK "XYZ" | Postfach 9999 | 9999 Musterhausen   Ihr Zeichen/Nachricht vom

Gemeinde Musterhausen   Unser Zeichen

Kämmerei   Ihr Ansprechpartner

z. Hd. Herrn Muster   Tel.

99999 Musterhausen   Fax

                                                                E-Mail

Beitragsplanung der IHK „XYZ"

24.06.2013

Sehr geehrte Damen und Herren,

vorab möchten wir uns zunächst für Ihre Bereitschaft, die IHK „XYZ" bei der Op-
timierung der Beitragsplanung zu unterstützen, bedanken.

Hierfür soll im Rahmen einer wissenschaftlichen Studie in Kooperation mit der
Julius-Maximilians-Universität Würzburg – vertreten durch den Promotionsstu-
denten Herrn Dipl.-Kfm. Kilian Beck – untersucht werden, ob sich ein Zusammenhang zwischen den Gewerbesteuereinnahmen der Gemeinden im IHK-Bezirk
und den Beitragseinnahmen der IHK „XYZ" herstellen lässt, um dadurch mehr
Planungssicherheit zu erreichen.

Ziel der Untersuchung wird es schließlich sein, die von den Gemeinden erzielten
Einnahmen aus Gewerbesteuervorauszahlungen als Grundlage für die Planung
der Beitragseinnahmen der IHK heranzuziehen. Für diesen Zweck ist es notwen-
dig, Kenntnis darüber zu erlangen, wie sich die Gewerbesteuereinnahmen der
Gemeinden eines Haushaltsjahres zusammensetzen. Hierüber bitten wir Sie um
Ihre Unterstützung.

Seite 1

Für die Übermittlung Ihrer Daten haben wir diesem Schreiben ein Formular bei-
gefügt. Dieses gliedert sich in die Haushaltsjahre 2008 - 2012 und erfragt für jedes dieser Jahre die Einnahmen aus Gewerbesteuer und (falls verfügbar) die Gewerbesteuermessbeträge in den entsprechenden Zeilen. Die Steuereinnahmen /
Gewerbesteuermessbeträge eines jeden Haushaltsjahres sind schließlich in die
einzelnen steuerlichen Veranlagungszeiträume zu unterscheiden, denen sie entspringen (Spalten). Besondere Bedeutung haben hierbei die veranlagten Vorauszahlungen des jeweiligen Haushalts-jahres für unsere Untersuchung.

Nehmen Sie bitte des Weiteren zur Kenntnis, dass es uns aber bereits hilft, wenn
Sie auch nur Teile des Formulars ausfüllen können, falls Sie keine weiterführenden Daten vorliegen haben.

Für die Rücksendung des Formulars, wenn möglich bis zum 15.07.2013, verwenden Sie bitte die oben angeführte E-Mail-Adresse.

Wir danken Ihnen ganz herzlich für Ihre Unterstützung.

Mit freundlichen Grüßen

IHK „XYZ"

Frau Erika Mustermann
Bereichsleiterin

Anlage
Formularblatt Gemeinden

E.2 Formularblatt Gemeindeumfrage

Gemeinde .... – Erfassungsbogen der Gewerbesteuer und –messbeträge der einzelnen Haushaltsjahre

1. Haushaltsjahr 2008

	laufende VZ für 2008	Anpassung für 2007	Abrechnung für 2006	Abrechnung für 2005	Abrechnung für 2004	Abrechnung für 2003	Abrechnung älter	Gesamt-summe
Gewerbesteuer								
Messbeträge								

2. Haushaltsjahr 2009

	laufende VZ für 2009	Anpassung für 2008	Abrechnung für 2007	Abrechnung für 2006	Abrechnung für 2005	Abrechnung für 2004	Abrechnung älter	Gesamt-summe
Gewerbesteuer								
Messbeträge								

3. Haushaltsjahr 2010

	laufende VZ für 2010	Anpassung für 2009	Abrechnung für 2008	Abrechnung für 2007	Abrechnung für 2006	Abrechnung für 2005	Abrechnung älter	Gesamt-summe
Gewerbesteuer								
Messbeträge								

4. Haushaltsjahr 2011

	laufende VZ für 2011	Anpassung für 2010	Abrechnung für 2009	Abrechnung für 2008	Abrechnung für 2007	Abrechnung für 2006	Abrechnung älter	Gesamt-summe
Gewerbesteuer								
Messbeträge								

5. Haushaltsjahr 2012

	laufende VZ für 2012	Anpassung für 2011	Abrechnung für 2010	Abrechnung für 2009	Abrechnung für 2008	Abrechnung für 2007	Abrechnung älter	Gesamt-summe
Gewerbesteuer								
Messbeträge								

6. Haushaltsjahr 2013   Bisherige Anpassungen der Vorauszahlungen für 2012 (aktueller Stand):

Literaturverzeichnis

ACHEN, C. (2000): „Why Lagged Dependent Variables Can Suppress the Explanatory Power of Other Independent Variables", unveröffentlichtes Manuskript, Annual Meeting of the Political Methodology Section of the American Political Science Association, Los Angeles, 20. - 22. Juli, https://www.princeton.edu/csdp/events/Achen121201/achen.pdf (14.10.2016).

ANSELIN, L. / LE GALLO, J. / JAYET, H. (2008): „Spatial Panel Econometrics", in: MÁTYÁS, L. / SEVESTRE, P. (Hrsg.): „The Econometrics of Panel Data", S. 625-660.

ANTE, U. / KOPF, J. / PLAGENS, M. / PHILIPP, J. (2006): „Mainfranken – Eine Untersuchung zur regionalen Entwicklung".

ARNDT, C. / MATTES, A. / SPIES, J. / BUCH, C. M. (2009): „Struktur, Determinanten und Auswirkungen ausländischer Direktinvestitionen in deutschen Bundesländern", in: IAW Policy Report Nr. 1, Oktober 2009.

ATTESLANDER, P. (2003): „Methoden der empirischen Sozialforschung".

BACKHAUS, K. / ERICHSON, B. / PLINKE, W. / WEIBER, R. (2008): „Multivariate Analysemethoden – Eine anwendungsorientierte Einführung", 12. Auflage.

BARETTI, C. (2002): „Wird gute Standortpolitik bestraft? Die Anreizeffekte des kommunalen Finanzsystems", in: ifo-Institut für Wirtschaftsforschung, 55. Jg., Heft 7, S. 10-16.

BAYERISCHES LANDESAMT FÜR STATISTIK UND DATENVERARBEITUNG (2015): „Statistik kommunal – Eine Auswahl wichtiger statistischer Daten für den Regierungsbezirk Unterfranken", https://www.statistik.bayern.de/statistikkommunal/096.pdf (26.11.2015).

BAYERISCHES STAATSMINISTERIUM DER FINANZEN (2016): „Der kommunale Finanzausgleich in Bayern", http://www.stmflh.bayern.de/kommunaler_finanzausgleich/ (30.08.2016).

BECKER, S. / EGGER, P. / MERLO, V. (2012): „How low business tax rates attract MNE activity: Municipality-level evidence from Germany", in: Journal of Public Economics, 2012, 96. Jg., Heft 9-10, S. 698-711.

BERLEMANN, M. / TILGNER, J. (2007): „Determinanten der innerdeutschen Standortwahl von Unternehmen – Ergebnisse einer empirischen Analyse", in: ifo Dresden berichtet, 14. Jg., Heft 3, S. 14-22.

BIRK, D. (2011): „Steuerrecht", 14. Auflage.

BISCHOFF, I. / KRABEL, S. (2012): „The tax and the mighty: Tax payer concentration lowers local business taxation in German Municipalities", in: MAGKS Papers on Economics, Nr. 2012-45.

BMF (2015): „Der Gemeindeanteil an der Einkommensteuer in der Gemeindefinanzreform", http://www.bundesfinanzministerium.de/Content/DE/Standardartikel/ Themen/Oeffentliche_Finanzen/Foederale_Finanzbeziehungen/ Kommunalfinanzen/Gemeindeanteil-ESt-Nov-2015.pdf?__blob=publicationFile& v=3 (18.10.2016).

BMF (2016a): „Beteiligung der Gemeinden am Aufkommen der Umsatzsteuer", http://www.bundesfinanzministerium.de/Content/DE/Standardartikel/Themen/ Oeffentliche_Finanzen/Foederale_Finanzbeziehungen/Kommunalfinanzen/ Beteiligung-Gemeinden-Umsatzsteuer-Januar-2016.pdf?__blob=publicationFile& v=3 (18.10.2016).

BMF (2016b): „Eckdaten zur Entwicklung und Struktur der Kommunalfinanzen 2006 bis 2015", http://www.bundesfinanzministerium.de/Content/DE/Standardartikel/ Themen/Oeffentliche_Finanzen/Foederale_Finanzbeziehungen/ Kommunalfinanzen/Eckdaten-2006-2015.pdf?__blob=publicationFile&v=3 (25.10.2016).

BOETTCHER, F. (2013a): „Determinanten der kommunalen Hebesatzpolitik (Teil I) – Analyse am Beispiel der Gewerbesteuerhebesätze in Nordrhein-Westfalen", in: Zeitschrift für Kommunalfinanzen (ZKF), Jahrgang 2013, Heft 5, S. 104-108.

BOETTCHER, F. (2013b): „Determinanten der kommunalen Hebesatzpolitik (Teil II) – Analyse am Beispiel der Gewerbesteuerhebesätze in Nordrhein-Westfalen", Zeitschrift für Kommunalfinanzen (ZKF), Jahrgang 2013, Heft 6, S. 127-130.

BOGNER, A. / LITTIG, B. / MENZ, W. (2005): „Das Experteninterview: Theorie, Methode, Anwendung", 2. Auflage.

BOURIER, G. (2014): „Beschreibende Statistik: Praxisorientierte Einführung – Mit Aufgaben und Lösungen", 12. Auflage.

BÜTTNER, T. (2001): „Local Business Taxation and Competition for Capital: the Choice of the Tax Rate", in: Regional Science and Urban Economics, 31. Jg., Heft 2-3, S. 215-245.

BÜTTNER, T. (2002): „Kommunaler Steuerwettbewerb: Wieso ist die Gewerbesteuerlast so hoch?", in: ZEW news Januar/Februar 2002.

BÜTTNER, T. (2005): „Zur Aufkommens- und Budgetwirkung der gemeindlichen Steuerpolitik: Empirische Ergebnisse für baden-württembergische Gemeinden", in: Jahrbuch für Regionalwissenschaft 25 (1), S. 27-43.

BÜTTNER, T. (2006): „Steuerwettbewerb und Finanzausgleich", in: ifo-Institut für Wirtschaftsforschung, 59. Jg., Heft 4, S. 12-18.

BÜTTNER, T. / KAUDER, B. (2009): „Wettbewerbsposition der Stadt Frankfurt im Verhältnis zum Umland", http://www.frankfurt.de/sixcms/media.php/738/gewerbesteuergutachten122009.pdf (26.11.2015).

BÜTTNER, T. / SCHEFFLER, W. / VON SCHWERIN, A. (2014): „Die Hebesatzpolitik bei der Gewerbesteuer nach den Unternehmenssteuerreformen", in: Perspektiven der Wirtschaftspolitik, 15. Jg., Heft 4, S. 346-354.

DEPPISCH, M. (2014): „Starke Marken, große Namen – Unternehmen von Weltruf in Mainfranken", in: Ferendino, R.: „Wirtschaftsregion Mainfranken", Industrie- und Handelskammer Würzburg-Schweinfurt (Hrsg.), 5. Ausgabe, S. 26-35.

DER HALLAS (2013): „Der Hallas – Infos und Meinungen rund um die Gemeinde Aura / Saale", Gemeinde Aura an der Saale (Hrsg.), März 2013, 1. Ausgabe, http://www.aura-saale.de/downloa ds/der Hallas1303.pdf (25.08.2016).

DEUTSCHE BAHN (2015): „Würzburg Hbf", http://www.bahnhof.de/bahnhof-de/Wuerzburg_Hbf.ht ml?hl= w%C3%BCrzburg (10.01.2016).

DEUTSCHER STÄDTETAG (2010): „Die Gewerbesteuer – eine gute Gemeindesteuer", http://www.staedtetag.de/imperia/md/content/dst/neue_schriften_94_gewerbesteuer.pdf (26.10.2016).

DREIER, V. (1997): „Empirische Politikforschung".

E.ON (2016): „Sicher bis zum letzten Tag: Nach 33 Jahren erfolgreichem Betrieb stellt das Kernkraftwerk Grafenrheinfeld die Stromproduktion ein", http://www.eon.com/de/presse/pressemitteilungen/pressemitteilungen/2015/6/28/sicher-bis-zum-letzten-tag-nach-33-jahren-erfolgreichem-betrieb-stellt-das-kernkraftwerk-grafenrheinfeld-die-stromproduktion-ein.html (10.01.2016).

ECKEY, H.-F. / KOSFELD, R. / TÜRCK, M. (2006): „Räumliche Ökonometrie", in: WIST – Wirtschaftswissenschaftliches Studium, 35. Jg., Heft 10, S. 548-554.

ECKEY, H.-F. / KOSFELD, R. / DREGER, C. (2011): „Ökonometrie: Grundlagen, Methoden, Beispiele", 4. Auflage.

EDEKA NORDBAYERN-SACHSEN-THÜRINGEN (2016): „Wir über uns", http://www.edeka-verbund.de/Unternehmen/de/edeka_nord-bayern_sachsen_thueringen/wir_ueber_uns/wir_ueb er_uns.jsp (18.01.2016).

ERNST & YOUNG (2014): „Entwicklung der kommunalen Realsteuern 2005 bis 2013 – Analyse der Hebesätze zu Gewerbe- und Grundsteuer im Rahmen der EY Kommunenstudie 2014".

FALTLHAUSER, K. / MITTLER, G. (2004): „Reform der Grundsteuer", Bericht des Bayerischen Staatsministers der Finanzen und des Ministers der Finanzen des Landes Rheinland-Pfalz an die Finanzministerkonferenz, https://www.ihk-koeln.de/upload/Grundsteuer_Grundsteuervorschl ag_10463.pdf (07.01.2017).

FIELD, A. (2012): „Discovering Statistics using IMB SPSS Statistics".

FLICK, U. / KARDORFF, E. V. / KEUPP, H. / ROSENSTEIL, L. V. / WOLFF, S. (1995): „Handbuch qualitative Sozialforschung. Grundlagen, Konzepte, Methoden und Anwendungen", 2. Auflage.

FOREMNY, D. / RIEDEL, N. (2012): „Business Taxes and the Electoral Cycle", in: CESifo Working Paper Nr. 3729, Februar 2012.

FORSCHUNGSGRUPPE REGIONALÖKONOMIE (2012): „Das Zentrale-Orte-System in Bayern", https://www.bihk.de/bihk/Anhaenge/bihkrepository/zos-kurzfassung.pdf (31.03.2016).

FORSTHOFF, E. (1973): „Lehrbuch des Verwaltungsrechts – Band 1: Allgemeiner Teil", 10. Auflage.

FRANKONIA (2016): „Über uns", http://www.frankonia.de/service/ueber-uns.html (18.01.2016).

FREIHOLD, J. (1988): „Qualitätskennzeichen Bocksbeutel – der Weinbau in Mainfranken", in: SCHMIDT, K. (1988): „Wirtschaftsraum Mainfranken", 2. Auflage, S. 170-173.

FUCHS, G. (2010): „Kommunalpolitik in Bayern", in: KOST, A. / WEHLING, H.-G. (Hrsg.): „Kommunalpolitik in den deutschen Ländern – eine Einführung", 2. Auflage, S. 40-62.

FUEST, C. / THÖNE, M. (2008): „Ertragsabhängige und ertragsunabhängige Steuern", in: FiFo-Bericht Nr.10, Forschungsauftrag Nr. 21/06 des Bundesministeriums der Finanzen.

GENSCHEL, P. / SCHWARZ, P. (2011): „Tax competition: a literature review", in: Socio-Economic Review, 9. Jg., Heft 2, S. 339-370.

GLÄSER, J. / LAUDEL, G. (2009): „Experteninterviews und qualitative Inhaltsanalyse", 3. Auflage.

HACKL, P. (2005): „Einführung in die Ökonometrie".

HANSMANN, K.-W. (2006): „Industrielles Management", 8. Auflage.

HAUPTMEIER, S. / MITTERMAIER, F. / RINCKE, J. (2012): „Fiscal Competition over Taxes and Public Inputs: Theory and Evidence", in: Regional Science and Urban Economics, 42. Jg., Heft 3, S. 407-419.

HAVERKAMP (1982): „Die Gemeindefinanzreform", Bundesministerium der Finanzen (Hrsg.).

HEIDENREICH, H.-J. (1988): „Berufs- und Ausbildungspendler", in: Wirtschaft und Statistik, Heft 2, S. 86-100.

HENNINGSEN, S. (2009): „Spatial Analysis", in: ALBERS, S. / KLAPPER, D. / KONRADT, U. / WALTER, A. / WOLF, J. (Hrsg.): „Methodik der empirischen Forschung", 3. Auflage., S. 413-432.

HIDIEN, J. W. / POHL, C. / SCHNITTER, G. (2014): „Gewerbesteuer", 15. Auflage.

HILITE (2016): „Auf einen Blick", http://www.hilite.com/de/unternehmen/philosophie.html (18.01.2016).

HITZLER, R. / HONER, A. / MAEDER, C. (1994): „Expertenwissen: Die institutionalisierte Kompetenz zur Konstruktion von Wirklichkeit".

HOLZHEY, M. (2010): „Schienennetz 2025/2030 – Ausbaukonzeption für einen leistungsfähigen Schienengüterverkehr in Deutschland", Texte 42/2010, UMWELT-BUNDESAMT (Hrsg.), http://www.uba.de/uba-info-medien/4005.html (18.01.2016).

HOPF, C. (1978): „Die Pseudo-Exploration – Überlegungen zur Technik qualitativer Interviews in der Sozialforschung", in: Zeitschrift für Soziologie, 7. Jg., Heft 2, S. 97-115.

HOYT, W. H. (1992): „Market power of large cities and policy differences in metropolitan areas", in: Regional Science and Urban Economics, 22. Jg., Heft 4, S. 539-558.

IHK WÜRZBURG-SCHWEINFURT (2013a): „Zukunft der Infrastruktur in Mainfranken – Positionspapier der mainfränkischen Wirtschaft", https://www.wuerzburg.ihk.de/fileadmin/user_upload/downloads/Standort/IHK_Positionspapier_web.pdf (22.01.2016).

IHK WÜRZBURG-SCHWEINFURT (2013b): „Die Entwicklung der Realsteuerhebesätze in Mainfranken 2013", Schriftenreihe der IHK Würzburg-Schweinfurt Nr. 19/2013.

IHK WÜRZBURG-SCHWEINFURT (2015b): „Die Entwicklung der Realsteuerhebesätze in Mainfranken 2015", Schriftenreihe der IHK Würzburg-Schweinfurt Nr. 19/2015.

JAHN, R. (2009a): „Erläuterungen zu § 2 IHKG", in: FRENTZEL, G. / JÄKEL, E. / JUNGE, W. (Hrsg.): „Kommentar zum Kammerrecht des Bundes und der Länder", 7. Auflage. S. 166-228.

JAHN, R. (2009b): „Erläuterungen zu § 3 IHKG", in: FRENTZEL, G. / JÄKEL, E. / JUNGE, W. (Hrsg.): „Kommentar zum Kammerrecht des Bundes und der Länder", 7. Auflage. S. 232-315.

JANEBA, E. / OSTERLOH, S. (2013): „Tax and the City – A Theory of Local Tax Competition and Evidence for Germany", ZEW Discussion Paper No. 12-005.

KATZ, A. (1985): „Der kommunale Finanzausgleich", in: PÜTTNER, G. (Hrsg.): „Handbuch der kommunalen Wissenschaft und Praxis – Band 6: Kommunale Finanzen", 2. Auflage, S. 303-330.

KERSTING, N. (2016): „Vergleichende Kommunalforschung", in: LAUTH, H.-J. / KNEUER, M. / PICKEL, G. (Hrsg.): „Handbuch Vergleichende Politikwissenschaft".

KIRCHHOF, P. (1985): „Die kommunale Finanzhoheit", in: PÜTTNER, G. (Hrsg.): „Handbuch der kommunalen Wissenschaft und Praxis – Band 6: Kommunale Finanzen", 2. Auflage, S. 3-28.

KLEIN, M. (2016): „Landkreistag NRW: Bedrohliche Entwicklung – Rekordverschuldung der NRW-Kommunen trotz Rekordeinnahmen", http://www.lkt-nrw.de/Presse/Archiv.aspx?rssid=c1545f19-219a-4bc9-9b5b-341e8e56da53 (02.09.2016).

KLEINING, G. (1995): „Methodologie und Geschichte qualitativer Sozialforschung", in: FLICK, U. / KARDORFF, E. V. / KEUPP, H. / ROSENSTEIL, L. / WOLFF, S. (Hrsg.): „Handbuch qualitative Sozialforschung. Grundlagen, Konzepte, Methoden und Anwendungen", 2. Auflage, S. 11-22.

KLUTH, W. (2010): „Die öffentlich-rechtlichen Körperschaften", in: STOBER, R. / KLUTH, W. / PEILERT, A. / MÜLLER, M., WOLFF, H. J. / BACHOF, O. (Hrsg.): „Verwaltungsrecht: Band II", 7. Auflage, S. 451-466.

KNAUF (2016): „Das Familienunternehmen Knauf – Vom Familienunternehmen zur Unternehmensfamilie", http://www.knauf.de/profi/wir-bei-knauf/ueber-uns/ (18.01.2016).

KOH, H.-J. / RIEDEL, N. / BÖHM, T. (2013): „Do Governments Tax Agglomeration Rents?", Journal of Urban Economics, 75. Ausgabe, S. 92-106.

KRIPPENDORF, K. (1980): „Content analysis. An Introduction to its Methodology".

KROMREY, H. (1983): „Empirische Sozialforschung: Modelle und Methoden der Datenerhebung und Datenauswertung".

KRUIP, J. / EUJEN, D. (1988): „Der Main – Verkehr- und Freizeitader Mainfrankens", in: SCHMIDT, K. (Hrsg.): „Wirtschaftsraum Mainfranken", 2. Ausgabe, S. 104-107.

KÜHNL, B. (2000): „Subjektive Theorien der Erziehungsberatung: Eine qualitative Studie über Angebote und Effekte der Erziehungsberatung aus der Sicht von Praktikern".

LAMNEK, S. (2010): „Qualitative Sozialforschung", 5. Auflage.

LEMMER, J. (2016): „Wie wirkt Steuerwettbewerb auf kommunaler Ebene? Das Beispiel der Stadt Monheim am Rhein", DSi kompakt, Deutsches Steuerzahlerinstitut des Bundes der Steuerzahler e.V., Nr. 24.

LEUCHTENBERGER, P. (2010): „Einheitswert bei der Grundsteuer unter Verfassungsdruck", in: NWB Steuer- und Wirtschaftsrecht, Nr. 24/2010, S. 1897-1900.

LUX, U. (2011): „E.ON fordert 18 Millionen von Grafenrheinfeld zurück", http://www. mainpost.de/regional/franken/E-ON-fordert-18-Millionen-von-Grafenrheinfeld-zurueck;art127465,6070014 (05.01.2016).

MAINPOST (2006): „Rannungen – Senkung der Grundsteuer in Aussicht", http://www.mainpost.de/regional/bad-kissingen/Senkung-der-Grundsteuer-in-Aussicht;art778,3671419 (29.12.2015).

MAINPOST (2008a): „Bayerstürmer: Geld drucken gegen die Krise", http://www.mainpost.de/regional/main-spessart/Bayerstuermer-Geld-drucken-gegen-die-Krise;art774,4886458 (29.12.2015).

MAINPOST (2008b): „Rannungen – Gemeinde senkt Schulden und die Grundsteuer", http://www.mainpost.de/regional/bad-kissingen/Gemeinde-senkt-Schulden-und-die-Grundsteuer;art778,4592782 (08.01.2016).

MAINPOST (2011): „Unterpleichfeld – Grundsteuer A verdoppeln", https://www.mainpost.de/regional/wuerzburg/Grundsteuer-A-verdoppeln;art736,6089439 (08.01.2016).

MAYER, H. O. (2008): „Interview und schriftliche Befragung – Entwicklung, Ausführung, Auswertung", 4. Auflage.

MAYRING, P. (2015): „Qualitative Inhaltsanalyse – Grundlagen und Techniken", 12. Auflage.

MEIDEL, E. (1988): „Schweinfurt – Zentrum der deutschen Wälzlagerindustrie", in: SCHMIDT, K. (Hrsg.): „Wirtschaftsraum Mainfranken", 2. Ausgabe, S. 122-125.

MENGES, G. (1982): „Die Statistik: Zwölf Stationen des statistischen Arbeitens".

MEUSER, M. / NAGEL, U. (2005): „ExpertInneninterviews – vielfach erprobt, wenig bedacht. Ein Beitrag zur qualitativen Methodendiskussion", in: BOGNER, A. / LITTIG, B. / MENZ, W. (Hrsg.): „Das Experteninterview: Theorie, Methode, Anwendung", 2. Auflage, S. 71-93.

MEYER, H. (1969): „Das Finanzreformgesetz", in: Die öffentliche Verwaltung, 1969, S. 261-269.

MÖLLERING, J. (2009a): „Einführung zum IHKG", in: FRENTZEL, G. / JÄKEL, E. / JUNGE, W. (Hrsg.): „Kommentar zum Kammerrecht des Bundes und der Länder", 7. Auflage, S. 1-18.

MÖLLERING, J. (2009b): „Erläuterungen zu § 1 IHKG", in: FRENTZEL, G. / JÄKEL, E. / JUNGE, W. (Hrsg.): „Kommentar zum Kammerrecht des Bundes und der Länder", 7. Auflage, S. 37-164.

PAELINCK, J. H. P. / KLAASSEN, L. H. (1979): „Spatial Econometrics".

PETZOLD, K. (1988): „Schweinfurt – industrielles Zentrum im Grünen", in: SCHMIDT, K. (Hrsg.): „Wirtschaftsraum Mainfranken", 2. Ausgabe, S. 52-54.

PLÜMPER, T. / TROEGER, V. E. / MANOW, P. (2005): „Panel data analysis in comparative politics: Linking method to theory", in: European Journal of Political Research, 44. Jg., Heft 2, S. 327-354.

PROCTER & GAMBLE (2016): „Unsere Standorte in Deutschland, Österreich und der Schweiz", http://www.pg.com/de_DE/unternehmen/stand-orte.shtml (18.01.2016).

RAUM, J. / ENGL, M. (2009): „Unternehmensteuerreform 2008 und Gewerbesteuer", in: BAYERISCHER GEMEINDETAG (Hrsg.): „Die Zeitschrift des Bayerischen Gemeindetags", Ausgabe 8/2009, S. 241-244.

REGIONALMARKETING-INITIATIVE CHANCEN-REGION MAINFRANKEN (2015): „Mainfranken ist Lebensraum, Wirtschaftsraum, Kulturraum", http://www.mainfranken.org/wirtschaftsraum/ind ex.html (13.11.2015).

REHM, H. / MATERN-REHM, S. (2010): „Kommunalfinanzen".

RICKERT, A. (2009): „Erläuterungen zu § 4 IHKG", in: FRENTZEL, G. / JÄKEL, E. / JUNGE, W. (Hrsg.): „Kommentar zum Kammerrecht des Bundes und der Länder", 7. Auflage, S. 316-335.

RÖHN, T. (2016): „Der junge Bürgermeister kam, sah und sanierte", https://www. welt.de/politik/deutschland/article156148544/Der-junge-Buergermeister-kam-sah-und-sanierte.html (22.10.2016).

RUMPF, D. / WIEGARD, W. (2010): „Kapitalertragsbesteuerung und Kapitalkosten", Sachverständigenrat Arbeitspapier, 05/2010.

S.OLIVER (2016): „Zahlen & Fakten", https://soliver-group.com/die-unternehmensfamilie/zahlen-und-fakten/ (18.01.2016).

SACHVERSTÄNDIGENRAT ZUR BEGUTACHTUNG DER GESAMTWIRT-SCHAFTLICHEN ENTWICKLUNG (2010): „Chancen für einen stabilen Aufschwung", Jahresgutachten 2010/2011.

SCHEFFLER, W. (2016): „Besteuerung von Unternehmen I", 13. Auflage.

SCHERF, W. (2009): „Öffentliche Finanzen".

SCHEUERMANN, M. (2012): „Die 50 größten Weingüter Deutschlands 2012“, http://weinreporter.net/drinktank/2012/11/27/die-50-grossten-weinguter-deutschlands-2012/ (21.01.2016).

SCHMITT, S. (2015): „Wie Monheim am Rhein die Firmen lockt“, http://www1.wdr.de/nachrichten/monheim-senkt-die-gewerbesteuer-100.html (22.10.2016).

SCHREIBER, U. (2012): „Besteuerung der Unternehmen“, 3. Auflage.

SCHÜTZ, A. / LUCKMANN, T (1979): „Strukturen der Lebenswelt“.

SCHULEMANN, O. (2011): „Reform der Grundsteuer: Handlungsbedarf und Reformoptionen“, Karl-Bräuer-Institut des Bundes der Steuerzahler (Hrsg.), in: KBI-Schriften, Band 109.

SCHULZ, W. (1977): „Zum Stellenwert qualitativer Untersuchungsmethoden in der empirischen Forschung“, in: Österreichische Zeitschrift für Soziologie, 2. Jg., Heft 5, S. 63-68.

SPÖHRING, W. (1989): „Qualitative Sozialforschung“.

STEICHE, N. (2015): „Grafenrheinfeld vor Abschaltung – Atom-Dino geht vom Netz“, http://www.br.de/nachrichten/akw-grafenrheinfeld-abschaltung-102.html (05.01.2016).

STEINMANN, A. (2014): „Weinbau mit Profil“, in: FERENDINO, R.: „Wirtschaftsregion Mainfranken“, Industrie- und Handelskammer Würzburg-Schweinfurt (Hrsg.), 5. Ausgabe, S. 132-135.

STIGLER, S. (2008): „Fisher and the 5% level“, in: CHANCE, Band 21, Nr. 4, S.12.

SWIFT, J. (1728): „An answer to a paper called a memorial of the poor inhabitants, tradesmen and labourers of the Kingdom of Ireland“, zitiert bei: DAVIS, H. (Hrsg.): „The prose works of Jonathan Swift“, Vol. XII Irish tracts 1728-1733.

THÖNE, M. / HUMMEL, C.-A. / RAUCH, A. (2015): „Kommunaler Finanzausgleich in Bayern – Überprüfung der Sachgerechtigkeit des derzeitigen Verteilungsmodus der Gemeindeschlüsselzuweisungen im bayerischen kommunalen Finanzausgleich“, Gutachten im Auftrag der Bayerischen Staatsministerien der Finanzen und des Innern, des Bayerischen Gemeindetags, des Bayerischen Städtetags, des Bayerischen Landkreistags und des Bayerischen Bezirketags, FiFo-Bericht Nr. 19, Juni 2015.

TORGE, W. (2007): „Geschichte der Geodäsie in Deutschland“.

URBAN, D. / MAYERL, J. (2011): „Regressionsanalyse: Theorie, Technik und Anwendung“, 4. Auflage.

WAGNER, H.-G. (1994): „Mainfranken: Chancen und Risiken eines Wirtschaftsraumes. Gedanken zu einem Marketingkonzept", in: Würzburger Geographie Arbeiten, Band 89, S. 33-49.

WAREMA (2016): „Unternehmen – Willkommen beim führenden SonnenLichtManager", https://www.warema.de/unternehmen/index.php (18.01.2016).

WELLISCH, D. / KROSCHEL, J. (2011): „Besteuerung von Erträgen", 2. Auflage.

WILENSKY, H. L. (2002): „Rich democracies. Political economy, public policy and performance".

WILSON, J. D. (1986): „A Theory of Interregional Tax Competition", Journal of Urban Economics, 19. Ausgabe, Heft 3, S. 296-315.

WISSENSCHAFTLICHER BEIRAT BEIM BMF (2010): „Reform der Grundsteuer", Stellungnahme des Wissenschaftlichen Beirats beim Bundesministerium der Finanzen.

WITT, H. (2001): „Forschungsstrategien bei quantitativer und qualitativer Sozialforschung", Forum Qualitative Sozialforschung, 2. Jg., Heft 1, http://qualitative-research.net/fqs/fqs.htm (06.11.2015).

WOLF, F. (2015): „Regressionsanalyse gepoolter Zeitreihen", in: HILDEBRANDT, A. / JÄCKLE, S. / WOLF, F. / HEINDL, A. (Hrsg.): „Methodologie, Methoden, Forschungsdesign: Ein Lehrbuch für fortgeschrittene Studierende der Politikwissenschaft", S. 109-138.

WOLF, W. (1995): „Qualitative versus quantitative Forschung"; in: KÖNIG, E. / ZEDLER, P. (Hrsg.): „Bilanz qualitativer Forschung", Band 1: „Grundlagen qualitativer Forschung", S. 309-329.

WOOLDRIDGE, J. M. (2013): „Introductory Econometrics: A Modern Approach".

ZEITLER, K. (1988): „Würzburg: Handels- und Dienstleistungszentrum Mainfrankens", in: SCHMIDT, K. (Hrsg.): „Wirtschaftsraum Mainfranken", 2. Ausgabe, S. 46-51.

ZIMMERMANN, F. (1988): „Das System der kommunalen Einnahmen und die Finanzierung der kommunalen Aufgaben in der Bundesrepublik Deutschland: Ein Grundriß".

ZODROW, G. / MIESZKOWSKI, P. (1986): „Pigou, Tiebout, Property Taxation, and the Underprovision of Local Public Goods", in: Journal of Urban Economics, 19. Ausgabe, Heft 3, S. 356-370.

ZOHLNHÖFER, R. (2016): „Policy-Theorien", in: LAUTH, H.-J. / KNEUER, M. / PICKEL, G. (Hrsg.): „Handbuch Vergleichende Politikwissenschaft".

Datenbankverzeichnis

BUNDESAMT FÜR NATURSCHUTZ (2016): „Landschaften in Deutschland", https://geodienste.bfn.de/landschaften?lang=de (14.01.2016).

BUNDESINSTITUT FÜR BAU-, STADT- UND RAUMFORSCHUNG (2015): „Indikatoren und Karten zur Raum- und Stadtentwicklung", INKAR online, http://www.inkar.de/ (08.01.2016).

DEUTSCHER INDUSTRIE- UND HANDELSKAMMERTAG (2016): „Zahlen und Fakten", http://www.ihk.de/zahlen-und-fakten (05.11.2016).

GENESIS-ONLINE DATENBANK (2016a): „Realsteuervergleich", Tabelle 71231, https://www.genesis.destatis.de/genesis/online (10.09.2016).

GENESIS-ONLINE DATENBANK (2016b): „Preisindizes für Wohnimmobilien", Tabelle 61262, https://www.genesis.destatis.de/genesis/online (01.11.2016).

GENESIS-ONLINE DATENBANK BAYERN (2015a): „Realsteuervergleich", Tabelle 71231, https://www.statistikdaten.bayern.de/genesis/online (26.11.2015).

GENESIS-ONLINE DATENBANK BAYERN (2015b): „Fortschreibung des Bevölkerungsstandes", Tabelle 12411, https://www.statistikdaten.bayern.de/genesis/online (26.11.2015).

IHK WÜRZBURG-SCHWEINFURT (2015a): „Datenbank Regionalwirtschaftlicher Zahlen", http://www.mainfranken-region.de/ (13.11.2015).

IMMOBILIENSCOUT24 (2016): „Mietpreise für Würzburg", http://www.immobilienscout24.de/immobilienbewertung/immobilienpreise/bayern/wuerzburg.htm (05.05.2016).

REGIONALDATENBANK DEUTSCHLAND (2016a): „Bruttoeinnahmen der Gemeinden – Jahressumme – regionale Tiefe: Gemeinden, Samt-/Verbandsgemeinden", Tabelle 346-21-5, https://www.regionalstatistik.de/genesis/online (25.10.2016).

REGIONALDATENBANK DEUTSCHLAND (2016b): „Bruttoausgaben der Gemeinden – Jahressumme – regionale Tiefe: Gemeinden, Samt-/Verbandsgemeinden", Tabelle 346-22-5, https://www.regionalstatistik.de/genesis/online (25.10.2016).

REGIONALDATENBANK DEUTSCHLAND (2016c): „Realsteuervergleich – Jahressumme – regionale Tiefe: Gemeinden, Samt-/Verbandsgemeinden", Tabelle 356-11-5, https://www.regionalstatistik.de/genesis/online (25.10.2016).

REGIONALDATENBANK DEUTSCHLAND (2016d): „Bruttoinlandsprodukt/Bruttowertschöpfung (WZ 2008) – Jahressumme – regionale Tiefe: Kreise und krfr. Städte", Tabelle 426-71-4, https://www.regionalstatistik.de/genesis/online (25.10.2016).

REGIONALDATENBANK DEUTSCHLAND (2016e): „Schuldenstand der Kernhaushalte der Gemeinden und Gemeindeverbände", Tabelle 378-71-4, zugegriffen am: 02.09.2016, verfügbar unter: https://www.regionalstatistik.de/genesis/online.

SISBY (2016): „Das IHK-Standortportal für Bayern – Standortsuche", zugegriffen am: 06.05.2016, verfügbar unter: http://www.sisby.de/de/index.jsp.

STATISTISCHES BUNDESAMT (2011): „Realsteuervergleich – Realsteuern, kommunale Einkommen- und Umsatzsteuerbeteiligungen – Fachserie 14 Reihe 10.1", Wiesbaden, 2011.